L'INSURRECTION

DU 18 MARS

EXTRAITS DES DÉPOSITIONS

RECUEILLIES PAR LA COMMISSION D'ENQUÊTE

CLASSÉS, DISCUTÉS ET RÉSUMÉS

PAR

EDMOND VILLETARD

Auteur de l'*Histoire de l'Internationale*

PARIS

CHARPENTIER ET Cie, LIBRAIRES-ÉDITEURS

28, QUAI DU LOUVRE

1872

L'INSURRECTION

DU 18 MARS

DU MÊME AUTEUR

HISTOIRE DE L'INTERNATIONALE

PARIS, 1871. GARNIER FRÈRES

Un volume in-12. Prix : 3 fr 50

PARIS. IMP. SIMON RAÇON ET COMP., RUE D'ERFURTH, 1.

L'INSURRECTION
DU 18 MARS

EXTRAITS DES DÉPOSITIONS

RECUEILLIES PAR LA COMMISSION D'ENQUÊTE

CLASSÉS, DISCUTÉS ET RÉSUMÉS

PAR

EDMOND VILLETARD

PARIS

CHARPENTIER ET Cⁱᵉ, LIBRAIRES ÉDITEURS

QUAI DU LOUVRE, 28

1872

L'INSURRECTION

DU 18 MARS

CHAPITRE PREMIER

L'ESPRIT RÉVOLUTIONNAIRE EN FRANCE

Le jour où le roi Louis XVI se décida à convoquer les états généraux, que ses prédécesseurs ne s'étaient pas souciés de réunir depuis plus de deux siècles, la France, se voyant enfin appelée à exprimer légalement ses volontés ou tout au moins ses vœux, se trouva à peu près unanime non certes sur les détails des réformes nécessaires, mais sur les points principaux de la révolution qu'elle voulait accomplir et qu'elle espérait opérer par les voies légales et pacifiques.

Liberté de conscience pleine et entière, égalité de tous les citoyens devant la loi, abolition des priviléges, droit pour tout homme de manifester sa pensée et de chercher à répandre les idées qu'il croit vraies, partici pation régulière et constante du pays à la direction de ses affaires, interdiction absolue au pouvoir de lever aucun impôt sans l'autorisation préalable des représentants de la nation : il est permis de dire que ce programme réunissait à peu près le minimum des droits que la France tenait à conquérir par l'entente de ses élus et de son gouvernement. Malgré les périodes de dictature plus ou moins longues que nous avons traversées depuis un demi-siècle, sur tous ces points nous avons eu gain de cause : le code civil a consacré d'une manière définitive l'égalité des citoyens devant la loi ; la liberté politique, que le premier empire avait essayé de tuer à jamais, est ressuscitée dès la chute de Napoléon Ier, et n'a plus été dès lors gravement compromise que sous le règne de Napoléon III. L'idéal que se proposait la majorité des membres de la première assemblée constituante a donc en somme été, sinon complétement, du moins à peu près réalisé, et la France jouit depuis longtemps des droits qu'elle avait en 1789 chargé ses représentants de conquérir.

Par malheur, cette conquête a été beaucoup plus pénible qu'elle n'avait semblé devoir l'être. La résistance opposée par les défenseurs des anciens abus a excité les colères de leurs adversaires. Les passions les plus violentes se sont déchaînées ; des idées fausses, dangereuses, chimériques et folles, se sont mêlées aux idées justes pour lesquelles on combattait : les moyens légaux ont été bientôt jugés insuffisants par les partis aux prises, et chacun d'eux a recouru à la force brutale pour faire triompher sa cause, bonne ou mauvaise ; les coups d'État se sont entre-croisés avec les émeutes et les insurrections ; tous les partis se sont tour à tour fusillés, guillotinés ou déportés ; toute notion du droit a longtemps paru éteinte au milieu des convulsions des factions affolées par la haine; les têtes des girondins et des jacobins ont roulé tour à tour sur l'échafaud, déjà inondé du sang royal. La guerre étrangère s'est compliquée de la guerre civile, et la France a paru pendant plusieurs années condamnée à périr dans cette sanglante et interminable anarchie.

Quand le despote qui n'avait mis fin à cette crise par un coup d'État que pour entraîner la France dans une lutte insensée contre l'Europe entière, fut tombé à son tour, les hommes de bon sens purent espérer que le pays, lassé de tant de convulsions, saurait jouir en paix de l'égalité civile et des libertés politiques achetées si cher, mais qu'il serait à jamais guéri de la passion des émeutes et des coups de force dont il avait pu apprécier les inconvénients pratiques. Par malheur, ce fut le contraire qui arriva.

A mesure que nous nous éloignions de la grande crise qui a rempli la fin du siècle dernier et le début du siècle présent, nous oubliions de plus en plus ce qu'elle a eu d'horrible pour nous éprendre plus ardemment de ce qu'elle a eu de dramatique et de grandiose : les générations qui ont grandi entre 1815 et 1848 se sont peu à peu forgé deux religions qui ont remplacé dans la plupart des cœurs l'ancienne foi monarchique et l'ancienne foi religieuse : ces deux religions, assez difficiles à concilier au point de vue de la logique, se fondaient pourtant en une seule dans laquelle presque tous les hommes aujourd'hui âgés de plus de quarante ans ont été élevés : le culte de l'empire et celui de la révolution.

On se faisait un dieu de l'homme qui avait entraîné nos armées de Cadix à Moscou, sans songer que ses victoires stériles avaient été punies par deux invasions ; on adorait la Convention, le comité de salut public, les jacobins ; on admirait la Terreur, on divinisait l'échafaud ; le 14 juillet, le 10 août, le 9 thermidor, le 18 brumaire, ces dates contradictoires nous apparaissaient toutes entourées de la même auréole ; on en venait à tenir de moins en moins aux résultats excellents de la révolution pour adorer de plus en plus dévotement les moyens détestables par lesquels on les avait conquis ; à part les fils de quelques unes des victimes de Robespierre ou de Napoléon, qui donc parmi nous n'a pas été élevé dans ce culte étrange et funeste ?

Dans une intéressante déposition devant la commission d'enquête, un ouvrier très intelligent, revenu aujourd'hui de bien des erreurs et animé en tout temps des sentiments les plus honnêtes et les plus patriotiques, M. Héligon, nous donne des détails tristement instructifs sur l'éducation que reçoit l'immense majorité des enfants de Paris :

Il y a une foule de métiers qui emploient les enfants ; ils sont élevés dans des principes atroces. Ils n'ont pas le temps d'aller à l'école. On les met à l'atelier à huit ans. Ils sont élevés à l'atelier. Moi, j'étais ouvrier tireur de châssis à dix ans. *J'ai été dressé à entendre parler des émeutes de 1834, de 1835, de la barricade de la rue Saint Merry, et nous disions : « Nous n'allons donc pas faire de barricades ! »* Février est arrivé, les journées de juin sont arrivées.

Les enfants sont élevés à entendre glorifier les révolutions. Je vous cite les ouvriers en papiers peints dont je fais partie ; il y a des enfants qui ne sont pas capables de faire leur compte à la paye ; ils ne lisent pas de journaux ; mais quand il y a quelque chose dans la rue, ils sortent. Si quelque jour, dans une réunion publique, on leur dit que leur situation va changer, ils le croient. Ils n'ont aucune notion d'économie politique ; il faut leur apprendre la différence qu'il y a entre le mien et le tien.

Voilà l'éducation des classes ouvrières. Voulez-vous savoir maintenant comment sont élevés les enfants de la bourgeoisie ? rappelez-vous ces récits que nous nous faisions entre nous au collége, d'après les conversations entendues le dimanche un peu partout ; souvenez vous de la façon dont nous nous racontions les journées de Juillet ; nous ignorions encore la cause trop juste qui avait poussé nos pères à s'armer contre Charles X, mais nous nous exaltions en parlant de la garde royale vaincue par les « citoyens, » des Suisses tués sur les marches du Louvre ; nous savions par cœur les beaux vers de Barbier :

> Oh ! lorsqu'un lourd soleil chauffait les grandes dalles
> Des quais et de nos ponts déserts,
> Quand les cloches hurlaient, quand la grêle des balles
> Pleuvait et sifflait dans les airs,
> Quand dans Paris en feu, comme une mer qui monte,
> Le peuple soulevé grondait,
> Quand au lugubre accent des vieux canons de fonte
> *La Marseillaise* répondait.

Nous pleurions d'admiration au passage où le poëte célèbre :

> La grande populace et la sainte canaille
> Se ruant à l'immortalité.

Encore une fois, ce n'était pas la justice de la cause soutenue par les combattants qui nous touchait ; non, ce qui nous passionnait, c'était cette idée d'une lutte triomphante de la population civile contre les forces régulières du pays ; ce que nous aimions, c'était la révolution pour la révolution.

Un livre curieux de M. Ranc montre bien cette séduction irrésistible exercée même sur les fils des bourgeois par des récits de complots. Dans cet ouvrage, où la vérité tient à coup sûr beaucoup plus de place que la fiction, M. Ranc raconte que dans son enfance il habitait à Poitiers, sur la paisible place du Pilori. Il avait des voisins de tout genre, presque tous petits bourgeois tranquilles et dévots ; mais deux d'entre eux étaient d'anciens conspirateurs échappés par miracle aux tribunaux militaires de Napoléon Ier. C'est vers eux qu'il se sent invinciblement attiré. Ces hommes n'ont à lui conter que des conspirations qui ont échoué et qui ont amené l'emprisonnement, la condamnation et la mort de la plupart de leurs auteurs : la séduction n'en est que plus irrésistible :

C'est alors que ces deux hommes me contèrent l'histoire des conspirations républicaines sous le consulat et l'empire.

... Ils m'expliquèrent l'organisation des sociétés secrètes dont la charbonnerie fut l'héritière. Ils me montrèrent les Philadelphes et les Frères bleus étendant leurs ramifications jusque dans les cabinets des ministres, jusque sous les tentes des maréchaux. Ils me dirent leurs espérances, leurs illusions, puis les désastres qui les avaient accablés et la mort de leurs compagnons.

Ils me confièrent enfin, quand mon âge leur inspira confiance, un grand nombre de lettres et de rapports de police relatifs à l'affaire.

Dépouille ce dossier, me dit l'abbé Georget; fais-en ton profit, et souviens-toi, c'est la dernière recommandation d'un vieux bonhomme qui va bientôt s'en aller; souviens toi, quand tu seras arrêté, de ne pas répondre à l'instruction.

Comment ! quand je serai arrêté?

— On est toujours arrêté, reprit il en souriant.

(*Le Roman d'une conspiration.* Introduction, p. 29.)

Le rôle joué par M. Ranc pendant les dernières années du second empire prouve suffisamment qu'il profita bien des leçons de l'abbé Georget.

Les sentiments au sujet de Napoléon Ier que les anciens conspirateurs de la place du Pilori inspiraient au futur membre de la Commune de Paris étaient alors infiniment rares, et presque tous les hommes qui ont aujourd'hui dépassé la quarantaine avaient appris à adorer aussi dévotement l'empire que la révolution.

La religion impériale n'est plus. Le 2 décembre lui avait porté un coup fatal; Reichshoffen et Sedan ont achevé de renverser l'idole napoléonienne. La Commune suffira-t-elle pour déraciner de tous les cœurs la religion révolutionnaire? Il n'est pas permis de l'espérer; mais elle pourra du moins ébranler fortement sur leur base les faux dieux qui ont trop longtemps régné parmi nous.

On trouvera sans doute de l'exagération dans nos paroles. Nous croyons pourtant être strictement dans la vérité. Sans doute vous trouverez beaucoup de Français qui n'ont jamais eu qu'une admiration assez médiocre pour Robespierre, et qui ont toujours éprouvé une profonde horreur pour Marat, pour Hébert, pour les fous et les scélérats du même genre. Mais en trouverez-vous un, je dis un seul, qui n'ait bien longtemps regardé comme l'une des dates les plus heureuses et les plus glorieuses de notre histoire telle ou telle de ces journées où la légalité fut vaincue par la force brutale, par les piques des faubouriens ou par les baïonnettes des soldats? Parmi les partisans les plus modérés de la république, combien en trouverez-vous qui ne regardent pas le 10 août comme une date sacro sainte? quel ami de l'ordre ne vous eût pris pour un terroriste, si vous vous étiez permis avant le 2 décembre 1851 de condamner la violation des lois commise par le général Bonaparte le 18 brumaire? Pourrai je moi même aujourd'hui écrire, sans être traité de blasphémateur par tous les partis à la fois, que la journée du 14 juillet 1789, cette grande journée d'où nous avons appris à dater l'ère de nos libertés, ouvrit en réalité l'ère des émeutes, des insurrections et des coups d'État? On pouvait fonder la liberté en France, alors même que les faubourgs de Paris n'auraient pas pris ce jour là une inoffensive forteresse défendue par 40 Suisses et 80 invalides; l'Assemblée nationale pouvait légalement abolir les priviléges dans la nuit du 4 août, alors même que la populace n'aurait pas égorgé vingt jours auparavant quelques malheureux sans défense, et promené au bout de ses piques les têtes sanglantes de Delaunay, le gouverneur de la Bastille et de Flesselles, le prévôt des marchands. Mais qui donc parmi nous s'était avisé d'une vérité si simple avant que les désastres de la guerre étrangère et les crimes de la guerre civile nous eussent amenés à faire d'amers retours sur le passé et à revenir sur les idées que nous avions le plus longtemps admises comme indiscutables?

Pour bien saisir les causes profondes, les causes primordiales de l'insurrection du 18 mars, il est nécessaire de dire quelques mots de l'état moral que nos révolutions successives ont créé en France, et de passer rapidement en revue les partis qui se trouvent aux prises depuis un demi siècle.

La France a eu jadis, nous le croyons, des volontés, des passions communes à presque tous les Français, du moins à ceux d'entre eux qui étaient assez éclairés pour aimer et pour vouloir quelque chose. Depuis bien des années, elle se divise en deux classes très distinctes. L'une, qui comprend l'immense majorité de nos compatriotes, est composée de cette masse honnête, intelligente, active, laborieuse, des commerçants, des industriels, des cultivateurs, des grands et des petits propriétaires, qui, uniquement occupés de leur travail, ne demandent que la paix, la tranquillité du présent, la sécurité de l'avenir pour faire leurs affaires, pour gagner une fortune et pour en jouir. Cette masse a reçu, comme tous les Français, l'éducation révolutionnaire ; chacun des hommes qui la composent a dans son enfance senti son cœur battre aux récits des journées historiques où l'on a ébranlé ou renversé quelque gouvernement. Beaucoup d'entre eux ont été dans leurs premières années d'ardents révolutionnaires ; puis l'âge est venu, et avec lui l'expérience; ils ont appris, les uns après 1830, les autres après 1848, ce que coûtent les barricades et les lampions : ils sont devenus conservateurs par intérêt ou réactionnaires par peur ; mais leur vieil instinct révolutionnaire vit encore au fond de leur cœur. Tous ces sentiments et toutes ces tendances contradictoires se sont agités quelque temps en eux, puis il est résulté de leur lutte chez ces hommes tout occupés de leurs travaux, de leurs affaires, de leurs plaisirs, un état de scepticisme et d'indifférence qui leur permet de s'accommoder de tout gouvernement qui s'établit, sans le chicaner sur son origine, pourvu qu'il paraisse pouvoir donner le calme et assurer « la reprise des affaires. » Ces braves gens acclament le coup d'État du 2 décembre, en se racontant les uns aux autres tout ce que leurs grands-pères leur ont dit sur l'ère de gloire et de prospérité qui suivit le 18 brumaire, tout comme le 24 février ils criaient : « Vive la République ! » en se souvenant que leur père ou leur oncle avait « descendu » un Suisse le 29 juillet 1830. Eux qui avaient été heureux de voir l'empire consolidé et rajeuni par sept millions de *oui* le 8 mai 1870, ils se sont rappelé avec enthousiasme, le 4 septembre de la même année, les exploits des « volontaires de 92, » et les miracles de « la levée en masse, » car toutes ces légendes révolutionnaires sont pour eux paroles d'Évangile. Il n'a probablement pas fallu moins que l'assassinat de Lecomte et de Clément Thomas, immédiatement suivi de la fusillade de la place Vendôme, pour les empêcher d'accueillir avec la même bonne grâce souriante le comité central et la Commune. Gens précieux à tout gouvernement nouveau puisqu'il les trouve éternellement prêts à le soutenir, le lendemain du jour où il s'est installé; amis d'ailleurs assez inutiles le jour où il est sérieusement menacé, puisqu'ils ne savent ni ne veulent rien faire pour le défendre; gens en somme avec lesquels tout gouvernement n'aurait pas de peine à vivre éternellement, sans la seconde des deux catégories dans lesquelles se rangent tous les Français.

Cette seconde classe ne se compose que d'une bien faible minorité et celle ci est aussi divisée entre elle que l'autre est unanime; mais elle est toujours active tandis que la première ne sort presque jamais de son inertie, de telle façon que c'est cette minorité presque infime qui fait à chaque instant la loi à l'immense majorité du peuple français.

Dans cette minorité, en effet, sont compris tous les *politicians*, pour emprunter le mot américain, tous les gens dont la politique est l'affaire, le métier ou la passion. Là se trouvent les chefs et les soldats actifs des cinq ou six partis qui se disputent le pouvoir ; là on rencontre les hommes les plus honorables et les plus intelligents, là aussi, les fous les plus ignorants et les plus méprisables ; là nous voyons à la fois la tête et la queue, l'élite et le rebut de la société ; là se rencontrent des hommes que des passions sincères, des convictions à la fois ardentes et raisonnées ont poussés dans la lutte des partis ; là s'agitent les déclassés pour qui la politique n'est qu'une carrière plus facile que les autres, parce qu'on peut y entrer sans diplôme, et sans capitaux ; là fourmillent enfin les aventuriers qui parient pour la faction à laquelle ils croient le plus de chances de succès comme les joueurs pour la couleur qu'ils supposent devoir sortir.

Honorables ou indignes, ces hommes subissent presque tous l'entraînement de la passion ; résolus à ne s'arranger que de la victoire complète de leur parti, ils n'hésitent pas à poursuivre le succès par tous les moyens sans en excepter l'appel à la force, qui seule, jusqu'ici depuis près d'un siècle a tour à tour, en France, donné et repris le pouvoir.

L'antique maison de Bourbon est remontée sur le trône le jour où les armes de l'Europe ont abattu le colosse impérial ; elle en a été renversée par les fusils des Parisiens, grâce à une insurrection que le roi Charles X et ses conseillers avaient provoquée eux-mêmes en attaquant la Charte à main armée. Les légitimistes ont cherché pendant plusieurs années à ressaisir la puissance par des voies criminelles, par l'appel à la guerre civile ; jamais ils n'ont désavoué ni les Vendéens qui attaquaient pour eux la première république, ni la chouanerie organisée pendant les premières années du règne de Louis-Philippe ; il y a donc lieu de croire que s'ils ne font appel aujourd'hui qu'à la force morale et au scrutin, c'est parce que la force brutale leur manque absolument.

Les bonapartistes n'ont pour ainsi dire jamais cessé de conspirer depuis 1814 ; le retour de l'île d'Elbe n'a pas été autre chose qu'une révolte militaire ; les complots impérialistes ont sans cesse troublé le repos de Louis XVIII et de son frère ; sous Louis-Philippe, le chef actuel de la famille Bonaparte a par deux fois à Boulogne et à Strasbourg tenté de montrer qu'il était bien le plus proche parent de l'auteur du 18 brumaire ; il y a enfin réussi le 2 décembre 1851 ; serait-ce calomnier ses amis et lui que de les supposer occupés en ce moment à préparer quelque mystérieuse machination destinée à remettre encore une fois, par un coup de force, la France entre leurs mains ?

Les partisans de la monarchie constitutionnelle sont les seuls qui n'aient jamais fait appel au droit du plus fort pour rétablir la branche cadette de la maison de France sur le trône du roi Louis-Philippe. Ils ont souvent, sous la seconde république et sous le second empire, aussi bien que depuis le 4 septembre, défendu avec vivacité, avec passion, leurs idées dans des brochures, dans des livres ou dans des journaux ; jamais leurs ennemis les plus acharnés n'ont saisi le moindre indice qui pût permettre de soupçonner que les princes d'Orléans ou leurs partisans aient trempé dans aucun complot. Cependant eux aussi participent à la tache originelle dont aucun gouvernement n'a été exempt en France ; la monarchie de Juillet est née sur les barricades ; elle a eu pour premiers parrains non-seulement les défenseurs armés de la Charte violée par Charles X, mais aussi un certain nombre de conspirateurs émérites tout surpris de se voir une fois métamorphosés en champions de ces lois qu'ils s'étaient habitués à combattre.

Quant aux républicains, espérons qu'ils étonneront désormais le monde par leur sagesse, mais de tous les partis, c'est le leur qui a le plus longtemps, le plus infatigablement conspiré, et qui a été le plus habitué à ne compter que sur la force brutale pour conquérir le pouvoir. Par trois fois, le 10 août 1792, le 24 février 1848 et le 4 septembre 1870, c'est le hasard d'une journée révolutionnaire qui leur a livré la France; chaque fois leur triomphe, au lieu d'amener l'apaisement général qu'ils nous faisaient espérer pour le lendemain de leur victoire, a déchaîné les émeutes et la guerre civile. La république était à peine proclamée que ses partisans unis la veille se partageaient le lendemain en plusieurs fractions hostiles ; toutes celles qui n'étaient pas aux affaires cherchaient à remplacer leur heureuse rivale dans les palais du gouvernement et dans les hôtels des ministères et avaient recours à la violence pour y parvenir. La révolution du 10 août 1792 est suivie des insurrections, des journées et des coups d'État du 31 mai 1793, du 9 thermidor, du 1ᵉʳ germinal, du 1ᵉʳ prairial, du 13 vendémiaire, du 18 fructidor, du 30 prairial et du 18 brumaire. Le 24 février 1848 nous amène le 15 mai et la sanglante bataille de juin ; le 4 septembre a pour conséquence le 31 octobre et le 18 mars.

Nous venons de rappeler un certain nombre de dates. Il est facile de trouver l'explication des événements qui les ont illustrées et la loi qui régit nos révolutions depuis un demi siècle.

La masse du pays, avons-nous dit, a des instincts et des habitudes révolutionnaires avec des goûts et des besoins conservateurs. Sceptique, indifférente et blasée, elle est prête à applaudir à tout changement politique pourvu qu'elle ne croie pas ses intérêts matériels en péril ; elle n'est capable de se laisser entraîner à un grand mouvement de colère ou d'indignation que quand on lasse trop constamment sa patience et qu'on persiste trop longtemps à troubler la paix qui lui est nécessaire. D'autre part, la minorité qui s'occupe de politique est ardente et décidée à tout pour réussir ; ajoutons enfin qu'il existe un parti purement et uniquement révolutionnaire qui aime le tapage pour le tapage lui-même, qui a en horreur la paix, la tranquillité et le règne paisible des lois.

Quand le pays est resté longtemps sans secousses, les passions démagogiques depuis trop longtemps inassouvies deviennent furieuses ; le parti qu'elles animent retrouve ses anciens chefs ou s'en donne de nouveaux avec lesquels il se prépare à marcher une fois de plus contre l'ordre et les lois. Qu'à ce moment quelque faute grave commise par le gouvernement mécontente les masses habituellement paisibles sur lesquelles il s'appuie d'ordinaire et menace soit leurs droits soit leurs intérêts, ces masses complétement désaffectionnées marchent elles-mêmes contre lui, comme en 1830, ou s'abstiennent, comme en 1848 et en 1870, de lui prêter leur concours matériel ou moral. Dès lors, il suffit d'une poignée de conspirateurs pour abattre en quelques heures le trône qui, la veille, semblait le plus solide.

Cette révolution est acclamée ou tout au moins assez doucement supportée par le pays, dont elle flatte les secrets instincts ; mais comme elle exalte jusqu'à la fureur, jusqu'à la démence, les passions anarchiques de la démagogie, bientôt les masses, aussi conservatrices par nécessité que révolutionnaires par instinct, se lassent et s'effrayent ; plus l'ardeur belliqueuse des meneurs et de leurs dupes s'accroît chez le petit nombre, plus l'amour de l'ordre se réveille dans l'immense majorité de la nation ; quand le parti de la révolution à outrance croit son heure enfin arrivée et s'élance à son tour à l'assaut du pouvoir, alors ses alliés de la veille l'abandonnent ou osent même prendre les armes contre lui ; quand il est vaincu, la colère de presque tous les Français contre cette faction incorrigible toujours prête à troubler leur repos et à menacer leurs intérêts les plus chers rend la répression complète et terrible. Les généraux et même les officiers subalternes de l'armée du désordre qui n'ont pas succombé les armes à la main sont les uns fusillés ou déportés, les autres contraints à prendre la fuite et à s'expatrier. Leurs soldats découragés se désagrégent, se dispersent, et rentrent dans les rangs de la masse indifférente et sceptique, où ils finissent par oublier d'abord les espérances chimériques qui les avaient séduits, puis jusqu'aux rêves de vengeance qui les consolaient de leurs défaites.

Cependant au bout d'un certain temps, l'éducation révolutionnaire recommence à produire sur les nouvelles générations ses inévitables effets. Il suffit de dix ou quinze années de repos relatif pour remplir de nouveau les ateliers, les écoles, les comptoirs, les bureaux et les administrations d'ouvriers, d'étudiants, de commis et d'employés qui éprouvent à leur tour le besoin de faire comme leurs aînés, aujourd'hui las de la lutte, des conspirations et des barricades.

Parmi les anciens chefs de la démagogie qui ont échappé à la mort, les uns ont fini leur temps de prison; les autres ont obtenu leur grâce ou sont rentrés en France à la faveur d'une de ces fatales amnisties que tous les gouvernements ont eu jusqu'ici la faiblesse de se laisser arracher : ils apportent à la jeune armée du désordre, d'ailleurs déjà pourvue de nombreux meneurs sortis de son sein, le prestige de leurs noms chers aux conspirateurs et aux émeutiers, et c'est d'ordinaire ce moment précis que le gouvernement choisit pour se départir de sa vigueur dans la résistance, ou même pour commettre quelque faute irréparable.

Il nous serait facile de montrer dans notre histoire, depuis le début de ce siècle l'application de cette loi à laquelle sont soumises nos révolutions périodiques.

Le coup d'État tenté par Charles X en 1850 aurait eu des chances de succès dans les premières années de la restauration, quand le pays était encore épuisé par les luttes terribles de l'empire ; essayé lorsque quinze ans de repos avaient réparé toutes les forces et permis aux innombrables ennemis des Bourbons de se reconnaître, de recruter des partisans et de se coaliser entre eux, c'était un acte de folie ; il échoua non pas seulement parce que les mesures militaires furent prises d'une façon insuffisante, mais parce que le succès en était à peu près impossible, en présence d'ennemis acharnés très nombreux auxquels les ordonnances de juillet donnaient pour alliés la presque totalité des habitants de toutes les villes et l'unanimité des habitants des campagnes possesseurs de biens nationaux.

Une fois la révolution faite, la bourgeoisie, qui y avait pris une grande part morale et même matérielle, sent la nécessité de s'arrêter. Les premiers troubles de 1831 l'inquiètent et l'indisposent contre les turbulents ; la continuation des désordres l'exaspère et la garde nationale, alors à peu près exclusivement composée d'éléments bourgeois, prend la part la plus énergique à la répression des émeutes de 1832 et de 1834. Ces insurrections n'avaient pas été assez générales pour que leur répression désarmât complétement le parti révolutionnaire ; elles l'affaiblissent pourtant au point qu'il ne peut plus dès lors, jusqu'en 1848, tenter qu'une seule prise d'armes insignifiante, celle de Barbès en 1839.

Cependant l'excès même de la tranquillité dont la France jouit désormais amène peu à peu la bourgeoisie à oublier ses intérêts conservateurs et à se laisser de nouveau amuser par ses fantaisies révolutionnaires, qu'elle croit inoffensives. La déplorable campagne des banquets s'ouvre sans que l'opposition se doute combien est dangereux le jeu qu'elle joue ; le gouvernement qui en dénonce bien haut les dangers dans ses discours à la Chambre, croit si peu à ses propres paroles ou à celles de ses avocats, qu'il ne sent ni la nécessité de concéder à temps les réformes justement réclamées par l'opinion publique, ni celle de résister énergiquement, comme cela lui était si facile, le jour où la lutte s'engage à main armée. Ainsi s'opère en quelques heures, par le concours moral de la bourgeoisie qui refuse de défendre le gouvernement de Juillet, cette folle révolution sans cause, sans prétexte même, dont les auteurs et les bénéficiaires se trouvent aussi stupéfaits que les victimes.

Les combattants qui avaient renversé le trône étaient à peine quelques centaines. Au bout de quelques jours, grâce au déchaînement des théories folles et des passions anarchiques, le parti révolutionnaire comptait par dizaines de mille ses adhérents et ses soldats. Le 17 mars, le 16 avril, l'armée de l'anarchie passe ses troupes en revue; mais l'armée de l'ordre, épouvantée du mal qu'elle a laissé faire, se reconstitue et remporte le 15 mai une victoire signalée quoique non sanglante. En juin, la lutte décisive éclate; les insurgés sont cent fois, deux cents fois peut-être plus nombreux qu'au 24 février; mais cette fois la société est prévenue du danger qu'elle court; les classes intéressées à l'ordre ne se livrent plus à leurs fantaisies révolutionnaires; elles n'écoutent que la voix de la raison; cette fois elles se défendent vigoureusement, et comme toujours en pareil cas elles triomphent. Cette victoire a coûté bien cher; mais aussi elle est décisive, trop décisive peut être puisqu'elle désarme les amis de la liberté en même temps que les soldats de l'émeute, puisqu'elle rend possible, ou plutôt inévitable, le succès d'un coup d'État aussi coupable que celui où Charles X avait échoué en 1830.

Le 2 décembre fut suivi de proscriptions et de déportations en masse, où furent compris sans aucun doute un grand nombre de gens très-honorables, mais qui firent pour nos départements profondément atteints par la propagande démagogique ce que les transportations ordonnées à la suite de l'insurrection de juin avaient déjà fait pour Paris. En fait, avec quelque sévérité qu'on doive juger le coup d'État de décembre et ses procédés sommaires, la France se trouvait en 1852 débarrassée sur toute sa surface des chefs du parti révolutionnaire; les défenseurs les plus modérés des idées les plus sagement libérales avaient été de leur côté ou jetés en exil ou tout au moins réduits, par la suppression de la tribune et l'annihilation de la presse, à un silence absolu. Le pays, épuisé et épouvanté par les convulsions qui s'étaient succédé depuis le 24 février jusqu'au 2 décembre, acceptait ici avec résignation, là avec enthousiasme ce nouvel ordre de choses.

Nous avons tous vu comment ce sommeil trop profond se dissipa peu à peu; nous avons tous assisté d'abord au réveil des idées libérales, puis au déchaînement des passions anarchiques : la crise de 1870 et de 1871 s'est préparée sous nos yeux; nous savons comment l'armée de la Commune s'est recrutée et organisée, non pas sous le gouvernement du 4 septembre, mais sous l'empire même; les témoins qui ont déposé devant la commission d'enquête n'ont pourtant tenu presque aucun compte de ces faits si voisins de nous. L'historien n'a pas le droit de les négliger.

Nous n'avons pas la prétention d'écrire, aujourd'hui

du moins, l'histoire de la Commune, mais avant de présenter à nos lecteurs un choix des témoignages recueillis par la commission, nous demandons la permission de rappeler dans ses traits principaux cette dernière période de l'empire pendant laquelle un certain nombre de bons citoyens, s'élevant, par la force et la sincérité de leur patriotisme, au dessus des passions des partis, ont vainement essayé de conjurer l'orage qu'ils voyaient grossir au-dessus de nos têtes.

CHAPITRE II

LE PARTI RÉVOLUTIONNAIRE SOUS LE SECOND EMPIRE

Pendant les premières années du second empire, les gens naïfs purent croire que les passions dont le déchaînement imprévu les avait épouvantés en 1848 avaient disparu du monde, étouffées, en même temps que nos libertés, par l'*acte sauveur* du 2 décembre, comme on disait alors. Les rares tentatives faites à cette époque par quelques chefs de l'armée cosmopolite de la révolution (complots de l'Hippodrome et de l'Opéra-Comique, attentats de Pianori et d'Orsini), semblaient n'avoir soulevé partout que l'indignation et consolidaient le pouvoir impérial au lieu de l'ébranler.

Cependant les gens moins confiants dans le « génie » de « l'homme providentiel » qui avait daigné se faire le maître absolu de la France se demandaient si par hasard le système de compression à outrance appliqué avec énergie depuis le coup d'État était bien réellement le plus propre à dissiper les erreurs et les préjugés des masses, ou s'il n'avait pas simplement pour effet de dérober à notre vue les progrès du mal, tout en les accélérant.

Au bout de quinze ou seize ans de la plus parfaite sécurité, les candides partisans de la dictature bonapartiste purent commencer à soupçonner que notre guérison était moins complète qu'ils ne l'avaient cru, que la paix sociale était loin d'être rétablie, qu'on avait seulement profité d'une trêve, mais que les hostilités allaient bientôt recommencer.

Lorsque la prolongation du régime établi à la suite du coup d'État fut devenue impossible et que l'empereur, affaibli par les échecs répétés de sa politique extérieure, essaya de se relever par des réformes libérales, il fallut peu de temps aux esprits perspicaces pour juger des progrès effrayants que les idées les plus fausses et les plus funestes avaient faits en silence dans la population des grandes villes.

Le parti démagogique se divise en deux grandes fractions principales, les jacobins et les socialistes. Aucun de ces deux groupes n'avait oublié une seule de ses haines ou perdu un de ses préjugés; tous deux s'étaient enfoncés plus profondément que jamais dans leurs erreurs spéciales et dans leurs folies.

Les jacobins, pendant le long silence qui leur avait été imposé, avaient arrêté plus nettement et définitivement coordonné les dogmes de la religion révolutionnaire. Déjà en 1865, un de leurs jeunes adeptes alors attaché à un journal qui louvoyait entre la Convention et le Palais-Royal, avait nettement résumé leur foi dans cette phrase textuelle : « La révolution est une révélation. »

Lorsque la presse fut devenue tout à fait libre, les timides audaces de M. Jules Labbé se trouvèrent tout de suite singulièrement dépassées. Le véritable prophète de la nouvelle religion fut Delescluze, qui catéchisa ses fidèles dans *le Réveil*. Ce malheureux homme croyait de très-bonne foi que la prochaine crise révolutionnaire serait suivie de véritables miracles. Aucune difficulté ne l'arrêtait un instant. Toutes devaient selon lui se trouver résolues du jour au lendemain par le fait seul de la victoire du « peuple. »

Quand il s'agissait de savoir comment ces problèmes insolubles que pose le parti révolutionnaire seraient résolus, il répondait paisiblement qu'il n'y avait pas à s'en inquiéter. « C'est là, écrivait il, un des secrets que possède la démocratie. » Toutes les plaies sociales devaient être pansées et guéries dès le jour même de la grande victoire par « la main puissante et fraternelle de la démocratie. »

Il n'hésitait pas à déclarer toutes les insurrections légitimes. Au mois d'octobre 1869, dans une discussion relative aux journées de juin, il écrivait :

> Pour nous, nous croyons, nous croirons toujours que, lorsqu'un peuple se soulève, demandant du plomb ou du pain, réclamant son droit à la vie, sa part d'air et de soleil, l'allégement des mille et mille misères qu'il supporte trop stoïquement, nous croyons qu'il y a dans ces convulsions désespérées une légitimité éclatante; la sainte revendication de la souffrance, la protestation des opprimés.

Nous n'avons pas besoin d'ajouter que, par ce mot, *le peuple*, Delescluze comme toute son école n'entend ni la totalité, ni même la simple majorité des habitants d'une ville ou d'un pays.

Le peuple, ce sont, quel que soit leur nombre, les individus qui partagent ses passions et ses préjugés ; *le peuple* pour lui, ce n'est pas au 31 octobre la presque unanimité des Parisiens qui s'arment pour rétablir l'ordre, c'est la poignée d'émeutiers qui l'a troublé. Mais ce peuple, s'il est peu nombreux, est du moins quelque chose de saint et de sacré. Écoutez comment en parle *le Réveil* du 9 octobre 1869 :

> Comme le vent souffle où il veut, le peuple n'obéit qu'à sa volonté; vainement les politiques les plus sincères, les plus éclairés, les plus dévoués veulent ils lui donner le signal de marche ou l'arrêter. A l'égal des puissances mystérieuses de la nature, qui semblent obéir à des caprices, violer les lois que, dans notre ignorance, nous avons données à la logique, renverser à plaisir les calculs des savants et des observateurs, le peuple aime à démentir la sagesse des penseurs et des hommes d'État. Il agit quand et comme il lui plaît, et toute victoire est son œuvre.

Changez quelques mots, et l'on pourra prendre ce morceau pour un extrait d'un écrit mystique sur la grâce. Le jacobinisme n'est à bien des égards qu'un catholicisme retourné. La Terreur et l'Inquisition ne sont que des sœurs ennemies.

Pendant que les jacobins étaient en train de rédiger les dogmes de la vieille religion révolutionnaire, les socialistes se lançaient dans ce qu'ils prenaient très-sincèrement pour des études pratiques sur l'organisation sociale, sur le travail et sur le crédit.

Les anciennes écoles qui florissaient en 1848, étaient oubliées ; personne ne songeait plus ni à Fourier et à son phalanstère, ni à Cabet et à son Icarie ; Proudhon seul était à la mode; c'était une de ses idées qui ralliait les masses ouvrières, et se mêlait d'ailleurs à une foule de théories que le célèbre philosophe fantaisiste se serait sans doute hâté de désavouer.

La gratuité du crédit, jadis recommandée par les Pères de l'Église et prônée par Proudhon comme la nouveauté la plus fraîche, avait séduit toute la nouvelle école des socialistes pratiques. Les ouvriers de Paris se persuadaient que des trois éléments reconnus par une école socialiste antérieure comme nécessaires à toute entreprise, capital, intelligence et travail, le dernier seul pouvait légitimement revendiquer sa part dans les produits de l'entreprise; que les bénéfices aujourd'hui prélevés par les deux autres l'étaient indûment et constituaient, pour reprendre le mot à la mode en 1848, une exploitation de l'homme par l'homme; que le capital et les outils ou machines qu'il sert à acquérir devaient être mis gratuitement au service des travailleurs; que le chef qui dirige l'ensemble de l'entreprise, les savants ou les artistes qui mettent à son service leur savoir et leur goût acquis par de longues études ne font que remplir des fonctions parfaitement équivalentes à celles du plus humble des manœuvres qui ne lui apporte que le concours banal de sa force musculaire.

Entre 1862 et 1864, un noyau d'hommes dont quelques-uns fort honnêtes, mais aveuglés par les plus déplorables erreurs, projetèrent à Paris et fondèrent à Londres l'*Association internationale des travailleurs*. Nous avons exposé ailleurs l'histoire et l'organisation de cette trop célèbre société; nous avons montré comment les préjugés et les erreurs de ses fondateurs portèrent leurs fruits naturels; comment à chacun des congrès de l'association (Genève 1866, Lausanne 1867, Bruxelles 1868 et Bâle 1869) l'élément relativement modéré et réellement honnête perdit un terrain gagné par les plus insensés et les moins scrupuleux des membres de l'association, comment enfin le mutuellisme que représentaient MM. Tolain, Fribourg, Héligon et autres délégués de Paris, y fut complétement battu par le collectivisme et le communisme, représentés par les délégués de l'Allemagne, de la Suisse et de l'Angleterre[1].

Nous ne pouvons revenir ici sur tous ces faits ; mais nous devons montrer comment l'élément socialiste et l'élément révolutionnaire remplirent de leurs agitations et de leurs complots les dernières années de l'empire, si bien qu'il fallait être aveugle pour ne pas voir dès lors que l'armée du désordre livrerait forcément bientôt bataille à la société, et que le premier de tous les intérêts sociaux était de réunir en un seul faisceau toutes les forces conservatrices afin de pouvoir lutter avec avantage.

Cette nécessité fut sentie alors par un grand nombre des hommes qui avaient le plus constamment combattu le despotisme impérial au nom de la liberté ; ils n'attendirent ni la guerre, ni la chute de l'empire pour se tourner contre les ennemis devenus à ce moment les plus dangereux ; et les feuilles radicales commencèrent longtemps avant le 4 septembre à déverser leurs insultes aussi largement sur les conservateurs libéraux que sur les bonapartistes. On nous permettra de citer comme

---

[1] *Histoire de l'Internationale*, par Edmond VILLETARD. — Paris, 1871. Garnier frères. 1 vol. in 12.

preuve un passage du *Diable à quatre*, dans lequel M. Ranc nous faisait à nous même l'honneur de s'égayer aux dépens de notre vigilance et de notre clairvoyance :

M. Villetard est ce qu'on appelait autrefois un enragé de modéré. Il est bien en colère, le père Villetard! Il est en colère contre les irréconciliables, contre Rochefort et contre Gambetta, contre Paris et contre Marseille, contre les électeurs et contre les élus, contre les journaux irréconciliables et contre ceux qui les lisent, contre les réunions publiques et contre ceux qui y vont, contre les manifestations et contre les manifestants... Il est b... en colère le père Villetard !...

Le père Villetard est assuré que *les barbares sont à nos portes!* Ne lui dites pas non, il les a vus! C'est l'abomination de la désolation! *Les horreurs vont commencer.* Le père Villetard frissonne, etc.

Pour tout homme attentif aux signes précurseurs des orages il y avait en effet à ce moment lieu de frissonner. C'est le 13 novembre 1869 que M. Ranc nous raillait si agréablement. « Les barbares » n'avaient plus longtemps à rester à nos portes et il ne devait pas se passer dix-huit mois avant que « les horreurs » ne fussent accomplies dans Paris en feu.

Le 7 janvier 1867, le tribunal de police correctionnelle rendait son jugement dans le procès resté célèbre sous le nom d'affaire du café de la Renaissance. Il s'agissait d'une société secrète organisée par les blanquistes, qui recommençaient à s'agiter. En lisant aujourd'hui la liste des gens condamnés pour leur participation à cette affaire, on y retrouve plusieurs noms qui devaient s'illustrer plus tard par d'autres hauts faits, et notamment ceux de Protot, de Tridon, de Genton, de Landowski, de Jeunesse, de Villeneuve, etc.[1]. Au mois de septembre de la même année, deux congrès démagogiques sont convoqués au même moment dans deux villes de Suisse très voisines l'une de l'autre. L'un à Lausanne, réunit les délégués de l'Internationale; dans l'autre, tenu à Genève, est convoquée sous prétexte de congrès de la paix l'élite des révolutionnaires non socialistes. Les internationaux ayant voté des résolutions énergiques contre la guerre, le malheureux Gustave Chaudey, qui devait plus tard périr assassiné par les gens même dont il excitait alors les passions, proposa au congrès de Genève de conclure avec la réunion de Lausanne un pacte en vertu duquel les *travailleurs* devaient aider les *bourgeois* à reconquérir la liberté tandis qu'en retour la bourgeoisie coopérerait à « l'affranchissement économique du prolétariat. »

Malgré la fin burlesque de ce congrès de la paix, qui se termina par des échanges d'injures et des coups de poing, l'alliance entre les deux grandes fractions du parti démagogique était sinon conclue, du moins ébauchée, et l'Internationale, qui avait eu jusqu'à ce jour la prudence de se tenir au moins officiellement à l'écart des luttes politiques, se jeta dès lors résolûment dans la mêlée parmi les ennemis les plus acharnés de l'empire.

L'entente établie entre le socialisme et le jacobinisme produisit bien vite ses fruits naturels, c'est-à-dire des troubles dans la rue. Au mois de novembre 1867, Paris

---

[1] Voici cette liste : Protot, Tridon, Edmond Levraud, sont condamnés chacun à 15 mois de prison; Marchadier et Léonce Levraud, à un an de la même peine; Largillière, Callavaz, Bazin, Meunié, Genton, Villeneuve et Vaissier, à 6 mois; Landowski, Jeunesse, Jeannon, Sornet, Subit, Dubois, Humbert, Richet et Stevenin, à 3 mois.

voit pour la première fois, depuis seize ans, des manifestations révolutionnaires dans des lieux publics : le 2 novembre, promenade au tombeau de Manin dans le cimetière de Montmartre ; le surlendemain, démonstration sur le boulevard Montmartre pour protester contre la nouvelle occupation de Rome par les troupes françaises. La réponse du gouvernement à cette première attaque fut une série de visites domiciliaires chez les chefs de l'Internationale suivies de poursuites pour délit d'affiliation à une société secrète ; c'est ainsi que la guerre éclata entre l'empire et l'association dans laquelle il avait quelque temps espéré trouver une force amie.

Parmi les quinze internationaux poursuivis à cette occasion, nous trouvons les noms de M. Tolain, aujourd'hui député de Paris, de MM. Héligon et André Murat, qui, le 18 mars, résistèrent de la façon la plus honorable au Comité central, de Camélinat, dont la Commune fit le directeur de la Monnaie, et de Gérardin, qui devint membre de la Commune. Les membres du bureau de l'Internationale retrouvèrent à Sainte-Pélagie quelques-uns des condamnés de l'affaire du café de la Renaissance et d'autres prisonniers politiques avec lesquels ils formèrent des liaisons destinées à devenir de jour en jour plus intimes, tandis que jusque-là les fondateurs de l'association et les blanquistes étaient ennemis jurés, se traitaient de « mouchards, » de coquins « bons à tuer, » et se promettaient mutuellement que les premiers qui seraient les plus forts se débarrasseraient des autres en leur « fauchant le collier[1]. »

---

[1] Dépositions de MM. Fribourg et Héligon.

3.

A la fin de cette année 1867 qui avait vu les joies et les splendeurs de l'Exposition universelle, personne ne se doutait que l'empire fût sérieusement atteint, et les faits que nous venons de rappeler avaient passé à peu près complétement inaperçus. L'année suivante, les gens les moins perspicaces commencèrent à s'apercevoir que la situation n'était plus bonne pour le gouvernement. La fin tragique de Maximilien et l'échec sinon militaire, du moins politique, de notre déplorable expédition mexicaine avaient fortifié l'opposition. La gauche, peu nombreuse mais bien unie, trop peu politique pour comprendre qu'elle pourrait devenir un jour gouvernement elle-même, et qu'il fallait ne pas se rendre ce rôle impossible, entassait pêle-mêle les réclamations les plus justes et les théories les plus folles ou les plus funestes. Le pouvoir ébranlé par ces coups faisait des concessions libérales au moment où son affaiblissement les rendait dangereuses, et après avoir pendant seize ans usé d'un système de compression à outrance, il passait tout à coup à l'excès opposé et laissait sinon en principe, du moins en fait, une liberté absolue de tout dire et de tout faire.

Le 19 janvier 1867, l'empereur avait annoncé dans une lettre insérée au *Moniteur officiel* l'abolition du régime du bon plaisir auquel la presse avait été soumise par le décret du 17 février 1852 et une loi autorisant les réunions publiques. Par suite du mauvais vouloir de tout le monde officiel pour de telles réformes, ces deux lois ne furent votées que plus d'un an après. Pendant cet intervalle on ne pouvait avoir recours ni au régime des avertissements condamnés par le chef de l'État, ni à la loi en voie de préparation, puisqu'elle n'existait pas.

Une fois les deux lois faites et promulguées, ce fut bien pis encore. Les gens naïfs furent prodigieusement surpris de découvrir tout à coup que le socialisme, qu'ils croyaient enterré depuis dix-huit ans, était plus fort, plus vigoureux et surtout plus nourri de préjugés et de haines qu'en 1848. La presse démagogique déchaînée traînait dans la même fange et les dépositaires du pouvoir et les chefs de l'opposition parlementaire, même la plus avancée. Dans les réunions publiques les orateurs, auxquels on avait interdit la politique, s'en consolaient en faisant des cours d'athéisme, en condamnant la propriété, le mariage, l'héritage et en demandant la liquidation de la société.

Ce qu'il y avait de particulièrement grave, c'est que ce débordement de passions anarchiques et anti sociales se produisait juste au moment où le gouvernement effaré n'osait plus se servir de cette force matérielle qui avait été pendant si longtemps sa seule protection. Nous aimons toutes les libertés, mais à une condition, c'est que toute tentative de désordre matériel soit immédiatement et impitoyablement réprimée. L'empire, au contraire, qui montrait à tout propos ses canons et ses baïonnettes à l'époque où il ne laissait rien dire ni rien écrire, en était venu à ne plus oser réprimer le désordre dans la rue à l'instant où, changeant tout à coup de système, il laissait aux journaux et aux clubs non seulement la liberté pleine et entière, mais encore la licence la plus effrénée.

Les fonctionnaires et les agents de la préfecture de police entendus par la commission d'enquête expliquent parfaitement ce phénomène :

Écoutez M. Marseille :

Le gouvernement ne se servait pas des soldats sous prétexte qu'il ne voulait pas verser le sang. C'était l'époque où on lui reprochait avec violence le coup d'État du 2 décembre, et où tous les jours les journaux renouvelaient le souvenir du meurtre de Baudin et poussaient à des manifestations dans la rue.

Ainsi les hommes qui avaient répandu des flots de sang pour s'emparer du pouvoir, quand ils ne représentaient que la révolte contre la loi, étaient alors terrifiés par le souvenir de ce qu'ils avaient fait et n'osaient plus verser une goutte de sang pour se défendre au moment où ils représentaient à leur tour la loi, l'ordre et la société. Quel châtiment !

D'autre part, les implacables ennemis de la société ne sentaient pas leur force, parce qu'ils ne devinaient pas les sentiments qui guidaient le pouvoir, parce qu'ils le croyaient aussi résolu en 1869 pour défendre les lois qu'il l'avait été en 1851 pour les renverser. Ils avaient peur : le chassepot, qui avait prouvé sa puissance, non-seulement à Mentana contre les garibaldiens, mais à Aubin et à la Ricamarie contre des émeutiers français, les épouvantait, d'après M. Mettetal :

L'empire ne voulait pas faire de répression, parce que s'il en avait fait il compromettait toute la politique commandée à ses yeux par les exigences du suffrage universel.

En présence de ce régime, on ne s'appartenait plus.

Si le charme du chassepot avait été rompu, si une émeute avait éclaté, on aurait reconnu la faiblesse réelle de la société vis-à-vis de cette armée populaire qui s'était insensiblement constituée et développée, grâce à l'Internationale, grâce aux syndicats, grâce à la loi des coalitions, au droit de réunion et à la licence de la presse.

Étrange situation qui ne pouvait pas se prolonger bien longtemps et qui devait forcément aboutir soit à la défaite du parti de l'anarchie, si toutes les fractions de ce grand parti conservateur qui forme l'immense majorité de la nation s'unissaient au gouvernement afin de sauver en même temps que lui leurs intérêts gravement menacés, soit à la chute de l'empire et par suite à une crise épouvantable si, par quelque faute grave, le gouvernement amenait les gens de bien à séparer plus que jamais leur cause de la sienne.

Rappelons rapidement les événements qui ont rempli cette période critique.

Au mois de novembre 1868, ont lieu des manifestations tumultueuses autour de la tombe de Baudin, le représentant du peuple tué le 3 décembre 1851. A la suite de ces manifestations, *l'Avenir national* et *le Réveil* ouvrent une souscription pour élever un monument à cette victime du coup d'État. Des organes des partis plus modérés les imitent. Le gouvernement poursuit un grand nombre de journaux de Paris et des départements impliqués dans une vaste affaire de « manœuvres à l'intérieur. »

Dans un premier procès on voit paraître devant la police correctionnelle Delescluze, Quentin, les deux Gaillard (père et fils) et Peyrouton, en même temps que MM. Peyrat, Challemel-Lacour et Duret.

Dans un second procès, le *Journal de Paris* et *le Temps* sont poursuivis à côté du *Réveil*. A ce moment, on le voit, tous les partis se trouvent encore coalisés contre l'empire ; il ne faudra pas moins que les concessions faites par le pouvoir, après les élections de 1869 et l'interpellation des cent seize, pour dissoudre cette coalition et donner comme défenseurs à l'empire tentant de se transformer les plus estimés et les plus considérables de ses ennemis.

Il est vrai que les hommes un peu mêlés à la politique, qui ne virent pas dès 1869 l'imminence du danger, firent preuve d'un singulier aveuglement. Le langage qui se tenait tous les matins dans les journaux rouges et tous les soirs dans les réunions publiques n'avait rien d'obscur. Ce n'était pas seulement à l'empire qu'on s'attaquait. On annonçait nettement l'intention d'abolir toute autorité matérielle et morale, de supprimer le mariage et même l'héritage, et de transformer l'athéisme en une sorte de religion d'État. Les chefs de l'opposition parlementaire la plus extrême furent alors eux mêmes épouvantés de l'état des esprits qui se révélait brusquement à eux.

M. Jules Favre a raconté dans sa déposition comment, au moment des élections générales de 1869, il fut interpellé à Lyon par une députation de ses anciens électeurs qui venaient le sommer d'accepter le mandat impératif et de signer une déclaration d'athéisme. Il refusa, et comme son refus les irritait et les amenait à lui parler avec insolence, il se fâcha et les mit à la porte. On se rappelle qu'il ne fut à ce moment élu ni à Lyon où un irréconciliable plus foncé que lui avait pris sa place, ni à Paris, où il se trouva en ballottage avec Rochefort. Il lui fallut se rendre aux réunions électorales qui se tinrent entre le premier et le deuxième tour de scrutin ; voici ce qu'il en dit dans sa déposition :

J'ai été plusieurs fois accompagné par les invectives et les outrages les plus extraordinaires : on m'accusait d'a-

voir trahi; je ne sais pas ce que j'ai trahi, je crois avoir été fidèle à tout ce que j'ai professé. Un soir — c'est malheureux pour moi — j'ai été protégé par la police; on avait formé le dessein de renverser ma voiture, on m'aurait renversé aussi.

Cela se passait au mois de juin ; au mois d'octobre de la même année, tous les députés de la Seine furent convoqués à une réunion par l'élite des clubistes des faubourgs qui voulait les sommer d'expliquer pourquoi ils ne consentaient pas à se mettre, le 26 octobre, à la tête d'un mouvement populaire.

MM. Jules Favre et Ernest Picard refusèrent nettement de s'y rendre ; M. Gambetta, fidèle à sa tactique habituelle, ne voulut ni rompre avec les démagogues de barrière en repoussant leur invitation peu polie, ni s'exposer à leurs injures directes en s'y rendant; il s'excusa en alléguant cette maladie commode qui lui permet de se tenir à l'écart dans les circonstances trop difficiles. Les autres députés eurent la faiblesse de se rendre aux sommations des Briosne et des Vermorel. Ils furent toute la soirée en butte aux plus grossières invectives, aux accusations les plus extravagantes. L'un de ces malheureux pantins de la démagogie, M. Bancel, finissant par trouver que c'en était trop, s'écria qu'il ne relevait que de sa conscience. Ce mot un peu fier déchaîna une véritable tempête. M. Ferry s'étant permis de sourire à une accusation un peu plus inepte que toutes les autres fut traité de la belle manière. L'excuse de Gambetta alléguant le mauvais état de sa santé fut accueillie par ce cri : « A l'hôpital Gambetta ! »

Du reste, déjà la veille ou l'avant-veille, dans une autre réunion, on avait signalé la signature de Gambetta au bas du manifeste de la gauche dans lequel on repoussait le mandat impératif et où l'on désavouait « les violences démagogiques; » sur la proposition de Millière, l'assemblée, à l'unanimité moins trois voix, avait décidé que « Gambetta a trahi sa mission et forfait à sa parole. »

Ces députés malmenés pour ce fameux programme s'y étaient pourtant déclarés républicains en disant que « le principe électif » était « appelé à transformer *de la base au sommet* toutes les institutions du pays, » et qu'il fallait « le dégager tout à la fois des *compromis monarchiques* qui le corrompent et des violences démagogiques qui le dégradent. »

On vient de voir que ces politiques de cabaret avaient été plus froissés du désaveu des violences démagogiques que charmés par la répudiation des compromis monarchiques.

C'est qu'en effet il n'y avait plus alors à leurs yeux grand mérite à risquer une profession de foi républicaine entourée de tant de ménagements, enveloppée de tant de formes oratoires et cachée dans tant de périphrases, quand chaque jour les journaux rouges et les orateurs des clubs proclamaient tout haut la république sans phrases.

Le nom même de république revenait alors si souvent partout, les républicains, tant les modérés que les violents, semblaient si forts, que Prévost-Paradol, qui n'était pas encore rallié à l'empire et qui ne supposait pas devoir s'y rallier jamais, écrivait dans un de ses articles :

C'est constater simplement un fait et donner une idée exacte de la situation singulière dans laquelle nous sommes, que de dire que nous avons actuellement deux gouvernements qui se tiennent l'un l'autre en échec, et qui s'observent en attendant la lutte : le gouvernement impérial, qui siége à Saint Cloud ou à Compiègne, et le gouvernement républicain, qui siége partout et nulle part.

Cependant l'évidence même du péril en diminuait la gravité. En 1848, si la révolution s'était accomplie, c'est parce que personne ne la supposait possible ; si la bourgeoisie avait laissé renverser Louis Philippe dans la matinée du 24 février, c'est parce que, le 23 au soir, elle croyait encore son trône inébranlable. Il en était tout autrement cette fois. La violence du langage des clubs et des feuilles démagogiques montrait à tout le monde à quoi l'on devait s'attendre pour le lendemain d'une révolution. Ce n'était plus seulement la monarchie, mais la société même qui était en question. L'expérience de 1848 prouvait que les pouvoirs en apparence les mieux assis peuvent être abattus par la plus faible secousse. Aussi, quand M. de Kératry engagea les députés ses collègues à se rendre au Corps législatif, le 26 octobre, pour y reprendre leurs travaux sans la convocation du gouvernement, chacun comprit que, quelle que fût au fond l'intention de l'auteur de cette proposition, si elle était adoptée, il se jouerait, le 26 octobre, entre l'empire et ses ennemis les plus acharnés une partie terrible que l'empire pourrait bien perdre, et qu'il ne perdrait pas seul.

Or beaucoup de gens qui aimaient fort peu l'empire, ou qui même le détestaient, comprenaient fort bien qu'il fallait choisir entre le maintien de l'ordre avec l'empire et par l'empire, ou une période longue et sanglante de troubles et d'anarchie, si on renouvelait en 1869 la faute commise en 1848. La presse libérale eut l'honneur de commencer à expliquer à ses lecteurs, aussi clairement que cela se pouvait, l'état vrai de la question ; peu à peu elle les ramena et entraîna avec elle quelques-uns des journaux plus avancés ; au bout de quelques jours de discussion, il ne restait plus pour la manifestation que les gens qui sont toujours et partout pour les émeutes et les prises d'armes ; tout ce qui n'était pas catégoriquement révolutionnaire avait compris la nécessité de ne pas favoriser un mouvement si dangereux, et bientôt les révolutionnaires eux-mêmes, sentant qu'ils seraient absolument seuls s'ils voulaient remuer, prirent le parti de se tenir tranquilles.

Cette date du 26 octobre est mémorable ; car ce fut la première fois depuis le 14 juillet 1789 que, la question d'une révolution étant nettement posée, on vit le bon sens l'emporter sur la passion, et l'ordre triompher non pas par la force des armes, mais par la puissance du raisonnement, par le concours unanime de tous les bons citoyens sans distinction de parti [1].

---

[1] Dès le 7 octobre Prévost Paradol appréciait ainsi qu'il suit les dispositions du public.

« Y a t il lieu maintenant pour le parti républicain de tenter ce qu'on appelle une journée contre le gouvernement ?... En ce monde, il est bien présomptueux de juger nos desseins uniquement selon la raison et de compter pour rien la fortune ; mais la raison est pourtant quelque chose et cette fois elle dit hautement qu'il y a neuf chances sur dix pour que cette journée soit une défaite. Et en parlant de la sorte, nous ne tenons pas compte seulement des forces matérielles dont le gouvernement dispose, car nous savons par expérience avec quelle facilité parfois de tels remparts s'écroulent ; mais nous avons surtout en vue les dispositions morales de la majorité des citoyens. En pareille matière, c'est l'état de l'esprit public qui décide, et *l'esprit public ne nous paraît pas en enfantement d'une révolution.* »

(*Journal des Débats*, 7 octobre 1869.)

Le mois d'octobre avait été rempli par les discussions les plus passionnées sur la résolution qu'on devait prendre en face de la proposition de M. de Kératry. Le mois de novembre fut donné tout entier aux querelles électorales. Par suite d'options, quatre circonscriptions de Paris avaient à remplacer des députés nommés dans plusieurs colléges à la fois aux élections générales. Le parti révolutionnaire proposa de voter pour des hommes qui refuseraient de prêter le serment préalable alors imposé aux candidats. Ledru-Rollin lança un manifeste pompeusement vide et fut le candidat insermenté de la troisième circonscription. Barbès fut proposé dans une autre ; enfin, dans la première, celle qui avait au printemps nommé Gambetta (également élu à Marseille), Rochefort, qui consentait à prêter le serment, fut admis comme seul et unique candidat de toutes les nuances du parti révolutionnaire.

L'auteur de *la Lanterne*, qui s'était retiré en Belgique pour se dispenser de faire les années de prison auxquelles il avait été condamné, rentra en France avec le consentement tacite du gouvernement. Arrivé à Paris, il reçut dans tous les clubs l'accueil le plus enthousiaste ; dans celui de la rue Doudeauville, il se déclara hautement favorable à la doctrine communiste déjà adoptée par un congrès de l'Internationale sur la question des mines. Il s'engageait d'ailleurs à donner sa démission dès que ses électeurs ne seraient plus contents de lui. A une autre réunion qui se tenait au boulevard de Clichy, il termina son discours par cette péroraison singulièrement nette :

Si le Corps législatif ne veut pas entendre mes paroles, si

les circonstances m'obligeaient *à porter mon mandat du Corps législatif dans la rue*, j'espère que vous n'hésiteriez pas à me suivre?

Il est inutile d'ajouter que l'assemblée lui répondit à l'unanimité par un *oui* énergique, et protesta avec le même ensemble contre la dissolution de la réunion, que le commissaire de police se hâta de prononcer.

Dans ce livre, qui est avant tout un recueil de documents, il nous paraît intéressant de montrer par quelques citations l'effet que ces insanités et ces violences produisaient sur les observateurs les plus intelligents.

M. Laboulaye, dans une lettre datée du 11 novembre 1869 et publiée le lendemain ou le surlendemain dans *la Liberté*, prédisait trop justement, hélas! le dénoûment prochain de la triste farce qui nous écœurait tous :

> Ce pays-ci n'a pas les mœurs de la liberté. Pour lui tout est spectacle. Les Parisiens n'ont jamais vu Masaniello qu'à l'Opéra; cela les amuse de voir un Masaniello en chair et en os. Ils voient clairement qu'avant un mois M. Rochefort sera traîné dans la boue par ses prôneurs, à moins qu'il n'aille se faire arrêter misérablement sur une barricade par quatre sergents de ville. Cela les occupe et ils attendent le dénoûment sans voir qu'ils jouent l'avenir de la liberté.

M. Sarcey, dans *le Gaulois*, était aussi frappé de ce fait que les Parisiens regardaient tout cela avec plus de curiosité que d'intérêt, et il prédisait les tristes mais inévitables résultats de cette apathie :

> Je ne crois pas qu'en aucun temps et chez aucune nation, on ait vu une abdication si complète, j'ose le dire, si

piteuse des classes éclairées. Elles se sont désintéressées de la politique, soit honte et dégoût, soit désespoir, et elles regardent avec une curiosité triste cette foire à candidatures où éclatent de tous côtés en fanfares discordantes tous les queues-rouges et tous les pitres de la démagogie; c'est pour elles un spectacle comme un autre, et elles s'imaginent qu'il ne leur en aura rien coûté pour le voir. *On ne paye qu'en sortant, comme disent les saltimbanques.* Oui, mais il faut toujours en venir à payer.

Le *Times*, qui jugeait peut être mieux que nous la situation parce que, la jugeant de plus loin, il voyait moins les menus détails et saisissait plus nettement l'ensemble, le *Times* était frappé comme M. Sarcey de l'apathie de la masse du pays, mais en même temps il signalait comme une amélioration sensible le courage avec lequel la presse libérale se lançait dans la lutte contre la démagogie :

Nous nous réjouissons de voir les symptômes d'un meilleur esprit se développer chez les organes les plus respectables de la presse française. Plusieurs journaux d'un libéralisme avancé ont dénoncé dans un langage énergique le brutal appel de Ledru Rollin. C'est tout ce qu'il fallait faire. En renversant le fanatisme révolutionnaire, la bataille contre l'impérialisme est à moitié gagnée. C'est une chose pénible pour un pays comme la France d'avoir à choisir entre M. Rochefort et l'empereur Napoléon; mais c'est uniquement la faute du pays s'il n'a pas d'autre alternative que celle là. Ni la tyrannie, ni l'anarchie n'ont de force réelle par elles-mêmes. L'une et l'autre n'ont de puissance que celle qui leur vient de l'apathie, de l'inertie et de la lâche et coupable indolence de la partie saine de la nation [1].

---

[1] Nous empruntons cette traduction au *Journal des Débats*, du 14 novembre 1869.

Les élections complémentaires des 21 et 22 novembre amenèrent un résultat moins fâcheux que celui qu'on pouvait craindre.

Rochefort, à ce moment l'idole de la démagogie, fut nommé, il est vrai, mais sa majorité fut moins écrasante qu'on ne s'y attendait, puisqu'il aurait suffi de déplacer 800 voix pour lui enlever la majorité absolue. Dans la troisième circonscription, il n'y avait sur 32,540 votants que 1,057 bulletins au nom de candidats insermentés; on en comptait 1,480 dans la quatrième circonscription sur 29,015 votants et 2,445 dans la huitième, sur 32,823 votants. La grande manifestation révolutionnaire des votes inconstitutionnels avait donc misérablement échoué, et à part M. Rochefort, les noms des élus (M. Crémieux, dans la troisième circonscription et M. Emmanuel Arago dans la huitième), n'avaient pas une signification bien terrible. Dans la quatrième, M. Glais-Bizoin, sans avoir obtenu la majorité absolue, avait plus de voix que M. Allou, le candidat du parti conservateur, mais M. Brisson, le plus radical des candidats qui avaient prêté le serment, ne venait qu'au troisième rang avec 6,148 voix contre les 7,550 de M. Allou, et les 11,902 de M. Glais-Bizoin. Le parti révolutionnaire était donc loin de pouvoir se réjouir des résultats des élections complémentaires.

Le 29 novembre, le Corps législatif reprenait enfin sa session extraordinaire si brusquement interrompue en juillet par le décret d'ajournement, et l'empereur lui adressait un discours dans lequel se trouvait cette fameuse phrase : « La France veut la liberté, mais avec l'ordre. L'ordre, j'en réponds. Aidez moi, messieurs, à sauver la liberté. » On sait quels applaudissements accueillirent cette promesse de maintenir l'ordre et pour quelle raison elle fut si mal tenue.

 Le mois de décembre fut pris par la fin de la discussion des pouvoirs, discussion peu édifiante, tout le monde s'en souvient ; mais les débats de la Chambre avaient remplacé dans les préoccupations du public les séances orageuses des clubs, et les choses semblaient reprendre leur cours normal. Le 2 janvier fut constitué ce ministère Ollivier qui devait par sa faiblesse et sa légèreté attirer tant de désastres sur la France et entraîner l'empire dans l'abîme ; mais à ses débuts il fut salué, ne l'oublions pas aujourd'hui, par les applaudissements à peu peu près unanimes de tout ce qui n'appartenait ni au parti absolutiste, ni à la démagogie, c'est-à-dire par la presque unanimité des Français éclairés.

 L'empire, par ses concessions libérales, avait désarmé les hommes les plus honorables et les plus clairvoyants de tous les partis honnêtes, et beaucoup des plus illustres chefs de ces partis tenaient à honneur de le soutenir dans cette tentative pour bien montrer qu'ils plaçaient les intérêts de la France au-dessus des passions étroites des coteries. On put croire que le règne des idées sagement libérales était arrivé, et que Napoléon III avait enfin réconcilié l'empire et la liberté : *Res olim dissociabiles, principatum et libertatem*. Mais il semble qu'un démon jaloux s'oppose à ce que la France jouisse jamais de la liberté sous quelque forme politique ou sous quelque dynastie que ce soit. A peine l'achèvement de la révolution libérale et pacifique venait-il de nous être solennellement annoncé par l'avénement du cabinet du 2 janvier, qu'un de ces malheurs qui déjouent toute sagesse humaine vint nous rejeter brusquement dans les agitations révolutionnaires.

Le drame d'Auteuil fournit à la démagogie, dès les premiers jours de l'année 1870, une merveilleuse occasion de soulever les passions populaires. A l'enterrement du malheureux Victor Noir, l'armée du désordre n'attendait qu'un signe de Rochefort pour descendre sur Paris et marcher à l'assaut des Tuileries et de l'Hôtel de Ville. Ce signal, le vaudevilliste pamphlétaire n'osa pas le donner, et maintenant que nous savons combien le gouvernement impérial, épouvanté par le spectre de Baudin, avait peur d'engager une lutte sanglante, nous nous demandons s'il n'y avait pas de grandes chances pour que Napoléon III prît ce jour là même le chemin de l'exil, au cas où Rochefort eût été moins prudent.

Le gouvernement, de son côté, répondit à la faute de ses ennemis par une autre faute. Il demanda au Corps législatif la permission de poursuivre le député pamphlétaire pour un article très violent, sans doute, mais dont la violence était excusable en présence du cadavre de ce jeune journaliste tué par un cousin de l'empereur. Traduit en police correctionnelle, Rochefort fut condamné et son arrestation amena plusieurs soirs de suite des émeutes semblables à celles du mois de juin 1869, mais plus graves, car on osait, pour la première fois depuis le 2 décembre 1851, faire de véritables barricades, et on essayait même de les défendre.

A ce moment, la position était d'une netteté parfaite. D'un côté se trouvaient tous les révolutionnaires, socialistes ou jacobins, désireux d'en finir avec l'empire ; de l'autre, non plus seulement les hommes de décembre, mais à côté de l'empereur et de ses amis, les conservateurs de toutes les nuances et tous les partisans des idées de liberté sage, dont les uns prêtaient au gou-gouvernement renouvelé et rajeuni leur concours matériel, et les autres tout au moins leur appui moral.

C'est à ce moment que le cabinet du 2 janvier commit une faute plus grave encore que les précédentes; c'est alors qu'il vint maladroitement troubler la réconciliation qui s'opérait entre l'empire et la plupart de ses anciens adversaires, en mettant ceux-ci, par le plébiscite, dans l'alternative de se déclarer violemment pour le pouvoir vers lequel ils commençaient seulement à venir, ou bien de rompre définitivement avec lui.

Pour leur forcer la main, il donna à la veille du vote la publicité la plus grande et la plus solennelle à un complot qu'on l'accusa tout naturellement d'avoir fabriqué lui-même.

M. Choppin, qui exerça d'importantes fonctions à la préfecture de police depuis le 4 novembre 1870 jusqu'à la veille du 18 mars, s'est fait dans sa déposition l'écho des bruits d'après lesquels l'affaire des bombes aurait été montée par M. Lagrange :

> M. Lagrange y passait (à la préfecture), pour un homme fort habile, mais plutôt à son point de vue qu'au point de vue de l'intérêt public. On le considérait comme un homme qui cherchait à se donner une importance considérable. Je n'hésite pas à croire, quant à moi, que quand il était nécessaire d'avoir un complot, M. Lagrange, je ne dirai pas l'inventait, mais savait le faire naître. C'était un fait de notoriété à la préfecture. Ainsi, comme je l'ai dit, l'affaire du procès de Blois était une affaire qui manquait de base sérieuse, mais à côté il y en avait d'autres qui avaient leur réalité; on les lais-

sait de côté et on trouvait tous les éléments d'une mise en scène habile pour l'instruction d'un complot qui certainement n'était pas une chose fantastique, mais à laquelle la sincérité faisait un peu défaut.

Sans doute, l'opinion d'un homme qui a été pendant quatre mois en rapports constants avec tous les chefs de la police de sûreté et de la police politique, qui a pu les interroger tant qu'il l'a voulu et auquel ils n'avaient pas de raison pour cacher la vérité, doit avoir un grand poids en semblable matière. Cependant il faut bien remarquer, que parmi les accusés qui parurent devant la haute cour de Blois, nous trouvons Cournet, Dereure, Dupont, Ferré, Flourens; Fontaine, Gromier, Jaclard, Joly, Mégy, Moilin (Tony), Razoua, Sappia, Tridon et Félix Pyat, c'est à-dire à peu près tous les chefs des mouvements révolutionnaires qui éclateront pendant le siége, presque tous les membres importants du comité central et de la Commune qui n'appartiennent pas à l'Internationale. Les crimes dont ils sont accusés sont des projets d'insurrections compliquées de projets d'assassinats et d'incendie; qu'ils devaient mettre à exécution au moyen de bombes orsiniennes, de pétrole et de nitroglycérine. Dès qu'ils seront rendus à la liberté par le 4 septembre, nous les verrons se mettre avec ardeur à la fabrication des bombes orsiniennes; le 22 janvier, ils les emploieront sur la place de l'Hôtel de Ville : au mois de mai, ils brûleront une partie de Paris avec du pétrole; tout nous porte donc à regarder comme fort probables les accusations portées contre eux à Blois par le parquet.

D'ailleurs, le parti auquel ils appartenaient ruminait depuis bien des années ses sinistres projets et ses lugubres folies. Les bombes dont on attribue généralement la première idée à Orsini, parce qu'il l'a le premier mise sérieusement à exécution, avaient été inventées dès 1847 par les derniers débris des sociétés secrètes, par les plus fidèles amis des Blanqui et des Barbès, par les prédécesseurs des Flourens, des Jaclard et des Tridon. Nous retrouvons dans le livre curieux publié en 1850 par un agent de la police secrète, Lucien de la Hodde, un passage qu'il eût été bon de faire connaître à la commission d'enquête :

De cette armée tombant en dissolution, se détacha un petit corps d'entêtés qui, ne voyant plus jour à une affaire en règle, se raccrochèrent selon l'habitude à l'idée d'un coup de main. Un neveu de M. Grandménil avait envoyé de Nantes *la recette d'une bombe incendiaire dont l'effet devait être foudroyant*. MM. Culot, Viton, Vellicus, Courtin, Gibaut, etc, réunirent leurs connaissances chimiques et se mirent en devoir de fabriquer le projectile. Ce qu'ils en voulaient faire n'était pas chose bien arrêtée. Selon l'occasion, *ils auraient fait sauter les Tuileries, la Chambre des députés, ou bien embrasé à la fois Paris aux quatre coins*. Ces trois projets étaient en tête de toute liste de moyens révolutionnaires, sûrs et expéditifs. Au reste, la nomenclature des procédés de destruction ruminés dans les bouges démocratiques serait fort longue. A certaines époques, il y avait comme une fièvre de ces inventions; chacun voulait avoir la sienne... La plupart de ces bêtises féroces étaient aussitôt connues de la police, qui observait leurs auteurs, et, à la moindre tentative, les jetait à la Conciergerie.

Les bombes de M. Culot étaient fort bien connues de M. Pinel, secrétaire général de la préfecture, chargé du service politique. Il savait au juste à quoi en était leur confection. Un matin, apprenant que les conjurés devaient aller en essayer plusieurs à Belleville, il envoya des agents qui mirent la main sur les projectiles et les ingénieurs.

Une douzaine de conspirateurs compromis dans cette affaire comparurent en justice, et furent condamnés à différentes peines. Ce projet acheva la désorganisation du petit corps d'armée rival des *Saisons*. Jusques en février cette troupe, formée de communistes de toutes couleurs et de démagogues de tout acabit, resta sans accord ni cohésion, perdue dans les antres les plus ténébreux de la capitale.

Les projets attribués aux conspirateurs de 1870 rentrent donc parfaitement dans toutes les habitudes de leur parti et sont en parfaite concordance avec ce que leurs prédécesseurs avaient rêvé jadis et avec ce qu'ils exécutèrent eux-mêmes quelques mois plus tard.

La réalité très-sérieuse du complot jugé à Blois est du reste attestée par un témoin dont la parole ne peut laisser aucun doute, par Gustave Flourens, qui a pris la peine d'écrire lui-même de sa propre main et de publier entre l'armistice et le 18 mars, dans son *Paris livré*, les aveux les plus nets et les plus formels. Non-seulement il avoue les crimes dont on le chargeait à Blois, mais il s'en vante comme d'actions d'éclat qui doivent honorer à jamais son nom :

S'emparer des Tuileries en une nuit, grâce à quelques intelligences au dedans, et en y terrassant les bonapartistes s'ils essayaient de résister, *au moyen des formidables engins de destruction* mis par la science au service des peuples opprimés; paralyser à force d'audace tous les souteneurs si terriblement armés du tyran, et avec quelques hommes d'une immense énergie affranchir de ses chaînes un grand peuple énervé : tel était le complot qui devait séduire alors tout cœur généreux et brave.

Et ce complot libérateur aurait pu parfaitement réussir...

Un faux ami, qui avait pourtant combattu très bravement avec Flourens en Crète, pendant une année entière, pour l'indépendance d'un peuple héroïque, qui avait toujours veillé fraternellement sur le salut de son camarade, un faux ami, séduit par l'appât de 15,000 francs de rentes, livra le complot au parquet bonapartiste et la France aux Prussiens.

(*Paris livré*, p. 11 et 12.)

Après avoir raconté comment il était parvenu à embaucher un certain nombre de soldats, en attaquant les officiers et les chefs de l'armée dans *la Marseillaise*, Flourens en vient à parler de Beaury et de sa part dans le complot :

Ainsi avait commencé à se moraliser l'armée. Comprenant l'abjection de leurs chefs, l'infamie du despotisme qu'ils étaient chargés de défendre contre la nation, les meilleurs soldats ne voulaient plus du service, désertaient en foule.

Plusieurs de ces braves gens étaient aidés à l'étranger par Flourens. L'un d'eux vint de Bruxelles à Londres. Plus tard, celui-ci fut traître à la cause sacrée qu'il avait promis sur son honneur de venger, se laissa entraîner dans la voie du mal par le faux ami qui trahissait Flourens avec l'esprit de gagner quinze mille francs de rente. Mais alors il était honnête, et paraissait bien décidé.

Ce jeune homme était intelligent, instruit; il semblait avoir en lui le cœur viril d'un Agésilas Milano, de ce soldat qui fit siffler aux oreilles du tyran de Naples sa balle régicide.

Pendant quatre jours, Flourens le mit à l'épreuve, l'entretenant de la grandeur, de la sainteté, de la nécessité de l'œuvre de salut et de rédemption qu'il s'offrait à tenter. Il s'assura que quatre autres sous-officiers, nouveaux sergents de la Rochelle, étaient d'accord avec lui.

Quand il vit que sa résolution était ferme et ne s'ébranlait point, il le laissa partir avec les instructions et les moyens de succès nécessaires.

Faire frapper ce moderne César de pacotille par son armée, au milieu d'une revue solennelle et d'un état-major de complices du 2 décembre, entre Canrobert le lâche et Bazaine le traître, donner aux soldats ce noble moyen d'expier leur participation au forfait, de laver cette tache de déshonneur qui souillait l'armée française; puis accourir avec le peuple *armé de bombes* pour fraterniser avec les vengeurs, et marcher à leur tête à la conquête de la délivrance commune, que pouvait-il y avoir de plus beau?...

Les amis de Flourens qui avaient comploté avec lui furent arrêtés à Paris sur la délation de son faux ami. Réfugié à Londres, Flourens regretta amèrement de ne point partager leurs souffrances; il les croyait encore tous fidèles. Mais il se jura à lui même de les venger bientôt.

(*Paris livré*, p. 18, 19 et 22.)

On voit, d'après ces aveux de Flourens lui-même, que le complot dénoncé à la France à la veille du plébiscite avait une existence très-réelle; il y avait bien véritablement à Paris et à Londres une poignée de fous et de scélérats parfaitement décidés à ne reculer devant aucun crime pour renverser l'empire et s'emparer de la France.

Seulement, en combinant ce que dit ensuite l'auteur de *Paris livré* avec les paroles de M. Choppin, que nous avons citées, nous arriverons peut-être à voir quelle fut, dans cette affaire, la part de la police impériale.

Flourens continue en ces termes :

Afin de produire plus d'impression sur les esprits des badauds de province, Ollivier réunit plusieurs séries d'accusés entièrement distinctes, d'accusés qui n'avaient jamais connu les projets de Flourens, et de cette vaste macédoine composa le procès de Blois.

Une lecture attentive des débats montre jusqu'à l'évidence que deux ou trois des accusés étaient, non pas de vrais conspirateurs, mais des agents de police. Jamais, en effet, il n'y eut chez nous, au moins depuis le commencement de ce siècle, une société secrète qui n'eût parmi ses membres influents et parfois même parmi ses chefs un certain nombre d'agents de la préfecture; les honnêtes gens n'auraient le droit de se plaindre que s'il en était autrement. La police ferait une chose odieuse en organisant elle même par ses agents une conspiration; elle ne fait que son devoir en les mêlant à celles qui se montent spontanément. On peut être certain qu'il n'y a jamais eu depuis 1815 un seul moment où l'administration n'eût pu, si elle l'avait jugé convenable, traduire devant un tribunal un certain nombre de coquins ou d'insensés très-sérieusement mêlés à des complots compliqués de projets d'assassinat, d'explosions, d'incendies, etc. La police de l'empire a peut-être bien commis dans le procès de Blois deux ou trois erreurs assez graves. On peut penser d'abord qu'elle a confondu dans une seule affaire des conspirateurs affiliés à deux ou trois complots différents et étrangers les uns aux autres; il y a en outre lieu de croire qu'elle a été assez aveugle pour ne pas voir à côté des menées très-maladroitement dissimulées d'un écervelé comme Flourens, une mine beaucoup plus mystérieuse creusée par le grand maître en l'art de conspirer, le vieil Auguste Blanqui[1]. Enfin, il est probable que quand on

---

[1] Il y a ce fait singulier qui est de notoriété à la préfecture. Avant

vit Flourens résolu à faire assassiner l'empereur et embarrassé seulement pour le choix de l'assassin, on eut la prudence de lui choisir l'homme qu'il cherchait; mais ce qui est l'évidence même, c'est que Flourens était, ainsi qu'un certain nombre de ses amis, parfaitement décidé à tout faire pour armer contre Napoléon III le bras d'un fanatique, et que ces sectaires fabriquaient dans l'ombre des armes terribles.

Au reste, ils n'étaient pas seuls à préparer la révolution par de tels moyens. L'Internationale, qui, malgré deux ou trois tentatives de fusion, s'était toujours tenue en dehors des blanquistes et des jacobins, comptait de son côté, dans ses sections, un certain nombre de scélérats qui rêvaient également de s'emparer du pouvoir par le meurtre et l'incendie.

Le 17 février 1870, Cluseret, alors réfugié à New York, écrivait à Varlin une lettre qui fut saisie au domicile de celui ci et citée dans le réquisitoire de l'avocat impérial, lors du troisième procès de l'Internationale. Il lui exposait qu'une crise décisive était imminente, et il ajoutait :

Ce jour-là, nous devons être prêts physiquement et morale-

---

le 4 septembre, on a mis la main sur un complot qui n'était peut être pas absolument vrai; il y a toujours un complot quand on veut. Or il s'est trouvé un moment où, à côté de ce complot, qui n'était pas tout à fait spontané, il y en avait un autre d'une complète spontanéité. Mais le siège était fait, les pièces prêtes, on a laissé le véritable complot, dans lequel était Blanqui, et on a suivi l'autre. Le complot de Blanqui rappelait les *Charbonniers*, c'était la *Société des saisons* subdivisée en mois, en semaines, en jours. Cette Société avait ses bombes fabriquées pour son compte, elles étaient fabriquées par Fontaine, qui fut depuis directeur des domaines sous la Commune, et qui a toujours été fabricant de bombes.

(*Déposition de M. Choppin.*)

ment. Ce jour-là, *nous ou le néant !* Jusque là je resterai tranquille probablement, mais ce jour-là je vous l'affirme, et je ne dis jamais oui pour non, *Paris sera à nous, ou Paris ne sera plus.*

Chez un autre affilié de l'Internationale, chez Pindy, qui a joué, lui aussi, un rôle pendant la Commune, on avait trouvé la recette pour fabriquer diverses substances explosibles ; certaines de ces recettes étaient suivies de cette indication : « à jeter par les fenêtres, » ou de cette autre : « à jeter dans les égouts. »

On voit que l'Internationale, jugée à petit bruit devant la police correctionnelle en juin et juillet 1870, n'avait pas grand'chose à envier comme procédés expéditifs aux blanquistes et aux jacobins amenés avec tant de solennité quelques jours plus tard devant la haute cour de Blois.

Nous avons cité ceux des accusés de l'affaire du complot dont le nom devait être appelé le 18 mars à la plus triste célébrité. Nous citerons, pour la même raison, parmi les trente huit internationaux compris dans le troisième procès : Varlin, Malon, Johannard, Pindy, Combault, Avrial, Assi, Theisz, Landeck, Duval, et Frankel.

On voit que, si dans les procès faits aux blanquistes et aux internationaux, on avait introduit par une erreur déplorable, deux ou trois hommes honorables poursuivis injustement, le reste se composait bien réellement de ce qu'il y avait alors en France de plus dangereux dans les deux branches du parti révolutionnaire.

Si l'empire s'était arrangé de façon à ne plus avoir contre lui que les haines de cette écume de la société, au lieu de l'affaiblir et de le renverser, elles l'auraient consolidé.

Par malheur, après avoir maladroitement refroidi, blessé ou éloigné de lui par le plébiscite un très-grand nombre des hommes que ses concessions libérales lui avaient un moment ralliés, il se lança de la façon la plus folle dans une guerre où il ne pouvait trouver que sa ruine et celle de la France.

L'immense majorité des sept millions et demi de Français qui, par leur *oui* du 8 mai, venaient de renouveler et de rajeunir son autorité, n'étaient pas, comme on l'a fort justement remarqué, des admirateurs fanatiques de la famille Bonaparte ; c'étaient des actionnaires qui voyaient plus d'avantages à maintenir leur gérant qu'à le changer. Le jour où, à la place de gros dividendes promis par lui ils se trouvèrent en face de la faillite, ils l'abandonnèrent.

Ce jour-là, les révolutionnaires furent encore une fois les maîtres de la France, parce que la majorité conservatrice, qui prenait l'empire en horreur à cause des conséquences effroyables de ses dernières fautes, ne sut pas se décider soit à le défendre malgré tout, soit à l'annuler elle-même, et à garder, comme c'était son devoir, la direction du mouvement. Pendant que, dans tout le pays, les honnêtes gens se contentaient de pleurer à la nouvelle de Sedan ou de s'armer contre l'étranger, pendant qu'au Corps législatif la majorité ne pouvait se décider à accepter d'urgence la motion de M. Thiers qui, seule pourtant (et tout le monde le comprenait) fournissait un moyen régulier de dominer la crise, le bataillon sacré du désordre toujours prêt, toujours armé, toujours résolu, s'élançait partout à la conquête du pouvoir. Au même instant, à la même heure, le parti radical s'emparait à Paris du Corps législatif et de l'Hôtel de Ville, à Marseille, à Lyon, à Dijon, et dans plusieurs autres grandes cités, de l'hôtel de ville et de la préfecture.

Nous nous retrouvions en 1870 avec l'invasion en plus dans la même position qu'en 1848.

Le parti révolutionnaire était au pouvoir, mais c'était sa fraction la plus modérée qui dominait, celle dont le pays pouvait, à la rigueur, accepter au moins pour un temps la domination. L'autre fraction, la plus incapable, la plus anarchique, la plus violente, celle dont le triomphe serait pour la France le plus terrible désastre et la plus cruelle injure, allait forcément tâcher de s'emparer à son tour du pouvoir, et profiter pour cette lutte de l'immense accroissement de force que lui donnait la nouvelle révolution.

Dans l'état où se trouvait la France, du moment que le 15 juillet la guerre était déclarée, il n'y avait plus moyen d'échapper à de terribles défaites. Or l'empire ne pouvait pas survivre à des désastres militaires. La séance du 15 juillet rendait Sedan inévitable ; Sedan ne pouvait manquer d'amener le 4 septembre. Une fois la révolution du 4 septembre accomplie, il était encore plus impossible d'éviter une lutte terrible entre la démagogie et le reste de la nation, qu'il l'avait été d'éviter, après le 29 juillet, les émeutes de 1832 et, après le 24 février, l'insurrection de juin.

Une seule chose pouvait se tenter, c'était de circonscrire dans d'étroites limites et dans un temps très court cette guerre civile dont rien ne pouvait plus empêcher l'explosion.

Il fallait tâcher que les gens qui livreraient bataille

à la société eussent peu d'armes et qu'ils fussent hors d'état de prolonger longtemps leur rébellion.

On les a empêchés de s'emparer de la France entière ; c'était le principal ; on a eu très-vite raison de leurs attaques dans les grandes villes de province, c'était encore beaucoup ; par malheur, une série de fautes dont les unes étaient à peu près fatales et dont les autres auraient pu aisément être évitées leur a livré à Paris un immense et formidable matériel de guerre qui leur a permis de prolonger pendant plus de deux mois leur résistance folle et d'en signaler la fin par les crimes les plus inutilement effroyables.

Nous allons maintenant laisser la parole aux témoins entendus par la commission d'enquête. C'est eux qui nous raconteront, chacun à son point de vue, les faits les plus intéressants qui se sont accomplis entre le 4 septembre et la fin de l'insurrection. Nous nous bornerons à tirer des récits des témoins quelques conclusions qui nous semblent s'imposer d'elles-mêmes, et à établir quelques points qui nous paraissent, dès aujourd'hui, hors de contestation.

CHAPITRE III

LE 4 SEPTEMBRE

Nos lecteurs seront peut être surpris de ne trouver dans les chapitres relatifs au 4 septembre, au siége et à l'armistice, que peu d'emprunts faits aux dépositions des membres du gouvernement de la défense nationale. Nous tenons à expliquer les raisons qui nous ont guidé.

Nous tenons avant tout à présenter dans ces extraits les faits les plus intéressants et les plus instructifs que nous rappellent ou nous apprennent les témoins interrogés par la commission d'enquête. Or les membres du gouvernement étaient tout naturellement plus préoccupés dans leurs dépositions de se justifier que de renseigner l'Assemblée et le pays.

Leurs dépositions sont plutôt des plaidoyers que des pages d'histoire ou des passages de mémoires contemporains.

De ces dépositions apologétiques, les deux plus importantes au point de vue politique sont celles de M. Jules Favre et du général Trochu.

Puisque nous ne leur faisons aucun emprunt, nous tenons à en indiquer au moins l'esprit général.

Écoutez les ennemis de M. Jules Favre (et il en a beaucoup), ils vous le représenteront comme un homme égoïste, méchant et pervers, sacrifiant tout à son ambition, à ses rancunes et à ses haines. Lisez son livre sur *le Gouvernement de la défense nationale*, ou bien sa déposition devant la commission d'enquête, vous serez stupéfait de voir combien l'homme que vous aurez sous les yeux ressemble peu à ce portrait. M. Jules Favre, si vous l'avez lu sans prévention, vous apparaîtra au contraire comme un homme animé d'intentions fort honnêtes, comme un esprit à la fois naïf et faux, incapable de voir les choses comme elles sont, et complétement dénué de sens politique. Il est fort bien placé à l'Académie française, qu'il honore par son talent oratoire ; mais n'importe quel chef de bureau des deux ministères qu'on lui a confiés depuis le 4 septembre aurait gouverné d'une façon moins maladroite et moins funeste que lui.

Ses fautes, ses erreurs, nous les connaissons trop, hélas ! mais ce qui est nouveau pour nous dans sa déposition, c'est la candeur avec laquelle il nous avoue qu'il n'a jamais rien vu, rien su, rien compris.

Que les gens étrangers par leur profession et leurs études à la politique n'aient pas compris dans les dernières années de l'empire que la société courait de grands périls, et que les passions hideuses mises à nu par les discours tenus dans les réunions publiques nous menaçaient d'une explosion violente et prochaine, cela se comprend et s'excuse ; mais M. Jules Favre, qui était membre du Corps législatif, qui s'était, comme candidat, heurté à ces passions déchaînées, qui avait vu lui même de ses propres yeux quelques réunions populaires à Paris et à Lyon, qui avait reçu les visites insolentes et les sommations injurieuses de leurs délégués ; M. Jules Favre, après la Commune, après l'assassinat des otages, après l'incendie de Paris, nous avoue naïvement, avec la candeur d'une belle âme, que ces fureurs, ces haines féroces et ces âpres convoitises de la démagogie ne lui avaient pas paru dignes d'être prises au sérieux, que, dans ces avant-coureurs de la tempête prochaine, il n'avait su distinguer aucun signe inquiétant :

Je n'allais pas dans les réunions publiques ; j'avais lu des détails sur ce qui s'y passait, ce qui était très affligeant, très honteux ; mais je n'en avais pas une grande frayeur, parce que je n'y voyais rien de précis, rien qui pût se formuler d'une façon inquiétante. Ainsi l'athéisme, le communisme, me paraissent des erreurs vieilles comme le monde, mais qui ne pouvaient pas avoir une action sérieuse sur la société, et je pensais que le gouvernement de l'empire en faisait grand bruit pour s'en faire un moyen de gouvernement.

Il ne commença à s'inquiéter un peu que quand il se vit, comme nous l'avons raconté plus haut[1], discuté par ses anciens électeurs, abandonné et injurié par les autres. Il reconnaît alors, à sa grande surprise, des *dispositions haineuses* chez « des hommes qui n'étaient pas tout à fait corrompus, qui n'étaient pas des hommes vivant dans l'oisiveté et la débauche. » Il constate enfin « que l'empire avait accru le mal, l'hostilité d'une classe contre l'autre. »

[1] Voy. chap. II, p. 34.

Cependant après avoir fini par croire à la réalité d'un certain danger, il ne tarde pas à se rassurer complétement.

Il n'avait rien vu de bien alarmant dans l'explosion violente et soudaine de communisme et d'athéisme qui se produisit en 1868, lors des premières réunions publiques; les mésaventures de sa candidature avaient commencé à le troubler.

Dès qu'il arrive au pouvoir sur les débris de la France envahie, il retrouve aussitôt toute sa sérénité :

> Après le 4 septembre, il m'a semblé que ce mal n'existait plus... que la population de Paris était revenue à de bons sentiments; et quand on me parlait de ceux qui cherchaient à l'exciter, je n'en éprouvais pas une grande inquiétude.
>
> ... Je dois avouer que M. Cresson m'a parlé de l'Internationale; qu'il la croyait dangereuse, qu'elle conspirait. Je ne voyais rien qui ressemblât à l'action de l'Internationale. Je savais qu'il y avait des fous, des ambitieux, de mauvais esprits; *je savais ce que valaient Delescluze, Pyat et les autres, mais je n'en avais pas grand'peur; je croyais que cela se perdait dans le grand mouvement de la défense nationale et je ne les croyais pas dangereux.*

Cette candeur nous désarme; mais elle nous empêche d'aller chercher des lumières dans la déposition de M. Jules Favre.

Celle du général Trochu est encore moins instructive. L'ancien président du gouvernement de la défense nationale s'y borne à démontrer que personne n'aurait pu résister mieux que lui, soit aux Prussiens, soit aux partisans de la Commune. Cette apologie ne nous a pas convaincu. M. Trochu voit des agents prussiens dans tout homme coupable de ne pas admirer M. Trochu. Au risque de passer pour un émissaire de M. de Bismark, nous dirons et nous répéterons que si les conseils de guerre ont montré la déplorable faiblesse dont il se plaint, c'est lui, oui, lui-même, qui les a désarmés en brisant de la manière la plus inconcevable leurs premiers arrêts.

Le jour du combat de Châtillon, plusieurs des faux zouaves qui venaient semer l'alarme dans Paris, après avoir pris la fuite devant l'ennemi, avaient été arrêtés par la population ; ils furent traduits devant les conseils de guerre et condamnés à mort. M. Trochu commua leur peine en *deux ans de prison!* Et c'était au début du siège! C'était ainsi que le gouverneur de Paris encourageait la lâcheté chez les soldats, et décourageait l'énergie chez les juges militaires.

Quand M. Trochu dit que s'il n'a pas montré plus de fermeté contre l'émeute, c'est parce que la force lui manquait pour agir, là encore il se trompe; là encore il calomnie cette population de Paris, qui n'est devenue si mauvaise à la fin du siège que parce qu'il n'avait pas su, ou pas osé, au début, employer son magnifique élan, s'appuyer sur ses bonnes qualités et sur son intelligence.

Pendant la première moitié du mois d'octobre, la population, loin de songer à s'armer pour enlever les chefs de la sédition aux soldats qui les auraient emmenés à Mazas, s'indignait seulement de la faiblesse du gouvernement à leur égard; pour ma part, bien des fois, sur la place de l'Hôtel-de-Ville, les jours où les partisans, alors si peu nombreux de la Commune, venaient y jeter le désordre, j'ai entendu dans les groupes des orateurs populaires en vestes et en casquettes se plaindre avec violence que le gouvernement n'eût pas encore fusillé ces perturbateurs qui paralysaient la défense. Flourens fut obligé, on se le rappelle, de faire croire à ses bataillons qu'il s'agissait de changer leurs vieux fusils contre des chassepots pour les mener sur la place de l'Hôtel-de-Ville le 6 octobre, et quand ils virent quels projets ils avaient servis, ils protestèrent avec vigueur.

A la même époque, le club Blanqui n'avait qu'un public fort peu nombreux, dont les *reporters* des journaux et les bourgeois curieux formaient peut-être la majorité : *la Patrie en danger*, imprimée sur d'affreux papier jaune, ne trouvait pas d'acheteurs, et finit par mourir d'inanition ; au lieu de phraseurs humanitaires, auteurs de beaux discours sur l'abolition de la peine de mort, si nous avions eu alors à notre tête des hommes d'action sachant comprendre la situation et profiter de l'élan patriotique des masses, peut-être aurions-nous pu infliger un échec sérieux aux Prussiens avant que leur armée de Metz eût été rendue disponible ; mais, alors même que le dénoûment eût été le même, les Parisiens, au lieu d'être mécontents de leurs chefs et d'eux-mêmes, auraient vu par leurs yeux qu'on avait fait tous les efforts possibles. Au lieu d'avoir envie et pour ainsi dire besoin de se battre au lendemain de la capitulation, ils auraient été fatigués par un vrai service militaire, et n'auraient aspiré qu'au repos ; nous n'aurions pas vu succéder aux horreurs de la guerre étrangère les horreurs de la guerre civile.

Nous avons, pour notre part personnelle, soutenu de tous nos efforts M. Jules Favre et M. Jules Trochu pendant le siége, quand on n'avait à choisir qu'entre eux et les chefs du parti révolutionnaire ; mais aujourd'hui qu'ils appartiennent à l'histoire et qu'il ne s'agit plus que de les juger, nous nous étonnons vraiment que ces hommes osent encore venir faire l'éloge de leur énergie et accuser les autres de faiblesse !

Déposition de M. Floquet.

M. Floquet. Les tristes événements que Paris connaissait dès le 3 septembre, je ne les ai appris que le 4 au matin. J'étais souffrant, j'avais passé la journée de la veille au lit, sans voir personne, sans lire aucun journal.

Le 4 au matin, je lus dans *le Siècle* les dépêches officielles, le compte rendu de la séance de nuit au Corps législatif, et j'y trouvai en même temps un avis annonçant que les gardes nationaux devaient se réunir sur la place de la Concorde.

Je me levai immédiatement et je revêtis un uniforme de garde national ; je me mis en route pour la Chambre, avec ma femme qui avait un billet pour la séance du jour, et M. Schœlcher. Nous trouvâmes les rues de la rive gauche conduisant au Palais-Bourbon, barrées par les troupes et la police. Nous nous dirigeâmes alors vers la place de la Concorde, où nous arrivâmes vers midi un quart, midi et demi.

En arrivant, je vis un fort attroupement de gardes nationaux sans armes, le long du quai, tout près du pont qui était gardé par un cordon de gardes municipaux à cheval ; derrière eux se trouvaient des sergents de ville avec un officier de paix ou un commissaire de police. Au moment même, sur un ordre, les gendarmes sortirent les sabres du fourreau ; je sautai à bas de la voiture, en criant au cocher : Allez-vous-en ! Je croyais qu'on allait charger. Je courus me mêler aux gardes nationaux sans armes qui étaient devant le cordon de cavaliers. La charge n'eut pas lieu, les gardes à cheval rentrèrent le sabre au poing. Peu après, apparut un bataillon de garde nationale en armes. Je sus presque immédiatement que ce bataillon avait été régulièrement commandé, et qu'il devait occuper le pont de la Concorde. Il y eut quelques pourparlers, mais on le laissa passer. Nous nous rangeâmes derrière pour passer avec lui ; les gendarmes n'eurent pas le temps de repousser la haie, mais les sergents de ville le firent ; il y eut une petite mêlée dans laquelle une personne qui était à ma gauche reçut un coup de sabre ou d'épée qui fit couler le sang. Nous passâmes ; nous étions à peu près deux ou trois cents ; le cordon de cavaliers barra de nouveau l'entrée du pont du côté de la place ; le bataillon de garde nationale s'arrêta vers le milieu du pont faisant face à la place ; nous étions dans l'espace vide entre eux. La place de la Concorde se remplit bientôt de monde.

L'escalier du Corps législatif se garnit de personnes qui étaient probablement arrivées par la rive gauche, et de tous les côtés on criait : « La déchéance ! Vive la république ! » Au bout d'environ vingt minutes, on entendit battre le tambour : les bataillons de garde nationale arrivèrent en grand nombre ; le cordon des troupes dut s'ouvrir, les bataillons passèrent, ils nous poussèrent jusqu'à l'escalier du Corps législatif ; j'entrai dans la salle des Pas perdus. On était occupé à faire des listes de membres du gouvernement. Je ne pénétrai pas dans l'enceinte législative. J'attendis, pensant que bientôt le gouvernement nouveau allait se montrer et se rendre à l'Hôtel de Ville.

Quelque temps après, je vis en effet sortir par la grande porte verte donnant sur la grande salle d'attente du Corps législatif, MM. Jules Favre, Jules Ferry, avec M. Lavertujon, et, si je ne me trompe, M. de Kératry.

Je me joignis à eux. Il y avait une foule énorme qui criait : « Vive la république ! » quelques gardes nationaux se servaient de leurs fusils comme de bâtons pour maintenir un passage libre. Nous avons ainsi traversé le pont de la Concorde et pris le quai, le long de la terrasse des Tuileries. A la hauteur du pont Royal, ou peut-être un peu plus loin, nous avons rencontré un général à cheval, accompagné de deux aides de camp, qui se dirigeait vers le Corps législatif. On me dit que c'était le général Trochu, que je ne connaissais pas de figure.

M. LE COMTE DE DURFORT DE CIVRAC. Y avait-il encombrement?

M. FLOQUET. — Il y avait une foule énorme, peut-être dix mille personnes, aussi serrées qu'on peut l'imaginer.

M. LE COMTE DE DURFORT DE CIVRAC. — Et le général Trochu avait de la peine à avancer?

M. FLOQUET. Il fut même obligé de s'arrêter en tête de la colonne qui marchait, précédée de tambours de la garde nationale; il se trouva un moment enveloppé par la foule. Jules Favre, auprès de qui je me trouvais, lui tendit la main; ils causèrent, je n'entendis pas ce qu'ils se dirent, mais bientôt le général tourna bride, et pendant qu'il s'en allait vers la place du Carrousel, la colonne continua sa marche sur l'Hôtel de Ville.

De l'autre côté du quai s'avançait, dans le même sens, une autre colonne ayant à sa tête d'autres membres du gouvernement. On me dit que Gambetta en était. C'est un désaccord avec l'opinion d'autres personnes qui prétendent que Gambetta était déjà à l'Hôtel de Ville depuis quelques instants.

Le poste qui se trouvait au coin de la place de l'Hôtel de Ville battit aux champs, présenta les armes, et nous pénétrâmes dans l'Hôtel de Ville sans difficulté, ni résistance d'aucune sorte.

Nous montâmes dans la salle du Trône, et là je me trouvai un peu séparé de Favre et de Ferry, qui allèrent se placer à l'extrémité de la salle, du côté du cabinet du préfet; M. Jules Favre monta sur un meuble et fit une petite harangue qui ne dura guère que quelques minutes. Il dit en substance que la situation exigeait un développement de patriotisme qui n'était possible qu'avec la république. On répondit par les cris de :

« Vive la République ! » Immédiatement, ces messieurs pénétrèrent, suivis de la foule, dans la salle qui précède l'ancien cabinet du préfet, puis, dans ce cabinet même qui devint la salle des délibérations du gouvernement de la défense nationale. Je restai à la porte avec quelques amis pour arrêter la foule, qui du reste, ne tarda pas à s'éclaircir.

Au bout de quelques instants, j'entendis une grande clameur, et la salle voisine, c'est à dire la salle du Trône, fut de nouveau envahie. C'était Rochefort qui arrivait de Sainte Pélagie, où on avait été le chercher ; la foule était moins considérable qu'à l'arrivée de MM. Jules Favre et Ferry. Rochefort était accompagné de plusieurs personnes parmi lesquelles étaient, je crois, MM. Paschal Groussel et Ulrich de Fonvielle, tous deux portant une écharpe rouge.

On commença par dire qu'il fallait constituer la commune de Paris et nommer Rochefort maire. Mais celui-ci déclara qu'il ne pouvait accepter, parce qu'il venait d'apprendre que M. Etienne Arago était déjà nommé maire de Paris, et qu'il était digne de la confiance du peuple. Puis il descendit de la table sur laquelle il s'était placé pour parler et entra dans une pièce voisine. Je courus à lui pour tâcher de prévenir une scission que je redoutais entre les personnes qui avaient pris la direction du mouvement dont Paris avait accepté la responsabilité. Je connaissais beaucoup Rochefort, qui était mon ancien camarade de collège. Il paraissait fort calme et nullement préoccupé de pensées d'ambition personnelle ou de division. Je pris sur moi de lui dire : « Tu es député de Paris, ta place est là bas, auprès des autres membres du Gouvernement provisoire ; tu dois aller les rejoindre. » Il fut de mon avis et se dirigea aussitôt du côté du cabinet du gouvernement.

En traversant la salle du Trône, il rencontra Jules Ferry. Ils s'embrassèrent et s'en allèrent ensemble dans le cabinet où siégeait le gouvernement.

Je rentrai alors dans la salle qui précède celle où se tenait le secrétaire général de la préfecture. J'y trouvai Henri Brisson et une vingtaine de personnes, entre autres M. Jules Mahias, qui nous dit que M. Étienne Arago avait désigné pour ses adjoints Brisson et moi.

J'acceptai, et M. Étienne Arago me pria de rédiger une petite proclamation aux habitants de Paris. C'est la première qui a été affichée au nom du maire de Paris.

Aussitôt que cette pièce fut rédigée et approuvée par M. Étienne Arago, je dis à Mahias : « Il faut la faire imprimer, et pour cela nous devons prendre possession de l'Imprimerie nationale. » Nous nous y rendîmes seuls, sans aucune force armée. On nous accueillit parfaitement. Le directeur était déjà parti ; le sous-directeur nous attendait ; il nous dit que l'imprimerie était à la disposition du nouveau gouvernement.

Il fut entendu qu'il y aurait jour et nuit des ouvriers en permanence et qu'on n'imprimerait rien sans l'ordre du gouvernement nouveau. La proclamation que nous apportions fut livrée à la composition et fut affichée dans la nuit.

Il pouvait être alors six heures et demie. Je retournai à l'Hôtel de Ville, où nous fûmes absorbés par toutes les préoccupations et les travaux d'un pareil moment. Vers neuf heures, arriva une dépêche anonyme nous prévenant que le Sénat allait se réunir pour délibérer et voter une protestation contre les faits qui venaient de s'accomplir.

Nous avions déjà reçu quantité d'avis annonçant que le Sénat et le Corps législatif délibéraient, que des troupes étaient massées au Luxembourg, au Palais Bourbon ou sur tel ou tel point, et qu'il fallait prendre des mesures vigoureuses.

Je voulus cette fois en avoir le cœur net. Je me rendis à la salle du gouvernement, où je ne trouvai qu'un seul membre qui, je crois, était M. Pelletan. Je lui dis : « Voyez ce qu'on nous annonce. Il faut absolument savoir ce qui en est. » Je rédigeai un ordre conçu à peu près en ces termes : « Le gouvernement de la défense nationale donne mission à M. Floquet, adjoint au maire de Paris, de veiller à ce que le Sénat ne se réunisse pas et de faire mettre au besoin les scellés sur la salle des délibérations du Sénat. »

M. Pelletan signe et je pars accompagné de deux ou trois personnes, mais toujours sans aucune force armée.

Nous arrivons au Sénat vers dix heures. Nous demandons le général de Montfort, gouverneur du palais, qui était déjà couché. Il descend dans la cour, où nous l'attendions, accompagné de M. Ferdinand Barrot, le grand référendaire, qui dit simplement : « Nous cédons à la force et je me retire. — Vous voyez, lui répondis-je, que nous ne sommes pas une force bien considérable; vous pouvez rester ici aussi longtemps que vous voudrez, à la condition qu'il n'y aura pas de réunion du Sénat.

Alors, je lus au général de Montfort l'ordre dont j'étais porteur, et je lui demandai s'il était prêt à l'exécuter : « Certainement, répondit-il, montez avec moi, je vais l'inscrire sur mon livre. »

Nous montâmes dans le cabinet du général, où se trouvaient quelques autres personnes du Sénat. Le général de Montfort copia l'ordre, qui doit se retrouver sur son registre, et il m'assura de nouveau qu'il serait exécuté. Il me fit même une question assez singulière; il me demanda s'il pouvait laisser entrer les sénateurs pour enlever les vêtements et les autres objets qu'ils pouvaient avoir dans leurs bureaux. « Ils peuvent venir sans aucun doute, répondis je; seulement, vous ne devez pas les laisser se réunir. »

Voilà ce que je sais sur la journée du 4 septembre.

Déposition de M. Mouton, ancien chef de cabinet de M. Pietri.

M. Mouton. Quand, dans la nuit du 3 au 4, nous avons appris le malheur de Sedan, nous nous sommes attendus aux troubles les plus sérieux. Nous sommes restés en permanence autour du préfet; c'est là que nous avons reçu un rapport qui rendait compte de ce qui se passait sur le boulevard, des cris de déchéance. Une colonne qui s'était formée à la hauteur du poste Bonne-Nouvelle et à laquelle se trouvaient mêlés des mobiles parisiens venus du camp de Saint Maur, avait été refoulée par les sergents de ville, qui maintenaient la circulation. Il y eut des coups échangés. Des coups de feu furent tirés, non pas comme on l'a prétendu par les sergents de ville, mais contre eux. Ils n'avaient pas de revolvers comme aujourd'hui, et franchement ce n'est pas dans un moment comme celui là, quand on sentait le terrain manquer sous ses pieds, que la police aurait pu être provocatrice, si jamais elle avait pensé à l'être. Ce qu'on pouvait craindre alors, c'était bien plutôt une défaillance qu'un excès de zèle. Mais ces hommes se sont conduits noblement jusqu'à la dernière heure ; ils se sont montrés dévoués et fidèles à leur devoir, qui est non pas de faire de la politique, mais de maintenir l'ordre. On a pu les apprécier quand est venu le 18 mars.

Ils refoulèrent donc cette masse avec énergie mais sans violence ; ils ont reçu beaucoup de coups et en ont rendu quelques-uns, mais ils n'avaient pas, que je sache, de casse-tête, comme on l'a dit. Ils ne devaient jamais se servir d'une autre arme que de leur épée, en cas d'absolue nécessité. Ils ne l'ont pas tirée ce jour là.

Cette résistance irrita la foule, qui se rendit chez le gouverneur de Paris, pour se plaindre des procédés de la police. Le général Trochu leur répondit : « Soyez tranquilles, justice vous sera faite. » Au lieu de les blâmer, il les soutenait. Nous apprîmes bientôt que la Chambre se réunissait, quoiqu'il eût été convenu en conseil de gouvernement qu'il n'y aurait pas de séance de nuit. Je me souviens avoir entendu lire cette nuit même un rapport signalant le fait suivant : M. Jules Simon fut entouré au sortir du Corps législatif par une foule qui l'escorta jusqu'à la rue Royale. Là, s'arrêtant à l'entrée de la place de la Concorde, il se retourna et leur dit : « A demain ! à midi, nous nous retrouverons tous ici ! »

Nous ne nous sommes couchés que vers trois heures du matin.

Le lendemain, M. Piétri appelle les commissaires de police qu'il avait choisis pour les postes les plus importants. C'était dans mes attributions de les introduire auprès de lui. Il leur recommanda beaucoup d'énergie et de modération ; il leur parla uniquement de leurs devoirs envers la patrie, des malheurs de la France et de la nécessité plus grande que jamais de maintenir l'ordre et de sauvegarder l'indépendance de l'Assemblée. Il ne fut fait aucune allusion à un intérêt dynastique. Les commissaires se sont courageusement acquittés de leur mission, et certes ce n'est pas leur faute si la Chambre a été envahie.

A midi, je me rendis au Corps législatif par ordre de M. Piétri, que je n'ai plus revu depuis, sinon beaucoup plus tard. Je ne vous raconterai pas les détails de l'envahissement auquel j'ai assisté, mais que vous connaissez mieux que moi. Seulement je puis vous citer un fait dont je n'ai pas été témoin, mais que je tiens de M. Piétri lui même. Il reçut, à deux heures, à la préfecture, M. Jacob, commissaire de police, qui était hors de lui ; celui ci déchira son écharpe en entrant et dit : « On vient de nous renvoyer ! » En effet, au début de la séance, M. de Kératry s'était plaint de ce qu'on avait fait venir la police ; on alla représenter aux questeurs que la foule était nombreuse, mais qu'elle était sans armes et parfaitement inoffensive. « Ce qui l'irrite, disait-on, ce qui peut amener une collision, c'est la présence des sergents de ville. Donnez-leur l'ordre de se retirer ! »

Les questeurs s'en entretinrent avec les commissaires de police. Ceux ci répondirent qu'ils n'étaient pas dans l'enceinte du palais, mais sur la voie publique, et que là, ils relevaient du préfet. Alors, on s'adressa au général commandant les troupes, qui avait une autorité supérieure. Le général leur enjoignit de se retirer sans vouloir écouter leurs observations. Ils se retirèrent avec leurs hommes, et à ce moment la foule se précipita pour envahir l'Assemblée. Jusque là elle n'avait pas pu dépasser le pont.

M. LE PRÉSIDENT. Est ce le général Caussade qui vous avait donné cet ordre ?

M. MOUTON. — Je crois que oui. Mais si vous voulez être

renseigné sur ce point d'une manière plus précise, vous n'avez qu'à interroger M. Jacob lui-même.

Lorsque je vis que la Chambre était envahie, je me repliai sur la préfecture, où je ne trouvai plus M. Piétri, qui avait été mandé auprès de l'impératrice. Il avait, en partant, placé à chaque porte de la préfecture vingt cinq hommes armés chargés d'en défendre l'entrée.

Il rendit compte de la situation à l'impératrice, qui, sur les instances des diplomates, se décida à quitter les Tuileries.

M. Piétri rentra à la préfecture. En route, on lui dit que les envahisseurs y avaient déjà pénétré. En effet, comme nous étions occupés à forcer son bureau pour en retirer les valeurs, M. de Kératry survint et nous dit : « Laissez cela, tous les objets seront rendus à leur propriétaire. » Et aussitôt, il fit appeler le directeur du télégraphe et expédia une dépêche qui enjoignait de faire arrêter M. Piétri et de mettre en liberté M. Cluseret, qui avait été arrêté sur la frontière du Nord.

M. Callet. — Que faisait là M. Cluseret ?

M. Mouton. Il avait été expulsé comme étranger et il voulait rentrer. Il conspirait, il avait cherché à nouer des relations avec la garde impériale; il espérait être ministre de la guerre à la prochaine révolution. Quand une première fois on avait voulu l'expulser, il s'était réclamé de l'ambassadeur d'Amérique qui, d'abord l'avait pris sous sa protection, mais qui avait fini par l'abandonner.

Le 3 septembre, M. Piétri, qui ne perdait pas de vue les menées de Cluseret, avait donné l'ordre de le faire arrêter s'il se présentait, ce qui avait eu lieu. M. Piétri le faisait retenir prisonnier, et le premier acte de M. de Kératry arrivant à la préfecture de police fut de télégraphier qu'on le laissât libre de rentrer à Paris. Il y revint en effet, puis il alla à Marseille et à Lyon, prêchant partout la guerre civile.

Le 4 septembre au soir, M. de Kératry amena avec lui à la préfecture un rédacteur de *la Marseillaise*, Antonin Dubost, et Raoul Rigault, qui a occupé l'emploi de chef du service politique, qui a introduit à la préfecture l'élite des orateurs des clubs, des meneurs de l'*Internationale*, de *la Libre-Pensée*, etc... Jusqu'au 31 octobre, la préfecture a été occupée par ce monde là. Plusieurs se sont alors démasqués, mais un bon nombre sont restés jusqu'au 18 mars et ont servi la Commune. Ils ont été révoqués plus tard.

Vous savez comme moi que les deux assassins Eudes et Mégy ont été mis en liberté par ordre du gouvernement du 4 septembre; je ne l'ai appris que par le bruit public.

Déposition de M. Corbon.

Dans les jours d'anxiété patriotique qui ont précédé le 4 septembre, j'avais eu occasion d'assister à une assemblée des chambres syndicales ouvrières. Là, j'avais pu m'assurer qu'on ne songeait qu'au salut de la patrie. Le 3 septembre au soir, il y eut, dans Paris, une manifestation à laquelle je me mêlai. On n'y acclamait point encore la république. Notre cri était : « Vive la France! un comité de défense! »

Le lendemain, 4 septembre, je me dirigeai du côté de la place de la Concorde, et là, je rencontrai des membres de l'Internationale, Tolain, Murat et autres, accompagnés d'un certain nombre de membres de la chambre syndicale des ouvriers. Je leur dis : « Il serait très-facile aujourd'hui de profiter de cette agitation pour provoquer un changement de gouvernement; mais nous ne devons avoir en vue que la question patriotique; nous devons crier exclusivement : « Vive la France! » Nous trouvons que la défense va mal; bornons nous à demander un comité de défense composé d'hommes énergiques. » Ils se rallièrent avec empressement à cette pensée, et nous allions ensemble au-devant des colonnes de la garde nationale qui débouchaient sur la place pour crier notre mot d'ordre à cette bourgeoisie armée, car vous savez qu'il n'y avait à cette époque que des bourgeois dans la garde nationale.... Il est vrai qu'un certain nombre de citoyens étaient entrés depuis quelques jours dans les bataillons de la garde nationale, mais cet élément nouveau était encore un élément bourgeois : et quand bien même c'eût été un élément ouvrier, il n'était pas assez considérable pour modifier sensiblement le caractère de cette force armée.

Eh bien, ce que je tiens à constater, c'est que la garde nationale criait : « Vive la république! » à tue tête et que nous avons été débordés par le cri de la bourgeoisie armée; — nous ne demandions pas mieux au fond de notre âme que d'être ainsi débordés. — En nous abstenant, nous faisions un sacrifice à notre idéal particulier. Quand nous vîmes la bourgeoisie nous donner l'exemple, naturellement nous fîmes chorus; — mais la vérité n'en est pas moins que nous avions pris une résolution et fait des efforts pour ne point faire surgir, en ce moment si critique, la question républicaine. C'est donc une chose digne de remarque que les socialistes criant : « Vive la France! » Leur cri fut étouffé sous celui de : « Vive la république! » poussé avec un étonnant entrain par la bourgeoisie armée.

Déposition de M. Marseille, chef de division à la préfecture de police.

M. MARSEILLE. — Le 4 septembre, on ne mit en ligne, pour s'opposer au mouvement, que quelques gendarmes et quelques sergents de ville ; ce fut là la seule résistance qu'on fit aux gardes nationaux qui se portaient en foule sur la place de la Concorde.

Je sais de source certaine et d'une façon irrécusable que les chefs qui ont triomphé ce jour-là n'étaient pas alors disposés à prendre le gouvernement. Ils croyaient qu'il y avait danger à agir trop vite ; ils ne voulaient pas prendre si tôt une succession aussi périlleuse. M. Gambetta, lui même, hésitait à faire le mouvement, et je pourrais citer une personne à laquelle il disait le matin même du 4 septembre : « Nous faisons tous nos efforts pour ne pas laisser le mouvement s'accomplir. » — D'autres hommes politiques étaient dans la même pensée. Mais ils furent entraînés par des hommes plus ardents, plus impatients de posséder le pouvoir et qui n'en comprenaient peut être pas tout le péril. Le peu d'hommes qui étaient envoyés pour garder la Chambre furent dispersés; la Chambre fut envahie et la révolution se fit. Il n'y avait plus de gouvernement constitué, tout avait été désorganisé et ruiné, moralement surtout.

CHAPITRE IV

LA GARDE NATIONALE PENDANT LE SIÉGE

Déposition de M. Montaigu.

... Un autre point auquel on n'a pas assez pris garde, c'est que la constitution des bataillons de marche, par la manière peu prévoyante dont les chefs de bataillon l'ont appliquée, a modifié l'esprit de la garde nationale.

Il y avait dans la garde nationale, comme partout, trois ordres de bataillon : des bataillons amis de l'ordre, conservateurs, quelquefois beaucoup trop ; il y avait des bataillons très-peu amis de l'ordre et des bataillons dans lesquels il y avait un mélange.

Les bataillons qui étaient très-conservateurs nous ont rendu à certains moments des services incontestables. Ainsi, ils nous ont été très-utiles le 8 octobre, lors de la tentative de Flourens ; lorsque nous les avons envoyés à l'Hôtel de Ville, la besogne a été promptement faite.

Lors de l'appel des volontaires, nous avons absolument échoué ; il s'est présenté 6,500 volontaires, et nous avons dû rendre un décret en vertu duquel on faisait une levée en masse. Beaucoup de chefs de bataillons ont été effrayés de prendre des hommes mariés, quand ils n'avaient pas le contingent suffisant de célibataires pour composer l'effectif que nous leur réclamions; ils nous désobéissaient et introduisaient des éléments nouveaux dans leurs bataillons malgré les ordres contraires. Il en est résulté cette chose curieuse : qu'on a constitué des bataillons de guerre qui se sont trouvés absolument opposés les uns aux autres. Comme une fois constitués, ils ont été appelés à marcher, tel chef de bataillon qui était disposé à défendre l'ordre se trouvait avoir dans les mains un bataillon sédentaire qui était dans ces idées, et un bataillon mobilisé sur lequel il ne comptait pas, et il nous disait : « Ne comptez pas trop sur ces bataillons, ils sont changés depuis l'introduction des éléments nouveaux. »

Dans le 19e, dans le 6e, il y avait tout juste de quoi faire deux compagnies dans de bonnes conditions.

Un chef de bataillon, malgré nous et presque à notre insu, au lieu de constituer ses quatre compagnies avec des hommes pris dans son bataillon, a été chercher les conducteurs de voitures de la maison Bailly, et il a fait un bataillon dans lequel les compagnies 3 et 4 ne demandaient qu'à engager la bataille avec les compagnies 1 et 2.

Il y a une chose qui a pesé sur nous constamment, c'est que le gouvernement de la défense nationale ne voulait vivre que comme gouvernement d'opinion; il n'a pas assez compris qu'en état de siége, avec une population corrompue, l'habitude d'obéir a disparu, et, en présence de l'ennemi, l'opinion ne suffit pas absolument pour mener une population ; il aurait dû employer des moyens plus énergiques.

Le gouvernement a été constamment accusé d'avoir violé la liberté! En vérité, personne, tant qu'il a duré, ne s'est même aperçu qu'on fût en état de siége; on n'a jamais eu recours à aucune mesure de discipline rigoureuse. Ce n'était pas faiblesse de sa part, c'était un système politique. Ce sont des hommes qui se sont dit : Nous sommes un gouvernement d'opinion et nous resterons gouvernement d'opinion. C'était une erreur, ce n'était pas de la faiblesse.

Maintenant faites-y bien attention, messieurs ; je vous demande la permission de revenir encore sur ce sujet, car ce reproche-là me tient d'autant plus à cœur que je me questionne plus moi même; faites bien attention à ceci. Vous aviez dans cette garde nationale des éléments très révolutionnaires. Tenez, voici un point qui éclaire la situation. Le 2 décembre, j'ai envoyé aux environs du fort de Rosny, sur toutes les hauteurs, un certain nombre de gardes nationaux pour faire croire aux Prussiens que des secours arrivaient à l'armée combattant à Champigny et sur le bord de la Marne. J'ai donné des cartouches à ces hommes, quoique je susse bien qu'ils ne s'en serviraient pas, mais on ne pouvait cependant pas les laisser partir sans cartouches ; cela aurait eu l'air d'une parade. Quand ils sont rentrés, j'avais ordonné que ces cartouches fussent restituées, et elles le furent. Mais il y eut dans un bataillon du 76e, commandant Latapie,—un homme qui depuis a eu l'honneur d'être ministre de la marine de la Commune,— un lieutenant, M. Montfillette, qui chercha à insurger ses troupes et à les décider à ne pas rendre leurs cartouches.

M. Montfillette est passé pour ce fait devant un conseil de guerre. Mais le chef de ce bataillon se conduisit très-bien ; il manifesta de l'énergie et fit rentrer dans l'ordre les 150 ou 160 insurgés qui suivaient Montfillette; enfin tout se passa convenablement, et les cartouches furent rendues.

A la suite de cette affaire, je rédigeai et le général signa un ordre du jour très-élogieux pour le commandant Latapie. Cet ordre du jour fut inséré au *Journal officiel*. Que croyez-vous qu'il arriva ? Eh bien, deux jours après, le commandant Latapie vint me dire : « Mon colonel, vous m'avez perdu dans mon bataillon. » Il était perdu devant son bataillon parce qu'il recevait un éloge de l'état-major pour s'être montré homme d'ordre ! C'est que la popularité de beaucoup de ces officiers dans leur bataillon tenait précisément à ce qu'ils n'avaient pas l'apparence d'être des hommes d'ordre. Il en résultait que dans beaucoup de bataillons nous avions une action difficile, très-limitée. Cependant je vous dirai que chaque fois que la main de l'autorité s'est appesantie fortement, nettement, elle a été subie et respectée, et, quant à moi, je n'ai eu qu'une lutte, dans laquelle, voulant absolument rester dans la légalité, j'ai trouvé une résistance sérieuse; c'est de la part du 64e bataillon avec M. Eudes. M. Eudes est le seul homme qui ait eu le courage de nous résister en face.

M. LE PRÉSIDENT. Parmi les chefs de bataillon, aviez-vous des membres de l'Internationale, des blanquistes et des jacobins?

M. LE COLONEL MONTAIGU. — Il y en avait beaucoup!

M. LE PRÉSIDENT. — Dans quelle proportion?

M. LE COLONEL MONTAIGU. Je ne puis pas le dire exactement, mais dans une proportion assez forte. Ainsi Blanqui était chef de bataillon. Je me suis arrangé de manière à ce qu'il disparût à la suite d'élection, sans violence. M. Longuet était chef de bataillon. Je l'ai fait se parjurer trois fois. — Il avait pris part au 31 octobre, et je lui ai fait signer trois fois qu'il n'y avait pas pris part. — M. Jaclard était chef de bataillon, M. Flourens aussi.

UN MEMBRE. Tous les membres de la Commune n'étaient-ils pas chefs de bataillon?

UN MEMBRE. — Non, il y en avait un certain nombre seulement. Vous aviez Eudes...

UN MEMBRE. — Mégy.

M. LE COLONEL MONTAIGU. — Non, Mégy était porte drapeau. Je ne l'avais jamais reconnu, j'avais contesté son élection.

La garde nationale avait dû être organisée sur un effectif de quatre vingt-dix bataillons, et si on s'en était tenu au décret de Gambetta, elle aurait pu être très-bonne. On aurait constitué quatre-vingt-dix bataillons de 1,200 hommes, ce qui faisait 108,000 hommes; effectif raisonnable que l'on pouvait composer d'excellents éléments. Par des motifs que je n'ai pas à rechercher, les mairies ont laissé un bien plus grand nombre de bataillons se former, et la garde nationale a pris un développement énorme le jour où les trente sous ont été alloués. Alors elle a reçu des éléments qui n'auraient jamais dû y entrer. J'ai évalué pour ma part, mais si vous me demandez les motifs de mon évaluation, je serai obligé de vous dire que c'est absolument un instinct,—*j'ai évalué, dis je, à peu près à 35,000 hommes les indignes faisant partie de la garde nationale. M. Trochu en a évalué le nombre à 23,000, moi à 35,000.*

J'ai voulu prendre à propos de ces indignes une mesure qui n'a pas été adoptée. J'en choisis une douzaine, ceux qui avaient le casier judiciaire le plus complet, et je fis un ordre du jour, dans lequel je signalais ces hommes à toute la population de Paris; et je proposai d'afficher cet ordre du jour dans les vingt arrondissements de Paris et de l'insérer au *Journal officiel*. On trouva que c'était de la diffamation, et je ne pus mettre mon projet à exécution.

Cependant, je tins bon ; je suis convaincu que, si j'avais mis au pilori une douzaine de ces misérables, en prévenant les autres que leur tour viendrait, s'ils ne s'en allaient pas d'eux-mêmes, la plupart se seraient retirés.

Il y avait un autre danger dans la garde nationale, le parti pris d'une portion de la garde nationale d'engager à son heure et à son moment une lutte sociale.

Ce parti pris se manifesta très-souvent. A chaque instant, des propos du genre de celui ci étaient proférés: « Si vous croyez que nous allons nous faire tuer pour Trochu, afin qu'ensuite on étrangle la république! etc. » Cependant je dois dire, que quelques-uns des bataillons dans lesquels ces propos étaient tenus se sont dans certaines circonstances bien conduits, et, si je ne craignais pas d'abuser de vos moments, je pourrais vous raconter une anecdote à l'appui de cette assertion. Un bataillon, que je vous demande la permission de ne pas vous nommer, quand les bataillons de marche furent composés, avait été annexé à trois autres bataillons que le lieutenant-colonel connaissait beaucoup et qu'il menait fort bien. Il sortit une première fois avec son régiment, et quand il rentra dans Paris, il me dit ceci : « Mon cher colonel, nous sommes tous les deux d'anciens soldats et nous n'aimons pas à être déshonorés ; eh bien, vous m'avez donné un bataillon qui me déshonorera ; par conséquent, faites-moi le plaisir de le supprimer. » Je lui dis : « Très-bien, je ne suis pas absolument surpris de vos paroles. Cependant, tous les éléments de ce bataillon ne sont pas mauvais. Comme je comprends à merveille votre observation, qu'ayant trois bons bataillons, vous ne voulez pas que celui-là fasse tache, je vous le changerai. » Les événements se précipitèrent et le bataillon ne fut pas changé. Les hommes qui le composaient s'aperçurent que le lieutenant-colonel était *un crâne*, qui les laissait se baisser pour éviter les balles, mais que lui ne se baissait pas; il leur inspira un certain respect; si bien qu'un peu plus tard il vint me demander de ne pas lui retirer ce bataillon, qui se conduisait bien au feu, et que j'en dus faire décorer le chef.

Il ne faut pas porter de jugements absolus. Tout cela est très-varié. — Et je vous assure que pour rendre complète la déposition que j'ai à faire devant vous, il faudrait quinze jours. Il y a des faits qui sont en opposition, qui engendrent des jugements contradictoires, des conclusions qui ne concordent pas. C'est très difficile à analyser, mais il est incontestable qu'il y a eu parti pris de ne pas se battre, conspiration dans une partie notable de la garde nationale, cela est vrai. — A côté, il y a eu énormément de gens qui se sont laissé entraîner.

M. LE PRÉSIDENT. — On nous a dit qu'en général les bataillons de la garde nationale de Belleville s'étaient fort mal comportés au feu.

M. LE COLONEL MONTAIGU. Monsieur le président, d'abord il faut bien se rendre compte de ce qu'on entend par Belleville.

M. LE PRÉSIDENT. — Les officiers qui ont été au siége ont dit que c'était un spectacle triste à voir.

M. LE COLONEL MONTAIGU. — A côté les uns des autres, dans le même quartier, dans la même localité, dans le même milieu, un bataillon se conduisait mal, un autre passablement, un autre bien. Mon opinion formelle est que les chefs sont plus coupables que les soldats, et que si beaucoup de ces bataillons ont mal marché, c'est qu'ils ont été commandés par des hommes qui ne cherchaient que la popularité, qui ont été menés par leurs soldats au lieu de mener leurs soldats.

Je prends par exemple le bataillon que commandait M. Cournet. M. Cournet est devenu préfet de police de la Commune, par conséquent nous savons ce qu'il projetait de faire avec son bataillon. Mais ce Cournet était un homme énergique, et son bataillon marchait très-bien quand il était dehors.

Cournet avait parfaitement le sentiment de la situation. Comme son heure de faire la révolution n'était pas venue, il disait : « Laissez-moi toujours dehors, laissez-moi combattre, » et son bataillon se battait bien. Ce sont, monsieur le président, les chefs qui la plupart du temps ont manqué.

M. Flourens a été un moment chef de cinq bataillons ; le 63e, le 170e, le 173e, le 174e et le 240e. Il est allé s'adresser à M. le général Trochu, pour tâcher de conserver ce commandement parfaitement irrégulier. Le général Trochu ne savait trop comment se débarrasser de ce solliciteur fort importun et qui ne connaissait — je ne parle pas de son courage personnel — et qui ne connaissait le métier militaire que dans les livres. M. Trochu imagina cette solution bizarre de l'appeler *major de rempart* et de lui laisser avec ce titre ses cinq bataillons. Ce qui m'amena un jour à dire respectueusement au général Trochu qu'il me faisait l'effet de renouveler avec Flourens l'histoire de Lamartine avec Blanqui, et du fameux paratonnerre de 1848, mais que, pour mon compte, je ne croyais pas au paratonnerre. M. Flourens voulait faire une sédition. Dans ce but, le 5 octobre, il alla trouver ses cinq bataillons, et il leur dit qu'il avait ordre d'aller à l'Hôtel de Ville pour recevoir des chassepots ; c'est par ce moyen qu'il arriva à les amener avec lui. Il les avait trompés, et c'est ce qui nous a sauvés le 31 octobre.

Vous connaissez les faits. Il se présente avec ses cinq bataillons en armes, et veut imposer la Commune, etc , mais quand ils virent ce dont il s'agissait, ils l'abandonnèrent. M. Flourens donna à la suite de cette journée sa démission, et il n'eut plus aucun commandement.

Lorsqu'on fit le premier appel pour constituer des bataillons de marche, appel qui, si ma mémoire est fidèle, date du 12 octobre, Flourens fit, dans les bataillons qu'il avait sous ses ordres, un effectif de cinq cents volontaires avec lesquels il constitua un bataillon qu'il appela les *Tirailleurs de Flourens*. J'ajouterai qu'il n'est pas absolument vrai de dire qu'il prit ces hommes dans ses bataillons. Il y prit à peu près deux cents hommes, et les trois cents autres, il les ramassa dans le ruisseau. Ce sont ces trois cents misérables qui se sont déshonorés six fois en cinq jours devant les Prussiens.

Lorsqu'on fit plus tard, par un décret en date du 7 novembre, la levée régulière des bataillons de marche, M. Flourens garda son bataillon. Seulement, comme il fut destitué après le 31 octobre, et qu'on se mit à sa recherche pour l'arrêter, il n'eut plus le commandement de ce bataillon, qui se choisit un chef, nommé M. Lampénéré. C'est, conduit par M. Lampénéré, qu'il s'est déshonoré à Créteil.

On a cru que j'avais agi par machiavélisme en l'envoyant à Créteil ; c'était tout simplement un essai que je voulais faire. Le même jour où partait pour Créteil le bataillon des Tirailleurs de Flourens, j'envoyais à la Gare-aux-Bœufs un autre bataillon, le 106e, commandant Ibos, qui nous avait délivrés à l'Hôtel de Ville, le 31 octobre. Ce sont les deux premiers bataillons menés devant l'ennemi ; l'un a pris la Gare-aux-Bœufs, l'autre a fui six fois devant les Prussiens. Seulement, je le répète, faites attention que le bataillon de Flourens n'était pas pris dans la garde nationale ; il l'avait composé de deux cents hommes pris dans la garde nationale et de trois cents chenapans pris dans le ruisseau.

Déposition de M. Lavigne.

M. Lavigne. Mon régiment était formé des 58ᵉ, 47ᵉ bataillons anciens et des 81ᵉ et 266ᵉ nouveaux.

Au point de vue militaire, j'ai toujours trouvé les bataillons nouveaux plus faciles à manier et plus disciplinés que les anciens, qui étaient toujours occupés à discuter les ordres. Seulement, il fallait que ces bataillons d'ouvriers sentissent à leur tête un ancien officier habitué au commandement.

Je n'ai eu, du reste, qu'à me louer de mes quatre bataillons. Très-braves au feu, ils ont, à la boucle de la Marne, pendant toute la fin du siége, tenu sous un feu d'artillerie très-vif et très-rapproché, la position la plus avancée de la défense de Paris.

Jamais je n'ai entendu une plainte, et lorsqu'il a fallu évacuer, à la capitulation, le poste qu'ils avaient si bien défendu, ces braves gens pleuraient de rage. J'ai eu toutes les peines du monde à les calmer.

Au point de vue des exercices si difficiles à obtenir de la garde nationale, je puis certifier un fait: c'est que, moins de quinze jours après sa formation, le 53ᵉ régiment faisait au champ de Mars, avec ses quatre bataillons, une des manœuvres les plus compliquées de l'école du régiment, les carrés obliques.

A mon avis, si la garde nationale avait été mise, dès le début, sous les ordres du ministre de la guerre, si on ne lui avait pas donné des généraux civils pendant la guerre, quand à la paix on la mettait sous le commandement d'un des généraux les plus rigides de l'armée; si, enfin, on lui avait donné un état-major sérieux et militaire, à mon avis, dis je, la garde nationale fût devenue rapidement une force militaire puissante.

Il eût fallu aussi faire sortir des murs les régiments et les cantonner.

L'élection des chefs a également été fort nuisible, moins

par les chefs qu'elle a donnés, que parce qu'elle enlevait à ces chefs toute autorité morale.

Déposition de M. le vice-amiral Pothuau.

M. LE VICE-AMIRAL. Pendant le siége, le moral de la population de Paris était, en général, très bon, sauf parmi quelques bataillons appartenant à des quartiers tels que ceux de Belleville et de Montmartre. Dans les autres bataillons il y avait un bon encadrement et on peut dire, en somme, que l'esprit de la garde nationale était satisfaisant. Je crois que, si elle avait été bien conduite, dirigée avec énergie et avec esprit de suite, elle aurait pu donner de bons résultats; à quelques exceptions près, j'ai été content des bataillons que je commandais. Quelques uns, il est vrai, n'étaient pas à l'abri de tout reproche, mais je les ai ramenés assez vite au sentiment du devoir. Presque tous les bataillons qui sont venus à Vitry étaient dans d'excellentes conditions; je suis convaincu qu'ils se seraient parfaitement conduits. Je ne veux pas dire pour cela que la première fois qu'ils se sont trouvés au feu, il n'y ait pas eu un peu d'hésitation de leur part; mais s'ils hésitaient un jour, ils le faisaient moins le lendemain, et enfin, somme toute, ils étaient résolus à faire leur devoir. J'ai pu, d'ailleurs, m'en assurer, dans les quelques actions où je les ai engagés avec l'ennemi. Ce qui le prouve encore davantage, c'est la manière dont ils se sont conduits pendant l'insurrection de Paris; et, cependant, à ce moment là, ils n'avaient pas un encadrement aussi solide que pendant le siége. Je crois donc que la garde nationale bien dirigée devait donner de bons résultats. A-t-elle regretté de ne pas avoir pris une part plus active aux combats contre l'assiégeant? Je serais porté à le croire; et je pense qu'à la reddition de Paris, quand elle s'est trouvée livrée à elle-même, elle a été exploitée par des meneurs qui l'ont fait dévoyer du sentiment du devoir. Les bons éléments qui la composaient étant partis pour la plupart, elle s'est reconstituée avec des chefs autres que ceux que le gouvernement lui avait donnés.

M. LE PRÉSIDENT. Qu'elle s'était donnés.

M. LE VICE-AMIRAL. — Après la reddition, elle avait encore son commandant en chef, son état-major nommés par le gouvernement....

Dans les bataillons qui étaient sous mes ordres, un ou deux ont paru vouloir méconnaître la voix de leurs chefs; je les ai fort rudement menés, les menaçant de les renvoyer à Paris au pas gymnastique; on est venu me supplier de ne pas le faire, j'y ai consenti à la condition qu'on me livrerait les plus coupables, ce qui a eu lieu; je les ai fait mettre en prison pour un mois ou deux; après cet exemple de sévérité, tout est rentré dans l'ordre; mes bataillons se sont montrés dociles.

M. LE PRÉSIDENT. — Mais pas bien solides.

M. LE VICE-AMIRAL. — Non; il faut reconnaître que s'il y avait de mauvais éléments dans ces bataillons, l'encadrement était bon.

M. LE PRÉSIDENT. Je ne parle pas de la garde nationale en général; je parle des bataillons de Belleville, qui étaient, je crois, sous votre commandement.

M. LE VICE-AMIRAL. — Je n'ai eu qu'un ou deux de ces bataillons. Les hommes qui en faisaient partie avaient pris de mauvaises habitudes à Paris: ils criaient, ils chantaient; quand ils arrivaient pour faire le service à la tranchée, un certain nombre d'entre eux étaient gris; j'évitais de les mettre aux avant-postes ce jour-là; je ne les y envoyais que le lendemain, quand ils avaient eu le temps de cuver leur vin. Il faut toujours s'arranger de manière à utiliser les éléments qu'on a entre les mains. Si je les avais mis aux tranchées le premier jour, ils auraient fait un mauvais service; le lendemain ils allaient déjà mieux et, menés énergiquement par des gens sachant les conduire, on en tirait un bon parti. Vous ne pouvez pas espérer que la garde nationale soit solide *a priori :* encore une fois, quand elle est bien commandée, et le premier moment d'hésitation passé, elle peut rendre de vrais services, surtout si on l'exerce, si elle est tenue avec une grande sévérité et si elle est bien encadrée.

J'ai toujours cru que si les attaques contre les Prussiens n'avaient pas été plus souvent renouvelées, ce n'était pas parce que le général Trochu se défiait absolument de la garde nationale, mais parce qu'il croyait que ces attaques ne pouvaient aboutir à aucun résultat définitif; c'est donc à un sentiment d'humanité que j'ai attribué la conduite du général, pour lequel on me paraît avoir aujourd'hui une rigueur d'appréciation excessive que je ne partage pas. Il pensait sans doute qu'en faisant donner plus souvent la garde nationale, nous pourrions infliger, il est vrai, des pertes sérieuses à l'ennemi, mais que nous en aurions éprouvé nous mêmes de considérables, et cela sans aboutir à aucun résultat décisif, aussi longtemps que nos armées de province seraient dans l'impossibilité de s'avancer vers nous pour nous donner la main.

Déposition de M. Dubail, maire du Xe arrondissement.

M. LE PRÉSIDENT. — M. Cresson nous a dit que, pendant son administration, il avait fait établir des postes de sergents de ville dans quelques arrondissements.

M. DUBAIL.   Je n'ai pas pu le faire; j'aurais compromis de braves gens en les jetant au milieu d'une population défiante et exaltée.

Même dans le parti conservateur de mon arrondissement, qui a des défenseurs énergiques, même dans les bons quartiers, il y avait une susceptibilité très grande à l'endroit des sergents de ville, non pas qu'on les repoussât individuellement, mais les gardes nationaux une fois équipés voulaient avoir seuls la garde de leur quartier et s'effarouchaient d'une force armée, même qui serait venue à leur aide.

Déposition de M. Marseille, chef de division à la préfecture de police.

A la suite de ces événements, survint la république avec toutes ses libertés, je puis même dire avec toutes ses licences, puis le siége : au moment du siége, on se crut obligé de faire à la classe la plus nombreuse toutes les concessions. Ce ne fut plus un gouvernement, mais une sorte de communisme. On mit en commun tout ce qu'on avait; on prodigua aux pauvres toutes les ressources disponibles, tandis que le bourgeois ne se procurait que très-difficilement ce qui lui était nécessaire : on prodigua aux ouvriers des secours en vivres et en argent; on donna aux concubines, aux enfants, à tout le monde.

Cette façon d'agir désintéressa l'ouvrier du travail. Les ateliers, déjà en partie abandonnés, le furent tout à fait; l'ouvrier ne voulut plus y aller. D'un autre côté, on désirait éviter avant tout la répression des désordres, et, pour cela, on laissait faire les choses les plus fâcheuses. Ainsi, sous prétexte de satisfaire sa haine contre les casse-têtes, on allait à domicile rechercher les sergents de ville; on les arrachait de chez eux et on les traînait dans la rue. Quand on ne les trouvait pas, on prenait leurs femmes : on s'habituait ainsi à violer le domicile; le vol et le pillage s'ensuivaient.

Un membre. — Par quels ordres ces visites eurent-elles lieu?

M. Marseille. — Sans aucun ordre. Le premier garde national venu entrait dans une maison sous le prétexte de chercher des sergents de ville, et le plus souvent il mettait la maison au pillage. Quant à nos agents, ils étaient obligés de se cacher.

Notre administration subit alors un changement d'organisation. Il arriva un préfet qui croyait bien faire, et qui, sentant qu'il y avait contre les sergents de ville des préjugés dans la population, se dit : Je vais les organiser militairement, et ainsi les réhabiliter. — Je dois dire en passant, pour leur rendre justice, qu'ils n'avaient pas besoin d'être réhabilités, puisqu'ils avaient toujours fait leur devoir. (Assentiment.) Le préfet les organisa militairement et les envoya aux avant-postes.

La population parisienne resta livrée à la garde nationale, qui était composée des meilleurs comme des pires éléments. On y avait admis toutes sortes de gens; on y faisait entrer un individu, qu'il fût repris de justice ou non, pour lui donner un salaire, et une fois cela fait, on s'imaginait que la tranquillité ne serait pas troublée. Mais on ne voyait pas qu'on armait les éléments les plus dangereux, les plus impurs, et que la société serait d'un moment à l'autre menacée par leur fait. C'est ce qui est arrivé.

CHAPITRE V

LE 31 OCTOBRE

Déposition de M. Héligon. — Le parti révolutionnaire pendant le mois de septembre.

Dès le 5 septembre, on venait dire dans certains endroits qu'on criait : « Vive l'empereur ! » Il arriva une foule de gens dire : « Les sergents de villes et les municipaux descendent. » Je n'ai rien vu. J'ai été faire un tour dans Paris ; tout le monde causait tranquillement, sauf au café du boulevard Montmartre et au café de Madrid. J'étais renseigné. Au café de Madrid, il y a une foule de gens qui n'ont pas de places et qui voudraient en avoir. Ils criaient à la réaction parce qu'on n'avait pas voulu les laisser entrer à l'Hôtel de Ville. Cluseret avait voulu y entrer, on ne l'a pas laissé passer. « Je suis général, » disait-il. — Alors, on l'a bousculé. Il s'est fondé un parti, on a voulu constituer un gouvernement et faire nommer la Commune de Paris. La Commune a été nommée dans le courant de septembre, ce n'est pas au 18 mars. On voulait me porter candidat ; j'ai dit que je n'avais pas à m'occuper de cela, tant qu'il y aurait des Prussiens. La délégation du

XXe arrondissement de Paris siégea dès cette époque à la place de la Corderie, sous la présidence de M. Lévy, qui avait été nommé par l'École de médecine.

Le 10 septembre est arrivé le premier mouvement. La mairie du premier arrondissement reçoit une dépêche disant de faire doubler les postes. On me fait appeler pour garder la mairie cette nuit-là.

Vers le 16 septembre, Delescluze, aux Folies-Bergère, provoqua une manifestation sans armes; on devait se réunir à la place de la Concorde, pour fêter l'anniversaire de la république de 1792 et forcer la main au gouvernement. C'est la seule fois que j'ai pris la parole pendant le siége; j'ai dit : « On vous propose une manifestation sans armes pour le 22 ; moi, je vous propose de venir en armes, mais ce n'est pas sur la place de la Concorde; allons au fort d'Issy en armes, nous fonderons la république sur le dos des Prussiens. »

Déposition de M. Adam. — Les bonapartistes au 31 octobre. — Force du parti révolutionnaire.

Faut-il soupçonner le parti bonapartiste?

Avant le 31 octobre, mon attention avait été appelée sur les menées des bonapartistes. Je n'ai pas fait de bruit de cette affaire. Je l'ai suivie très-secrètement, et en dehors de la préfecture de police elle-même, qui n'était pas outillée pour exercer une surveillance utile de ce côté. On m'avait signalé la présence du général Fleury, je n'ai pas pu la constater; mais il est certainement venu à Paris, en octobre, un personnage important. Pourquoi? Je ne me suis expliqué cela que plus tard. Seulement, je sais que, vers la fin d'octobre, le parti bonapartiste avait modifié son attitude, qu'il reprenait courage et qu'il y avait des allées et venues à travers le camp prussien, dans la direction de Reims, sans pouvoir affirmer que ces menées se lient à l'insurrection du 31.

La vérité est que le 31 octobre n'est pas venu comme une

conspiration. La conspiration était permanente, mais elle n'était pas à jour fixe. On a publié dans quelques journaux que M. de Bismark avait dit : « Le 31 octobre, vous verrez. » Je n'en crois rien, parce qu'il aurait fallu que M. de Bismark prévît à jour fixe Metz, le Bourget et l'armistice.

Au 31 octobre, le parti qui conspirait ne s'est décidé à marcher sur l'Hôtel-de-Ville qu'à deux heures. C'est à deux heures que les conspirateurs se sont réunis, boulevard de Strasbourg, au café de Strasbourg. Ils savaient, à cette époque, que la garde nationale était décidée à ne pas les laisser faire, et ils s'étaient ajournés au moment où Paris souffrirait de la faim pour faire ce qu'ils appelaient leur révolution. L'occasion les a surpris, ils ont essayé d'en profiter.

Après le 31 octobre, les agents bonapartistes qui s'étaient introduits dans Paris ont disparu comme par enchantement. J'ai moi-même, à cette époque, quitté la préfecture de police et je n'ai compris l'importance des intrigues nouées à Paris pendant le mois d'octobre qu'après avoir connu les intrigues nouées à Metz et à Londres pendant le même mois.

M. LE PRÉSIDENT. — A quel chiffre estimez-vous le nombre des repris de justice qui étaient alors à Paris?

M. ADAM. — De quatre à cinq mille il a pu aller à douze mille. Je suis d'accord sur ce point avec M. le général Trochu, qui était bien renseigné. J'estime aussi à cinq ou six mille les sectaires, ceux-là qui conspirent constamment et qu'on a l'habitude d'appeler les blanquistes. Ils n'ont pu rien faire tant que la garde nationale de Paris a voulu défendre le gouvernement ; ils n'ont fait une tentative un peu sérieuse que le 31 octobre, et cette tentative n'a failli réussir que parce que, ce jour-là, la garde nationale a commencé par nous faire défaut, beaucoup moins sous l'influence de la reddition de Metz que sous l'effet de la retraite du Bourget.

Le 31 octobre. — Déposition de M. le colonel Ibos.

M. LE PRÉSIDENT. — Monsieur, vous vous êtes trouvé à l'Hôtel de Ville, lors du mouvement du 31 octobre, et vous avez contribué à délivrer les membres du gouvernement de la défense nationale. Voulez-vous nous dire ce que vous savez sur cette journée, et sur ce qui s'est passé pendant le siège relativement à cette affaire?

M. IBOS. Dans les premiers jours d'octobre, je me trouvais de service à l'Hôtel de Ville lorsqu'a eu lieu la première manifestation armée de Flourens. J'y ai assisté involontairement et j'en avais emporté une impression très-fâcheuse, parce que je déplorais qu'on eût permis des manifestations de ce genre. Le 8 octobre, quelques jours après, je me trouvais encore à l'Hôtel de Ville, lorsque eut lieu la manifestation de Blanqui. Cette fois, j'étais dans la salle Saint-Jean. Il y avait là des maires de Paris, des individus qui s'étaient introduits à leur suite et qui parlaient de forcer la salle dans laquelle se trouvaient les membres du gouvernement. Ces gens faisaient beaucoup de tapage. Je regardais la foule qui commençait à s'entasser dans les couloirs et dans les escaliers en criant : « Vive la Commune ! » quand j'aperçus M. Picard qui traversait la salle Saint-Jean pour se rendre dans celle où délibérait le gouvernement. Plein encore de l'émotion que j'avais éprouvée déjà à la manifestation de Flourens, je lui dis que je ne trouvais pas possible pour le gouvernement de délibérer dans des conditions semblables, et de supporter des manifestations de ce genre. M. Picard me répondit : « Que voulez-vous que nous fassions? — Mais, ne pas le permettre. Si vous m'en donnez l'ordre, mon bataillon va être ici tout à l'heure ; en ce moment, il fait l'exercice sur la place Vauban ; je vais aller le chercher et dissiper cette manifestation. »

M. Picard, sur ces paroles, entra dans la salle des membres du gouvernement, et quelques instants après arriva le général

Trochu, que je ne connaissais pas à ce moment-là. Il me demanda si j'étais sûr de mon bataillon. · « Pourquoi sûr ? — Pour faire disparaître ces gens-là. — Comme de moi-même. »

Le général Trochu rentra, et un moment après Jules Favre est venu m'apporter un ordre qui m'autorisait à aller chercher mon bataillon et à venir rétablir l'ordre sur la place de l'Hôtel de Ville. J'allai chercher mon bataillon. Je fis deux ou trois manœuvres sur la place, et sans coup férir, sans que rien de désagréable soit arrivé, j'ai dispersé cette foule. On me fit dire, quelques minutes après, de monter avec mes officiers. C'était ce que j'avais vu faire par d'autres commandants quelques jours auparavant à propos de la manifestation de Flourens, et je ne l'avais pas jugé prudent. Je jugeai de même alors, et je fis demander aux membres du gouvernement s'ils ne préféraient pas nous passer en revue ; je pensais que cela produirait un bien meilleur effet. Ils sont venus, et une partie de ces gens, qui un instant auparavant criaient : « Vive la Commune ! » se sont mis à crier : « Vive le gouvernement de la défense nationale ! » Après avoir été passés en revue, nous sommes partis ; tout était tranquille et fini.

Le 31 octobre, je me rendais le matin, vers six heures, sur la place Vauban pour aller assister aux exercices de mon bataillon, quand je vis pour la première fois deux affiches qui avaient été apposées dans la soirée précédente ou dans la nuit ; ces affiches,—elles étaient collées l'une à côté de l'autre,—annonçaient, l'une la reddition de Metz, l'autre la mission dont M. Thiers s'était chargé. Quand je suis arrivé sur la place Vauban, je vis que ces deux affiches avaient produit une très-mauvaise impression sur l'esprit de tout le monde. Après l'exercice, je courus à l'Hôtel de Ville, où je craignais qu'il n'y eût quelque mouvement. Je trouvai là deux secrétaires de la préfecture, MM. Béquet et Cambon ; je leur fis part de l'impression que j'avais éprouvée et je leur demandai de prier ces messieurs du gouvernement de prendre quelques mesures, quelques précautions, dans le cas où il surviendrait quelque chose de désagréable dans la journée. Puis je retournai chez moi pour déjeuner.

Je me mettais à table quand on vint m'annoncer que les grilles de l'Hôtel de Ville avaient été forcées. J'interrompis mon déjeuner, et je partis immédiatement pour l'Hôtel de Ville. Je montai et l'on m'introduisit dans la salle du gouvernement; je n'étais pas passé par la porte de la place par où l'on entrait ordinairement, c'était là qu'on avait forcé les grilles, mais par une autre entrée, celle qui était au-dessous de la statue de Henri IV. Je trouvai ces messieurs très-ennuyés, très-préoccupés. J'appris qu'à ce moment même M. Rochefort était en train de haranguer la foule pour tâcher de la décider à se retirer. Je restai là quelques instants; pendant ce temps il est venu, à peu près toutes les minutes, quelqu'un qui venait rendre compte de la situation. Il arriva un moment où un homme vint dire que « Rochefort ne tenait plus et qu'on allait l'enlever. » On entendait par « l'enlever » le reprendre, le faire sortir de la foule, et le ramener en haut. Je dis à ces messieurs : « Si vous ne faites pas évacuer la foule, nous allons avoir une révolution ; le mouvement qui se produit ici va s'étendre, cela va faire la pelote de neige. » J'eus à ce moment la pensée de descendre, d'aller tâter la foule, et de voir s'il n'y avait pas possibilité de lui faire entendre raison. J'allai prendre la place qu'occupait M. Rochefort, il était monté sur une chaise, et on voulut bien m'écouter pendant quelques instants. — « C'est un commandant de la garde nationale, écoutons-le ! » Je fis tous mes efforts pour faire entendre raison au public et pour l'engager à se retirer : je le lui demandai en disant : « Si vous avez quelques explications à demander, choisissez des délégués, mais vous ne pouvez pas venir de cette façon. » On eut l'air de vouloir suivre mon avis, seulement on me fit une objection. Il y avait à l'intérieur de l'Hôtel de Ville des mobiles qui étaient étagés sur l'escalier et qui arrivaient jusque dans le bas, et l'on me disait ceci : « Nous voulons bien nous en aller, mais nous aurons l'air de nous retirer sous la pression de la troupe ; nous ne le voulons pas. » Je répondis :

« Qu'à cela ne tienne, si vous vous retirez, je prends sur moi l'engagement que la troupe se retirera en même temps que vous. »

On avait accepté cette proposition. Seulement, comme je n'avais pas d'ordres à donner aux mobiles, je demandai quelques instants pour aller près du colonel Chevriot lui faire part de la situation. Le colonel descendit avec moi. Pendant cet intervalle, les meneurs avaient travaillé la foule, qui paraissait bien disposée quelques minutes auparavant, et on ne voulut plus nous entendre. Le général Trochu arriva à son tour, il essaya de parler, mais on ne voulut pas lui laisser dire quatre mots. Quand je vis cela, je me retirai en me disant : « C'est une révolution. »

Je remontai dans la salle du gouvernement et je dis à ces messieurs : « Je ne sais pas comment vous allez vous tirer de là. Je m'en vais réunir mon bataillon; si vous en avez besoin, envoyez moi des ordres, je suis à votre disposition. »

En rentrant chez moi, où j'étais allé d'abord, je trouvai un ordre émanant de l'état major de la garde nationale dans lequel on me disait : « Commandez votre bataillon de piquet à domicile. » Je pensai qu'il valait mieux le réunir tout de suite, et nous n'étions pas plutôt sur la place Vauban que je recevais l'ordre que je venais de devancer. Nous sommes restés là jusqu'à quatre heures. A cette heure, on est venu m'apporter l'ordre de me rendre place Vendôme. Nous vîmes en y arrivant des bataillons qui avaient été convoqués en même temps que nous. J'y trouvai le colonel Ferri-Pisani, chef d'état-major de la garde nationale; il s'entretenait avec les officiers de ces bataillons, et quelques moments après, deux de ces bataillons défilaient la crosse en l'air, refusant de faire ce que Ferri Pisani leur demandait. Je me suis alors adressé à mon bataillon; une partie s'est abstenue, l'autre a voulu marcher. A ce moment, est arrivé M. Charles Ferry, qui nous a annoncé que les membres du gouvernement venaient d'être fait prisonniers et qu'ils couraient un grand danger.

Je me mis aussitôt en marche avec mon bataillon. J'avais à peu près 450 hommes. MM. Ferri-Pisani et Charles Ferry me demandèrent de venir avec moi. En arrivant vers l'Hôtel de Ville, nous avons tourné le pont et nous sommes allés prendre le quai de l'autre côté pour arriver à la hauteur de l'Hôtel de Ville, derrière, à l'endroit où se trouve la seconde place qui est entre l'Hôtel de Ville et une caserne dont je ne me rappelle pas le nom. Nous étions conduits par M. Charles Ferry; nous avons fait un petit crochet, et nous nous sommes présentés devant une porte qui était gardée par un bataillon de Flourens. Devant l'Hôtel de Ville, il y avait à peu près 8000 ou 9000 hommes, et sur les quais 1600 ou 1800. A la porte on nous refusa l'entrée. Je fis mettre le drapeau en tête, les tambours ont battu la charge et nous avons forcé l'entrée. Nous montâmes l'escalier en continuant à battre la charge. Nous sommes arrivés devant une porte que M. Charles Ferry nous désigna comme étant celle de la salle où se trouvaient les membres du gouvernement. La porte était fermée; nous avons voulu la faire ouvrir, on a refusé, et alors nous l'avons enfoncée. Nous nous sommes trouvés dans une salle entièrement pleine de monde, tellement pleine que je ne pus y pénétrer qu'avec mon porte drapeau et cinq ou six de mes gardes. Nous étouffions. Nous avions devant nous une table sur laquelle était monté M. Flourens, je le voyais gesticuler; nous nous sommes approchés de cette table devant laquelle étaient assis les membres du gouvernement, faisant face au passage par lequel nous étions entrés. On avait fermé la porte tout de suite. Mon porte-drapeau et moi nous avions planté le drapeau sur la table. On nous demanda ce que nous venions faire, et l'on nous pria de nous retirer. M. Flourens voulut toucher au drapeau, mais le porte-drapeau lui dit de ne pas y porter la main, d'un air assez menaçant. M. Flourens n'insista pas.

Nous n'étions pas forts; nous étions en tout, je vous l'ai dit, cinq, six, sept peut-être. Nous sommes restés dans cette situation pendant à peu près cinq minutes. Je fis le tour de la table et j'allai me rapprocher des membres du gouvernement qui étaient là. J'ai vu, je vous cite les noms dans l'ordre où ces messieurs étaient assis, Jules Ferry, Trochu, Jules Favre, Emmanuel Arago, Tamisier, puis quelques autres.

M. DE LA BORDERIE. M. Jules Simon ?

M. IBOS. Je ne rappelle pas l'avoir vu.

M. DE LA BORDERIE. — Et M. Pelletan ?

M. IBOS. — Non plus. Maintenant il faut que je vous dise que pendant le temps que je suis resté là, il a pu y avoir quelques-uns de ces messieurs qui n'étaient pas en vue pour moi et qui pouvaient se trouver dans les encoignures.

A ce moment je me suis approché de la table ; M. J. Ferry m'a tendu la main. Je dois avouer que j'aurais mieux aimé qu'il ne le fît pas, parce que c'était trop montrer à ces gens là ce que je voulais faire. Au bout de quelques minutes, je pensai à faire garder la porte par laquelle nous étions entrés, et qui donnait sur des escaliers et des couloirs, de manière à nous ménager une issue. Mes gardes, qui étaient restés dehors, ne me voyant pas ressortir, ont enfoncé une seconde fois la porte, et ils sont entrés, pensant qu'on voulait nous faire un mauvais parti; ils ont obligé une certaine partie des gens de Flourens à se retirer. Après cette seconde entrée, les insurgés et nous, nous étions à peu près par moitié. Nous causions avec un certain nombre de ces hommes, qui étaient armés de chassepots. J'en suis certain, et j'affirme le fait parce qu'il a été dit à la Chambre, que ces gens là avaient d'autres armes : non, ils portaient des chassepots, et ils avaient leurs fusils chargés. Nous, nous n'avions pas une seule cartouche; nous n'en avions pas encore reçu. J'ai appris depuis que ces hommes avaient reçu le matin une certaine quantité de munitions qui leur avaient été distribuées par Flourens.

Quand mes gardes nationaux sont entrés une seconde fois, en plus grand nombre que la première il y eut des criailleries. Il se trouvait là un assez grand nombre, tibaldiens; c'étaient des hommes formant un corps qui obéissait à Tibaldi. C'étaient les plus acharnés; ils voulaient continuellement faire feu. M. Flourens les haranguait : à un moment donné, j'avais demandé à M. Flourens de descendre de sa table, il n'avait pas voulu. En face de cette persistance, je me dis : « Eh bien, je vais monter à côté de lui. » Ce que je fis, et je demandai à parler à ces hommes. Nous avons bataillé pendant assez longtemps. Tout à coup la moitié de la table s'est renversée. Je pense que c'étaient deux morceaux qui avaient été réunis.— Je ne sais pas si on l'a fait à dessein, mais j'ai chaviré avec ma moitié de table, et j'ai dégringolé.

On s'est occupé là du gouvernement. J'ai bien vu, à ce moment-là, instituer trois ou quatre gouvernements différents. Flourens était remonté sur l'autre moitié de table, et proclamait les noms des chefs du gouvernement. Il avait des acolytes qui tenaient la croisée ouverte et qui criaient les noms aux gens qui se tenaient sur la place. Nous entendions pousser des cris d'approbation ou d'improbation, je ne sais lequel des deux. Flourens disait que les noms étaient acceptés par la foule; les listes se faisaient devant nous. Quand on en avait rédigé plusieurs, on les jetait par la croisée sur la place. On a même envoyé un individu qui est parti pour en faire imprimer à l'Imprimerie nationale.

Pendant ce temps, les insurgés qui se trouvaient là demandaient toujours qu'on leur livrât les membres du gouvernement pour les conduire à Mazas, et ils ajoutaient très-haut,—les membres du gouvernement qui étaient là pouvaient l'entendre, — « Ils n'arriveront pas à Mazas; il seront fusillés en route. »

Cette situation a bien duré deux heures. Au bout de ce temps, — J'avais eu occasion de revoir M. Béquet, secrétaire de M. Jules Ferry,—je lui demandai de me faire venir du renfort. Je comprenais très-bien qu'avec mes 450 hommes [1], il n'y avait pas à tenter un coup de main; cela eût été scabreux.

---

[1] Il y a dans le texte officiel 1450; mais c'est évidemment une faute d'impression.

Il y avait là 1,800 hommes armés qui gardaient toute la salle Saint-Jean, les couloirs, les escaliers. Nous avions bien, pour nous, la porte par laquelle nous étions entrés, et que j'avais fait garder pendant que j'étais dans la salle, mais je n'avais pas de communications avec le dehors, et je ne savais pas ce qu'il y avait derrière. J'avais donc dit à M. Béquet : « Faites-moi venir du renfort; nous allons tâcher de maintenir la situation jusqu'au moment où le renfort arrivera. »

Au bout de deux heures, on n'était pas encore venu me dire s'il en était arrivé. Dans cet intervalle, j'avais entendu M. Flourens dire à Tibaldi, qui tantôt se tenait à côté de lui et tantôt venait prendre ses instructions; — je me tenais toujours à côté de Flourens : — « Il faut en finir : à Mazas! » Voilà les expressions dont il s'est servi. Pendant tout le temps on avait réclamé les prisonniers, en disant tout haut qu'on les fusillerait en chemin. Flourens était resté impassible. Mais au moment dont je vous parle, j'ai parfaitement entendu Flourens dire à Tibaldi : « Il faut en finir : à Mazas! » Je fis alors cette réflexion : Les membres du gouvernement vont être perdus; il faut essayer un coup de tête; sans cela nous ne pourrons plus les sauver. Je m'approchai de deux capitaines sur lesquels je savais pouvoir compter et je leur dis : « Il faut absolument enlever les membres du gouvernement. Nous ne savons pas ce qui arrivera; mais on veut les conduire à Mazas, et alors c'est fini pour eux. »

Nous avons eu un instant idée de renverser complétement la table avec les lumières et tout ce qui se trouvait dessus et de profiter de l'obscurité pour opérer notre mouvement. Mais j'y renonçai, parce que je pensais que cela ne réussirait pas, et que dans le pêle-mêle qui s'ensuivrait nous pourrions ne pas nous reconnaître nous mêmes. Nous nous sommes décidés à faire un mouvement tournant autour de la table; mes gardes se sont massés d'un côté; ils ont poussé en avant de manière à tourner autour de cette table, ils ont ramassé les membres du gouvernement comme ils se trouvaient, puis ils se sont retirés par la porte. Heureusement mes hommes avaient gardé cette issue et l'escalier, et on a pu faire descendre ces messieurs et les emmener par là.

Il y a eu des menaces de coups de fusil, on nous a couchés en joue ainsi que ces messieurs, mais il n'y a pas eu un coup de fusil tiré. A ce moment-là, ce n'est peut-être pas bien intéressant pour vous, messieurs, mais je dois le dire, j'ai été fait prisonnier par ces gens, qui m'ont attrapé et m'ont conduit près de M. Blanqui qui se trouvait dans la salle à côté. Je suis resté là assez longtemps.

Il y a toutefois, au sujet de mon arrestation, un incident qu'il est peut-être bon que vous sachiez. Je ne sais pas si vous avez eu connaissance de l'instruction.

M. LE PRÉSIDENT. Non, nous ne l'avons pas eue encore, mais nous l'aurons, nous l'avons demandée.

M. IBOS. Alors, je peux vous dire cela; il n'y a pas d'indiscrétion, puisque vous le saurez.

Sur ce fait de mon arrestation, lorsque j'ai été interrogé par le juge d'instruction, j'hésitais à répondre; il a insisté et a fini par me faire voir qu'il était parfaitement au courant de ce qui s'était passé. Voici le fait :

Au moment où je prenais mes dispositions pour opérer mon mouvement, on était venu me chercher de la part d'un membre du gouvernement qui se tenait dans une pièce, de l'autre côté de la salle Saint-Jean.

M. LE PRÉSIDENT. — M. Dorian?

M. IBOS. — Je trouvai là, en effet, M. Dorian et M. Étienne Arago. Ils se tenaient dans le cabinet de ce dernier. Ces messieurs sont venus à moi tout de suite. J'avais très-chaud, j'étais fatigué, je n'avais pas mangé de la journée, puisque le matin mon déjeuner avait été interrompu; j'étais un peu faible. L'un de ces messieurs, M. Dorian, je crois, me fit faire un verre d'eau sucrée, puis nous causâmes. M. Dorian me dit qu'il arrivait des troupes pour nous aider ; il me donna des instructions. J'avais été frappé d'un mot qui avait été dit quand j'étais entré. Dans ce cabinet, il y avait pas mal de monde, et une de ces personnes, en me voyant arriver, s'était écriée : « Je vous avais bien dit qu'il viendrait et qu'il serait des nôtres. »

Cela me frappa assez désagréablement. Je pris Étienne Arago par le bras, je le conduisis à la croisée, et traduisant tout de suite l'impression que j'avais éprouvée en entrant là dedans, je lui dis : « *Ils* n'ont cependant pas trahi. » Étienne Arago me répondit : « Non. Je suis très ennuyé; j'ai fait tout ce que j'ai pu pour conjurer cela. Brisson et Floquet sont partis pour faire afficher une proclamation ; nous avons pensé que nous pourrions arranger les choses de cette façon. »

Pendant qu'il me parlait, j'ai trouvé chez lui de l'embarras; moi même, je ne me suis pas senti à l'aise.

Je vous dis les choses telles qu'elles sont, messieurs; je les livre à vos réflexions ; mes réflexions, à moi, sont toutes faites.

Je ne me suis pas senti à l'aise ; j'ai pris le verre d'eau sucrée qu'on m'avait offert, et j'ai dit : « Je vais vite rejoindre mon bataillon ; si l'on ne me voyait pas revenir, on croirait que j'ai été arrêté, et l'on pourrait faire quelque sottise. »

C'est en sortant que j'ai été arrêté.

On ne m'a pas laissé faire de grands pas; je ne sais pas si vous connaissez la disposition de la salle, mais je n'ai fait que traverser le cabinet du maire, sortir, passer dans un couloir et j'ai été arrêté.

M. Chaper. — Au moment où se faisait l'opération de la délivrance ?

M. Ibos. — Juste au moment où l'on enlevait les membres du gouvernement.

M. Chaper. — Et on était venu vous chercher ?

M. Ibos — Au moment où je faisais mes préparatifs pour enlever ces messieurs, on est venu me dire : « MM. Dorian et Étienne Arago vous demandent. » Comme l'un d'eux était membre du gouvernement, j'ai pensé qu'on voulait me donner des instructions, ou me prévenir qu'il était arrivé du renfort. Je suis allé sans défiance. Maintenant était-ce un guet apens ? Je n'en sais rien ; je raconte le fait.

9.

M. DE LA BORDERIE. — Y avait-il d'autres personnes avec MM. Dorian et Étienne Arago?

M. IBOS. — Plusieurs autres personnes, entre autres le capitaine d'un des bataillons de mon arrondissement, qui a été décoré plus tard pour avoir donné l'idée de venir me chercher au 31 octobre.

M. DE LA BORDERIE. Et M. Floquet, l'avez-vous vu?

M. IBOS. — Non. Étienne Arago m'a dit qu'il était parti avec Brisson pour faire une affiche à l'aide de laquelle on espérait apaiser les républicains qui s'étaient insurgés.

M. CHAPER. — Quel est enfin l'auteur de votre arrestation?

M. IBOS. — Mon Dieu, que voulez-vous que je vous dise? Je vous ai raconté les faits. J'étais à la porte de la salle Saint-Jean, qui était occupée par les gardes de Flourens, lesquels m'ont laissé parfaitement circuler; j'ai été au cabinet du maire; on m'a arrêté quand j'en suis sorti, et on ne m'a laissé faire que quelques pas. Je dois ajouter que j'avais à côté de moi une personne pour me conduire, et une autre qui est venue me reconduire. Cette personne n'a rien fait pour empêcher qu'on ne m'arrêtât.

M. DE LA BORDERIE. — Sont-ce les tirailleurs de Flourens?

M. IBOS. — Non, les tirailleurs de Flourens étaient dans la salle du gouvernement. C'était un bataillon qui se trouvait dans la salle Saint Jean et dans le couloir.

Un peu avant qu'on m'arrêtât; au moment même où je sortais du cabinet du maire, je vis placer des factionnaires sur un escalier qui est précisément à côté de l'entrée du cabinet du maire, et j'ai entendu dire à l'individu qui posait les factionnaires : « Si Trochu passe par là, collez lui une balle dans la tête. » On avait vu le mouvement que j'avais fait; on ne savait pas encore si le général avait pu sortir de l'Hôtel de Ville; on pensait qu'il s'était peut-être caché quelque part, et l'on prenait des précautions dans le cas où il aurait voulu sortir de ce côté.

Je dois ajouter que le matin même, au moment où je suis descendu pour aller parler à la foule qui avait forcé les grilles, j'avais été arrêté en haut de l'escalier par une personne que j'avais eu occasion de voir dans le cabinet de M. Floquet. C'était son secrétaire, il nous faisait accorder nos audiences, et je l'avais connu de cette façon. Je l'avais, en outre, souvent vu avec M. Floquet, parce qu'il était chargé de l'équipement et de l'habillement de nos gardes nationaux. Ce monsieur m'accosta et me demanda où j'allais ; je lui répondis que j'allais parler à cette foule et tâcher de la faire retirer. Il me dit : « Prenez garde à ce que vous faites ; faites bien attention ; je ne peux que vous dire une chose : c'est qu'Étienne n'en est pas. »

Ce mot m'est toujours resté. Je ne sais pas trop ce qu'il voulait dire ; seulement, rapproché de ce qui m'est arrivé le soir... (Silence.)

M. Chaper. — Les paroles que vous avez dites : « Ils n'ont cependant pas trahi, » expliquent votre pensée.

M. Ibos. — Pour M. Dorian, je ne sais pas jusqu'à quel point elle pouvait avoir un sens dans ce moment-là, je n'en sais rien. J'ai eu occasion de le voir plusieurs fois depuis ; je lui ai parlé, il m'a félicité, il m'a serré la main, il m'a complimenté je ne sais trop dans quelle intention.

M. le président. — M. Dorian vous paraissait entre les deux.

M. Chaper. — Jamais il n'a été mieux dépeint que par M... Quant à l'autre, il y a mis beaucoup plus de feu ?

M. Ibos. — Oh ! oui, il est venu me sauter au cou, m'embrasser, mais je n'ai jamais été sa dupe.

Je reprends mon récit.

On avait donc enlevé, comme je vous l'ai dit, Jules Ferry, Emmanuel Arago, le général Trochu ; les autres, MM. Jules Favre, le général Tamisier, etc., ne sont pas retrouvés au bas de l'escalier et n'ont probablement pas pu suivre le mouvement. Il n'y a que les trois premiers qui ont pu descendre l'escalier. Un aide de camp du général Trochu, le commandant

Bibesco, a couru tout de suite chercher une voiture ; le général Trochu y est monté ; ils ont traversé la Seine et sont revenus à l'hôtel du Louvre. M. Jules Ferry est resté avec les hommes de mon bataillon ; il a demandé où étaient Jules Favre et ces autres messieurs, et comme il ne les voyait pas, il a voulu remonter : « Je ne veux pas m'en aller sans mes collègues, » s'est-il écrié. On lui dit que sans aucun doute ils avaient suivi le mouvement, et à force d'instances, il est parti avec mon bataillon et est allé au Louvre chez le général Trochu. Il est resté là à peu près deux heures, d'après ce qu'on m'a dit, car à ce moment j'étais prisonnier, jusqu'à l'heure où les troupes sont arrivées. Mon bataillon, ne me voyant pas revenir, a voulu venir me chercher. Il était conduit par le colonel Roger, du Nord, qui avait demandé à l'accompagner.

A cet instant, il y eut un coup de fusil ou de revolver tiré à côté de la salle où j'étais. On m'avait fait sortir de la salle où l'on délibérait et dans laquelle présidait Blanqui. Là, j'avais assisté à des choses assez drôles. On se distribuait les places, les préfectures. Il y eut même une chose qui me fit rire malgré la situation dans laquelle je me trouvais. J'étais couché en joue à chaque instant : et pour que je n'en ignorasse rien, on avait donné la consigne devant moi de me fusiller ! Il y avait là un individu qui voulait avoir quelque chose, et surtout une préfecture. On lui dit : — « Eh bien, tu seras préfet de Metz. » — Or on venait d'apprendre, par l'affiche du matin, la reddition de Metz. Mon individu de se récrier très-fort : « Ah ! mais non, je n'en veux pas. Donnez-moi Bordeaux, si vous voulez. » J'avoue que je ne pus m'empêcher de rire.

On m'avait fait entrer dans une petite pièce à côté ; j'avais quatre hommes pour me garder, avec le fusil chargé. Il y avait deux portes à cette petite pièce ; à l'une, celle par laquelle j'étais entré, se tenaient mes quatre gardiens ; l'autre porte était libre. Quand le coup de feu dont je vous ai parlé fut tiré dans la salle à côté, mon piquet de gardes, assez effrayé, est allé voir à la porte ce qui se passait. J'avais bien eu le temps de remarquer l'autre porte, seulement je ne savais pas encore si elle pouvait s'ouvrir ; je me suis précipité sur le loquet, il s'est ouvert, et j'ai pu me sauver par là. J'ai trouvé un petit escalier qui m'a conduit dans le grand ; dans le bas je trouvai quelques gardes de mon bataillon. Nous sommes redescendus dans la cour ; nous y avons trouvé le 17e au moment où il sortait. Mes gardes et moi, nous nous sommes faufilés avec eux. Mes gardes, une fois sortis, me racontèrent comment le mouvement s'était fait, et la délivrance du gouvernement.

Je pris une voiture, dans laquelle je montai avec deux ou trois de mes hommes, et je voulus aller place Vendôme. Mais je ne pus en approcher. Un des gardes que j'avais amenés avec moi descendit de voiture et revint me dire : « Commandant, n'allez pas là, ce sont de mauvais bataillons. »

Je n'allai donc pas à l'état major, mais je me fis descendre chez le général Trochu. Je le trouvai dans son salon, entouré des généraux, des amiraux, qui étaient arrivés. Il m'annonça qu'il allait partir pour l'Hôtel de Ville afin d'aller me chercher. Il voulut me faire, tout de suite, expliquer comment j'avais été arrêté ; mais devant ces messieurs je ne jugeai pas à propos de lui donner tous les détails de l'affaire, et je me retirai en lui disant : « Je vous le dirai plus tard. »

J'appris que mon bataillon était reparti, avec Jules Ferry, pour aller me chercher ; je repartis pour l'Hôtel de Ville, afin de le rejoindre. L'Hôtel de Ville était débarrassé. Des bataillons de mobiles, m'a t on dit plus tard, qui se trouvaient dans la caserne, de l'autre côté, avaient passé par un souterrain et avaient fait évacuer la préfecture. Mes gardes, qui y étaient rentrés, me cherchaient de tous côtés. Flourens déclarait ne m'avoir pas fait arrêter, et mes hommes bouleversaient tous les coins de l'Hôtel de Ville pour me trouver. Enfin je les rencontrai.

Je n'étais pas encore venu les rejoindre, quand on avait déblayé l'Hôtel de Ville. Je ne sais donc pas ce qui s'est passé, si ce n'est par ouï dire. D'autres personnes, qui y ont assisté, en témoigneront. Y a-t-il eu un accord conclu entre les membres du gouvernement qui étaient restés là et les chefs de l'insurrection, Flourens et autres, pour qu'on laissât sortir ceux ci sans qu'ils fussent arrêtés? Je n'en sais rien ; je n'étais pas là, je l'ai entendu dire, voilà tout.

Mon bataillon, qui était rentré bien avant que je fusse arrivé et qui me cherchait, avait enlevé deux cents chassepots aux tibaldiens et aux individus de Flourens. Il les avait déposés dans une cave. Je demandais depuis longtemps à être envoyé, avec mon bataillon de mobilisés, aux tranchées, mais il me fallait des fusils à tir rapide, soit des tabatières, soit des chassepots. De nouveau, quelques jours après, j'allai insister et demandai à être envoyé aux tranchées. « Seulement, dis-je, commencez par me donner des chassepots. Mais nous n'en avons pas. — Mais si, vous en avez à peu près deux cents que mes hommes ont pris aux gardes de Flourens. Donnez-les-leur, ils les ont bien gagnés. Ce n'est pas tout à fait assez, mais commencez par me donner ceux-là. » — Après le 31 octobre, le gouvernement m'avait offert de me nommer commandant militaire de l'Hôtel de Ville. J'avais refusé et je n'avais demandé pour toute faveur que des fusils à tir rapide pour être envoyé aux tranchées. J'en parlai à M. Jules Ferry, qui me dit : « Mais rien de plus juste. On va voir cela. » — Il fit appeler un de ses secrétaires et lui dit d'aller prendre des informations sur les fusils que le 106ᵉ avait pris aux insurgés et qui se trouvaient dans une des caves. On fit des recherches, on s'informa, et au bout de quelque temps on revint rendre cette réponse : — « Les fusils n'y sont plus. — M. Étienne Arago les a fait rendre aux bataillons auxquels on les avait pris. »

M. DE LA BORDERIE. — A quelle date?

M. IBOS. — Cela se passait trois ou quatre jours après le 31 octobre.

Dans la situation où nous nous trouvions, je pensais qu'il ne fallait pas recommencer souvent des écoles de ce genre;

j'ai cru de mon devoir, et il m'en a beaucoup coûté, de dire au général Trochu mes impressions au sujet de MM. Étienne Arago et Dorian. C'est le 2 novembre que je me rendis chez le général Trochu ; il me parut très-étonné, et me dit : « Vous me surprenez beaucoup. » Je lui répondis : « Mon général, je ne dirai ceci qu'à vous, mais comme il ne faut pas que des choses de ce genre puissent recommencer, et qu'on trahisse, surtout dans la maison, il est bon que vous sachiez à quoi vous en tenir. Comme je n'en parlerai à personne, laissons cela là ; s'il y a quelque chose de vrai, c'est à vous de surveiller et de ne pas vous laisser surprendre. »

Le général Trochu me demanda alors de dire ce que je lui avais raconté à MM. Jules Ferry et Favre ; je me rendis aussitôt à l'Hôtel de Ville, et le premier membre que je rencontrai fut M. Ferry. Je lui fis ma communication, en lui disant que c'était sur la prière du général Trochu. M. Jules Favre vint ensuite me serrer la main, et il me dit une chose si singulière que je n'ai pas cru devoir le prendre à part ; j'ai pensé que M. Ferry lui dirait ce que je venais de lui raconter.

M. Jules Favre, en m'abordant, ne trouva rien autre chose à me dire que ceci : « Vous avez commencé votre mouvement trop tôt. » Je n'ai jamais pu m'expliquer ces paroles.

Voilà tout ce que je sais au sujet du 31 octobre.

Déposition de M. Floquet.

Le 31 octobre était le jour où le *Journal officiel* apportait à la population de Paris quatre nouvelles très-graves : l'arrivée de M. Thiers à Paris, le projet d'armistice, la chute de Metz, l'échec du Bourget. Lorsque je suis arrivé à l'Hôtel de Ville, à huit heures du matin, c'était l'heure à laquelle nous nous réunissions en petit conseil. M. Étienne Arago et ses quatre adjoints, MM. Clamageran, Hérisson, Brisson et moi :

je dis à M. Arago : « L'*Officiel* d'aujourd'hui est gros d'une insurrection... »

M. LE PRÉSIDENT. Quoi qu'il en soit, au 31 octobre, vous aviez prévu l'insurrection ?

M. FLOQUET. Une insurrection, non pas précisément. Seulement je m'étais dit : Il est incontestable que nous allons avoir, avec ces quatre nouvelles, quelque manifestation grave dans la journée. Je le dis à M. Arago, et j'ajoutai : « Il est malheureux que nous n'ayons pas su cela plutôt, parce que les maires auraient pu être réunis dès le matin. Il faut les convoquer pour une heure. »

En effet, nous envoyâmes des exprès à tous les maires de Paris, leur portant une lettre signée : E. Arago, qui leur disait en substance : Veuillez vous rendre à une heure à l'Hôtel de Ville pour délibérer sur les mesures que la situation comporte. Veuillez laisser vos adjoints aux mairies (nous voulions faire une réunion très peu nombreuse et utile); les adjoints dans les mairies veilleront à la sécurité de chaque quartier. » En même temps, j'ai lu la copie de cette lettre, je proposai à M. E. Arago de prier le général Trochu et M. J. Favre de venir à cette réunion des maires. Dans une lettre signée de M. Arago, on prévenait ces messieurs que la population de Paris était émue et qu'il fallait absolument, dans l'intérêt de l'ordre et du salut national, agir avec les maires dans une délibération commune.

Ces lettres furent envoyées vers dix heures ; à midi et demi, il y avait déjà une sorte de rassemblement sur la place. La foule essaya d'entrer par une des portes à l'Hôtel de Ville, M. Arago et ses adjoints allèrent au-devant de ce rassemblement. Nous les exhortâmes vivement à la tranquillité, nous réussîmes à faire ressortir ceux qui étaient entrés, et la foule se retira sur la place.

A une heure, les maires se réunissaient. Je dois dire qu'ils étaient extrêmement animés par la situation. Quelques uns proposèrent des mesures qui leur paraissaient nécessaires pour le maintien de l'ordre, mais qui étaient graves. C'est alors que je soumis à l'assemblée une autre proposition qui avait été l'objet d'une délibération entre M. Arago et mes trois collègues, et sur laquelle nous étions d'accord. Quelques instants avant d'entrer dans la salle des délibérations avec les maires, nous avions décidé, MM. Arago, Clamageran, Brisson, Hérisson et moi, à l'unanimité, qu'il fallait absolument soumettre au gouvernement un projet d'élections municipales à bref délai, que c'était le seul moyen d'enlever à l'insurrection qui se préparait l'assentiment d'une partie de la population de Paris, et qu'il fallait absolument obtenir cette concession du gouvernement. Cette proposition fut adoptée à l'unanimité par tous les maires présents et signée par eux. On nous chargea de la porter au gouvernement, qui siégeait dans la salle à côté. MM. Trochu et J. Favre étaient là. Je vous ai dit qu'ils avaient été priés de se rendre à la réunion des maires pour s'entendre avec eux sur les difficultés de la situation. Ils étaient venus, mais dans l'état des esprits nous avons jugé qu'il valait mieux attendre quelques instants que les maires fussent fixés sur la résolution à prendre, et c'était cette résolution que nous portions à MM. Trochu, J. Favre et aux autres membres du gouvernement.

Malheureusement, dans l'intervalle, une députation avait déjà envahi l'Hôtel de Ville; elle se pressait dans la salle du Trône, et quelques pourparlers, un échange de paroles avaient eu lieu entre elle et M. le général Trochu.

Nous entrâmes cependant dans la salle du gouvernement, et nous attendîmes quelques moments que ses membres fussent réunis pour délibérer sur la proposition que nous apportions. Le temps s'écoulait, le gouvernement ne se réunissait pas. Je dis qu'il fallait absolument retourner près de la réunion des maires, qui pouvaient s'étonner de cette longue absence. Les circonstances pressaient, nous nous divisâmes. M. Arago resta avec MM. Clamageran et Hérisson auprès du gouvernement, attendant qu'il fût complétement réuni pour délibérer, et moi je me rendis auprès des maires. Là je montai au fauteuil, et je commençais à expliquer ce qui empêchait le gouvernement d'entrer en délibération quand une porte-fenêtre s'ouvrit derrière moi.

La cour intérieure de l'Hôtel de Ville avait été envahie et une foule immense montait par le double escalier qui conduit à la porte fenêtre de la salle du conseil municipal. Je me mis debout à cette fenêtre avec M. Brisson pour essayer d'arrêter l'invasion. Aussitôt nous reçûmes presque dans nos bras M. Félix Pyat porté par la foule. Ce dernier se mit entre nous deux, et se tournant vers la foule il dit ces mots que je me rappelle parfaitement : « Ce n'est pas ici le siége du gouvernement ; nous sommes devant la salle du conseil municipal, et nous ne pouvons y entrer que par l'élection. »

La foule continuait à pousser ; nous nous tenions toujours à notre fenêtre, nous opposant à l'envahissement, quand les deux portes latérales de la salle donnèrent passage à un flot de personnes; elles étaient entrées par les couloirs de l'Hôtel de Ville, qui se trouvait alors complétement envahi.

Je restai là encore quelques temps et on échangeait quelques impressions avec M. Tirard, puis, comme dans cette salle on arrivait à un grand tumulte, nous nous retirâmes.

J'essayai d'aller retrouver les membres du gouvernement par la galerie qui règne derrière les deux salles, mais la porte était fermée, et le siége du gouvernement était déjà envahi de l'autre côté, par la grande salle du Trône. Je rentrai dans le cabinet de la mairie; là je retrouvai un certain nombre de maires d'arrondissement qui avaient été renvoyés de la salle où ils délibéraient. Nous nous trouvions donc réunis dans ce cabinet, quelques maires, quelques adjoints, M. Arago, M. Brisson, M. Hérisson et moi, et aussi M. Schœlcher qui, en qualité de colonel d'artillerie, était venu se mettre à la disposition du gouvernement et lui apporter son concours. Nous nous demandâmes anxieusement ce qu'il y avait à faire. Les nouvelles les plus graves nous arrivaient. On disait que le gouvernement était prisonnier; qu'un autre gouvernement s'établissait; on prétendait que Blanqui était déjà en fonctions; enfin il n'y avait pas un instant à perdre. Quelques personnes émirent alors l'avis de donner suite à la délibération des maires qui consistait à faire appel aux électeurs pour nommer un conseil municipal : on pensait que le nouveau gouvernement qui allait s'établir, ou était déjà établi à l'Hôtel de Ville, ne pourrait pas supporter les élections qui seraient faites ou le lendemain, ou le surlendemain, ou quelques jours après, par un appel régulier aux électeurs au nom du gouvernement qui existait précédemment.

Sur ces entrefaites, M. Dorian arriva. Il déclara que son nom était porté sur plusieurs listes du nouveau gouvernement; qu'il avait repoussé avec la plus grande indignation la pensée de figurer sur ces listes, mais qu'il entrerait dans les vues du gouvernement de la défense nationale en consentant à être président d'une commission des élections municipales et à faire procéder immédiatement à ces élections municipales. Ceci cadrait avec l'opinion que nous émettions quelques instants auparavant. Immédiatement je rédigeai un écrit dont j'ai ici le texte original, écrit qui était un appel aux électeurs pour voter le lendemain afin de constituer un conseil municipal. Cet écrit fut signé par M. Dorian, comme président de la commission municipale pour les élections, par M. Et. Arago et par les quatre adjoints; puis comme M. Schœlcher nous paraissait un homme dont la vie offrait les plus grandes garanties aux républicains les plus difficiles, on pensa qu'il pouvait être utile de faire figurer son nom parmi ceux des signataires de cet appel et, — vous pourrez le voir dans le texte original, — on intercala son nom en qualité de vice-président de la Commission des élections municipales, et il signa en cette qualité.

Il s'agissait de publier cet appel, qui avait alors pour but de maintenir ou de rétablir au plus vite ce qui avait été renversé, le gouvernement régulier. Nous voulions faire imprimer, mais on ne pouvait plus sortir de l'Hôtel de Ville sans une permission signée Blanqui. Nous réussîmes à sortir cependant, Brisson et moi...

Un membre. — Aviez-vous une permission ?

M. Floquet. — Non, mais nous sommes sortis par un petit couloir, en employant un subterfuge; nous n'avions pas de permission. Une fois sortis, nous nous demandâmes où il fallait aller. A l'Imprimerie nationale? Mais il était fort probable que le gouvernement qui venait de s'établir s'en était emparé ou allait s'en emparer. Nous pensâmes alors qu'il y avait rue Jean-Jacques Rousseau une autre imprimerie où se faisaient ordinairement les publications municipales, et que là nous pourrions faire imprimer notre appel. Notre affiche y fut en effet composée, et pendant qu'on la faisait, nous organisâmes un service d'affiches. Enfin, munis des premières épreuves, nous nous sommes rendus, vers neuf ou dix heures du soir, à la mairie du IIe arrondissement, parce qu'un de mes amis, — que j'avais envoyé chez moi pour rassurer ma famille qui, ne me voyant pas rentrer pour dîner, et sachant les événements, pouvait concevoir une grande inquiétude, — m'avait apporté une lettre que j'ai là, signée Tirard, lettre qui nous convoquait à la mairie du IIe arrondissement, parce que tout le monde supposait que l'Hôtel de Ville était alors définitivement aux mains du gouvernement insurrectionnel. Nous nous rendîmes à la mairie du IIe avec notre placard. Un grand nombre de maires se trouvaient là, et on s'entendait pour faire procéder aux élections le lendemain.

Ici se place un fait que je tiens à signaler. Je remis la copie de mon placard à un monsieur qui allait se rendre à une réunion d'officiers de la garde nationale qui se tenait au palais de la Bourse, pour décider de l'attitude qu'on allait prendre. Notre placard détermina peut-être ces officiers à attendre les élections régulières du conseil municipal et à repousser toute Commune révolutionnaire. Je ne me rappelle pas le nom de la personne qui leur porta ce placard.

M. Chaper. — L'affiche en question ne fut pas soumise au gouvernement puisqu'il était prisonnier en ce moment; mais, d'après votre récit, que j'ai suivi avec beaucoup d'attention, il me semble que vous aviez quitté la salle du gouvernement où vous aviez laissé M. Arago, pour vous rendre après l'envahissement, dans le cabinet de la mairie. Savez-vous si, à ce moment, les membres du gouvernement, qui n'étaient pas encore prisonniers, connaissaient, je ne dis pas l'affiche, mais la mesure elle même?

M. Floquet. — Ils ne connaissaient pas l'affiche, mais bien la proposition faite par les maires. Cette proposition avait été votée et adoptée par le gouvernement, et tellement bien acceptée que je me rapelle un incident qui se passa à ce moment. Quand M. Arago, il a dû vous raconter le fait, s'adressa à la foule des envahisseurs pour lui dire que le *gouvernement acceptait et promettait les élections immédiates*, la foule ou plutôt les meneurs, répondirent : « Il ne s'agit plus de cela! » C'est alors, quand M. Arago ayant été ainsi repoussé par cette foule, revint dans son cabinet, que nous reprîmes l'idée de faire quand même les élections avec ce sentiment, qui a toujours été le mien depuis le 4 septembre jusqu'au 18 mars, que le seul moyen d'enlever leur drapeau à ceux qui se servaient du mot « Commune » et entraînaient derrière eux les partisans des élections communales, c'était de prendre nous-mêmes ce drapeau et de faire les élections. Voilà pourquoi nous avons voulu les faire.

Alors que j'étais à la mairie du IIe, il s'est passé un incident curieux. Deux personnes arrivèrent, que je connais de vue, mais dont je ne sais pas les noms. Il était plus de dix heures du soir; nous nous en allions, après avoir remis notre épreuve à l'imprimerie. Ces deux personnes nous dirent : « Avez vous déjà commencé l'affichage de vos élections? — Oui. — Mais le gouvernement ne le permet pas. Quel gouvernement? — Le gouvernement nouveau, celui qui est installé à l'Hôtel de Ville. Prenez garde! vous commettez un acte de *rébellion* en publiant les affiches. Prenez garde à ce que vous ferez! »

Nous répondîmes : « C'est possible, mais nous ferons continuer l'affichage; nous allons voir s'il a eu lieu; » et nous sortîmes.

Vers minuit, nous nous décidâmes à rentrer à l'Hôtel de

Ville pour y rendre compte de notre mission, et quoique nous fussions bien convaincus que les membres du gouvernement et de la mairie y étaient prisonniers. Arrivés à la porte du côté de la rue Lobau, nous la trouvons fermée et sévèrement gardée. Nous demandons le chef du bataillon. « On n'entre pas, nous dit-il. — Mais, répondis-je, nous sommes adjoints au maire de Paris; nous voulons entrer. — On n'entre pas sans un ordre du gouvernement. Mais de quel gouvernement? — Il faut un ordre de Blanqui. Ah! eh bien, allez demander au citoyen Blanqui, pour les citoyens Brisson et Floquet, la permission d'entrer à l'Hôtel de Ville et d'y rejoindre le maire, M. Etienne Arago. »

Au bout de quelques instants, on vint et on nous dit : « Citoyen Floquet, entrez. » J'entrai avec Brisson ; on nous mit entre quatre ou cinq gardes nationaux, et nous fûmes ainsi conduits dans les salles de la mairie qui étaient gardées à vue et où se trouvait M. Arago.

Nous entrâmes là, et j'y restai pendant toute la nuit. J'étais extrêmement fatigué. J'ai assisté à beaucoup d'allées et de venues. J'ai entendu des pourparlers entre M. Dorian, M. Edmond Adam et le gouvernement insurrectionnel qui s'était établi à l'Hôtel de Ville, pour arriver à l'évacuation. L'évacuation va avoir lieu, disait-on; puis on venait dire que tout était rompu. En effet, l'évacuation eut lieu vers cinq heures du matin. Les mobiles sont entrés, les gardes nationaux sont partis, et l'Hôtel de Ville fut évacué.

Je suis sorti vers cinq heures, l'un des derniers, après avoir conduit M. Étienne Arago jusqu'à la chambre à coucher qu'il occupait à l'Hôtel de Ville. Voilà ce qui s'est passé, et ce que j'ai vu à l'Hôtel de Ville, le 31 octobre.

Le lendemain, ou plutôt le matin même, puisqu'il était plus de cinq heures quand je suis rentré chez moi, je trouvai au *Journal officiel* une note disant que les élections annoncées n'auraient pas lieu. Je fus fort ému. J'arrivai à l'Hôtel de Ville et j'allai trouver M. Étienne Arago qui était lui-même fort étonné. Il me dit : il faut voir, il faut attendre. Bientôt nous apprenons que les affiches que j'avais fait imprimer pendant que le gouvernement était prisonnier étaient enlevées, que les élections étaient suspendues, et qu'une affiche nouvelle interdisait aux maires d'y faire procéder. « Ceci est grave, dis-je, nous ne pouvons l'accepter. Nous avons participé à la convocation des électeurs dans la conviction réelle que le gouvernement y consentait, conviction qui était en rapport avec la vérité des faits; nous ne pouvons pas accepter un pareil démenti. »

Quelques instants après, il était à peu près midi, nous fut communiquée une dépêche adressée à tous les maires d'arrondissement et portant en substance que : « Tous les maires d'arrondissement correspondraient avec M. Ch Ferry, chargé d'être l'intermédiaire entre eux et le gouvernement. » « Voilà, dis-je à M. Arago, qui ressemble fort à la destitution de la mairie centrale. » M. Étienne Arago me dit : « Il faut donner notre démission. » Immédiatement je la rédigeai moi-même. Elle fut signée par MM. Arago, Brisson et moi, et immédiatement envoyée au ministre de l'intérieur par intérim, M. Jules Favre.

Le soir, nous fûmes appelés au conseil du gouvernement, où on nous demanda de retirer cette démission. M. Arago crut devoir souscrire à cette demande. Brisson et moi, nous maintînmes notre démission, en disant que nous n'avions pas du tout l'intention de nous mettre en lutte avec le gouvernement, mais qu'il nous paraissait impossible de garder notre mandat après ce qui s'était passé; que nous différions d'avis avec le gouvernement sur un point essentiel, et que, comme subordonnés, nous n'avions qu'à nous retirer; que d'ailleurs nous ne pouvions plus avoir aucune espèce d'autorité morale après le démenti qui nous était infligé, et nous nous sommes retirés.

Jamais, jamais, depuis lors, je tiens à le constater, je n'ai fait aucune tentative, ni en parole, ni en action, contre le gouvernement de la défense nationale. J'en étais si éloigné, que tout en ayant le légitime désir de dégager ma responsabilité du démenti qui nous était donné, je n'ai pas voulu publier notre lettre de démission parce qu'elle expliquait nettement la série des faits, et qu'il pouvait en résulter des récriminations contre le gouvernement. Nous voulions éviter jusqu'à l'ombre d'une accusation dans la situation que faisait au pays l'état de guerre. Un journal, celui de M. Arthur Picard, a même annoncé un jour que malgré ma démission, j'étais résolu à voter *oui* au plébiscite de novembre, et c'était vrai. Ce vote m'a coûté aux élections de février de ne pas être porté sur la liste de quelques comités.

CHAPITRE VI

DU 31 OCTOBRE AU 29 JANVIER

Déposition de M. Cresson.

La préfecture de police après le 31 octobre. — Arrestation des chefs du parti révolutionnaire. — Ranvier, Félix Pyat, Delescluze, etc.

M. CRESSON. — Je vais vous dire comment j'ai procédé. Mais, avant, j'éprouve le besoin de dire à la commission comment je suis devenu préfet de police ; c'est encore aujourd'hui pour moi une chose extraordinaire et inexplicable ; c'est le hasard qui m'a fait devenir préfet de police. Le 31 octobre, je devais dîner avec Ernest Picard et un autre ami. J'avais passé la journée au palais. Quand je vins pour le chercher au ministère des finances, j'appris que lui et les autres membres du gouvernement qui se trouvaient à l'Hôtel de Ville avaient été arrêtés ; qu'il avait pu sortir de l'Hôtel de Ville envahi. Devant moi, il chargea, d'un ordre écrit pour faire battre le rappel, M. Roger, du Nord, je crois ; il me donna à moi même l'ordre verbal de me rendre au ministère des affaires étrangères pour faire fermer les portes et prescrire les mesures à prendre pour empêcher le succès d'une attaque. J'y courus. Je rencontrai là M. de Pontécoulant, à qui je transmis ces instructions. M. Picard m'avait prié de revenir; à mon retour, comme on ne battait pas la générale, il me chargea de porter, avec un ordre écrit, à l'état-major de la garde nationale, l'injonction de la faire battre. Je trouvai là des officiers exténués de fatigue réunis autour des restes d'un dîner. Je stimulai leur zèle par ma conversation avec leur chef, qui prit connaissance de ma mission; ils firent battre la générale et je rentrai chez moi. Le surlendemain, 2 novembre, on vint me chercher de la part du général Trochu. Dès que j'appris qu'il s'agissait d'être préfet de police, je protestai; mon caractère, mes goûts, ma profession, s'y opposaient. Je fis valoir que j'avais une femme et quatre enfants, qu'on allait s'égorger un jour ou l'autre, et qu'on m'envoyait à la mort. On me répondit que c'était un devoir, et que, dans des circonstances comme celles où nous nous trouvions, je ne pouvais pas refuser. J'acceptai donc, mais aux conditions suivantes : faire rentrer dans Paris 1,200 sergents de ville armés de chassepots.

Un membre. — A quelle date était-ce?

M. Cresson. — Le 2 novembre, je fus conduit devant le général Trochu, que je n'avais jamais vu; je lui dis : « J'accepte, mais je ne veux pas donner ma vie; je la vendrai et j'entends, si la lutte s'engage dans Paris, pouvoir défendre les lois. Il y avait dans Paris un certain nombre d'anciens agents, sous un nouveau costume, qualifiés gardiens de la paix. C'étaient les sergents de ville. On leur avait fait couper la barbe et la moustache; ces agents ne faisaient rien et ne pouvaient rien faire. Leur intervention les désignait à toutes les attaques. J'ai demandé plus tard qu'on leur rendît des armes. On en était très-jaloux; ce sont des soldats courageux et disciplinés.

On me rendit donc mes 1,200 sergents de ville; j'avais fait promettre en outre, au général Trochu qu'il me fournirait, en cas de lutte, un secours en artilllerie.

Je mis encore cette condition que l'on reconstituerait la

préfecture de police. Vous vous rappelez peut être qu'on proclamait dans tous les journaux, après la lettre de M. de Kératry, que la préfecture de police était morte, que le règne de cette institution était fini. Je déclarai, quant à moi, qu'il était impossible à une société d'exister sans une police prête à la fois à surveiller et à refréner.

En arrivant à la préfecture de police, je trouvai un ancien chef de division, M. Ansart ; il était chef de la police municipale. C'était un homme très distingué, très courageux, très-froid, qui connaissait merveilleusement la situation. Il y avait à côté de lui M. Marseille, que vous entendrez, me dit-on : c'est un homme très-ferme aussi dans ses idées, qui a été plusieurs fois violemment insulté, et qui, dans les circonstances graves où il s'est trouvé, vous pouvez en être sûrs, a fait son devoir. Il y avait encore à côté de lui M. Lecour, et enfin M. Baube, chef de la première division qui s'occupait de la partie administrative de la préfecture de police. Je réunis toutes ces personnes desquelles j'appris qu'il était nécessaire de convoquer les commissaires de police. Je les fis venir et je leur dis : « On vous a déclaré que la préfecture de police était morte ; elle est vivante ; elle vivra, comme la société dont elle est une nécessité ; prenez courage ; je compte sur vous comme vous pouvez compter sur moi. » Le lendemain, je choisissais vingt-deux commissaires de police, que je pris surtout parmi les anciens : j'en appelai cependant deux parmi les nouveaux pour ne pas blesser ceux ci, et je fis procéder aux arrestations. J'annonçai de suite ces arrestations au gouvernement, et en même temps, je lui demandai la permission de recomposer la police secrète, car il y avait dans Paris des dangers à prévoir, à craindre avec la garde nationale, qui est un élément d'ordre quand elle est bonne, c'est à dire dans certaines circonstances, mais qui est le plus dangereux des éléments de désordre quand elle est devenue mauvaise. Or il y avait une grande partie de cette force armée qui était plus que mauvaise, détestable même, et qui, au lieu de réprimer les délits, les commettait. Tout ce monde qui avait des armes, qui montait la garde loin du canon, commettait tous les jours des délits, et des plus honteux, jusque dans les couloirs de la préfecture de police.

Un membre. —N'y avait il pas 25,000 repris de justice dans la garde nationale?

M. Cresson.   Il y en avait plus que cela.

Même membre. — On a dit qu'il y en avait même parmi les officiers?

M. Cresson. — J'ai toujours offert au général Clément Thomas de faire l'inventaire de ses officiers. Je lui en ai demandé un état; seulement il y en avait tant, c'était un tel travail à créer que ce malheureux général n'a jamais eu le temps de le dresser.

Il faisait de temps en temps demander des renseignements sur tel ou tel, je m'empressais de les lui donner. Mais j'étais arrivé avec lui à faire le bilan des bataillons de la garde nationale, et je m'étais renseigné d'une manière très-exacte sur leurs commandants. Les bataillons étaient cotés dans mon cabinet, de telle façon que quand on envoyait de la garde nationale sur un point donné, je savais si elle était composée de bons ou de mauvais bataillons.

J'avais donc obtenu du gouvernement l'autorisation de rétablir sérieusement la police secrète. Les anciens agents tournaient autour de la préfecture de police et j'eus bientôt reconstitué avec eux un groupe important. Ils s'introduisaient dans les clubs, dans les réunions, dans les associations. Les associations avaient pris tout de suite un développement très-considérable. Les clubs, eux, étaient violents, menaçants, mais dans les derniers temps ils tournaient à la comédie. Ils m'avaient épouvanté au commencement. Je ne pouvais m'habituer à leurs violences; je m'y suis fait et quand j'ai vu certaines femmes monter à la tribune des clubs de Belleville, cela m'a un peu rassuré.

En même temps se constituaient les associations secrètes, dont la plus terrible était l'Internationale. Elle avait pour agent, autant que je me le rappelle, car vous comprenez que dans un espace de temps de trois mois et dix jours beaucoup d'événements se sont accomplis, mes souvenirs se sont obscurcis depuis, et ils ne me reviendraient avec précision et netteté que si j'avais les pièces et les dossiers sous les yeux, — elle avait, dis-je, pour agent Châtelain, qui demeurait rue Saint-Honoré. Il était signalé comme jouant un rôle à l'étranger; on allait jusqu'à dire qu'il était agent de police de l'empire. Je le fis surveiller d'une façon particulière, et un des commissaires de police que j'avais rétablis, — car j'ai rétabli tous ceux que j'ai pu rétablir,—M. Macé, fut chargé par moi de l'arrêter et de faire chez lui une perquisition à l'importance de laquelle je croyais, d'après les révélations des rapports secrets. M. Macé a saisi en effet chez lui un nombre très-considérable de pièces chiffrées. Elles ne nous disaient pas grand'chose, mais elles indiquaient les élections et une organisation. En outre, on trouva chez lui des lettres, des armes et beaucoup de choses, notamment une carte que reçoivent les agents pour la circulation gratuite. Je fis la déclaration de ces faits au ministre de l'intérieur: j'avais déjà parlé de l'Internationale—mais dès le mois de novembre, à mon grand ébahissement, un des membres du gouvernement avait nié la puissance politique de l'Internationale, ses desseins et son but; il avait déclaré qu'elle était composée de très-braves gens, qu'il les connaissait, qu'il avait plaidé pour eux !

Un membre. — Quel est son nom ?

M. Cresson. — Si vous me demandez son nom, je crois que je suis obligé de le dire. C'est M. Jules Ferry.

J'ajoute que ce jour-là, — c'était le 20 ou 22 novembre, — en présence de cette déclaration et à propos de l'application de la loi de 1819 qualifiée d'indigne, j'ai donné ma démission d'une manière très vive sans doute, car j'ai pris mon chapeau en disant : « Je vois que vous n'avez pas besoin de préfet de police, je me retire ! » On m'a fait l'honneur de courir après moi. M. Jules Favre m'a écrit pendant la nuit une lettre que j'ai gardée et dans laquelle il me disait d'appliquer la loi de 1819 pour la répression des délits de la presse, notamment à propos des gravures et des dessins obscènes que l'on dissimulait sous la forme de dessins politiques.

Cette satisfaction m'ayant été donnée et le général Trochu ayant ajouté sa prière à celle de M. Jules Favre, j'oubliai ma démission et je restai. Voilà ce que j'ai connu de l'Internationale. Je l'ai suivie pas à pas et je l'ai écoutée presque tous les jours ; j'étais au courant de ce qui se faisait dans ses conseils secrets; si bien que, dans le courant de janvier, je suis allé trouver le général Clément Thomas et le ministre de l'intérieur, M. Jules Favre, et que je leur ai dit : « Je viens d'apprendre avec une quasi certitude par les rapports des agents secrets que la salle de la Redoute va réunir tout le groupe, et je demande au ministre de l'intérieur l'autorisation d'en arrêter les membres réunis. »

Un membre. — A quelle date ?

M. Cresson. — Je ne puis rien préciser comme date. C'était au mois de janvier, je crois. Le ministre de l'intérieur me donna cette autorisation. Je lui dis que les forces dont je disposais se réduisaient à fort peu de chose, qu'elles étaient insuffisantes et je lui demandai d'employer la gendarmerie. Celle-ci était elle-même bien diminuée. Je l'avais concentrée à la caserne de la Cité, tout autour de l'Hôtel de Ville, afin d'empêcher le renouvellement d'un attentat comme celui du 31 octobre, et je pouvais compter sur 800 hommes environ. Mais les officiers supérieurs disaient que si l'on exposait la gendarmerie tous les jours, on allait rendre le corps tout à fait impopulaire ; ils firent remarquer avec raison qu'il vaudrait beaucoup mieux employer la garde nationale. Je m'adressai alors au général Clément Thomas.

Il me demanda si j'étais bien sûr de mes rapports ; j'avais les minutes sous les yeux ; je les lui montrai, je les lui lus et je lui dis que les agents qui m'avaient renseigné me paraissaient dignes de foi. Immédiatement après cette lecture, Clément Thomas me dit : « C'est très-grave ; nous allons mettre la garde nationale en avant ; ce n'est pas son affaire. » A ce moment entra le colonel d'état-major de la garde nationale, M. B...; il voulait se retirer, mais je le priai de rester et je lui expliquai ce dont il s'agissait. En résumé, le général Clément Thomas me demanda si j'avais un ordre écrit du ministre. Je lui dis que non, mais que j'étais tout prêt à le lui donner. Il me répondit alors : « Il faut que cet ordre vienne du général Trochu » Je vis le général Trochu, qui était disposé à donner cet ordre. Mais il y avait le soir même un conseil de guerre auquel avaient été appelés tous les généraux et il m'engagea à attendre. Pendant cette attente, la réunion avait lieu dans la salle de la Redoute.

Un membre. C'était combiné depuis le mois d'octobre ?

M. Cresson. — Je ne sais rien du tout de ce qui s'est passé avant mon entrée à la préfecture, qui a eu lieu le 2 novembre. Mais, à partir de ce jour là jusqu'à ma sortie, j'ai toujours été en face d'une conspiration qui s'étalait publiquement, dans les clubs, tout haut. Cette conspiration avait son programme. Les directeurs étaient aussi nombreux que les membres ; tous étaient chefs ; elle se subdivisait en plusieurs comités qui se réunissaient, prenaient des décisions et nommaient des chefs qui se concertaient entre eux. Tout ce groupe, tout cet ensemble me passait sous les yeux ; chaque fois qu'un fait particulier et grave se produisait, j'en informais le ministre de l'intérieur ou le général Trochu, ou je le constatais par écrit ; c'est ainsi que j'ai signalé les projets d'assassinat, de meurtre, les demandes que l'on faisait dans les clubs d'établir des échafauds au coin des rues, les menaces quotidiennes et multipliées de pillage et d'incendie.

Ranvier fut arrêté le 6 novembre par moi. Je dois dire que je l'ai toujours jugé à sa valeur ; c'était un fanatique capable de tout. Mais c'était un père de famille. Il avait deux jeunes filles qui paraissaient intéressantes, et elles avaient frappé à bien des portes ; il est vrai qu'elles allaient aussi aux clubs. (Sourires.)

Eh bien, Ranvier obtint, sans que je fusse averti, de sortir de la Conciergerie sur son honneur. Le juge d'instruction et le procureur de la république lui avaient donné un congé de vingt-quatre heures d'abord, de quarante-huit heures ensuite.

Un membre. — A quelle date?

M. Cresson. Je pourrais vous montrer à ce sujet la date; la lettre du procureur général, la voici : elle porte la date du 29 décembre.

Elle est de votre collègue M. Leblond, homme d'une grande honorabilité, qui était tourmenté et assiégé par tout ce monde, comme je l'étais moi-même, et qui avait appris, à leur contact, que leurs desseins étaient détestables. Ce n'était pas lui qui l'avait fait mettre en liberté.

Bref, Ranvier est mis en liberté, sans moi, pour deux jours; il sort; il va de soi qu'il se rend aux clubs de Belleville (On rit). Or, chaque club était suivi par un de mes agents, et dans mes rapports quotidiens se trouvent des extraits de ce qui se disait dans les clubs. Eh bien, Ranvier dit dans le club où il est allé ce soir-là, en propres termes : « Ils n'ont pas le courage de me fusiller : nous aurons ce courage, nous les fusillerons. » De plus, il avait donné sa parole de rentrer, il ne rentra pas. Un rapport me fut fait sur son absence.

Le procureur général, à qui je communiquai ces faits, en était très-ému. Le 29 décembre 1870, il m'écrivait cependant après la rentrée de Ranvier à la Conciergerie.

« Paris, le 29 décembre 1870.

« Mon cher préfet,

« Mademoiselle Ranvier est dans mon cabinet. Elle me dit que son père est gravement malade; je ne sais pas si cela est exact et à quel point cela est exact.

« Je ne sais pas non plus à quel point la mise en liberté de Ranvier peut être dangereuse. Il est certain qu'il a fait un bien détestable usage de la liberté qu'on lui a donnée pour deux jours.

« Mais c'est à vous de décider cela. C'est d'ailleurs ce qui a été convenu avec M. Choppin, hier matin.

« Je m'en remets à vous, et vous prie d'agréer, mon cher préfet, l'expression de mes meilleurs sentiments.

« LEBLOND. »

M. DE RAINNEVILLE. — Je désirerais savoir exactement qui avait donné l'ordre de lever l'écrou de Ranvier pour deux jours.

M. CRESSON. — M. le juge d'instruction.

M. DE RAINNEVILLE. — Est-ce que légalement il en avait le droit?

M. CRESSON. — Parfaitement, non pas de lever l'écrou, mais, d'accord avec le procureur de la république, d'accorder la sortie. J'ajoute une chose : c'est qu'on lui avait déjà précédemment accordé une sortie d'un jour et qu'il était rentré exactement.

Ces autorisations de sortir étaient devenues une habitude, et au mois de décembre ou de janvier, M. Goupil, le médecin, celui qui a été depuis, je crois, nommé député, a demandé à sortir pour aller faire une opération chez un de ses malades qui réclamait ses soins à tout prix. On l'a fait sortir sans prévenir le préfet de police; c'était l'usage. Il est parti avec deux agents que le juge d'instruction avait fait demander à la préfecture de police, et il n'est jamais revenu. Il avait dit aux agents : « Je vais dans ce petit cabinet pour prendre des instruments. » Il a disparu, on l'a cherché inutilement jusqu'au jour où il est devenu député, je crois.

Je pense avoir répondu à la question qui m'était adressée tout à l'heure sur la situation dans laquelle j'avais trouvé la préfecture de police et sur ce que j'avais fait pour arriver à sa reconstitution. Ainsi, mon premier acte a été de réorganiser les commissaires de police, de frapper tous ceux qui, par une faute quelconque, m'en donnaient l'occasion, et de les remplacer par les anciens commissaires de police, qui étaient pères de famille et qui demandaient tous à rentrer ; de reconstituer les sergents de ville et d'essayer de pénétrer dans Paris, car cela a été là une de nos plus grandes difficultés. J'oubliais de vous le dire, en effet : on avait reconstitué les mairies, dont chacune était un gouvernement Il y avait telles mairies qui faisaient arrêter les agents du préfet de police. Cela n'est pas arrivé souvent, parce que j'avais déclaré que si l'on recommençait, j'irais arrêter toute la mairie et que j'emmènerais maire et adjoints. En attendant, dans l'espace de trois mois et dix jours, j'avais pu pénétrer dans douze arrondissements; mais il m'a fallu pour cela profiter de toutes les circonstances, même les plus désastreuses. Ainsi, ces malheureux gardiens de la paix que je retirais des fortifications avec beaucoup de peine, je ne pouvais les faire rentrer dans Paris sans exposer leur vie à tous les périls. Mais, lors du bombardement, comme il y avait du danger pour tous, il était assez naturel de les faire venir. J'ai profité de ce malheur pour prouver leur courage.

M. DE LA ROCHETULON. Quels sont les noms des maires qui ont fait obstacle pendant le siége au rétablissement de la police?

M. CRESSON. Il y a eu M. Delescluze; j'ai demandé quatre fois son arrestation; j'ai fini par l'obtenir le 22 janvier au soir.

M. DE LA ROCHETULON. — Est-ce qu'il était maire?

M. CRESSON. Oui, et il avait été nommé à l'élection.

M. DE LA ROCHETULON. — Et Mottu? et Bonvallet?

M. CRESSON. — Pour M. Bonvallet, c'est une nature particulière suivant moi; je l'ai vu dans mon cabinet; c'est un homme dont on peut faire ce qu'on veut. Il était entouré d'une façon très malheureuse. Ce n'est pas lui qui était maire, c'était sa municipalité; quant à lui, il n'avait pas de mauvaises intentions.

UN MEMBRE. C'est l'ancien restaurateur.

M. CRESSON. Oui, je suis heureux que vous m'ayez évité la peine de le dire. C'est du reste un excellent homme.

Voici comment je m'y suis pris : je me suis d'abord adressé aux maires que je connaissais, qui étaient de mes amis.

Je leur ai expliqué et je leur ai fait comprendre, ce qui n'était pas bien difficile d'ailleurs, que la police était d'une nécessité absolue, la police de l'ordre public et non pas la police politique, et qu'il fallait qu'ils me donnassent tout leur concours. J'ai obtenu de M. Desmarest de rentrer de suite dans le IX⁰ arrondissement; je le dois à son énergie. Dans les bons quartiers, les agents ont été accueillis à bras ouverts; mais il était difficile, impossible de les faire arrriver sur les hauteurs de Montmartre; il a fallu vaincre des résistances pour les maintenir dans des postes que j'avais fait, avec l'aide des maires, évacuer par la garde nationale.

Dans d'autres mairies, dans celle de M. Vautrain, j'ai fait la même chose. Je me suis adressé à lui. C'était d'autant plus intéressant que c'est dans son arrondissement que se trouvait l'Hôtel de Ville; il fallait ménager les gardes nationaux; je le priai de les renvoyer, et de m'avertir quand il aurait fait le vide dans les postes, après quoi je devais entrer. Ce qui fut dit fut fait. Seulement les gardes nationaux qui se composaient en grande partie de petits marchands colporteurs que les agents chassaient et de certains hommes dont la profession est infâme, les gardes nationaux se sont groupés, se sont jetés sur les postes et en ont chassé mes agents. Sur quoi je me rendis au gouvernement et je dis : « Les choses ne peuvent pas aller ainsi; si demain les journaux racontent ce fait, une véritable bataille s'engagera dans tous les quartiers où il y a des agents. Il faut que je les rétablisse à tout prix. » Le général Trochu, avec un esprit très juste peut-être, voulant éviter la bataille, me dit : « Il faut accepter ce que nous ne pouvons pas empêcher. » C'était vrai.

Telles sont les difficultés que j'ai rencontrées, même dans les mairies où se trouvaient les administrateurs les plus intelligents et les plus dévoués à l'ordre. Vous jugez par là ce qu'elles ont été dans les mairies excentriques où se trouvaient Delescluze... et d'autres.

Un membre. Et Léo Meillet?

M. Cresson. — Léo Meillet n'avait pas d'influence, parce

qu'il avait à côté de lui un maire d'une rare intelligence et d'un grand courage, M. Pernolet. Je suis un jour allé au secours de M. Pernolet, qui venait d'être arrêté par le 101ᵉ bataillon. Je commandai de suite des troupes pour aller le délivrer, lorsqu'une dépêche télégraphique du ministère de l'intérieur vint m'apprendre qu'il avait fait sa besogne tout seul et qu'il était parvenu à arrêter lui-même celui qui l'avait arrêté. Je suis aller trouver M. Pernolet, qui continuait à administrer sa mairie dans des circonstances vraiment désastreuses avec un courage et une abnégation au-dessus de tout éloge. Léo Meillet, comme vous le comprenez, ne pouvait pas avoir là une grande influence. Mais il était terrible comme acteur; quand il allait dans les clubs, il retirait son habit et apparaissait avec une chemise et un gilet rouges ; il tirait de ses vêtements un drapeau rouge; ces gestes, cette action agissaient sur les masses...

M. DE MORNAY. — Vous avez dit, à plusieurs reprises, quand vous avez parlé de personnages politiques, que vous les aviez arrêtés sans instructions, par ordre du gouvernement.

Comment ces ordres vous arrivaient-ils? était-ce par le général Trochu ou par le ministre de l'intérieur qu'ils vous étaient envoyés?

M. CRESSON. — Je vous demande pardon, mais je me suis mal fait comprendre.

Lorsque je suis arrivé à la préfecture de police, le 31 octobre s'était accompli, et je ne connaissais rien de ce qui s'était fait alors. J'ai demandé la liste des gens qui avaient été acteurs dans cette affaire du 31 octobre. Le gouvernement a délibéré, il a fixé le nombre de ceux qui devaient figurer sur cette liste. Elle a d'abord été de 30, puis réduite à 24 individus en conseil du gouvernement. Puis j'ai opéré les arrestations. Pour ces arrestations j'ai reçu les ordres du gouvernement; pour toutes les autres, je n'ai jamais demandé d'ordres à personne. J'ai dit : « Je vais arrêter. » J'ai rencontré souvent des objections, notamment en ce qui concerne Delescluze, mais j'ai toujours agi moi voulant; je n'avais pas d'ordres à demander; j'ai fait ce que fait et doit faire un préfet de police qui est responsable devant le gouvernement. J'ajoute que le gouvernement, quand j'ai cru devoir les lui demander, m'a toujours donné les autorisations nécessaires...

Les arrestations de novembre avaient été faites à propos des affiches rouges qui appelaient la population à la guerre civile.

Elles étaient signées de cent cinquante noms, elles émanaient de l'Internationale; les difficultés, les impossibilités étaient énormes.

On en rencontrait de toute nature, quand il s'agissait de l'exécution des lois, surtout dans certains quartiers où les agents étaient parfois eux-mêmes l'objet de violences, d'arrestations; où ils étaient suivis, alors que c'étaient eux qui auraient dû suivre. En effet, quand des agents étaient établis autour d'une maison, comme lorsqu'il s'est agi d'arrêter Gaillard père ou Flourens, on les observait; les filles, les marchands de vins du voisinage prenaient des notes sur leur physionomie. La préfecture de police était toujours aussi, malgré mes observations, gardée par des bataillons de Montmartre; là, certains individus pouvaient tout à leur aise étudier la figure des agents, et quand ceux-ci se présentaient dans une réunion, ils étaient immédiatement dévisagés et reconnus.

Ainsi, un jour, à l'enterrement civil de la sœur de Blanqui, Raoul Rigault, assisté de Dacosta, a arrêté mon agent; il l'a conduit avec six gardes nationaux chez le commissaire de police et de là chez le maire, M. Mottu, je crois; il a fait dresser contre cet agent un procès-verbal, sur quoi j'ai saisi la justice.

Eh bien, lorsque j'ai envoyé les procès-verbaux constatant cette arrestation arbitraire, savez vous ce que m'a répondu le procureur de la république? Que l'arrestation n'ayant pas été suivie de séquestration ne constituait pas un délit...

J'ai arrêté Félix Pyat, et comme je n'ai pas l'âme bien dure, je me suis préoccupé tout de suite de son bien-être intérieur et de celui de ses complices.

Fallait-il le conduire à Mazas et faire un régime spécial pour lui ? J'ai visité moi-même les cellules de la Conciergerie, je me suis assuré que les prisonniers s'y trouvaient dans des conditions convenables, et, comme Félix Pyat était un vieillard, je recommandai de lui donner la plus belle cellule et un lit de soldat malade.

Le lendemain je reçus la visite du garde des sceaux.

UN MEMBRE. — Qui est-ce qui était garde des sceaux à ce moment?

M. CRESSON. — M. Emmanuel Arago. Il venait me voir en ami. Il me dit : « Mon ami, il m'arrive une cruelle aventure; lis donc cela, » et il me montra une lettre de Félix Pyat qui était ainsi conçue : « Quel malheur que je sois ton prisonnier ! tu aurais été mon avocat. » En même temps il me fit observer que Félix Pyat était un vieillard, qu'il n'avait pas de consistance, que tout cela était bien fâcheux, enfin que c'était un des vétérans de la démocratie.

Je lui répondis que Félix Pyat avait commis un crime, que le gouvernement avait décidé son arrestation, et que j'avais fait pour lui tout ce que je pouvais faire en assurant son bien-être matériel.

Le garde des sceaux sortit; mais il revint sur ses pas en me priant de lui faire savoir qu'il était venu.

Ce fait me parut fort singulier. Quelques jours après, au moment où j'allais entrer à la séance du gouvernement, — j'y assistais tous les jours, — je fus abordé par le garde des sceaux et par plusieurs personnes qui me dirent : « Mais on s'est trompé en ce qui concerne Félix Pyat; il faut le mettre en liberté. »

Je répondis que je ne le mettrais pas en liberté. On me dit alors qu'il était monstrueux de voir que le préfet de police de la république, alors qu'on lui affirmait l'innocence de Félix Pyat, voulût le garder quand même.

Je répliquai que, pour moi, il était coupable, et que je ne le mettrais pas en liberté.

J'ai refusé formellement de le faire... On saisit alors le gouvernement de la question. Le général Trochu prit parti pour moi et décida qu'il resterait en prison. Dix jours après, une ordonnance de non lieu intervint.

Un membre. A quelle date?

M. Cresson.—C'était au mois de novembre, après le 31 octobre.

J'ai retrouvé dans des papiers particuliers un billet relatif à cette affaire et venant du juge d'instruction qui, dans ces circonstances, n'a dû qu'obéir aux instructions qu'il recevait du parquet. J'avais dit au gouvernement : « Félix Pyat mis en liberté ! lui qui avait appelé le peuple à l'insurrection du 31 octobre ! lui qui s'était trouvé ce jour là sur la place de l'Hôtel de-Ville ! lui qui, de son aveu, était entré à l'Hôtel de Ville, et qui avait été porté sur une liste comme membre d'un nouveau gouvernement ; Félix Pyat mis en liberté ! cela impliquait la grâce de tous les autres; car lui et Delescluze ont toujours été les chefs secrets de tous les mouvements qui ont été organisés dans Paris. »

Après ces débats intérieurs et intimes, je reçus ce billet auquel j'attache personnellement une très grande importance; il émanait de la justice :

Cabinet de M..., juge d'instruction.

« Je ne trouve rien, ni dans les pièces, ni dans l'information, contre Tridon, Eudes, Leurant, Ignard et Mégy. (Marques d'étonnement.) Je prie M. le préfet de police de vouloir bien me faire parvenir les documents qu'il possède à la charge de ces inculpés. »

Vous pouvez voir par là avec quelles difficultés j'étais aux prises. Je ne savais rien des faits qui avaient été commis par ces gens-là; je les avais arrêtés sur l'indication du gouvernement; et dès le lendemain, on venait me demander leur mise en liberté, et on me priait de faire connaître les faits qui étaient à leur charge.

Dans cette circonstance, un débat très-vif s'est engagé dans le gouvernement à mon sujet. On trouvait fort étonnant que le préfet de police refusât d'obéir au garde des sceaux. Le fait est que je ne savais rien et que je ne pouvais rien dire, et c'étaient des renseignements écrits qu'on venait me demander sur les faits et gestes de ces prévenus. J'ai dit aux membres du gouvernement : « Vous êtes des témoins, et si vous me chargez de l'instruction, je vais vous interroger et je vais éclaircir l'affaire ; mais si c'est la justice qui fait l'instruction, je n'ai pas de documents à livrer. Qu'aurai-je pu mettre, en effet, dans leurs dossiers ? »

Les dossiers de l'empire, je dois leur rendre cette justice, étaient pitoyablement faits.

Après avoir ainsi lutté pour faire maintenir Pyat en prison, j'ai eu la douleur très-profonde de voir arriver une ordonnance de non-lieu et de me voir demander ce qui avait pu être commis par des personnages comme Eudes, Mégy et Tridon ! Ce dernier était le caissier de l'insurrection ; car il était fort riche et c'est lui qui a entretenu la plus grande partie de tout ce monde ; c'est lui qui, suivant une de leurs expressions, fournissait aux besoins de *la Patrie en danger*, laquelle es morte, faute d'argent...

Je viens de vous parler de Félix Pyat, je vous demande la permission de m'occuper de Delescluze et de son arrestation.

On avait envahi Mazas, la veille, dans des circonstances telles que c'est la garde nationale et le directeur de la prison qui ont livré le poste ; — si je ne craignais de mêler cet incident au récit, je m'y arrêterais un instant. J'avais arrêté Delescluze avec et après délibération. Je le mis comme tous les autres dans une voiture cellulaire, d'accord avec le général Vinoy, qui m'a prêté, dans cette circonstance, le concours le plus actif et le plus dévoué, et je l'envoyai à Vincennes. Malheureusement, je n'ai pas pu l'y laisser. Cette mesure avait soulevé des protestations très violentes de la part de tous les clubs, qui criaient à l'assassinat.

Les journaux ne m'appelaient plus que *l'infâme Cresson, l'infâme assassin*. M. Rochefort me proscrivait, me mettait hors la loi dans son second numéro du *Mot d'ordre*.

Une autre circonstance qui m'empêcha de laisser tous ces prisonniers à Vincennes fut la capitulation, qui ne permettait plus de garder à Vincennes que 150 personnes.

Un membre. C'était après le 22 janvier.

M. Cresson.—Oui; après le 22 janvier, j'avais lancé un nouveau mandat d'amener contre Pyat et Delescluze.

Je reviens à Delescluze. Je l'avais arrêté et enfermé à Vincennes après le 22 janvier. Puis, j'ai été obligé de le ramener de Vincennes à Paris. — Je l'ai mis dans la prison de la Santé. Il était bien embarrassant d'avoir des prisons dans lesquelles il était impossible de faire du feu ; nous n'avions plus de charbon de terre, et les calorifères étaient faits pour être chauffés avec du charbon de terre; il n'y avait pas moyen de les chauffer avec du bois; de sorte qu'au lieu d'être améliorée, leur situation se trouva aggravée. J'avais mis dans cette prison, au moment du bombardement, tous les soldats prussiens, parce que les bombes prussiennes étaient arrivées jusque sur la prison de la Santé. J'en avais d'abord averti le gouvernement, qui avait prévenu les Prussiens ; ils pouvaient n'en pas tenir compte ; j'ai pris la mesure que je viens de dire.

Voilà donc Delescluze à la Santé.

Quatre jours après, je reçois du général Soumain une ordonnance de non-lieu concernant Delescluze. C'était un fait énorme.

Je fis mander le secrétaire général de la préfecture de police, M. Léon Renault, préfet d'Orléans aujourd'hui, et je le chargeai d'aller trouver le général Vinoy et de lui dire que s'il connaissait l'ordonnance de non-lieu, je donnais ma démission et que je quitterais la préfecture de police à l'instant même, que s'il ne la connaissait pas, je le priais de vouloir bien retirer cette ordonnance.

Le général Vinoy m'écrivit pour me remercier d'avoir compris que le général Soumain, qui était un vieillard, avait été surpris. Il me dit qu'il le remplaçait et qu'il brûlait l'ordonnance de non-lieu afin de n'en pas laisser de trace.

Il n'y avait que quatre personnes qui pouvaient savoir cela : le général Soumain, le préfet de police, le général Vinoy et M. Renault.

Le soir, je me présentai au gouvernement; le garde des sceaux vint à moi et me dit dans un langage familier et intime que je reproduis parce qu'il est photographique : « Tu as fait quelque chose de très grave. — Mais qu'ai-je donc fait? — Tu as refusé d'exécuter une ordonnance de non-lieu du ministre de la guerre. » Je répondis au garde des sceaux : « Qui est ce qui t'a dit cela? Je te le demande comme préfet de police. » Il me dit alors que le général Soumain avait remis une copie de l'ordonnance de non lieu à un de ses amis et que cet ami la lui avait apportée.

J'ai refusé, bien entendu, de répondre. J'ai saisi le gouvernement de la question. J'ai demandé à qui je devais obéir, si c'était à l'interprétation que le garde des sceaux donnait à l'ordonnance de non-lieu en disant que je n'y avais pas obéi, ou bien si c'était au général Vinoy qui, comme directeur des conseils de guerre, comme chef militaire de la place, était seul maître de la justice militaire.

Le gouvernement décida que j'avais bien fait de retenir Delescluze.

M. DE MORNAY. — Est ce que le général Soumain commandait encore la place?

M. CRESSON. — Il a été destitué le jour même. C'est le lendemain que Rochefort a publié un article qui se terminait par des mots très énergiques. Il m'avait tant de fois injurié, cela lui arrivait si souvent, que je n'y faisais pas attention — Mais voici ce qu'il disait cette fois en terminant :

« Ces procédés n'appartiennent à aucun ordre judiciaire; ceux qui y ont recours se mettent eux-mêmes hors la loi. »

Je gardai donc Delescluze. Aux élections, le 8 février, il a été nommé par la population parisienne; le dépouillement me le prouvait le 9; alors j'ai donné ma démission.

M. DE MORNAY. On l'a rendu à la liberté?

M. CRESSON. Ma femme et mes enfants s'étaient sauvés en Angleterre, après la déroute du Mans. Je m'y suis rendu et je n'ai rien su de ce qui s'est passé depuis.

M. LE VICOMTE DE MEAUX. Vous nous avez parlé d'ordonnances de non-lieu délivrées après le 31 octobre ou le 22 janvier. Il nous a été dit que plusieurs accusés avaient été traduits devant les conseils de guerre et qu'après le 31 octobre particulièrement, on n'avait pu obtenir de la justice militaire aucune condamnation.

M. CRESSON. Je vais vous donner une complète explication. Ce n'est pas la même chose que pour les ordonnances de non-lieu. Ici ce sont les conseils de guerre qui sont en cause. Voici ce qui est arrivé.

Pour juger, il faut recevoir des dépositions. Or celles-ci avaient été faites avec une bienveillance extrême, et le conseil de guerre, composé d'officiers braves sans doute, s'est trouvé soumis à cette influence énervante qui a tout brisé et tout anéanti. Ici se place un détail dont je parlais tout à l'heure sur la justice militaire.

Le 23 ou le 24 janvier pendant la nuit[1], nous eûmes une insurrection : on battit la générale dans tous les quartiers de Paris et dans certains quartiers on sonna même le tocsin. Nous sommes restés sous les armes toute la nuit avec la pensée qu'une grande bataille allait s'engager. Je le croyais d'autant

---

[1] Il y a évidemment ici une erreur de date. C'est seulement dans le *Journal officiel* du dimanche 29 janvier que nous trouvons la note suivante :

« A la suite de l'agitation sans gravité qui s'est produite dans la soirée d'hier, les sieurs Brunel et Piazza ayant usurpé quelques instants, dans un but de désordre, le titre et les fonctions de général en chef et de général d'état major de l'armée de Paris, ont, pendant la nuit, réussi à rassembler un petit nombre de gardes nationaux, attirés sur la voie publique par la générale et le tocsin sonné dans plusieurs églises. Les sieurs

plus que j'avais toujours dit qu'on ne faisait que la retarder, mais qu'elle était inévitable.

Le matin, je reçus un ordre qui m'était envoyé, je crois bien de l'Hôtel de Ville, par M. Jules Ferry. Cet ordre était signé Brunel et Piazza, qui sont devenus tous deux depuis chefs de la Commune.

Brunel était général en chef et Piazza général, chef d'état-major. Cet ordre, qui a été reproduit dans tous les journaux, enjoignait de faire battre la générale, de sonner le tocsin, de réunir la garde nationale, de s'emparer des secteurs et, je crois, de fusiller les amiraux; et puis, ce qu'il y avait de plus curieux, de s'opposer par une bataille à l'entrée des Prussiens que la capitulation allait mettre en possession des forts.

J'ai choisi l'officier de paix le plus énergique que j'avais et celui des commissaires de police que je savais le plus courageux. Je leur ai fait connaître l'importance de la situation; je leur ai dit que Brunel et Piazza venaient de se livrer à un acte qui pouvait se reproduire et qu'à tout prix il me les fallait morts ou vifs.

J'avais su de suite par les agents secrets qu'ils avaient leur quartier général au boulevard du Prince-Eugène, qu'on appelait boulevard Voltaire, dans une maison au second étage et qu'ils étaient entourés de gardes nationaux. Le commissaire de police que j'avais envoyé là est M. Mathieu, pour qui j'ai demandé et obtenu une récompense, en raison de l'énergie et de l'intelligence dont il a fait preuve en cette occasion.

Il s'est présenté obéissant à mes ordres avec vingt gardiens de la paix armés de chassepots pour entrer dans la maison. Il

---

Brunel et Piazza ont été arrêtés ce matin, boulevard Voltaire, à la tête d'une troupe armée.

« Ils auront à répondre devant un conseil de guerre des menées coupables qu'établissent les ordres signés par eux.

« Une note, trouvée à la préfecture de police, signale le nommé Piazza comme ayant, en 1869, sollicité un emploi de la faveur des ministres de l'empire. »

avait l'injonction écrite en cas de résistance de mettre en réquisition toute la caserne du prince Eugène, que j'avais fait placer sous ma main. Je lui ai donné, je le répète, un ordre écrit. Il entra avec sa troupe dans la maison, mais sans bataille, au milieu des larmes des gardes nationaux, qui avaient beaucoup bu pendant la nuit et qui se trouvaient incapables de résister. Leurs deux généraux furent arrêtés.

Je courus triomphant annoncer ce résultat au gouvernement, disant que le moment de faire un exemple était venu, qu'un pareil acte au lendemain du 22 janvier était plus qu'atroce et qu'il fallait montrer par l'établissement d'une cour martiale qu'il y avait encore une justice : qu'il fallait faire respecter les lois.

On me refusa la cour martiale, mais on consentit à augmenter le nombre des conseils de guerre, qui furent portés de deux à quatre et on décida que les deux généraux passeraient devant l'un de ces conseils de guerre.

Permettez-moi de vous donner en passant un détail qui vous montrera quelle était la faiblesse de tous. Il y avait là un colonel qui est assurément un des plus braves soldats de l'armée. Il est venu me voir le soir du jugement et je lui dis :

« C'est fini, n'est ce pas, colonel? » Il me répondit : « Non, nous nous sommes déclarés incompétents. » — « Comment! » m'écriai je. — Il ajouta : « C'est ainsi; le conseil de guerre n'était pas composé comme il devait l'être. » C'était un détail intérieur dont la préfecture de police ne pouvait s'occuper en aucune façon. Je m'étonnai qu'on ne l'eût pas prévu et je dis : « Ce sera pour bientôt. » Il répondit : « Oui, seulement c'est une affaire très-difficile. — Mais comment, mais pourquoi? n'avez-vous pas les dossiers? » Il répondit : « Sans doute. — Alors l'ordre n'est pas dans le dossier? Mais si, me fut-il répliqué. Je vous l'ai apporté, je vais vous le faire voir. » Il tira en effet le dossier de sa poche et me présenta l'ordre, *l'ordre écrit de faire battre* la générale et de faire sonner le tocsin, signé : — « Le général chef d'état-major, etc. »

Je le lus. — C'était un crime signé de ses auteurs; tout était clair, avoué, constant. Je le lui dis. Vous allez être aussi étonnés que je l'ai été moi même. On me déclara que cet écrit n'était pas un ordre militaire; pour cela il fallait qu'il portât en tête : *Ordre*, et ce mot n'y était pas.

J'ajoute qu'après ma démission, les accusés ont passé devant le conseil de guerre, et qu'ils ont été condamnés à deux ans de prison pour usurpation de fonctions.

Les bombes Orsini pendant le siége.

Je suis parvenu à arracher des mains des conspirateurs 24,000 bombes Orsini, je crois, dont 600 étaient chargées, et des cartouchières de fer blanc. J'ai fait éclater ces dernières dans les puits de Vincennes. Je me suis emparé des autres dans les derniers jours par l'intermédiaire de M. Macé, commissaire de police. J'avais fini par ne plus trop me préoccuper de la légalité qui, en ma qualité d'avocat, m'a cependant toujours très-vivement intéressé. J'ai saisi leurs matières combustibles, que j'ai livrées au ministre de la guerre. Mais il paraît que l'insurrection a pu en retrouver plus tard une partie, dans les dépôts qui les avaient reçues.

M. DE LA ROCHETHULON. Savez-vous qui ordonné la fabrication des bombes Orsini?

J'ai ouï dire qu'un homme faisant partie de ce qu'on est convenu d'appeler le parti avancé, avait entrepris de fabriquer des bombes Orsini, mais qu'une explosion ayant eu lieu, on profita de la circonstance pour en interdire la fabrication à Paris sans une autorisation de l'administration.

M. CRESSON. Le décret qui a interdit la fabrication des bombes Orsini est antérieur à mon administration. Il y avait même, dans le cabinet du préfet de police mon prédécesseur, un dossier qui s'appelait: « le dossier des bombes Orsini. » J'ai donc pu être renseigné à mon arrivée.

Or, je savais que ces bombes se fabriquaient à Paris et que le maire de Montmartre, M. Clémenceau, connaissait cette fabrication, qu'il s'en était occupé personnellement. Je savais cela par une note des agents secrets. Je le priai donc de venir causer avec moi. J'essayai de me faire connaître de lui, de lui inspirer la confiance que je crois mériter. Il m'a donné cette confiance, et il m'a livré 600 bombes Orsini, que j'ai fait éclater dans les puits de Vincennes. Plus tard j'ai retrouvé dans ses mains un nombre très considérable de bombes Orsini, mais elles n'étaient pas chargées. M. Clémenceau n'a pas voulu les livrer au préfet de police, mais à M. le ministre des travaux publics, M. Dorian et au ministre de la guerre. J'ai introduit M. le ministre de la guerre à côté du ministre des travaux publics, parce que je voulais une double garantie. Il a accepté et j'ai pu prendre possession des bombes Orsini, quelques jours après mon entrée à la préfecture de police, dans les premiers jours de novembre[1].

---

[1] M. Ansart, chef de la police municipale à Paris, dit à ce sujet :

« Dans le XVIIIe arrondissement, M. Cresson a fini par saisir des milliers de bombes que M. Clémenceau faisait préparer ; c'étaient des bombes que nous avions déjà vues sous l'empire. On reprenait les errements d'autrefois. Évidemment de pareils engins ne pouvaient avoir aucune utilité vis à vis des Prussiens. Je suis convaincu qu'on a dépensé à cette fabrication des sommes considérables. »

De son côté, M. Macé, commissaire de police, donne les renseignements suivants :

« Vous connaissez l'affaire du 21 janvier, où Sappia fut tué ; à ce moment, je trouvai sur la place de l'Hôtel de Ville des fragments de bombes orsiniennes ; on s'en était donc servi.

« Je fus chargé par M. Cresson de la recherche de ces bombes. Chaque membre de l'Internationale en avait chez lui un dépôt, et les membres de l'Internationale sont très nombreux ; tout le nouveau Paris, à l'exception de Passy, en est plein.

« Je saisis d'abord chez Duval, qui fut plus tard délégué à la préfecture de police, deux caissons de cartouches, deux épées de sergents de ville et divers modèles de bombes. Chez Gérard, fondeur à Belleville, je trouvai 500 tubes, 300 kilos de poudre explosible, 13 modèles de bombes en cours de fabrication.

« J'en saisis à Grenelle, à Montmartre, à Batignolles, à Belleville et surtout à la Glacière, chez des membres de l'Internationale : c'étaient les *bombiers*. Ils formaient une société organisée par Blanqui, et s'intitu

M. DE RAINNEVILLE. — Qui a fourni l'argent pour fabriquer toutes ces bombes?

M. CRESSON. Je ne sais. Ils avaient peu d'argent, et ils étaient au désespoir de n'en pas avoir. C'est ainsi, je crois, qu'ils ont été retardés dans leurs projets. Raoul Rigault, que j'ai trouvé à la préfecture de police commissaire de police dans le fauteuil de Lagrange, d'où je l'ai chassé, se plaignait du manque d'argent; on a dit qu'il avait donné sa démission; il ne l'a donnée que contraint pour éviter sa destitution signée et signifiée. Eh bien, Raoul Rigault disait devant ses agents secrets, qui étaient de ses amis : « Mais il n'y a rien à faire avec ces gens-là, ils regardent à un sou. » Ils n'avaient pas

laient les *saisons*, les *mois*, les *semaines* et les *jours*. Chacun avait sa bombe et devait marcher aux temps et heure voulus. Chaque membre avait chez lui non seulement sa bombe, mais le moyen de fabriquer de la poudre.

« Il y avait un comité de vigilance dont faisait partie Ferry, employé de la mairie du XVIIIe arrondissement, qui avait un dépôt de bombes; *je n'ai jamais osé le prendre;* le comité d'artillerie ne savait non plus quelles mesures employer. *Ce comité de vigilance était sous les ordres de Clémenceau,* lequel, sous prétexte de soutenir le gouvernement de la défense, fomentait la guerre civile. Du moins, il la patronnait.

... « Quant à Lapye, qui était à la fabrication à Montmartre, voici comment il est mort. Les comptes avec Clémenceau n'étaient pas exacts; Clémenceau avait reçu du gouvernement une certaine somme qui devait servir à fabriquer des bombes pour la défense; mais toutes celles que j'ai saisies n'étaient pas d'un usage facile : elles devaient être jetées à une petite distance, 20 mètres au plus et d'une fenêtre; j'en ai saisi de 10 à 12,000 (*sic*) et j'en ai fait jeter dans la Seine.

« Lapye était souvent en état d'ivresse et il en vendait pour vingt sous à tous les membres de l'Internationale. Un jour, ennuyé des réclamations qu'on lui faisait, il prit une bombe et la jeta sur un tas. Toute la maison sauta. Il y eut trois morts et un blessé. Il fut inhumé le 5 ou 6 octobre. Des discours furent prononcés, où l'on disait : « Ces bombes serviront pour la guerre civile, pour détruire le gouvernement de la défense et implanter la Commune. »

« J'en ai trouvé 1,500 à Montmartre, dans les ateliers de Fontaine, directeur des domaines, chez lequel j'ai découvert beaucoup d'objets volés chez M. Thiers. Ces bombes sont très-dangereuses; le moindre choc les fait éclater. Je sais aussi qu'il en avait été commandé par M. Dorian. J'ai trouvé les ordres. »

d'argent, sans quoi il est très-probable que les événements se seraient accomplis beaucoup plus rapidement.

M. DE LA BASSETIÈRE. Ces bombes étaient, disait on, fabriquées en vue de l'entrée des Prussiens?

M. CRESSON. — On disait cela dans les clubs. Mais ces bombes ont été fabriquées bien avant l'arrivée des Prussiens devant Paris...

M. DELPIT.—Il y a quelque chose qui n'est pas encore bien clair dans mon esprit relativement aux bombes Orsini. Vous nous avez dit que M. Clémenceau connaissait cette fabrication, qu'il avait livré 600 bombes Orsini à la condition de les remettre à M. le ministre des travaux publics, et que cependant plus tard on avait retrouvé entre les mains de M. Clémenceau un beaucoup plus grand nombre de bombes. Je ne comprends pas bien quel rôle a joué M. Clémenceau dans tout cela.

M. CRESSON. Je ne connaissait pas M. Clémenceau. Je l'ai vu trois fois et je dois dire qu'il a toujours eu une excellente attitude. Je l'ai prié de venir causer avec moi à propos de l'incendie des maisons de Montmartre dont on a parlé tout à l'heure. Dans les recherches que j'avais faites à cette occasion, on m'avait dit que, dans une impasse de Montmartre dont le nom m'échappe, se trouvait une maison où il y avait encore des bombes Orsini. J'avais donné l'ordre au commissaire de police de pénétrer dans cette maison. On avait fait des perquisitions et on n'avait rien trouvé, mais des indications recueillies par la préfecture de police m'apprirent que ces bombes avaient été fabriquées à l'origine par M. Clémenceau lui même. J'avais signalé de suite la gravité de ce fait au gouvernement, et j'ai dû veiller pour empêcher M. Trochu et M. Jules Favre d'être assassinés presque tous les jours car il y avait des femmes et des enfants qui voulaient les assassiner et qui s'en vantaient dans les clubs.

M. Clémenceau est donc venu chez moi, sur ma demande et je lui ai dit : « On prétend que vous connaissez l'histoire des bombes Orsini, que vous y avez été mêlé. Vous comprenez que dans des temps comme ceux que nous traversons, des bombes de cette nature, fussent-elles fabriquées contre l'ennemi, seraient un danger dans l'intérieur de Paris; il me les faut. Je m'adresse à vous très-loyalement et très sincèrement. Je ne veux pas faire de perquisition chez vous, ni quoi que ce soit qui puisse être désagréable au maire de Montmartre. Je compte que voudrez bien me les remettre. » Il y a consenti. Il m'a expliqué, en effet, qu'il avait contribué avec des ouvriers à la fabrication de ces bombes, qu'il les avait fabriquées contre les Prussiens, mais que dans les circonstances actuelles il comprenait très-bien qu'elles pouvaient devenir un danger à l'intérieur; qu'il y en avait 600 à tel endroit et qu'il consentait à les remettre au ministre des travaux publics. Je le remerciai et je lui dis que je prendrais les bombes par les mains du ministre des travaux publics en y adjoignant le ministre de la guerre. Le ministre de la guerre fut averti, et un officier d'artillerie fut chargé d'aller en prendre possession avec un délégué de M. Dorian. Cet officier d'artillerie, qui était un chef d'escadron, m'a dit que de sa vie il n'avait eu peur comme ce jour-là ; qu'il avait transporté ces 600 bombes au pas jusqu'à Vincennes et qu'à chaque instant il exposait les rues de Paris à une explosion formidable. C'était, dit-on, quelque chose de terrible que ces bombes.

M. DE LA ROCHETULON. Et les 23,000 autres?

M. CRESSON. Elles ont été saisies plus tard. M. Clémenceau est venu un jour me demander de remplacer un commissaire de police qu'il avait désigné lui-même lors du 4 septembre, et qu'on lui avait donné.

Cette fois il s'en plaignait et il n'en voulait plus. Je lui dis: « Je veux bien le changer, mais je vous donnerai un commissaire de police de mon choix. »

J'ai nommé en effet un ancien commissaire de police de l'empire, qu'il a accepté. Puis, ayant appris qu'il existait une grande quantité de bombes Orsini à Montmartre, j'ai chargé ce commissaire de police de les rechercher et c'est lui qui est venu me dire : « Je crois bien ne pas me tromper, je crois que

M. Clémenceau avait fabriqué une énorme quantité de bombes. »
Il m'a dit que M. Clémenceau avait paru très étonné que
je lui eusse envoyé le commissaire de police pour prendre
possession de ces bombes qui, du reste n'étaient pas chargées, et qu'il avait regretté que je ne l'eusse pas prévenu directement ; quoi qu'il en soit, j'ai pris possession de
ces bombes par l'entremise de M. Dorian et du ministre de la
guerre.

Un membre. Des 25,000 ?

M. Cresson. Il y en avait une quantité considérable. Mais
à ce moment j'étais extrêmement fatigué, je dormais trois
heures par nuit et il est possible que je me trompe sur la
quantité.

Je vais vous dire ce qui avait attiré mon attention une seconde fois sur ces bombes. On m'avait apporté une bombe
d'une invention nouvelle. C'était une bombe Orsini avec un
tuyau et de la poudre blanche à l'intérieur ; puis des capsules
placées sur des têtes, de sorte que cela ressemblait à un hérisson. Les agents secrets m'avaient aussi apporté deux tubes, l'un
contenant un liquide et l'autre une poudre blanche. Ces tubes
étaient placés dans l'intérieur de la bombe.

On lançait la bombe, le tube se brisait par le choc et il n'y
avait plus besoin de capsules ; cette bombe était beaucoup plus
forte. De là ma préoccupation nouvelle pour les bombes et
les ordres nouveaux que je donnai pour les rechercher. A ce
moment, nous arrivâmes à saisir, non plus chez M. Clémenceau
mais du côté de la Villette, sur les anciens boulevards extérieurs, un nombre très considérable de ces bombes préparées
comme je viens de vous le dire. Elles étaient placées dans des
gibernes en fer-blanc et entourées de coton, de telle sorte que
chaque garde national pouvait, au moment du départ, recevoir
deux bombes, une de chaque côté, sans danger pour lui. Tout
cela était fait avec un certain art. L'individu qui les avait
fabriquées a été arrêté ; son nom m'échappe ; mais j'ai la
certitude de l'avoir retrouvé parmi les artificiers de la Commune.

M. DE MORNAY. — A quelle époque était ce?

M. CRESSON. — Dans le mois de janvier.

M. DELPIT. — Parmi ces 23,000 bombes, y en avait-il de chargées?

M. CRESSON. — M. Clémenceau avait livré celles qui étaient chargées. Je vous raconte le fait tel qu'il s'est produit. Il est certain qu'il y a là quelque chose d'assez singulier.

M. DE LA BASSETIÈRE. — Il résulte de votre déposition que, depuis le commencement du siége de Paris, il y avait une masse d'ouvriers qui conspiraient sourdement contre la société. Je voudrais savoir si ce commencement de conspiration date seulement du siége, ou si son origine ne remonterait pas jusqu'aux derniers temps de l'empire.

M. CRESSON. — Il est certain que la fabrication des bombes remonte à l'empire. M. Piétri n'avait pas eu le temps d'emporter son mobilier personnel, et il avait laissé à la préfecture de police dans son cabinet, certains engins qu'il avait réunis comme types; entre eux se trouvait une bombe d'une largeur énorme, très bien faite et qui se dévissait. Dans l'intérieur était une seconde bombe avec des capsules en cuivre; c'était un travail merveilleux. Il est donc certain que tous ces systèmes de bombes existaient sous l'empire.

Mazas forcé dans la nuit du 20 au 21 janvier

Le jour où l'on a forcé la prison de Mazas, j'avais à la préfecture de police deux compagnies du 5ᵉ bataillon qui devaient être envoyées à la garde montante de Mazas. Je fus tout étonné quand, au milieu de la journée, je fus prévenu que cette garde, qui s'était dirigée sur Mazas, n'avait pas pu relever le poste de la prison, par la raison que ce poste avait été déjà relevé dans la matinée. Je pris à tout hasard des informations; j'étais préoccupé de cette situation. Comment se faisait-il que ce poste eût pu ainsi être relevé et que le poste qui devait normalement le relever eût été obligé d'attendre à la porte? L'officier qui le commandait, galant homme, très-distingué, et qui était venu me voir, me disait que l'on avait une attitude menaçante.

Je fus extrêmement inquiet. Nous étions à la veille du 22 janvier, et j'avais toutes raisons de croire qu'un mouvement allait éclater.

J'allai avec le secrétaire général chez le général Clément Thomas, et je lui dis : « Général, voici ce qui se passe. Il y a là un fait étrange; il faut qu'il soit vidé et complètement éclairci. Je vous demande de faire enlever et arrêter au besoin tout entier le poste établi à Mazas. » Je lui dis le numéro du bataillon. Je ne me le rappelle plus en ce moment, mais c'était un bataillon détestable, un bataillon de Belleville.

A aucun prix je ne voulais lui laisser la garde des prisonniers politiques, Flourens entre autres; Flourens était à Mazas, non-seulement pour mon compte, mais aussi pour le compte de l'autorité militaire.

J'ajoute que le directeur de la prison avait été nommé au 4 septembre. Je l'avais appelé devant moi, je l'avais interrogé avec soin; j'avais, autant qu'on peut le faire dans l'interrogatoire d'un inférieur par un supérieur, cherché à me rendre compte de ses intentions, de ses pensées intimes. J'avais trouvé là un homme qui n'avait opposé aucune espèce de difficulté à ces investigations, qui s'était déclaré prêt à se bien conduire, c'est-à-dire à appliquer la loi.

Le général Clément Thomas me dit : « C'est en effet très-regrettable; je vais tout de suite envoyer un officier d'état-major qui ordonnera au poste de se retirer. » Il ajouta que si le poste ne se retirait pas et ne cédait pas la place, il enverrait un bataillon qui enlèverait le poste tout entier.

Une demi-heure après, je reçus une dépêche, un petit mot, dans lequel il me fut dit que la garde montante avait pris sa place, et que le poste qu'elle avait remplacé était sorti et avait rendu la position. Je n'eus plus aucune espèce de préoccupation : dans le rapport du soir, je relatai le fait, et j'avais d'ailleurs communiqué immédiatement au ministre de l'in térieur ce qui s'était passé. Je n'avais plus d'inquiétude, puisque Mazas était gardé par un poste de garde nationale dont j'étais sûr, le même que celui qui était à la préfecture de police.

A une heure et demie, deux heures, je venais de me jeter sur mon lit, quand je fus presque aussitôt réveillé. On frappa à ma porte. C'était un officier de la garde nationale qui venait m'avertir : « Monsieur, me dit-il, on vient d'envahir la prison de Mazas; deux bataillons sont arrivés à la fois; ils se sont présentés et ont demandé qu'on leur ouvrît la porte. Un homme est vite accouru pour nous prévenir. Nous nous sommes enfermés dans le corps de garde. Quelques individus nous ont sommés d'ouvrir, disant que si on leur refusait, ils allaient enfoncer la porte. Le directeur de la prison s'est présenté, il a demandé qu'on lui envoyât deux délégués, deux parlementaires; deux délégués se sont présentés demandant la délivrance des prisonniers. « Mais lesquels? » demanda le directeur. Il leur montra qu'en effet sur son registre il y avait plusieurs prisonniers politiques. Si je me rappelle bien, il y avait là Léo Meillet, Flourens, Baüer, Napias-Piquet, le docteur Pillot; enfin huit ou dix.

« Quand les délégués sont ressortis, les hommes du poste ont mis la crosse de leurs fusils dans l'ouverture de la porte, qui est alors restée entr'ouverte, mais la foule la poussa de son côté et elle s'ouvrit. Or il faut que vous sachiez que le poste de Mazas est organisé de telle sorte que quand la porte vient à retomber, la garde est prisonnière. Là-dessus me dit l'officier de la garde nationale, nous assistâmes à un scandale inouï. Le directeur, qui, soit par imprudence, soit par sa faute, soit même par complicité, car il faut aller jusque-là, venait de livrer la prison, faisait sortir Flourens et les autres. Flourens était porté en triomphe par la foule. »

Je fis arrêter *immédiatement* le directeur de Mazas, je le fis livrer à la justice militaire. Il fut acquitté (Mouvement).

M. DE MORNAY. — A quel moment ces faits se sont-ils passés?

M. Cresson. — C'est après le 10 février, après mon départ, que l'acquittement eut lieu; et dans la nuit du 20 au 21 janvier que Mazas fut forcé.

M. de Mornay. — Et c'est le directeur lui-même qui fit sortir les prisonniers?

M. Cresson. — Lui-même...

Le 22 janvier.

M. Cresson. — J'étais prévenu de l'agitation qui régnait et je savais que la bataille devait avoir lieu; autour de moi je ne trouvais que l'incrédulité. Le 21 janvier, je suis allé trouvé le général Vinoy, qui venait de remplacer le général Trochu. Je lui fis part de mes craintes et il fut convenu que deux divisions rentreraient dans Paris, ce qui eut lieu le jour même. Le 22, on disait dans le gouvernement que c'étaient des précautions inutiles, ridicules, qu'il n'y aurait rien; on niait l'existence du mouvement et on disait que le préfet de police voyait à travers un voile d'inquiétude.

A onze heures du matin, je vis venir le directeur de la Conciergerie, que j'avais constitué chef du poste militaire. — J'avais envoyé les prisonniers à Mazas, deux jours avant, dans des circonstances que je vous ferai connaître, si vous le désirez. Je le fis venir et je lui dis qu'à aucun prix on n'entrerait dans la Conciergerie ou dans la préfecture de police; qu'il fallait que chacun sût périr à son poste. J'avais fait venir deux compagnies appartenant à un bon bataillon et je les avais établies à l'intérieur; j'avais convoqué mes 600 sergents de ville, que j'avais armés avec des chassepots. Avec les gendarmes qui se trouvaient dans la caserne, cela faisait 1,800 hommes prêts à marcher. Le directeur de la Conciergerie me demanda de lui donner un ordre écrit, ce que je fis. Je lui prescrivis de repousser la force par la force. Une demi heure après, la fusillade commençait à l'Hôtel de Ville et, à la tête des sergents de ville que j'ai harangués, nous enlevions la barricade composée de voitures.

A ce moment là, outre la suppression des clubs, j'ai obtenu la suppression des journaux le Réveil et le Combat. J'ai lancé un nouveau mandat d'amener contre Félix Pyat et contre Delescluze. Le lendemain, Delescluze était arrêté, mais on ne put pas trouver Félix Pyat. Il était aussi difficile à trouver que Blanqui ; une prime énorme avait été promise pour l'arrestation de Blanqui, de Millière et de trois ou quatre autres personnages, et j'ai toujours eu le chagrin de ne pas la payer...

Déposition de M. Leblond.
Le parquet après le 31 octobre.

M. LE PRÉSIDENT. Après l'insurrection du 31 octobre, le gouvernement avait dressé une liste de vingt-quatre personnes à arrêter. Quatorze arrestations ont eu lieu. Au nombre de ces quatorze individus arrêtés se trouvaient Félix Pyat, Mégy et d'autres. Des instances ont été faites immédiatement après l'arrestation de ces prévenus en vue de leur élargissement. Le ministre de la justice se serait rendu lui-même chez le préfet de police et lui aurait demandé : « Qu'a donc fait F. Pyat ? » Et il aurait terminé sa conversation par cette parole au moins singulière : « Vous direz à F. Pyat que je suis venu pour savoir de ses nouvelles et faire des démarches en sa faveur. »

Le préfet refusa de mettre F. Pyat en liberté. Le parquet commença une instruction et, dix jours après, une ordonnance de non lieu intervenait. Pourriez vous nous donner quelques renseignements sur ces faits ?

M. LEBLOND. — Je demande la permission de vous dire comment les poursuites ont été exercées.

Le gouvernement a délibéré pendant plusieurs jours ; il nous a fait l'honneur de nous appeler, M. le procureur de la république et moi, pour nous demander notre avis. Nous avons été opposés aux poursuites ; pendant trois jours le gouvernement a partagé ce sentiment.

La commission a peut être déjà examiné le dossier de l'af

faire ; elle a pu voir qu'il était intervenu une transaction entre quelques membres du gouvernement et l'insurrection.

Cette transaction avait même reçu son exécution, on avait relâché des prisonniers. On avait promis de n'exercer aucunes poursuites.

Pouvait-on, sans de graves inconvénients, revenir sur cet engagement ?

Pour ma part, j'ai engagé le gouvernement à jeter un voile sur les événements du 31 octobre et je l'ai engagé en même temps à annoncer que le temps de l'indulgence était passé et que dorénavant on poursuivrait avec la dernière vigueur, devant des cours martiales, les désordres et les tentatives de violence contre l'autorité.

Il y avait d'autres causes encore qui me semblaient mettre obstacle à la poursuite par des voies ordinaires.

La magistrature s'était sous l'empire entièrement compromise ; elle n'aurait pas eu l'autorité nécessaire pour juger une affaire aussi grave ; elle y laisserait tout ce qu'elle avait encore de prestige et de considération.

Je représentai enfin les impossibilités matérielles, puisque le service de la cour d'assises avait été suspendu plusieurs fois, à cause de l'absence des jurés, des témoins et des avocats.

Ces considérations accueillies d'abord furent à la fin écartées, et la poursuite fut résolue ; toutefois il fut arrêté que les insurgés seraient jugés par des conseils de guerre, — mais comme les conseils de guerre paraissaient n'avoir pas l'expérience nécessaire pour faire une instruction aussi considérable, il fut entendu que cette instruction serait préparée par des juges du tribunal de la Seine.

Le gouvernement arrêta immédiatement la liste des personnes qui seraient poursuivies ; il y avait, je crois, vingt-trois noms. On n'a pas pu arrêter les plus coupables ; ils étaient cachés dans les quartiers les plus populeux, la police alors désorganisée, absolument insuffisante, ne pouvait pénétrer dans ces quartiers.

Quiconque a vu la police dans ces moments difficiles se

rappelle que les agents fuyaient devant l'émeute, qu'ils se cachaient quand il y avait une constatation à faire. Voilà quelle était la situation.

Le parquet, M. le juge d'instruction, demandèrent bien des fois si on était parvenu à arrêter les chefs de l'insurrection ; on nous répondit à la police qu'on savait où ils étaient, mais qu'ils étaient entourés par un tel nombre d'hommes armés, qu'il y aurait péril à les arrêter. C'est dans cet état que l'instruction fut commencée.

C'est une grande erreur de croire que c'est la justice qui fait les arrestations : elle les ordonne, elle les requiert, mais c'est la police qui les opère. Il ne faut donc pas mettre à la charge de la justice ce qui serait à la charge de la police.

Ce n'est pas que j'accuse la police. Dans des temps troublés comme étaient ceux-là, la police, je le crois, ne pouvait faire davantage.

Quoi qu'il en soit, les poursuites une fois commencées, nous n'avons mis personne en liberté sans examen, — on n'a eu égard à aucune recommandation de quelque part qu'elle vînt. L'ordre public, l'intérêt de la société y étaient trop engagés pour qu'on fît autrement ; et c'est seulement quand il été démontré qu'aucune charge sérieuse ne pesait sur un prévenu qu'avec toutes les formes régulières et par les autorités compétentes, sa mise en liberté a été ordonnée.

Quant à moi personnellement, je n'ai jamais voulu prendre sur moi d'ordonner une mise en liberté; je n'en ai ordonné aucune, j'ai seulement facilité autant que je l'ai pu, parce que cela m'a semblé être mon devoir, les communications des avocats et des familles avec les prévenus.

Il me reste à parler de Félix Pyat.

Une démarche dans son intérêt, non pas auprès de moi, mais auprès de M. le préfet de police, a été faite. J'ai répondu, quand on m'en a parlé, qu'il n'y avait rien à faire, tant que l'instruction n'aurait pas dit à quel degré Félix Pyat était coupable. L'instruction était dirigée par un juge des plus honorables; il a été bientôt reconnu que Félix Pyat n'avait pris aucune part aux événements du 31 octobre, et c'est à la suite de l'examen de l'affaire, sans intervention de ma part, que Félix Pyat a été mis en liberté.

Voilà comment les choses se sont passées; j'ai été alors attaqué par un grand nombre de journaux, c'est le sort de tous les fonctionnaires; les uns me représentaient comme continuant les traditions de l'empire; il n'y avait aucune différence entre les anciens procureurs généraux et moi. Suivant les autres, j'étais disposé à mettre tout le monde en liberté. La vérité n'était ni d'un côté, ni de l'autre ; et, dans tous les cas, que le parquet ait reculé devant les poursuites que le gouvernement avait ordonnées, cela est absolument faux...

Il y a des choses que je déplore autant que vous. Il n'est pas douteux que la poursuite n'a pas eu l'énergie qu'elle aurait eue dans d'autres temps. Mais vous oubliez la situation dans laquelle se trouvait alors Paris. Une population frémissante, la foule constamment en armes sous les fenêtres de l'Hôtel de Ville. Pas de force publique, plus de police, plus d'agents. Ceux qui restaient, intimidés, n'osant rien, évitant de voir les délits, de peur d'avoir à les constater; ne pouvant se décider à arrêter, craignant presque de retenir; aussi a t-il fallu faire ce qu'on a pu. Il a fallu surtout éviter les conflits armés, et vous paraissez avoir oublié à quel point ils étaient menaçants, Mais retenez bien ceci : si l'administration, si la justice elle-même a adouci certaines formes, si elle a facilité certains rapports, certaines communications, c'est qu'il lui a paru que les circonstances le voulaient ainsi ; qu'il y aurait péril à ne pas le faire, et, dans tous les cas, rien n'a été fait au parquet pour satisfaire à une sollicitation, à une démarche, de quelque personne qu'elle vînt. L'intérêt général et les nécessités ont été la règle de notre conduite.

M. LE PRÉSIDENT. — Vous avez obéi aux membres du gouvernement.

M. LEBLOND. — Le procureur de la république dira à la commission les raisons qui ont déterminé chacune des mises en liberté ordonnées par la justice : mais aucune, entendez le bien, n'a été faite sur l'ordre du parquet de la cour.

... Je ne sais pas ce qu'ont été les dépositions des personnes qui m'ont précédé, mais vous exagéreriez beaucoup les choses, en pensant que Félix Pyat a été l'objet des prédilections du gouvernement de la défense nationale. Il y avait eu des relations anciennes entre Félix Pyat et l'un des membres du gouvernement. Ce membre est intervenu et a demandé s'il était possible de montrer quelque bienveillance pour Félix Pyat ; voilà tout. Cette bienveillance a été refusée.

Mais on sait combien il est difficile de réunir des preuves contre Félix Pyat ; il ne se compromet jamais. Le 18 janvier il était, a-t-on dit, dans un fiacre à l'encoignure d'une rue près de l'Hôtel de Ville; il attendait l'issue de la tentative, prêt à en profiter, si elle réussissait ; prêt à fuir en cas d'échec.

L'impression de tous a été que, le 31 octobre, Félix Pyat avait été aussi prudent que d'habitude. Il n'y avait pas une preuve sérieuse contre lui[1] : et c'est pour cela qu'il a été mis en liberté.

Quant aux recommandations qui auraient été faites par d'autres membres de l'administration, elles étaient surtout une prière d'examiner, d'examiner vite, de rechercher si la mise en liberté pouvait être ordonnée, si l'incarcération pouvait du moins être adoucie.

Tel a été essentiellement le caractère des démarches faites et la commission se méprendrait si elle pensait que d'autres raisons aient fait agir les personnes qui s'intéressaient aux accusés du 31 octobre.

---

[1] Voy. p. 110 cette allégation démentie par M. Floquet, qui a vu Félix Pyat à l'Hôtel de Ville, et qui rapporte même les paroles qu'il a adressées à la foule.

Les maires de Paris pendant le siége.

Déposition de M. Degouve Denuncques, adjoint au maire du X⁰ arrondissement.

Fort peu de temps après notre entrée en fonctions[1], je vis qu'il y avait des tendances à faire autre chose que de l'administration municipale; on voulait faire de la politique, et un jour je fus étonné de recevoir d'un collègue une invitation par laquelle il nous faisait connaître que le lendemain il y aurait une réunion à l'Hôtel de Ville; nous étions invités à nous y rendre. Cela me parut inusité, parce que c'était un collègue qui nous convoquait à l'Hôtel de Ville et qu'il n'y avait que le préfet qui eût le droit de nous convoquer.

J'écrivis à M. Ferry que je ne reconnaissais qu'à lui le droit de nous convoquer, que dans mon opinion il y avait usurpation et qu'en conséquence je ne m'y rendrais pas.

C'est par cette communication que M. Ferry fut informé qu'il devait y avoir, le lendemain, une réunion dans le palais municipal. Cette communication l'émut, il vit le danger.

Je dois vous dire que j'ai été à trois réunions seulement, et que j'ai eu le regret d'y constater qu'on s'occupait beaucoup plus de politique que d'affaires municipales. La politique nous divisait, et comme il y avait beaucoup d'aigreur, beaucoup d'irritation, je ne sache pas que nous soyons sortis d'une réunion sans être un peu plus excités les uns contre les autres, et nous nous éloignions toujours quand il était désirable qu'on se rapprochât.

Cette tendance à faire de la politique avait son inconvénient; elle annonçait que les maires et les adjoints travaillaient à se créer une notoriété qui, à ce moment, n'était pas acquise, qu'on voulait préparer des candidatures, qu'on voulait faire autre chose que de l'administration. L'administration est une

[1] Après les élections des maires et adjoints dans les premiers jours de novembre.

chose utile, mais elle ne met pas en évidence ; on voulait faire de la politique, et voilà pourquoi, dans ces réunions, les ministres ressemblaient plus à des accusés sur la sellette qu'à des présidents d'une assemblée municipale.

Déposition de M. Corbon, maire du XVe arrondissement.

M. CORBON. — Je fus invité le lendemain (du 4 septembre) à prendre possession de la mairie du XVe arrondissement. Mes premiers soins ont été consacrés à former la garde nationale ; par conséquent, j'entrai immédiatement dans la vie politique. Je n'étais plus un officier d'état civil, mais un organisateur de la force publique. Tous les maires se sont trouvés dans le même cas. Et, il y a mieux, c'est que nous avons fini par être, chacun dans notre arrondissement, un gouvernement complet. L'action du pouvoir central ne se sentait pas, même au point de vue de la défense. L'action sérieuse ne se sentait nulle part ; nous étions obligés de pourvoir à tout, et surtout de couvrir le gouvernement vis-à-vis de la population. Nous étions donc nécessairement des fonctionnaires politiques.

Quand les maires se sont réunis, ils ont demandé naturellement que l'action du pouvoir central se fît sentir davantage, de sorte que, par cela seul, ils ont exercé une pression immédiate sur le gouvernement. Celui ci résistait le plus qu'il pouvait, essayant de nous tenir à distance, prétendant nous enfermer dans des attributions dont la nécessité nous faisait invinciblement sortir. Un fait curieux, c'est que, un jour, pour faire entendre raison aux maires et les décider à attendre avec résignation l'exécution du mystérieux plan du général Trochu, le gouvernement prit pour avocat M. Rochefort, lequel, malgré ses efforts, ne réussit pas à nous donner confiance.

Après la journée du 31 octobre, quand on eut procédé dans tous les arrondissements à l'élection des maires nouveaux, les élus eurent des réunions régulières à l'Hôtel de

Ville, sous la présidence de M. Jules Ferry, qui avait pris, non pas de suite, mais quelques jours après le 31 octobre, la succession de M. Arago.

Nous demandions au gouvernement des renseignements sur l'état de la défense, et vous comprenez que les renseignements qu'il pouvait nous donner ne nous satisfaisaient guère, attendu que nous ne pouvions ignorer comment les choses se passaient.

M. DE LA ROCHETULON. — Je voudrais savoir ce que vous entendez par l'état de la défense.

M. CORBON. Les travaux de fortification intérieure et extérieure, surtout la mise en état des remparts, et quelques travaux extérieurs qu'on pouvait faire en avant de la place, et qu'on n'a pas faits du tout. On ne s'y est mis que lorsqu'il n'était plus temps.

Eh bien, les maires élus n'avaient plus qu'une très-médiocre confiance en la direction de la défense. La pensée vint à ceux dont la confiance était le plus ébranlée de se réunir ailleurs qu'à l'Hôtel de Ville et de se consulter sur les moyens d'avoir une action plus sérieuse sur le gouvernement, pour qu'à son tour il en eût une plus effective sur la direction militaire.

Tous les maires ne crurent pas devoir assister à ces réunions. Ceux du Ier, du IVe, du Ve, du VIIe, du VIIIe, du Xe, du XIIe, du XIIIe, du XVIe s'abstinrent, mais les adjoints de plusieurs de ces maires ne s'abstinrent pas. Les réunions se tenaient à la mairie du VIIIe arrondissement.

A la première séance, se trouvait un des hommes qui ont joué un rôle considérable dans la Commune, Delescluze; il était maire du XIXe arrondissement, je crois.

M. LE PRÉSIDENT. — De la Villette...

UN MEMBRE. — Belleville avait mieux fait; il avait nommé Ranvier, Flourens, etc.

M. CORBON. — Oui, mais ils n'ont pas siégé.

Je n'ai vu que Delescluze. La première réunion a été présidée par lui, sur l'invitation de M. Bonvalet, et après refus de ma part d'occuper le fauteuil. Mais les maires et adjoints, ne voulant point que Delescluze donnât son caractère à leur réunion, me firent un devoir, à la seconde séance, d'occuper le fauteuil. Cela implique nettement qu'ils ne se réunissaient pas là pour conspirer le renversement du pouvoir institué le 4 septembre. La vérité est que, si mécontents qu'ils fussent de la manière dont allaient les choses de la défense, ils ne voulaient, pour rien au monde, ni renverser, ni affaiblir le gouvernement. Ils voulaient, au contraire, le fortifier, et c'était uniquement pour en chercher les moyens qu'ils se réunissaient. A peine aurait-on trouvé dans cette assemblée deux ou trois membres qui voulussent autre chose que ce que je dis. Aussi, dans les quatre ou cinq séances extraordinaires qui ont eu lieu au IIIe arrondissement ne s'est on occupé que de l'impulsion à donner à la défense. L'esprit de cette réunion était de pousser la guerre à outrance. Il écartait énergiquement toute idée de capitulation.

Certes, si les maires en question avaient pu découvrir un homme, un militaire, qui leur parût être à la hauteur de la situation, et qui leur inspirât confiance, ils auraient proposé au gouvernement de lui confier la direction de la défense, et peut être, en cas de refus, eussent ils essayé de l'imposer mais cet homme, qu'ils ont cherché, ils ne l'ont pas trouvé; A tort ou à raison, ils n'ont pas été séduits le moins du monde par l'exposé des plans du commandant Piazza, ni même par l'exposé de ceux de M. Jean Brunet, plans qui ont été développés devant l'assemblée par ces deux prétendants à la succession de M. Trochu.

En somme, la réunion des maires du IIIe arrondissement n'a gêné en rien le gouvernement, et elle n'était née que d'une pensée patriotique.

Déposition de M. Choppin.

M. Choppin.—Il me serait très-difficile de vous dire ce qui s'est passé dans les mairies, sous la direction des maires nommés par le gouvernement. Cependant j'ai été frappé, dès le début, des inconvénients de cette loi qui avait permis, en même temps que le gouvernement se retrempait lui même dans le suffrage des Parisiens, d'organiser des municipalités issues du suffrage universel.

Les maires de Paris, qui sont, en définitive, les fonctionnaires les plus restreints dans leur mandat, puisque ce ne sont en réalité que des officiers d'état civil et des présidents de bureaux de bienfaisance, se sont crus bons à tout. Ils ont pris des arrêtés à droite et à gauche, s'occupant de l'approvisionnement et de la distribution des vivres et de toutes choses, — car nous avons vu un jour un maire faire une législation tout entière, il avait même constitué un conseil d'État ; je veux parler de M. Bonvalet, qui prenait un arrêté commençant par ces mots : « Ayant consulté notre comité de législation... » M. Mottu, du reste, faisait de même. M. Bonvalet avait pris un arrêté pour l'instruction obligatoire; il sommait les gardes nationaux de ramasser les petits garçons et les petites filles qui n'iraient pas à l'école et de les conduire au poste. Nous avons vu ces choses-là au commencement du siége; —c'était un peu choquant, mais on avait fini par s'y habituer. — Le même M. Bonvalet avait organisé un corps de police armé avec des uniformes et il interdisait à la police régulière de pénétrer dans le IIIe arrondissement.

Vous connaissez l'affaire de M. Mottu avec les frères qu'il renvoyait des écoles ; vous vous souvenez qu'il enlevait les crucifix des ambulances, qu'il interdisait aux prêtres de pénétrer près des malades. MM. Mottu et Bonvalet étaient d'ailleurs absolument menés par trois adeptes de l'Internationale qui étaient leurs adjoints, et qui avaient plus d'influence qu'eux. M. Bonvalet avait auprès de lui des adjoints qui dépendaient notoirement de l'Internationale.

M. LE PRÉSIDENT. — Nous avons grand intérêt à connaître l'emploi des fonds fait par ces municipalités.

Il nous a été dit que, dans presque toutes les mairies, le pillage des deniers publics était grand; que plusieurs maires avaient employé à l'œuvre révolutionnaire l'argent qu'ils se procuraient de toutes mains.

M. Choppin. Il ne faudrait pas généraliser, monsieur le président. J'ai entendu dire, en effet, qu'il y avait eu un grand gaspillage dans certaines mairies excentriques sans que je sache comment les choses s'y sont passées. — Il y avait surtout la mairie du XIXe arrondissement, à la tête de laquelle était M. Delescluze, où le gaspillage était poussé à un point incroyable. M. Delescluze était arrivé à être très impopulaire dans son arrondissement, parce que la distribution des vivres s'y faisait très mal et qu'on n'y mangeait pas ; tandis qu'il y avait des arrondissements, comme le XXe, dont le maire, M. Ranvier, avait été arrêté dès le début, et qui étaient dirigés par des commissions administratives ; — ceux-là étaient bien mieux administrés.

Ce n'était pas une petite question, alors, que l'organisation des boucheries de cheval.

M. le président. Y avait-il des commissions de vigilance auprès de tous les maires ?

M. Choppin. Oui ; dans les quartiers où les maires n'étaient pas disposés à se laisser conduire par des comités de vigilance, ils luttaient ; il leur était fort difficile, pour ne pas dire impossible, de s'en débarrasser. En général, et surtout dans les arrondissements à levain révolutionnaire, les maires subissaient l'influence de ces comités. A leur origine, c'est-à-dire au 4 septembre, ces comités s'étaient formés d'eux-mêmes. Dans chaque arrondissement, il s'était trouvé des gens amoureux de porter des galons qui s'étaient constitués commissaires de leur autorité privée. Ils mettaient la main à tout. Il y avait d'ailleurs des comités de toute sorte. A Belleville, il s'était formé un comité scientifique. Il y avait quatre ou cinq comités d'hygiène. On ne s'en portait pas plus mal, mais certainement on ne s'en portait pas mieux.

M. le président. Les maires se réunissaient-ils toutes les semaines ?

M. Choppin. Ils se réunissaient toutes les semaines, soit à l'Hôtel de Ville, soit au ministère de l'intérieur.

En général, les adjoints étaient beaucoup plus mauvais que

les maires. Le scrutin avait été écrasant en faveur du gouvernement. On avait cru que c'était fini. Mais il a fallu voter pour les maires. Quand les maires eurent été élus, est venue l'élection des adjoints. — La population était déjà lasse. Il n'y eut plus que les ardents qui se présentèrent au scrutin, et ils firent nommer qui ils voulurent. Ces adjoints ainsi nommés exercèrent une influence énorme sur les maires. C'est ainsi que Devaux était l'homme le plus influent de Montmartre.

Quant à l'emploi des fonds, je ne puis dire comment il a été fait. Je sais seulement que des maires ont été accusés. Il y a eu surtout beaucoup d'accusations sur la façon dont les viandes étaient distribuées.

Déposition de M. Dubail, maire du Xe arrondissement.

M. LE PRÉSIDENT. Les maires de Paris ne se réunissaient-ils pas pendant le siége pour se concerter sur les mesures à prendre?

M. DUBAIL. Ils se réunissaient une fois par semaine, quelquefois deux fois. Ces réunions, à mon avis, étaient très-bonnes en elles-mêmes; elles établissaient un peu d'unité dans l'administration de Paris; on discutait en commun les mesures importantes à prendre. Mais je trouvais mauvais, pour mon compte, que tout le monde y fût sinon appelé, du moins admis. C'était une réunion dans laquelle affluaient les adjoints. Ceux dont j'étais entouré ne venaient pas par déférence pour leur maire, excepté quand il s'agissait de questions spéciales dont ils étaient chargés, mais des arrondissements plus remuants venaient les adjoints qui par leur nombre faisaient la loi et amenaient le désordre dans les délibérations.

Plusieurs fois cette question fut agitée au ministère de l'intérieur; on se demanda quel serait le rôle des adjoints, et plusieurs dirent que leur rôle devait être subordonné à l'action des maires et non juxtaposée. Peut être peut-on imputer à cette anarchie dans les municipalités une certaine partie des désordres qui eurent lieu. Quand le maire était absent, l'adjoint signait une dépense, quelquefois contre l'avis du maire, et quand un fournisseur ou un chef de la garde nationale désirait obtenir un ordonnancement de dépense, s'il ne l'avait pas obtenu du maire, il se rabattait sur un des adjoints et il obtenait ce qui lui avait été refusé.

Cela a été un élément fâcheux de nos réunions ; l'autorité centrale cherchait à comprimer cette espèce d'invasion, elle n'y réussissait pas toujours, et cette intervention subsista jusqu'au dernier moment, jusque dans la dernière lutte que la réunion des maires eut à soutenir contre le Comité central, et où les adjoints faisaient la majorité et enlevaient les résolutions. C'est ainsi qu'à l'insu des maires fut nommée, après une séance, une commission d'adjoints pour préparer un projet de solution de la question des loyers, commission qui fonctionna sans qu'un maire y fût appelé, et dont le travail n'a abouti pas.

Dans ces réunions, présidées par le maire de Paris, M. Ferry, et quelquefois au ministère par le ministre de l'intérieur, on traitait toutes les questions à l'ordre du jour, et on arrivait à prendre des résolutions qu'on pratiquait d'une manière uniforme avec certaines variations qui tenaient aux habitudes de la population de l'arrondissement.

M. LE PRÉSIDENT. N'y avait-il pas un autre danger que celui dont vous parlez ? Ces réunions ne sont-elles pas devenues politiques, et ne peut on pas voir là le germe de la Commune ?

M. DUBAIL. — Nous n'avons jamais eu cette pensée, et elles ne peuvent avoir eu ce résultat. Très rarement on arrivait à une conclusion, malgré l'effort des esprits pratiques, parce que ceux-là surtout qui n'avaient pas de responsabilité s'y livraient à un verbiage stérile, mais qui dévorait le temps.

Vers la fin du siège, M. Jules Favre nous a réunis pour nous faire part des négociations entamées avec M. de Bismark. Nous avons eu ensuite deux réunions chez le gouverneur de

Paris, sous sa présidence, une fois au Louvre, une autre fois au ministère des affaires étrangères. Là, le général Trochu nous a exposé les raisons qui le portaient à se résigner à une capitulation ; il demandait l'avis des maires, dans le désir que l'ascendant des maires fît accepter cette capitulation par la population.

Les dernières réunions eurent un cachet généralement grave ; les maires s'y trouvèrent plutôt que les adjoints. Il n'y avait là aucun germe qui pût aboutir au Comité central, ou à la Commune, ni même en donner l'idée, au point de vue révolutionnaire. Il est possible que l'on ait pensé que cette réunion de 80 maires et adjoints pouvait tenir lieu de conseil municipal, parce que, de fait, nous en faisions fonctions, mais nos décisions n'étaient ni écrites ni obligatoires pour le préfet, et le plus souvent même c'étaient de simples avis sur les questions à l'ordre du jour.

La Commune est sortie du Comité central, mais ne l'a pas créé. — Je ne crois pas que ces quelques réunions qui eurent lieu sous la présidence de M. Jules Favre et du général Trochu aient le moins du monde été l'origine de la Commune de Paris. — Les maires demandèrent un dernier effort avant et après Montretout.

M. Vacherot. — Après Montretout?

M. Dubail. Nous eûmes une réunion dans laquelle le général Trochu raconta la bataille ; il déclara en termes précis et formels que lui et que ses officiers généraux avaient été étonnés, émerveillés de l'attitude de la garde nationale devant l'ennemi. — Je puis vous en parler d'autant mieux que mon arrondissement fournit des compagnies de marche qui se firent écharper à Buzenval, et dont un certain nombre d'hommes restèrent sur le champ de bataille. Les autres en revinrent avec le désespoir de ne pas avoir réussi.

CHAPITRE VII

PARIS DEPUIS LA CAPITULATION JUSQU'AU 18 MARS

I

Déposition de M. le général Vinoy. Les événements depuis le 22 janvier jusqu'au 18 mars.

M. LE GÉNÉRAL VINOY. Dans la nuit du 21 au 22 janvier 1871, un mouvement populaire a lieu dans Paris. Son premier acte est de se porter sur la prison de Mazas et d'y délivrer les détenus politiques parmi lesquels se trouve G. Flourens. C'est dans ces circonstances qu'à quatre heures du matin, je suis nommé au commandement en chef de l'armée de Paris.

La journée du 22 janvier est agitée. Une manifestation se porte sur l'Hôtel de Ville et l'attaque à coups de fusils. La troupe riposte : 4 personnes sont tuées, parmi lesquelles Sappia, l'un des chefs du mouvement; 27 hommes sont faits prisonniers; parmi eux se trouve Delescluze.

L'attitude de l'armée est excellente; les troupes engagées sont : les mobiles du Finistère qui défendaient l'Hôtel de Ville la division Courty et une partie du corps Blanchard.

Dans la séance du 24 janvier, le gouvernement refuse au

général Vinoy, qui la demandait avec instance, une cour martiale pour juger de suite les prisonniers du 22 janvier.

Dans la nuit du 26 au 27 janvier, à minuit, le feu cesse sur toute l'enceinte de Paris, d'après un ordre écrit donné par M. Jules Favre, à 7 heures du soir, le 26 janvier.

Le 27 janvier, le général de Beaufort est envoyé à Versailles par le gouvernement pour négocier avec M. de Moltke, mais les pourparlers n'aboutissent pas à un résultat définitif.

La nuit du 27 au 28 janvier est très-agitée : des officiers de la garde nationale se réunissent à la mairie du IIIe arrondissement. 55 chefs de bataillon se rendent à la salle du *Gaulois* et nomment Brunel commandant en chef, Piazza chef d'état-major. Il est convenu qu'on marchera sur les forts de l'Est, défendus par l'amiral Saisset, qu'on espère entraîner, et que le feu sera ouvert sur les Prussiens. Le rappel est battu au Xe arrondissement, à Belleville, au faubourg du Temple : le tocsin sonne à Saint-Laurent. A 1 heure 25, quatre cents hommes des 107e et 136e bataillons sont réunis devant Saint-Laurent, 800 hommes devant la mairie du Temple. Mais la nuit est très-froide, l'empressement peu marqué. A 6 heures du matin, tout est rentré dans le calme, excepté à la gare du Nord envahie par des gardes nationaux qui cherchaient à s'opposer au départ d'un ballon pour la province.

Le 28 janvier, l'armistice est signé.

Le 29 janvier, les portes sont fermées, excepté pour les troupes qui rentrent dans Paris, évacuant les forts et les positions avancées ; les Prussiens les occupent à leur départ. L'armistice est publié dans Paris. De nombreux pillages de denrées ont lieu à la Halle.

. Le 30 janvier, Brunel et Piazza sont conduits à Vincennes pour y attendre leur mise en jugement. L'état moral de l'armée rentrée dans Paris est mauvais. La police le signale et croit qu'il est impossible d'éviter un désastre. Le désarmement des troupes commence. Le soir, la salle Favié est occupée à Belleville, pour éviter des troubles. Les pillages de denrées continuent à la Halle.

Le 31 janvier, MM. Simon et Lavertujon partent en mission pour Bordeaux.

Le 1er février, un fort piquet de troupes est envoyé aux Halles pour arrêter les pillages. M. Magnin se rend à Dieppe en mission, pour hâter le ravitaillement de Paris.

Le général Soumain, chargé de la justice militaire, donne l'ordre d'élargir M. Delescluze. La demande lui en est faite par M......, ami de ce dernier. — Je m'y oppose comme commandant de l'état de siége, et je demande au ministre de la guerre le remplacement du général Soumain. Cette demande est accordée et le service de la justice militaire est transféré le jour même de la 1re division militaire à l'état-major général de l'armée.

Cet incident donne lieu le soir à un vif débat au sein du conseil du gouvernement. M. Arago demande la liberté de Delescluze. M. le général Vinoy maintient ses droits de commandant en chef et insiste pour que le conseil de guerre soit appelé à se prononcer sur les faits imputés à l'accusé. L'incarcération de Delescluze est maintenue.

Le 1er février, des désordres sont commis à l'intérieur du 2e secteur (Belleville) dans la zone neutre.

Le 2 février, un service de patrouilles est organisé dans la zone neutre, ainsi qu'un service spécial pour faire entrer de suite dans Paris le bois de chauffage nécessaire à la consommation journalière de la population.

Le 3 février, la consigne sur la sortie des chevaux est levée. La gare de la Chapelle est enfin évacuée par les gardes nationaux. Des difficultés diplomatiques s'élèvent avec les Prussiens, qui, exaspérés de l'attitude et de la proclamation de M. Gambetta, menacent d'arrêter le ravitaillement de Paris.

Le 4 février, des Prussiens en uniforme pénètrent isolément dans Paris, ce qu'ils ont déjà fait plusieurs fois depuis la signature de l'armistice. Chaque fois leur présence donne lieu à un mouvement populaire menaçant.

MM. Arago, Garnier-Pagès et Pelletan partent pour Bordeaux. Les Prussiens, exécutant leur menace, arrêtent le ravitaillement de Paris, qui est suspendu pendant 24 heures.

Le 5 février, la foule se porte à Neuilly pour chercher à se procurer des vivres. La police, impuissante à la contenir, demande une escorte militaire pour les convois de vivres.

Le 7 février, le préfet de police demande l'envoi de gendarmes pour sauvegarder les propriétés particulières et les voitures de vivres. Les abatis au pied des glacis et les pieux des palissades sont pillés. Une importante saisie de bombes (système Orsini et Lepet) a lieu, 55, boulevard de Belleville.

Les généraux Faidherbe, Chanzy et Loysel sont convoqués à Paris. Le général Le Flô part pour Bordeaux.

Le 8 février, les élections générales ont lieu dans toute la France. Il n'y a pas de troubles sérieux à Paris; cependant un placard est affiché à Belleville pour demander la mise en accusation du gouvernement. Il est signé : R. Rigault, Lavalette; Tinguy; Henri Verlet. — Les troupes, n'ayant pas reçu de bois au 7ᵉ secteur (Vaugirard), pillent les clôtures et les baraques.

Le 9 février, le gouvernement de la défense nationale se dissout. Les difficultés sont très-grandes pour loger les troupes accumulées dans Paris.

M. LE PRÉSIDENT. Vous avez désarmé les troupes par suite de la capitulation; combien y avait il de troupes dans ce moment à Paris ?

M. LE GÉNÉRAL VINOY. — Leur nombre s'élève à 243,000 présents, savoir :

Troupes de ligne.	4,590 off.,	126,657 soldats
— de marine.	366 —	13,665 —
Garde mobile	2,548 —	102,843 —
Total.	7,504 off.,	243,165 soldats.

Il y a en outre 40,000 hommes environ dans les hôpitaux; ce chiffre se décompose ainsi :

Blessés.	32,000
Malades	8,000

Il devient nécessaire d'évacuer les baraques du Luxembourg pour y mettre des malades et de loger chez les habitants les mobiles de la Côte d'Or.

Le 10 février, l'incident journalier de soldats prussiens entrant dans Paris a plus de gravité que les jours précédents, à cause de l'exaltation de la population.

Le 11 février, l'évacuation par les troupes de la gare Montparnasse aggrave la charge des logements chez l'habitant. Les officiers généraux cantonnés avec leurs troupes à Belleville se plaignent de ne pouvoir paraître dans les rues sans être insultés par la population. Le général Vinoy fait réarmer 3,000 hommes.

Les Prussiens se plaignent de la lenteur apportée à la remise des armes, mais la cause du retard ne peut être supprimée ; il est dû à l'insuffisance des attelages, dont une partie a été mangée.

Le 12 février, le maire de Paris signale des dégâts commis par les mobiles au collège Chaptal. La population du XX⁰ arrondissement est menacée de manquer de pain, les boulangers n'ayant reçu que 320 sacs de farine au lieu de 800.

Le 13 février, les chefs de secteur redoutent des émeutes à cause du manque de pain ; mais les ravitaillements de vivres arrivent heureusement à temps, vingt quatre heures après.

Le désarmement interrompu continue le 14 février, pour être fini au jour stipulé par les Prussiens.

Le 16 février, le général Clément Thomas, désespérant de pouvoir, en cas de danger, compter sur la garde nationale, donne sa démission de commandant en chef. Le commandement est donné au général Vinoy, qui accepte cette lourde tâche provisoirement, et pour quelques jours seulement, en attendant la nomination d'un nouveau commandant en chef.

Le général Clément Thomas depuis longtemps me disait : « Je ne peux rester dans la situation qui m'est faite. » Enfin un jour, il me dit : « Il faut pourtant bien que quelqu'un prenne le commandement de cette garde nationale. » Je l'acceptai. On m'avait chargé d'un bien grand fardeau.

Le 18 février, les Prussiens font, dans les forts, des préparatifs d'attaque contre Paris, notamment vis à-vis du 2º secteur (Belleville); à 11 h. 25 du soir, des troubles sans importance ont lieu à la salle des Pavillons.

Le 19 février, la remise des armes aux Prussiens est terminée : mais le service de l'artillerie a versé 12,000 fusils de trop. Ces armes ont été réclamées et rendues ultérieurement.

Le 20 février, une réunion tumultueuse est annoncée à la salle Rochechouart ; elle n'a pas lieu ; M. Thiers arrive à Paris pour ouvrir les négociations définitives avec les Prussiens.

Le 21 février, une assemblée menaçante doit avoir lieu à la salle Ménilmontant; elle peut être prévenue.

Le 23 février, le général d'Aurelle de Paladine arrive à Paris; il prend le commandement de la garde nationale quelques jours plus tard.

Le 24 février, une manifestation a lieu sur la place de la Bastille, en souvenir de la révolution de février 1848. Le drapeau rouge y est arboré.

Une députation est envoyée près du commandant en chef par une réunion d'officiers de la garde nationale, qui se tient au Palais Royal. Ces officiers réclament des indemnités de solde plus fortes. Une vive agitation règne parmi eux.

Le 25 février, les manifestations se succèdent à la place de la Bastille.

Le 26 février, les manifestations continuent sur la place de la Bastille, et elles prennent ce jour-là un caractère plus particulièrement odieux.

Vers quatre heures du soir, un agent de police est assassiné par la foule, avec des raffinements de cruauté affreux. A cinq heures et quart, le commissaire de police du quartier Notre-Dame ayant voulu venir à son secours, est attaqué et forcé de se réfugier dans la caserne des Célestins, où il est bloqué par une foule furieuse. Les têtes les plus exaltées sont là, autour de la caserne et au pont d'Austerlitz. La place de la Bastille est très-encombrée. A six heures 20 minutes, le commissaire de police est dégagé. La population sur la place de la Bastille est très agitée. A sept heures 45 minutes, un passant pris pour un agent de police, est entouré, maltraité et ne peut être sauvé qu'avec beaucoup de peine.

A huit heures 45 minutes, quatre bataillons d'infanterie arrivent sur la place; leur mouvement est terminé à neuf heures 15 minutes; ils y restent jusqu'à minuit et demi, heure à laquelle ils reçoivent l'ordre de rentrer. Leur attitude n'est pas bonne et le maire de Paris m'écrit : « Sur la place de la Bastille, vos troupes sont absolument mêlées aux groupes et fraternisent. »

Une autre série d'événements graves commence ce jour-là. L'évacuation du 6e secteur (à Passy), ayant été prescrite en prévision d'une entrée des Prussiens qui n'a eu lieu que deux jours plus tard, l'émeute profite de l'émotion produite par cette mesure pour se porter sur le parc Wagram, où se trouvent les canons de la garde nationale. Le poste est forcé, vers quatre heures du soir avec la connivence de la garde nationale qui le défendait. Les canons traînés à bras sont conduits par la rue Saint-Honoré et la rue de Rivoli à la place des Vosges. Un pillage d'armes a lieu à la même heure à la gare de l'Est : 500 fusils sont enlevés.

Une manifestation très grave a lieu dans la nuit du 26 au 27. A neuf heures 15 minutes, le rappel bat à Belleville ; à onze heures, 2,000 gardes nationaux sont réunis ; le rendez-vous indiqué est place du Château d'Eau. A minuit 35, le rappel bat au faubourg du Temple; à une heure 50 minutes, à la Sorbonne. A deux heures 20 minutes, la manifestation se dirige, par la rue de Rivoli, sur la place de la Concorde, où elle se forme, vers trois heures 5 minutes, par bataillons de 500 hommes chacun. A trois heures 45 minutes, la manifestation se dirige sur l'Arc de triomphe par les Champs-Élysées.

A la même heure, deux officiers se présentent au 6e secteur, pour y donner des ordres de la part du Comité central, qui intervient ainsi officiellement pour la première fois.

A quatre heures 30 minutes, une nouvelle colonne de 3,000 gardes nationaux descend par la rue Royale sur la place de la Concorde. A quatre heures, la prison de Sainte Pélagie est attaquée. A cinq heures, l'agitation est grande à Montmartre. Toutefois, vers six heures du matin, la manifestation n'ayant pas vu venir les Prussiens, commence à redescendre les Champs-Élysées, et vers huit heures, les derniers bataillons reprennent le chemin de leurs quartiers respectifs.

Le 27 février, le général Carlier, qui a achevé la veille l'évacuation sur le Panthéon de 3,000,000 de cartouches, voit, à huit heures du matin, son quartier général cerné; le dépôt de cartouches est enlevé. Il ne peut se retirer qu'en sortant par la zone neutre, et cherchant l'abri des postes de gendarmerie qui s'y trouvent. Le bastion 56 a son magasin de munitions pillé; le pillage du parc Wagram continue. A Montmartre, les pièces sont remontées sur leurs affûts.

Pour mettre fin aux désordres du parc Wagram, toutes les pièces de 7 qui s'y trouvent encore sont enlevées par des attelages d'artillerie de l'armée et conduites au Luxembourg, mais les pillages continuent sur les remparts, où il est difficile de les arrêter.

A neuf heures, les douaniers reçoivent l'ordre d'évacuer le 2ᵉ secteur.

Dans la journée du 27 février, la prise par la foule de trois sujets prussiens est une nouvelle cause de désordre.

Dépêche du préfet de police, n° 8,812 (deux heures 55 minutes) :

« Une foule de 2,000 personnes escortait rue Turbigo une voiture contenant trois individus qui auraient été reconnus pour être des sujets prussiens : on criait : « A l'eau ! » et on avait réellement l'intention de s'en défaire, car on les conduisait quai de Valmy. Un officier du 107ᵉ bataillon s'est opposé à ce que ces individus fussent mis à mort, et a proposé de les conduire place de la Corderie, au Comité central républicain, pour y être jugés. La foule les a conduits de ce côté; ils ont été perdus de vue, rue Dupetit-Thouars; dans cette foule, beaucoup de soldats en uniforme se faisaient remarquer par leur exaltation. »

Dans la population on accusait toujours les soldats ; il a été reconnu que des coquins s'habillaient souvent en soldats, en marins surtout, pour commettre des excès dont ils faisaient peser ainsi la responsabilité sur l'armée.

Les manifestations continuent sur la place de la Bastille (dépêche du préfet de de police, n° 8,822, quatre heures du soir) : « La place de la Bastille toujours tumultueuse ; une compagnie de fusiliers marins y a fait une démonstration ; en somme, la situation toujours très tendue. »

Nouvelle dépêche du préfet de police, n° 8,855 (cinq heures 15 minutes du soir).

« Environ 1,500 mobiles de la Seine, selon les uns, 3,000 selon les autres, convoqués rue La Fayette par *le Vengeur*, se sont rendus de là à la Bastille, clairons en tête, pour défiler autour de la colonne. Peu d'officiers ; abstention de quelques sous officiers et caporaux. Ils devaient aller à l'École militaire délivrer les marins, et à la Pépinière. »

Cette tentative a été suivie de succès à la Pépinière, ainsi qu'il résulte de la dépêche suivante du ministre de la marine (n° 8,864, six heures 11 minutes du soir) : « Les mobiles de la Seine ont forcé la caserne de la Pépinière et cherchent à entraîner les matelots vers la place de la Bastille. J'écris au commandant de faire tout son possible pour retenir les matelots, mais je ne dispose d'aucune force. »

Le 28 février, à une heure du matin, la réunion de la salle de la Marseillaise nomme M. Darras commandant en chef de l'armée de Paris.

En raison de l'agitation de la veille, qui continue toujours à Belleville, et des voies de fait exercées envers les généraux du 2ᵉ secteur dans ce quartier, le commandant en chef ordonne au général qui le commande de se replier sur l'École militaire avec toutes les troupes qui sont cantonnées à Belleville, savoir :

A sept heures du matin, le 136ᵉ de ligne et les mobiles du Morbihan. — A midi, les mobiles de Seine-et-Marne et le 4ᵉ zouaves.

C'était le général Carlier qui commandait. Les fils télégraphiques étaient coupés ; les officiers étaient insultés continuellement par la population de Belleville et de Ménilmontant. Le général Carlier ayant été cerné, les fils coupés, il m'envoya un billet par une personne sûre pour m'exposer sa situation ; je lui répondis, par la même voie, qu'il se retirât par la porte de Belleville, qui n'était pas gardée par la population, et que là il trouverait le poste de gendarmerie qui devait se trouver entre les remparts et la ligne prussienne, que, par cette voie, il se dirigeât vers l'École militaire, en donnant l'ordre à toutes les troupes qui se trouvaient dans le quartier de l'abandonner complétement.

Ces ordres furent exécutés. Les quartiers de Belleville et de Ménilmontant furent complétement abandonnés. Je fis revenir toutes les troupes, qui étaient sans armes et mêlées à la population, ce qui produisait le plus dangereux effet, et je les logeai, comme je pus, à l'Ecole militaire et aux Invalides, etc.

Il est bon de vous dire que le 4ᵉ zouaves n'était pas du tout un régiment de zouaves. C'étaient des enfants de Paris qui en avaient pris le costume. Je renie absolument pour l'honneur des régiments de zouaves que j'ai commandés cette parenté-là ; ce sont ces gens qui se sont sauvés à Châtillon, quand ils ont entendu les premiers obus, et qui ont jeté la panique dans Paris.

En même temps, le 6ᵉ secteur (Passy) est évacué par les troupes qui l'occupent ; la garde nationale elle-même quitte Passy ; les 72ᵉ et 38ᵉ bataillons partent à neuf heures.

Les manifestations continuent à la place de la Bastille ; il en est de même des pillages de canons au faubourg Saint Antoine, d'armes au chemin de fer de l'Est et de munitions rue de Flandre.

Enfin des barricades s'élèvent au boulevard Ornano, rue Myrrha, rue Labar.

Le même jour, les préliminaires de paix sont signés à Versailles, et M. Thiers part à cinq heures du soir pour Bordeaux, afin de les soumettre à l'Assemblée.

Le 1ᵉʳ mars, les Prussiens entrent dans Paris, suivant les termes imposés par eux pour la prolongation de l'armistice. Leur entrée a lieu à onze heures.

Voulez vous que je vous raconte l'entrée des Prussiens dans Paris?

Je n'avais que douze mille hommes, d'après la convention signée par le gouvernement, pour maintenir l'ordre dans la ville.

Les Prussiens avaient l'autorisation de visiter le Louvre et les Invalides.

Ils devaient occuper Passy et les Champs-Élysées, jusqu'à la rue du Faubourg Saint-Honoré, et la rive droite de la Seine.

J'étais dans un grand embarras avec si peu de monde; je ne craignais pas les Prussiens, parce que je savais très-bien qu'ils maintiendraient la discipline chez eux, mais je savais ce qui se passait dans Paris, je connaissais l'animation qui régnait à Montmartre et à Belleville, où on disait dans les clubs qu'on ne permettrait pas l'entrée des Prussiens dans Paris; il fallait donc me garder contre les Prussiens et surtout contre la population. Voici le système que j'adoptai; je fis d'abord barricader tous les ponts sur la rive gauche, je fis élever des barricades également en face des Tuileries, place de la Concorde et près de la rue de Rivoli; j'en fis élever aussi à la place Royale. Ces barricades étaient faites avec des voitures du train. On dit que ces malheureuses barricades ont servi plus tard; malheureusement, on en a fait de plus formidables que les miennes; dans le faubourg Saint Honoré, toutes les rues étaient condamnées.

Mais il me fallait une deuxième ligne de défense sur le boulevard Malesherbes. Je fis appel à la garde nationale. Elle ne voulait pas marcher, ce qui me dérangeait beaucoup.

Le colonel Mortemart, qui était colonel d'état major pour la garde nationale, me dit: « Il faut absolument que la garde nationale soit là, autrement la ligne de la troupe est si faible qu'elle sera forcée. Pour engager les gardes nationaux à se

charger de ce service, il faudrait leur payer double journée. »
Je répondis : « Mon Dieu, si cela peut les décider, va pour la
double journée. » Je signai l'ordre. Nous avons trouvé ainsi à
peu près trois cents gardes nationaux, qui sont venus former
la haie sur le boulevard Malesherbes, moyennant une pièce de
trois francs par jour. Plus tard d'autres sont venus, et un
moment est arrivé où j'en avais plus que je n'en voulais. Au
jour, les bataillons de Montmartre sont arrivés, menaçant d'attaquer les Prussiens. J'avais fait placer mes postes entre la rue
Saint Honoré et le boulevard Malesherbes, et j'avais fait prévenir les officiers de gardes nationaux qui les commandaient
de veiller à ce que ceux qui étaient sur le boulevard Malesherbes vissent bien qu'ils n'avaient rien à craindre, et que si
les gardes nationaux de Montmartre et de Belleville les attaquaient, nous les défendrions. En même temps, j'avais établi
des patrouilles de cavalerie qui passaient toutes les demi-heures.

Les gardes nationaux de Montmartre ont parlementé avec
les autres, qui leur ont dit : « La troupe est là, les Prussiens y
sont aussi ; il n'y a rien à faire. » Quand ils ont vu que la troupe
était là, ils se sont tenus tranquilles, mais ils sont allés
prendre les canons au parc Wagram.

Les Prussiens devaient visiter le Louvre et l'hôtel des Invalides. La convention portait qu'ils entreraient à pied, conduits
par leurs officiers sans armes. Il y avait peut être trente ou
quarante Prussiens qui étaient déjà venus me demander l'autorisation de faire cette visite à onze heures.

A onze heures, les portes des Tuileries furent ouvertes à
deux battants, les soldats qui logeaient dans les Tuileries furent casernés dans leurs baraquements et invités à ne pas paraître dans la grande avenue. Le général qui commandait les
troupes entrées dans Paris était venu pour s'entendre avec
moi sur la manière dont la visite pourrait s'effectuer. « Je
vous déclare une chose, lui dis-je, c'est que vous ne trouverez
rien dans les galeries du Louvre ; on en a enlevé toutes les
œuvres d'art au commencement du siége, et on a bouché avec

15.

des sacs à terre toutes les fenêtres, pour éviter les projectiles que vous lanciez sur nous. Maintenant si vous voulez y entrer, libre à vous. »

Il n'insista pas, il dit que les troupes se contenteraient de se promener dans les cours pour que les soldats pussent dire qu'ils avaient vu le Louvre et qu'ils s'étaient promenés dans les Tuileries. Il m'interrogea au sujet des Invalides.

— Quant aux Invalides, je ne réponds de rien. Si vous voulez les voir, vous le ferez à vos risques et périls ; je n'ai que douze mille hommes et je ne puis pas avec si peu de forces maintenir une population comme celle-là. Si vous voulez passer les ponts, vous en êtes libres, je vous indiquerai celui par lequel vous pourrez passer, mais je ne réponds de rien.

Le général finit par renoncer à la visite des Invalides.

Peu après, quelques soldats, conduits par leurs officiers, viennent sur la place du Carrousel, et tournent autour des Tuileries. La population s'émut en apercevant des casques pointus. J'avais quelques troupes en réserve dans l'intérieur du Louvre. Je fis sortir deux compagnies qui allèrent se placer devant la grille, du côté de la rue de Rivoli. Ces troupes s'établirent l'arme au pied, en tournant le dos du côté des cours, c'est à dire aux Prussiens, et en engageant la population à se retirer.

Quelques instants après, on vint me dire que des officiers entraient à cheval, et que l'un d'eux même, peut-être un officier général, était venu en voiture. Ces officiers avaient des cavaliers qui les escortaient avec leurs mousquetons à leurs selles. Il y avait des sous-officiers qui accompagnaient leurs compagnies, et comme ils ont l'habitude d'avoir leurs petits fusils Remington en bandoulière, ils avaient conservé ces fusils. On vint m'en prévenir ; je donnai immédiatement l'ordre à un de mes officiers de se rendre au bout du jardin des Tuileries, de faire fermer les portes et de faire avancer les troupes. Au moment où l'on exécutait cet ordre, le général arrivait avec tout son état-major pour voir le Louvre. En voyant fermer les portes, il s'adressa au commandant et lui dit : « Je désire entrer : pourquoi ferme-t-on cette porte ? Il y a une convention qui nous permet d'entrer. » Le commandant lui répondit : « J'ai l'ordre du général Vinoy de faire fermer les portes, et je l'exécute.

— Mais enfin la convention est là.

La convention n'a pas été exécutée probablement ; du reste, vous pouvez vous adresser à votre général. Le général lui dit : « C'est moi. » Le commandant lui répondit : « Je vous demande pardon, général, mais voici ce qui s'est passé. » Alors il lui raconta que des officiers étaient entrés en armes et que c'était à cause de cette violation de la convention que je faisais fermer les portes.

Le général reconnut que j'avais raison ; il demanda seulement pour ses officiers la permission de voir les cours et il fit retirer ses troupes. C'est ainsi que les choses se sont passées.

(Le général Vinoy reprend la lecture de son journal.)

Les manifestations ne cessent pas à la place de la Bastille, mais elles sont moins nombreuses. Des munitions sont pillées dans les magasins des bastions du 1er secteur à trois heures 40 minutes, rue de Flandre, le matin ; 550 fusils sont enlevés à la Compagnie du gaz, rue Condorcet.

Le 2 mars, les manifestations continuent encore à la place de la Bastille ; 4 canons sont enlevés aux remparts du 1er secteur (faubourg Saint Antoine) ; les armes des malades sont pillées à l'hôpital Saint Antoine, 2,000 fusils y sont enlevés.

Pendant ce temps, les Prussiens, entrés la veille dans Paris, avaient occupé, aux termes de la convention, l'espace délimité entre la Seine, la place de la Concorde, la rue Boissy d'Anglas, la rue du Faubourg Saint Honoré et l'avenue des Ternes. Toutes les issues qui y conduisent sont barricadées avec des voitures et gardées par des piquets de troupes, qui interdisent le passage à toute personne armée ou en uniforme. Une seconde ligne de garde nationale est placée en arrière.

Le 2 mars, vers huit heures du matin, le général Camecke, qui commande le corps d'occupation, envoie le colonel d'état major prince Pudbutz près du commandant en chef français réclamer pour ses troupes l'autorisation de visiter les galeries du Louvre et les Invalides. Il lui est répondu que les tableaux du Louvre ont été enlevés pour les soustraire au bombardement, et que les fenêtres des galeries ont été murées dans le même but. Quant aux Invalides, il faut pour y arriver traverser une foule dont la surexcitation est telle que la responsabilité des accidents qui en résulteront ne peut être prise par le commandant en chef. Un conflit y est imminent.

Le général Camecke, à qui la réponse est communiquée, se rend à ces raisons, en ce qui concerne les Invalides, mais il insiste pour que la visite de la cour du Carrousel et du Louvre soit autorisée. La convention est formelle; il n'est pas possible de refuser, et à onze heures, la grille des Tuileries est ouverte. La population parisienne, se pressant aux grilles du côté du quai et du Palais Royal, manifeste une exaspération extrême.

Les Prussiens devaient arriver en ordre, conduits par leurs officiers et sans armes. Ils viennent d'abord régulièrement, puis se débandent peu à peu; des sous-officiers pénètrent même avec des carabines portées en bandoulière, des ordonnances à cheval avec des mousquetons. C'était une infraction à la convention, et le commandant en chef l'ayant constatée de ses propres yeux envoie un de ses officiers d'état-major, le commandant Bourcart, pour faire fermer les grilles des Tuileries et évacuer le jardin. Cet ordre est exécuté au moment où le général Camecke lui-même s'avançait pour en faire la visite; il dut rétrograder sur les observations qui lui furent faites. Il était alors une heure de l'après midi.

Dans cette même journée arrive la nouvelle de la ratification par l'Assemblée des préliminaires de paix.

Le 3 mars, les Prussiens quittent enfin Paris, et à midi, nos troupes, reprenant la garde des portes, les ferment pour empêcher tout mouvement de la foule dans la direction du bois de Boulogne, où une grande revue de l'armée allemande était passée.

La foule se porte en masse aux Champs-Élysées et saccage les établissements qui ont été ouverts aux Prussiens.

Des pillages de munitions ont lieu à la poudrière du bastion 89. Les manifestations cessent à la place de la Bastille, mais le drapeau rouge reste au haut de la colonne, qui est gardée par les gardes nationaux.

Dans la nuit, à onze heures 55 minutes, le poste des gardiens de la paix, aux Gobelins, est attaqué ; les compagnies de garde républicaine envoyées à son secours arrivent trop tard ; les armes avaient été enlevées avec le poste.

Dans cette journée, l'on peut déjà s'occuper des mesures à prendre pour évacuer de Paris tous les hommes désarmés, et il est décidé que le mouvement commencera par les marins.

Le 4 mars, la caserne de la rue Mouffetard est évacuée par la garde républicaine, qui se replie rue de Tournon. 29 obusiers sont pillés au 5ᵉ secteur (la Chapelle) ; les magasins de munitions du bastion 25 sont vidés.

Les gardes forestiers, ayant reçu l'ordre de reprendre leur service au 6ᵉ secteur (Passy), ne s'y rendent qu'à regret et demandent à retourner dans leurs foyers. Il en est de même des mobiles.

Le général d'Aurelle de Paladines prend le commandement de la garde nationale.

Le 5 mars, le ministre de la guerre annonce des renforts à l'armée de Paris. La prison de Sainte Pélagie est menacée pour la nuit, mais le poste est renforcé et l'émeute se retire devant l'attitude énergique de son chef. Les troupes se plaignent de la mauvaise qualité de la viande ; les distributions sont très-irrégulières.

Le 6 mars, les mobiles des environs de Paris (Seine-et-Oise, Seine-et-Marne, Somme, Aube, Seine Inférieure) partent à pied pour regagner leurs foyers.

Le 7 mars, les mobilisés de Seine-et-Oise et de Seine-et-Marne, licenciés, arrivent à Paris par les voies ferrées. Le 53ᵉ régiment d'infanterie et 1,200 hommes du 58ᵉ rejoignent l'armée. Les difficultés pour le logement des troupes continuent.

Le 10ᵉ bataillon des mobiles de la Seine se mutine, rue de

Laval, séquestre son commandant et l'entraîne sur la place du Château-d'Eau.

Le 8 mars, à une heure du matin, les mobiles du 10ᵉ bataillon de la Seine se réunissent de nouveau pour fouiller la maison de leur commandant.

Dans la journée, le ministre de la guerre décide que les mobiles de Paris recevront, à titre d'indemnité, dix jours de solde et de vivres. Les marins partiront demain, les mobiles de la Vendée après demain, 2,500 artilleurs désarmés sont envoyés à Vincennes.

Un secteur insurrectionnel est formé au 9ᵉ secteur; Duval en est nommé commandant.

Les renforts annoncés arrivent peu à peu.

Le 9 mars, le commandant de l'Hôtel de Ville s'attendait à une attaque vers minuit; elle n'a pas lieu. Les garibaldiens et les francs-tireurs de l'Est et de l'Ouest affluent à Paris et viennent y grossir les éléments de désordre.

Dans la journée, les 7ᵉ, 8ᵉ et 16ᵉ bataillons de mobiles de la Seine se mutinent et entraînent leurs officiers, qu'ils maltraitent, devant l'Internationale et devant le Comité central. Celui-ci les fait relâcher.

Le 10 mars, les Prussiens font connaître qu'ils n'évacuent pas encore Versailles.

A Paris, le 1ᵉʳ train de troupes part pour Châtellerault. Les mobiles de l'Hérault se mutinent au passage de l'Opéra.

On s'attend, pour cinq heures, à une attaque sur le Luxembourg, car la veille, à Grenelle, Varlin, ex-commandant révoqué du 193ᵉ bataillon, a prescrit, au nom du Comité central, à trois bataillons de ce quartier, d'aller enlever les canons gardés au Luxembourg. En outre, le Comité central prescrivait au 8ᵉ secteur (Montrouge) d'envoyer deux batteries d'artillerie au XVᵉ arrondissement; mais tout reste calme de ce côté. Une démonstration a lieu devant la Conciergerie, au sujet de l'arrestation d'un officier de la garde nationale; elle se disperse à six heures 10 minutes du soir. Le 76ᵉ et le 89ᵉ arrivent.

A huit heures 50 du soir, les mobiles de Saône et-Loire, qui doivent partir dans la nuit, mettent le feu à leurs baraquements, boulevard de Grenelle; dix baraques sont brûlées. Le calme renaît à neuf heures 40. Les troupes dirigées sur Paris sont aujourd'hui à Poissy.

Dans la journée, une tentative a lieu, sur la demande de M. Clémenceau, maire de Montmartre, pour reprendre, à l'amiable, les canons de la butte. Les attelages d'artillerie de l'armée restent toute la journée sur la place de la Trinité, à attendre le résultat de cette démarche, qui demeure infructueuse.

Le 11 mars, Flourens et Blanqui, jugés par contumace, sont condamnés à mort par le conseil de guerre. Cinq journaux sont supprimés par le général commandant en chef. On donne l'ordre de prendre des précautions.

La brigade Daudel (113ᵉ et 114ᵉ de ligne) va occuper les forts du Sud évacués par les Prussiens, mais les troupes allemandes ne quittent pas encore Versailles. La distribution aux mobiles de la Seine de la solde et des vivres ne donne lieu à aucun trouble. Les militaires congédiés encombrent les rues de Paris, et la compagnie du chemin de fer de Paris à Lyon met tous les obstacles possibles à leur départ.

Le 12 mars, l'agitation provoquée par la suppression des journaux est sérieuse, et une affiche rouge fait appel à la révolte et à la désertion dans l'armée. Elle est déchirée, mais difficilement, parce qu'on s'oppose à son enlèvement.

Les pillages de munitions continuent, et les magasins du 9ᵉ secteur sont envahis toutes les nuits. Versailles, que les troupes prussiennes ont enfin évacué, est occupé par le 119ᵉ de ligne.

Le 13 mars, un incident est soulevé par les Prussiens, qui se plaignent que cinquante coups de fusils aient été tirés à Saint-Ouen sur leurs avant-postes.

Le 9ᵉ secteur (barrière d'Italie) est très agité, les pillages de munitions ne cessent pas, et les baraques évacuées par les mobiles sont immédiatement démolies et pillées par la foule.

Pour désencombrer Paris des soldats libérables qui s'y trouvent réunis, le commandant en chef prescrit que ces hommes partiront à pied, en trois colonnes dirigées par des généraux, sur Orléans, Chartres et Évreux.

Le général Le Flô adresse une proclamation aux mobiles licenciés.

Dans la journée, un incident provoque une grande agitation. Deux officiers prussiens sont arrêtés par la garde nationale et conduits au Comité central.

Le 15 mars, le Comité central refuse de délivrer ces officiers. Le général Fabrice les réclame énergiquement à M. Jules Favre et rend le gouvernement responsable de leur vie. Le préfet de police recommande une grande vigilance et consigne la garde républicaine. L'autorité militaire est obligé de faire garder la cartoucherie de la rue de Vanves, sérieusement menacée.

La dernière colonne de soldats libérés part aujourd'hui. 12,000 fusils Chassepot rendus par les Prussiens arrivent à à Paris et sont transportés à Vincennes.

Les officiers prussiens n'étant pas encore rendus, le 16 mars à minuit 45, deux bataillons sont commandés pour aller les délivrer. Le Comité central cède enfin, et les rend sains et saufs, à trois heures vingt minutes du matin.

Le 119ᵉ de ligne, à Versailles, surpris par la neige, est obligé de se loger chez l'habitant ; il reçoit l'ordre de rentrer à Paris, à l'arrivée de la division Bruat, attendue à Versailles.

A Paris, le 134ᵉ bataillon de la garde nationale, ayant voulu enlever les poudrières gardées par le 21ᵉ bataillon, un conflit s'élève entre eux, mais il se termine à l'amiable.

Le 17 mars, le conseil des ministres se réunit à Paris, et d'après son avis, M. Thiers et le général Le Flô donnent des ordres pour faire, dans la nuit, une tentative pour reprendre les canons, de vive force au besoin. Les dispositions des mouvements sont discutées devant eux.

Une grande agitation se manifeste place des Vosges, et la

garde nationale enlève 18 canons, qu'elle place au faubourg Saint-Antoine.

Dans la nuit du 17 au 18 mars, les buttes Chaumont et Montmartre sont enlevées et occupées par l'armée, mais la garde nationale se réunit pour les reprendre. Les attelages sont insuffisants pour emmener tous les canons, et une soixantaine seulement peuvent être ramenés. Il aurait fallu près de 48 heures pour terminer l'opération.

A neuf heures 20, les soldats sont encore maîtres de la rue de Flandre et démolissent la barricade. A onze heures 25, la situation est changée ; une manifestation descend sur l'Hôtel de Ville, elle est mélangée de troupes de ligne. A onze heures trois quarts, au Luxembourg, le 135e de ligne se laisse désarmer ; à midi, à la Villette, la troupe fraternise avec l'émeute : 20 hommes de la garde républicaine, qui gardaient la salle de la Marseillaise, sont désarmés. A deux heures 52, les insurgés sont maîtres de la barrière d'Enfer ; à trois heures 50, une compagnie de garde républicaine est désarmée et enfermée à la mairie du XVIIIe arrondissement. La caserne du Prince-Eugène, occupée par le 120e de ligne, est envahie par la foule ; le régiment fraternise avec le peuple et dépose ses armes sans en avoir fait usage. A quatre heures et demie, les communications sont interrompues.

M. Thiers part pour Versailles, entre trois et quatre heures, sous la protection de l'escorte du commandant en chef, commandée par M. Goëbb, lieutenant. Avant son départ, il prescrit de donner l'ordre de faire rallier à Versailles toutes les troupes et d'y envoyer, de suite, la brigade Daudel qui occupe les forts du Sud. Il réitère cet ordre, par écrit, au crayon, en passant au pont de Sèvres, et le remet à M. Goëbb, pour le porter au commandant en chef. C'est sur cet ordre que les forts du Sud ont été évacués.

Le soir, l'ordre est transmis aux troupes d'avoir à évacuer Paris ; la brigade Derroya (109e et 110e de ligne), se trouve bloquée par l'émeute dans la caserne Napoléon et à l'Hôtel de Ville. Le général qui la commande, ayant reçu l'ordre de se replier, fait ouvrir les portes et sa tête de colonne se fraye un chemin à la baïonnette.

Toutes les troupes étant ralliées, le départ pour Versailles commence à une heure du matin, le 19 mars, et continue pendant toute la nuit et la journée du 19 mars.

II

Déposition de M. Choppin — État de Paris après l'armistice.

Le 11 février au matin, je portais à M. Jules Favre, qui était alors vice-président du gouvernement de la défense, la démission de M. Cresson[1].

M. Jules Favre me dit : « Qu'allons-nous faire ? » Je lui répondis : « Nommez un préfet de police. Je remettrai le service entre ses mains. M. Thiers va arriver, reprit il, le gouvernement se constitue ; le moment n'est pas venu de nommer un préfet de police. Voulez-vous accepter une délégation à la préfecture jusqu'au moment où M. Thiers arrivera ? »

J'objectai à M. Jules Favre que je n'étais pas un admirateur passionné du 4 septembre que je n'étais pas même un républicain de doctrine ; il me répondit en insistant de nouveau pour que j'acceptasse cette délégation. Un décret, qui ne devait pas être rendu public, me confia sous le titre de délégué la direction de la préfecture.

Quelques jours après, M. Thiers revint et je lui redemandai ma liberté. Il me refusa, et voulut que je restasse à Paris pendant qu'il irait faire, à Bordeaux, un second voyage pour présenter le traité de paix à l'Assemblée.

Ce n'est qu'à son retour qu'il consentit à me remplacer par le général Valentin, le 16 mars. J'ai ainsi assisté à toute la préparation du 18 mars.

[1] M. Choppin, beau frère de M. Cresson, était son chef de cabinet.

Les élections avaient laissé Paris dans un état extérieur assez calme. Pendant les jours qui suivirent il n'y avait pas dans la ville d'apparence d'insurrection prochaine. Le désordre, succédant tout d'un coup à ce calme extérieur, fit voir que l'insurrection venait évidemment d'un mot d'ordre.

Je m'explique : Nous avions gagné le 24 février à peu près sans aucune espèce d'encombre ; nous avions eu de grosses difficultés administratives, qui tenaient à l'alimentation de Paris et à la question de la salubrité publique. Car cette pauvre préfecture de police que tout le monde attaque, quand il y a quelque besogne difficile à opérer, c'est toujours à elle qu'on s'adresse.

Je ne saurais pour ma part rendre trop de justice au dévouement et à l'intelligence des employés de cette administration qui, par un préjugé malheureux, est si injustement déconsidérée en France. Je n'ai pas plus vu les employés de la préfecture reculer devant une corvée, devant un travail extraordinaire, que je ne les ai vus reculer devant un danger. — Quoique assez peu nombreux à l'époque où j'étais à leur tête, ils venaient toujours à bout des missions les plus pénibles. — Ainsi on vint me dire un jour : « Il est mort 1,800 bœufs dans le parc de l'intendance militaire. » Le typhus y avait éclaté, personne ne venait à bout d'enlever ces bœufs. La préfecture de police s'en est chargée, et elle y a réussi. Quand il s'est agi de réquisitions pour le recensement des vivres pendant le siége on tâtonnait, on n'arrivait pas, on finissait par s'adresser à la préfecture de police, qui en venait à bout.

Un membre. — Maintenant est elle bien organisée ?

M. Choppin. J'en suis sûr et je n'en sais rien. J'ai perdu de vue ce qui s'y passe, depuis trois mois que je suis à Beauvais, mais il y a là des chefs de service que je considère comme des hommes extrêmement distingués. M. Cresson a dû leur rendre devant vous la justice qui leur est due ; en tous cas, je suis heureux, pour ma part, de rendre l'hommage le plus éclatant aux commissaires de police comme à tout le personnel de la préfecture. Ce sont des hommes qui, pendant et après le siége, ont bien mérité de la patrie.

Les élections avaient eu pour résultat la réouverture des réunions publiques, qu'on était parvenu à suspendre vers la fin du siége, au moment où les opérations militaires étaient le plus actives. Une fois rouvertes, il était entièrement impossible de les faire fermer de nouveau, parce que ce qui restait de la force publique avait disparu. Pendant le siége la garde nationale concourait encore au maintien de l'ordre; mais le jour de l'armistice elle s'était désagrégée et dissoute ; il n'y avait plus de commandement, plus de direction. Le pauvre général Clément Thomas avait donné sa démission. On n'avait pas cru devoir l'accepter, et il n'avait pas été remplacé. — Le peu d'organisation qui existait avait par suite disparu, et nous n'avions pas pour agir sur les réunions publiques les éléments que nous possédions autrefois. Les commissaires de police ont fait dans plusieurs réunions sommation de se dissoudre, mais ces sommations étaient restées sans effet, parce qu'on n'avait pas les moyens nécessaires de se faire obéir. C'est ainsi que les réunions publiques, organes extérieurs des sociétés et des conciliabules secrets, préparaient l'insurrection du 18 mars.

De plus, nous avions en face de nous la presse révolutionnaire. Tous les jours de nouvelles feuilles faisaient leur apparition, et tous les jours cette presse devenait de plus en plus violente; elle se livrait vis-à-vis de l'Assemblée nationale à des attaques dont vous avez dû entendre l'écho même à Bordeaux. On essayait bien de l'arrêter en saisissant les journaux. Mais les journaux en disparaissant étaient remplacés par des factums éphémères, au titre retentissant, et qui entretenaient l'agitation; on ne pouvait s'en rendre maître.

J'ai parlé tout à l'heure du 24 février, petit fait qui n'a certainement pas déterminé les événements, mais qui cependant a eu quelque importance comme cause occasionnelle.

Vous le savez, la police municipale, la police des rues, des sergents de ville, avait été en quelque sorte supprimée après le 4 septembre. Ceux d'entre vous qui ont été à Paris à cette époque se rappellent la figure mélancolique des gardiens de la paix. Nous avions cependant, M. Cresson et moi après lui, le désir de rétablir partout la police municipale. Nos gardiens de la paix avaient été embrigadés ; on les avait envoyés à la tranchée, et ils s'y étaient montrés extrêmement solides. M. Cresson pensa à profiter des circonstances (et M. Vacherot le sait bien, car nous avons eu avec lui des pourparlers à ce sujet), pour les faire accepter de la population en leur donnant la mission de porter secours aux blessés et de veiller aux incendies dans les quartiers bombardés ; nous les avions ainsi réinstallés dans tous les arrondissements de la rive gauche. Après le départ de M. Cresson, le désordre qui régnait dans les abattoirs de la Villette me fournit l'occasion d'installer les sergents de ville dans le Xe arrondissement. Ainsi nous profitions de tout pour reconstituer la police municipale. Mais elle a un grand inconvénient aux yeux de certaines gens, c'est de veiller à l'ordre sur la voie publique. Or la voie publique était inondée, dès le mois de février, de ces gens qu'on appelle, dans le langage parisien, des *camelots*. Le camelot appartient à ce qu'il y a de moins relevé dans la population parisienne. Ce sont des gens qui établissent de petits commerces sur le trottoir. Quand nous installions quelque part des sergents de ville, immédiatement une lutte s'engageait entre eux et les camelots. Cela s'est vu par exemple sur le boulevard Saint-Michel; mais c'est surtout aux abords de l'Hôtel de Ville, le long de la rue de Rivoli jusqu'au boulevard de Sébastopol, qu'il y avait une réunion formidable de ces commerçants en plein air. De l'un des côtés du boulevard, la police régnait et le trottoir était libre, mais l'autre côté appartenait à l'arrondissement dont M. Bonvalet était maire, et là la police ne pénétrait pas. On allait jusqu'à vendre sur leur trottoir des cigares de contrebande. J'ai donné l'ordre un jour à des sergents de ville de pousser une reconnaissance le long de la rue de Rivoli jusqu'à l'Hôtel de Ville et de déblayer le trottoir ; ils ont été fort mal accueillis.

Déjà au milieu du siége, entre novembre et décembre, nous avions essayé, d'accord avec la mairie du IVe arrondissement, de rétablir la police municipale aux abords de l'Hôtel de Ville. Mais à peine réinstallés, nos postes de sergents de ville avaient été forcés par les gardes nationaux de se retirer. C'est à cette occasion qu'un garde national avait dit à un agent : « Je te reconnais, tu es un assassin, tu as un revolver dans ta poche; » il l'avait fouillé et lui avait pris, non pas son revolver, mais son porte-monnaie. Moi même, ce jour-là, en allant voir ce qui se passait, je fus arrêté par les gardes nationaux qui avaient enlevé nos postes. Je les priai de se rendre avec moi à la préfecture de police, pour dresser procès verbal de mon arrestation. Ils me suivirent jusqu'à la caserne de la garde républicaine de la Cité, mais n'y entrèrent pas.

Cet incident, soulevé évidemment par les camelots, vous fait voir le caractère de cette foire permanente, par qui elle était tenue, et comment tous les désordres s'enchaînent. Aussi bien chaque fois que nous essayions de rétablir un peu d'ordre matériel, chaque fois que les sergents de ville se montraient, notamment dans le quartier de l'Hôtel-de-Ville, il y avait une émeute. J'ai été frappé, quant à moi, de la coïncidence qui a régné entre les efforts que j'ai faits pour rétablir l'ordre du côté de l'Hôtel de Ville et les manifestations qui depuis le 24 février ont eu pour théâtre la place de la Bastille. Vous n'ignorez pas que ces manifestations n'ont pas discontinué depuis le 24 février jusqu'au 18 mars. Les bataillons de la garde nationale venaient, les uns après les autres, défiler autour de la colonne ; les chefs montaient sur le soubassement en marbre blanc, y déposaient des couronnes d'immortelles aux cris de : « Vive la République ! » et des orateurs qui, le soir, paraissaient dans les clubs, s'étaient établis là dans la journée comme sur un tréteau permanent.

J'ai quelques raisons de croire que les premiers auteurs de ces manifestations ont été les camelots que nous avions expulsés des abords de l'Hôtel de Ville ; ce sont eux qui fournissaient les couronnes, les drapeaux, qui ont mis le drapeau rouge entre les mains du génie de la colonne. On s'est demandé plusieurs fois s'il fallait intervenir dans ces manifestations dont la place de la Bastille était le théâtre, surtout le dimanche et plus encore le lundi ; mais comme les bataillons y venaient sans armes, on n'avait pas cru devoir intervenir. Cependant on l'a fait une fois, je vous dirai à la suite de quel regrettable événement.

Il y avait donc dans les clubs, dans la presse, dans les manifestations de la voie publique, des foyers d'agitation permanente. C'est alors que le traité de paix fut conclu à Versailles avec une clause portant qu'une partie de Paris serait occupée par les troupes prussiennes jusqu'au moment où l'Assemblée nationale aurait accepté le traité.

Quand cette clause fut connue dans Paris, la douleur patriotique des Parisiens fut portée à son comble. Les partis extrêmes songèrent à profiter du mécontentement universel pour l'exploiter, et c'est de cette exploitation du désespoir qu'est né le comité central de la garde nationale, qui prit à tâche de passer de l'agitation à la guerre civile.

Les conditions de l'armistice signé après le siége ne nous permettaient d'avoir à Paris qu'une division de 12,000 hommes armés. On avait rendu les cadres un peu élastiques. On avait la permission de conserver les troupes de police, — il n'était pas bien établi qu'elles fussent comprises dans le traité, — on était ainsi parvenu à porter cette division à 16,000 hommes environ, auxquels il faut ajouter les gardiens de la paix.

M. Thiers a vu les premiers débuts de cette agitation ; il a parfaitement compris quelles en seraient les conséquences, et il a donné au général Vinoy et à moi les instructions les plus formelles pour garder le cœur de Paris, en disant que si, avec 16,000 hommes, nous nous étendions, nous étions perdus. C'est avec ces troupes que nous devions former une sorte de cordon sanitaire, de manière à interdire toute communication entre les Prussiens et la population parisienne, et à empêcher peut-être une explosion qui pouvait être formidable.

Mais on ne put empêcher que la nouvelle de l'entrée des

Prussiens ne soulevât, dans la population, une émotion qui se traduisit par la prise des canons.

Je crois que les premiers canons pris ont été ceux d'une batterie de Passy, enlevés dans de louables intentions par les habitants du quartier.

Mais ce fut un exemple donné aux révolutionnaires, qui s'emparèrent alors de toutes parts des canons, bien qu'ils ne fussent pas sur le terrain que devaient occuper les Prussiens. Ils formèrent ainsi leurs fameux parcs de la place Royale et des Buttes Montmartre.

M. Thiers était encore à Paris. Il avait été un moment très-inquiet ; il avait craint que l'insurrection n'éclatât. Il fit alors paraître une proclamation où il recommandait à la population parisienne le plus grand calme, et où il laissait entendre aux gardes nationaux que s'ils voulaient livrer combat aux Prussiens, le combat ne serait pas égal et amènerait la ruine de Paris. Cette proclamation était d'autant mieux venue, qu'il y avait déjà eu une première tentative. Pendant toute la nuit, on avait battu le rappel. Des masses armées étaient allées jusqu'à la porte Maillot, et étaient rentrées dans leurs quartiers en déclarant que les Prussiens avaient fui devant elles. Ceci se passait deux jours avant l'entrée des Prussiens ; c'était le samedi que l'armistice avait été signé, c'est dans la nuit du dimanche au lundi qu'avait eu lieu le mouvement qui se calma quand M. Thiers eut lancé sa proclamation.

Il n'en est pas moins vrai que le mouvement était commencé. La population demeura très sage, tant que les Prussiens furent dans Paris ; mais quand ils furent partis, au lieu de savoir gré au gouvernement de la victoire morale qui était le fruit des efforts communs, elle se laissa entraîner à une agitation qui prit bientôt un caractère d'autant plus grave que les agitateurs avaient tous des armes. Nous n'avions pas pu les empêcher de s'emparer des canons ; ils avaient senti la faiblesse du gouvernement, et, à partir de ce moment, le flot de l'insurrection ne s'est plus arrêté.

Le mot d'ordre fut d'abord de désarmer les sergents de ville qui se trouvaient sur la rive gauche. On s'empara successivement de tous les petits postes qu'ils occupaient, et on leur prit leurs fusils.

Dans un poste du V⁰ arrondissement, placé dans les bâtiments annexés de la Sorbonne, les gardiens de la paix déclarèrent qu'ils ne rendraient pas leurs armes, et, en effet, ils partirent avec armes et bagages; mais enfin, partout, ils furent obligés de se retirer.

Au milieu de cette agitation dirigée contre les sergents de ville, il se produisit un fait d'une gravité particulière.

Il y avait aux Gobelins un poste plus important que d'autres, et ce poste se trouvait appuyé par un détachement considérable de douaniers qu'on avait mobilisés pour le siège de Paris.

Il y avait là soixante ou soixante-dix gardiens de la paix sous les ordres d'un lieutenant, et quarante douaniers. Ce poste protégeait un dépôt de douze cent mille cartouches. Nous étions avertis qu'il allait être attaqué, et bien que nous fussions obligés de concentrer dans l'intérieur de Paris nos douze mille hommes, sur lesquels nous ne comptions d'ailleurs que médiocrement, il fut convenu avec le général Vinoy que ce poste serait défendu. Les agitateurs du XIII⁰ arrondissement où il se trouvait situé, étaient Léo Meillet, qui venait de chasser l'excellent maire M. Pernolet, qui a fait des adieux si pleins de bon sens et si spirituels à ses administrés, et le général Duval, dont le père, — il y a des héritages funestes, — était un des assassins du général Bréa et s'était brûlé la cervelle; Duval avait été proclamé, probablement par une décision du comité, chef des forces de terre du XIII⁰ arrondissement.

Un membre. A quelle époque ces messieurs avaient ils mis à la porte M. Pernolet?

M. Choppin. — Il me serait très-difficile aujourd'hui d'en fixer la date exactement. C'était du 1ᵉʳ au 5 mars.

Ils avaient donc formé des bandes de gardes nationaux pour

attaquer les Gobelins. J'assistais tous les soirs au conseil des ministres. J'y appris que l'attaque allait avoir lieu. Je partis immédiatement pour la préfecture de police. Il était entendu avec le général Vinoy que je ferais une forte démonstration avec la garde républicaine, et l'ordre fut donné aux gardiens de la paix de tenir le plus longtemps possible.

En effet, lorsqu'ils se virent cernés par les gardes nationaux au nombre de 4,000 hommes environ, ils se préparèrent à se défendre.

Les douaniers y renoncèrent dès le début. Les gardiens de la paix eurent malheureusement à compter avec le chef de l'établissement, qui était surtout préoccupé de sauver les trésors d'art qui se trouvaient renfermés aux Gobelins. On savait que les assaillants avaient des projets d'incendie ; ils étaient arrivés avec des éponges imbibées d'huiles essentielles au bout de longs bâtons; et le directeur n'était pas partisan de la défense à outrance. On parlementa assez longtemps ; et enfin le chef des gardiens fut obligé de consentir à se rendre avec ses hommes ; il fut convenu que les fusils seraient laissés en dépôt dans l'établissement, pour être rendus plus tard à la préfecture de police. C'est ainsi que les Gobelins furent évacués.

Comme il avait été décidé qu'une action militaire serait engagée, et qu'on avait mis sur pied deux escadrons de la garde républicaine et trois compagnies, je ne donnai pas à la garde républicaine l'ordre de rentrer dans ses quartiers.

Je crois que nous aurions remporté une victoire facile ce soir-là, car la garde républicaine s'était rangée en bataille sur la route d'Italie, et les Gobelins avaient immédiatement été évacués. Mais la nuit était déjà avancée, le général Vinoy était très préoccupé d'engager une action sérieuse. Les insurgés ayant ou pouvant avoir des canons, il jugea plus sage que les troupes rentrassent.

Cependant, ces faits avaient produit une certaine sensation. C'est à partir de ce moment que M. Thiers pressa l'envoi à Paris de trois divisions de l'armée de la Loire, sur lesquelles il croyait pouvoir compter pour le rétablissement de l'ordre.

Il s'est produit, vers la même époque, un autre fait très-regrettable, à propos duquel nous avions voulu aussi employer les troupes.

C'était un dimanche. Il y avait sur la place de la Bastille une de ces manifestations dont je vous ai parlé. Le mot d'ordre donné à la foule était de courir sus aux anciens sergents de ville et aux agents de la préfecture.

Il y avait parmi les agitateurs des gens qui connaissaient d'autant mieux la préfecture, qu'ils y avaient vécu, après le 4 septembre, qu'ils avaient connaissance de nos dossiers, des noms et des figures des hommes que nous employions.

Un malheureux agent, nommé Vincenzoni, qui appartenait, je crois, au service de sûreté, étant venu à traverser la place de la Bastille, on s'était emparé de lui, on l'avait traîné au canal, et avec des raffinements de cruauté abominables, devant 30,000 spectateurs qui garnissaient les rives de la Seine, on l'avait jeté à l'eau, et chaque fois qu'il s'approchait du bord, on l'avait repoussé avec des gaffes.

Le même jour, un commissaire de police de l'île Saint-Louis, reconnu et poursuivi par la foule, avait été obligé de se réfugier dans la caserne des Célestins.

Il y avait donc ce soir-là une grande effervescence sur la place de la Bastille. Je demandai au général Vinoy et j'obtins de lui que la garde républicaine marchât et fît évacuer la place de la Bastille. L'opération se fit sans encombre ; je commençai une instruction contre les auteurs présumés de l'assassinat de Vincenzoni. Il y a tout lieu de croire que les assassins appartenaient à un bataillon de chasseurs à pied [1].

Les affaires des Gobelins et du canal sont les deux principales circonstances dans lesquelles la troupe a agi avant le 18 mars ; elle n'avait pas rencontré de résistance.

---

[1] Ajoutons (ce qu'ignorait M. Choppin) que ce bataillon était alors caserné au mont Valérien, où il était encore dans la journée du 18 mars et dans la nuit du 18 au 19.

Pour en revenir au point qui nous préoccupe, le Comité central, je crois qu'il s'est formé précisément au moment où la population s'est emparée des canons. Mais il est assez difficile de dire si c'est une formation en quelque sorte spontanée, ou si c'est au contraire une formation voulue, préméditée. Il y a eu, d'ailleurs, plusieurs comités centraux de la garde nationale. Il y en avait un qui tenait ses assises rue Richelieu, et qui était présidé par Bergeret. Celui là avait des allures un peu aristocratiques, et il se composait en grande partie d'officiers. Mais il y en avait un autre beaucoup plus démocratique, qui siégeait à la salle du Vauxhall, rue de la Douane, derrière la caserne du Prince Eugène.

Au bout de peu de temps, le comité de la rue Richelieu s'effaça et fit place au seul comité de la rue de Douane.

Un fait très-remarquable, c'est que le personnel de ce comité changeait presque tous les jours. Les premiers noms sont ceux d'hommes qui n'étaient pas des ennemis aussi dangereux de nos institutions que ceux qui leur ont succédé. Il s'est opéré là comme un travail d'élimination. Il semble qu'on ait senti qu'il y avait dans cette organisation une arme dont on pouvait se servir pour une insurrection, et que, peu à peu, on ait évincé les gens dont on n'était pas assez sûr, pour les remplacer par des hommes plus résolus. C'est précisément dans ce travail d'élimination que l'action de l'Internationale se fait sentir.

Nous parlions tout à l'heure de la désorganisation de la garde nationale. Il y eut dans certains bataillons un travail qui s'effectua en sens inverse. On s'efforça de faire disparaître tous les officiers ayant un caractère plus ou moins régulier pour les remplacer par des officiers du choix du Comité central.

En même temps que ce Comité siégeait au Vauxhall, et, que, toutes les semaines, il réunissait sept ou huit cents gardes nationaux, des organisations par quartiers se formaient de côté et d'autre.

Il y avait à Montmartre une organisation distincte du Comité central, et plus formidable encore, qui, un jour, nommait un général d'infanterie pour garder Montmartre, le lendemain un général d'artillerie, puis un commandant de génie. On y décidait la construction de retranchements, l'établissement de batteries. L'insurrection s'y organisait ouvertement, mais, pour ainsi dire, en dehors de l'action du comité.

Enfin, à côté de tous ces centres insurrectionnels, il ne faut pas oublier le club de la Mancillaire, grande rue de la Villette, qui avait été longtemps fermé, qui s'était réouvert plus violent que par le passé, et qui remplaçait le fameux club de la salle Favié, à Belleville. Le propriétaire de la salle Favié, peu flatté d'offrir l'hospitalité aux clubistes de Belleville, avait fini par leur refuser sa maison. A côté du club de la Mancillaire, il faut mentionner encore celui de la salle Robert, et un autre qui tenait ses séances dans le quartier de la Chapelle.

Ce n'étaient plus seulement des réunions publiques, c'étaient de véritables centres d'insurrection.

Il y avait à la porte de la salle de la Mancillaire, deux canons chargés jusqu'à la gueule, derrière lesquels délibéraient les orateurs de la maison. Un moment même, une affaire extrêmement grave y avait eu lieu. Ces messieurs avaient arrêté, de leur autorité privée, deux Prussiens qui étaient entrés dans Paris, et ils avaient déclaré qu'ils les fusilleraient si on ne leur rendait pas un officier de la garde nationale qui, en se promenant en dehors des lignes, avait été arrêté par les Prussiens. Je dois dire que nous sommes parvenus, avec beaucoup de difficulté et grâce au courage et à l'énergie du commissaire de police de la Villette, M. Boursault, à faire mettre en li berté ces deux Prussiens. Mais cet incident, si nous avions échoué, pouvait devenir une cause de conflit très grave avec les ennemis.

Quant à dissoudre la Mancillaire, nous ne pouvions le faire sans commencer la guerre civile. A chaque instant se posait, en effet, la question de savoir si on engagerait ou non le com bat contre les éléments insurrectionnels debout...

Vous savez jusqu'à quel point nous étions embarrassés

de l'absence d'un chef de la garde nationale. Le gouvernement se décida à faire un choix et nomma le général d'Aurelle de Paladines. Le zèle du général a été extrême, il a fait tout ce qu'il a pu pour tâcher de faire reconnaître son autorité, mais il se heurtait sans cesse aux défiances qu'on avait excitées contre lui. Je l'ai vu vingt fois à l'état-major de la place Vendôme, réunissant le corps d'officiers, les chefs de bataillons; il était impossible de montrer plus de dévouement, mais malgré tout, l'insurrection ne désarmait pas, les canons n'en restaient pas moins dans les parcs.

A deux reprises différentes, nous avons essayé de les reprendre. Une première fois à Montmartre; le général d'Aurelle, après une conférence avec M. Clémenceau, a cru que les canons lui seraient rendus. On a envoyé des attelages, mais ces attelages n'ont pu dépasser la mairie de Montmartre. M. Clémenceau a dit qu'on s'était trompé sur sa pensée, qu'il n'avait pas le moins du monde l'intention de rendre les canons, qu'il fallait que le gouvernement reconnût que ces canons étaient la propriété de la garde nationale. Une autre fois je sus à la préfecture de police, par un magistrat, que les bataillons réunis place des Vosges étaient fâchés du rôle qu'on leur faisait jouer et prêts à rendre les canons.

Je prévins l'état-major, qui envoya les attelages. L'opération s'est faite comme toujours avec un peu de décousu. Les attelages sont arrivés; mais aussitôt que les gens du quartier virent les chevaux, une agitation très-vive se manifesta. Il y eut un commencement d'émeute, et on fut obligé de se retirer, parce que si l'on eût persisté, la bataille s'engageait.

Quelques-uns nous disaient: « Laissez tomber tout cela. — Ce sont des gens qui s'amusent, ils jouent aux canons, comme ils ont joué aux fusils, tout s'arrangera. » On se trompait! Chaque fois que nous avons fait des reconnaissances, essayé quelque chose, nous sentions toujours à un certain point la résistance. Le doute n'était pas possible, la guerre civile était imminente.

Il y avait encore un fait visible plus pour nous que pour tous les autres, qui nous indiquait qu'on se préparait à la guerre civile.

Très-peu de jours avant le 18 mars, alors que les troupes des armées de provinces, qui sont devenues depuis l'armée de l'ordre, mais qui ne le furent pas le 18 mars, arrivaient à Paris, il arriva des contingents pour l'insurrection ; ils ont changé complétement la physionomie de Paris. C'étaient des hommes de l'armée de l'Est, appartenant à des corps irréguliers qui avaient été dissous à Lyon, des garibaldiens [1]. Nous vîmes arriver à Paris ces hommes à chemises rouges avec des plumes de paon derrière la tête. C'était une mascarade, si vous voulez, mais c'était l'armée insurrectionnelle qui achevait de se former. Et j'en ai eu la preuve plus tard, ici même. J'ai assisté à l'interrogatoire des premiers prisonniers faits dans la bande qui suivait Flourens et Duval. J'ai été très-frappé de voir que, sur trois prisonniers, il y en avait au moins un qui venait de l'Est, de la Haute-Saône et du Haut-Rhin. Je ne sais si le chiffre que je vais vous donner est vrai, mais on m'a dit qu'il y avait dix-huit mille hommes de corps irréguliers qui seraient venus grossir l'armée insurrectionnelle de Paris. Je le croirais d'autant plus volontiers, que, lorsqu'on a essayé d'organiser des émeutes provinciales, j'ai été frappé du peu de forces actives de l'insurrection à Lyon et dans les villes du Rhône. Je crois que si l'insurrection a été si peu de chose dans le reste de la France, c'est que la plupart de ses adhérents avaient été dirigés sur Paris quatre ou cinq jours avant le 18 mars.

M. LE PRÉSIDENT. — Ainsi, voilà l'armée insurrectionnelle qui se recrute librement, sans obstacles, de contingents venus de tous les points de la France. Combien y avait il de troupes à Paris?

[1] M. Edmond Adam, interrogé sur le nombre des étrangers présents à Paris, le 18 mars, répond de son côté :

« La plupart, les cosmopolites, ceux qui ont pris part à la dernière insurrection, ne sont venus qu'après l'armistice, quand les portes de Paris ont été ouvertes. De ceux là il en est peu qui aient soutenu le siége avec nous. »

M. Choppin. — Nous avions trois divisions.

M. le président. Quelle était la valeur de ces trois divisions, leur état moral?

M. Choppin. Je n'ai pas pu l'apprécier beaucoup par moi-même, parce que je ne vivais pas avec les soldats. Quand ils sont arrivés, on en a caserné un certain nombre dans les forts pour leur permettre d'échapper au contact de la population; on en a mis aussi au palais de l'Industrie. Mais il est certain qu'il y avait un mot d'ordre. On entraînait les soldats au cabaret, et on tâchait de les mener dans les clubs.

Chaque fois qu'un soldat paraissait dans un club, je le signalais au général Vinoy. Il y avait incontestablement un grand effort pour débaucher l'armée, et c'est une des raisons pour lesquelles, quant à moi, je pressais le gouvernement d'arriver à une action décisive. J'avais demandé bien avant le 18 mars qu'on agît, parce que je savais bien que les troupes soumises à l'action dissolvante de Paris n'y résisteraient pas longtemps.

On avait laissé, après l'armistice dans Paris, 200 à 250,000 hommes débandés, tant de troupes de ligne que de gardes mobiles. Nous avions la plus grande peine à nous en débarrasser, et vous savez ce que peuvent être des soldats battus et débandés au milieu des rues de Paris. Ils ont occasionné plusieurs fois des scènes épouvantables, des mobiles, par exemple, s'emparant de leurs chefs et voulant les accrocher à la lanterne à propos d'une distribution de vivres insuffisante. Constamment des différends s'élevaient entre les soldats et les officiers. Cela se renouvelait tous les jours. On ne se doute pas des désordres qui ont eu lieu dans la première quinzaine du mois de mars....

Déposition de M. le général d'Aurelle de Paladines.
Les conseils des ministres avant le 18 mars.

M. le général d'Aurelle de Paladines. Le jour de mon arrivée à Paris, j'ai vu M. Jules Favre, M. le président du conseil était à Bordeaux, et il n'est arrivé que trois jours avant l'insurrection, le 15 mars, je crois. M. Jules Favre avait la direction de la portion du ministère qui se trouvait à Paris. Avec M. Jules Favre il y avait M. Picard, ministre de l'intérieur, et M. Pouyer Quertier, ministre des finances, qui venait d'être nommé. Tous les autres ministres étaient remplacés par leurs premiers secrétaires ou par leurs directeurs généraux. En un mot, les ministères étaient représentés, en dehors du personnel dont je viens de parler, par des employés divers.

M. Jules Favre me prévint que le conseil des ministres se réunissait tous les soirs, vers neuf heures, et me pria d'assister à ses séances. Je m'y rendis tous les soirs, et mon impression fut que, dans la situation difficile où on se trouvait, il n'y avait à attendre aucun secours de la part des ministres qui dirigeaient alors le pays. Je ne parle pas de M. Thiers, puisqu'il n'était pas là. MM. Jules Favre et Picard étaient les deux hommes essentiels. M. Pouyer Quertier était nouveau ; il s'occupait d'ailleurs plutôt de finances que de politique. — Il y avait là le général Vinoy, commandant en chef des troupes.

Ces réunions commençaient vers neuf heures, neuf heures et demie ; souvent il était onze heures que les membres du conseil n'étaient pas encore arrivés. On disait un mot des affaires publiques, des affaires de l'État, et le reste du temps c'étaient des lazzi, des plaisanteries faites par M. Picard, auquel on répondait quelquefois. M. Jules Favre parlait plus rarement. M. Picard cherchait à intéresser la conversation ; il s'adressait à l'un ou à l'autre. — Certes, c'était loin de faire les affaires du pays ; mais c'était ainsi, et cela durait jusque vers une heure du matin. Quelquefois, on apportait une dépêche séance tenante, soit de la préfecture de police, soit d'un ministère, soit des officiers de l'état major, pour nous mettre au courant de ce qui arrivait. Le général Vinoy s'impatientait ; je l'avais pour voisin, et nous nous disions : « Ce n'était pas la peine de nous réunir ; autant vaudrait s'en aller. »

17.

M. LE PRÉSIDENT. — Les ministres étaient-ils inquiets de la situation?

M. LE GÉNÉRAL D'AURELLLE DE PALADINES. — La situation ne paraissait pas les inquiéter.

M. LE PRÉSIDENT. Pourquoi?

M. LE GÉNÉRAL D'AURELLE DE PALADINES. Je dirai toute ma pensée. C'était prévu; il ne leur en coûtait guère de voir changer l'état des choses.

J'ai oublié de dire que l'amiral Pothuau, ministre de la marine, était là. Je le sépare des deux que j'ai nommés, et que je considérais comme les ministres importants *du moment*.

M. LE PRÉSIDENT. Général, la question que je vous fais a son importance.

Vous vous êtes aperçu, dès votre arrivée à Paris, dites-vous, de l'état dans lequel se trouvaient les esprits?

M. LE GÉNÉRAL D'AURELLE DE PALADINES. — Oui, et il ne pouvait y avoir de doute pour personne. Ce pouvait être une question de jour, de moment; on ne savait pas quand l'insurrection éclaterait; mais il était évident pour tous qu'elle devait avoir lieu.

M. LE PRÉSIDENT. N'avez-vous pas songé à communiquer l'impression que vous aviez reçue de vos relations avec les officiers au président du conseil des ministres à Bordeaux?

M. LE GÉNÉRAL D'AURELLE DE PALADINES. Comme commandant de la garde nationale, je ne correspondais pas avec le chef du pouvoir exécutif, mais avec le ministre de l'intérieur, M. Picard. — Je lui rendais compte jour par jour, il me disait: « Ce n'est rien; on est habitué à cela. Vous savez ce que c'est que la population de Paris. » C'est comme cela qu'on accueillait mes communications.

Les derniers jours seulement, on eut un peu plus d'inquiétude. M. Thiers arriva le 15, je crois; il réunit le conseil des ministres. Ce fut alors une réunion sérieuse, dans laquelle on s'occupa des affaires du pays. Tout le monde manifestait de l'inquiétude; les choses avaient totalement changé par la présence de M. Thiers. — La situation de Paris ne changea pas pour cela! — On prévit une insurrection. Pour y parer autant qu'on pouvait le faire, M. Thiers parla de la question du désarmement, c'est à-dire de l'intention d'enlever les canons, l'artillerie, à ceux qui les détenaient, principalement aux Buttes-Montmartre, où il y en avait considérablement. Il fut question d'employer les moyens de vigueur pour s'en emparer. Les avis étaient partagés, et, dans cette situation, tout le monde aurait été un peu pour la temporisation. Il est certain que ces messieurs faisaient un service très actif autour de leurs pièces d'artillerie, et que tout cela les fatiguait, les ennuyait.

M. Clémenceau, maire de l'arrondissement de Montmartre, vint me trouver vers le 11 ou le 12 mars, je crois, et me dit que cette situation était très pénible pour les hommes de son quartier, qu'ils étaient disposés à rendre les pièces d'artillerie qu'ils avaient; qu'il suffisait qu'on s'engageât à les placer dans un endroit où elles seraient gardées, partie par la garde nationale, partie par l'armée. Je ne voyais pas d'inconvénients à cela.

Je crois que M. Clémenceau parlait avec sincérité, car, pour témoigner de son bon vouloir dans ce moment, il m'écrivit une longue lettre qui est un monument à conserver, puisqu'elle indiquait quelles semblaient être ses intentions. Cette pièce a été saisie avec d'autres papiers que j'avais au moment de l'insurrection et elle a disparu.

M. Clémenceau me disait que je pouvais compter sur son dévouement à l'ordre; que, malgré ce qu'on disait de lui, il y était attaché; qu'il comprenait très-bien qu'une révolution ne pouvait conduire le pays qu'à d'autres malheurs que ceux dont on voulait sortir; que, par conséquent, il était disposé à faire tous ses efforts pour que son arrondissement rendît les armes.

Son adjoint, un M. Lafont, je crois, qui l'accompagnait dans la visite dont je vous parle, me dit : « Tout est convenu pour demain. On peut se présenter pour prendre les pièces d'artillerie; qu'on amène des chevaux en nombre nécessaire, la garde nationale a été consultée, elle consent à rendre les pièces. »

Le lendemain, on arriva dès le matin. Mais, soit que M. Clémenceau se fût trompé, soit qu'il eût trop compté sur son influence auprès des hommes qu'il administrait comme maire, il est certain que le lendemain, ces hommes ne se montrèrent pas le moins du monde disposés à rendre les canons, et qu'il fallut s'en retourner comme on était venu.

Je dois ajouter qu'au conseil des ministres assistaient également le maire de Paris, M. Jules Ferry et le préfet de police. Tous les soirs, le général Vinoy et moi, nous signalions au préfet de police des espèces de réunions, clandestines d'abord, et ensuite tout à fait ouvertes; des commissaires nommés par la garde nationale, parmi lesquels étaient Duval, Henri et une vingtaine d'autres, qui, toutes les nuits, se rassemblaient dans des locaux qui étaient indiqués aux ministres et au préfet de police, afin qu'on pût opérer l'arrestation de ces individus. Le préfet de police était M. Choppin. Il nous dit que cela était difficile, que son personnel de police était à bout, qu'il avait été fort mal traité, qu'il ne pouvait faire opérer ces arrestations. Je le répète, tous les jours, le général Vinoy et moi lui demandions des arrestations de cette nature; il s'y est constamment refusé, en opposant une force d'inertie contre laquelle on ne pouvait rien.

Déposition de M. Dubail. — Retour à Paris des francs-tireurs après l'armistice.

Pendant l'investissement, on avait à peine besoin de police de sûreté; il n'y avait ni vols graves, ni atteinte aux personnes ou aux propriétés; l'esprit public, il faut le proclamer à l'honneur de Paris, n'avait qu'une préoccupation, celle de la défense, et d'un autre côté, tous les maraudeurs, toute cette multitude de gens sans aveu, sans moyens d'existence qui, dans les temps ordinaires, encombrent et déshonorent la ville de Paris, étaient partis et avaient formé les compagnies de francs tireurs, d'éclaireurs, etc., dont quelques hommes ravagèrent les environs, y portèrent la dévastation, mais qui, en évacuant la ville, la laissèrent dans une sécurité presque absolue à cet égard. Je n'ai pas connaissance d'une seule tentative d'assassinat pendant la durée de l'investissement, ni de vol avec effraction ; les propriétés étaient respectées, tandis qu'au lendemain de l'armistice, dès que les compagnies franches rentrèrent à Paris, il y eut des effractions de boutiques sur le boulevard de Strasbourg, dans les rues les plus fréquentées et les plus riches ; je reçus des plaintes à la mairie, et comme la garde nationale était rentrée, qu'elle faisait son service sédentaire, je la mis en réquisition, je lui fis faire ce qu'on appelle des patrouilles grises pour remplacer la police. Les citoyens s'y prêtèrent volontiers, ils sortaient et deux à deux parcouraient l'arrondissement ; ils mirent fin à ces attaques contre la sûreté publique.

Mais la garde nationale se lasse très-vite ; son ardeur, qui se manifeste vivement, s'éteint aussi rapidement ; on ne peut pas compter sur elle pour une surveillance continue ; ce fut surtout, à mon avis, la rentrée de cette population démoralisée de longue date, de repris de justice, de gens qui vivent aux dépens d'autrui, qui compromit la sécurité intérieure de Paris immédiatement après l'armistice ; j'en ai cité des preuves manifestes ; ainsi, il nous vint de la Chapelle et de Belleville des bandes de gardes nationaux non armés qui, faisant irruption à toute heure du jour et de la nuit, voulaient se faire remettre des armes par les dépôts où on en avait imprudemment laissé. Ainsi le personnel du chemin de fer de l'Est avait formé un bataillon destiné à la défense de la gare et de ses abords. Un jour, un matin, arrive une bande de gardes nationaux plus ou moins armés qui envahissent la gare et se font remettre trois à quatre cents chassepots.

Il y eut là un peu de défaillance de la part des chefs ; des employés, craignant de voir dévaster la gare, livrèrent ces armes avec une assez grande imprudence.

J'envoyai des détachements à l'aide, mais avec beaucoup de précaution, parce qu'on avait à craindre les fraternisations, toujours favorables au désordre ; on reprit une certaine partie des armes, mais pour éviter un conflit, on laissa la bande s'en aller avec une partie de ses trophées.

Dans le cœur même de l'arrondissement, des francs tireurs attaquèrent quelques maisons dans lesquelles ils soupçonnaient pouvoir trouver des armes ; ils envahirent, à l'improviste, la maison d'un chef de compagnie de brancardiers qui s'était dévoué à ce service uniquement par patriotisme. L'attaque fut dirigée par un lieutenant de francs tireurs. On pénétra dans la cave, on n'y trouva pas d'armes, mais une pièce de vin, qu'on défonça immédiatement. J'envoyai du monde, je pus faire arrêter quelques hommes et le chef de cette bande, le lieutenant de francs-tireurs. Je l'envoyai à la préfecture de police ; j'en avais envoyé un autre la veille, mais son escorte l'avait laissé échapper. Celui ci arriva à la préfecture, je ne sais ce qu'on en fit.

Ces quelques faits vous indiquent quels changements s'introduisirent, immédiatement après l'armistice, dans l'esprit public. Il en fut de même dans d'autres arrondissements, notamment à Montmartre ; je me rappelle que l'un de mes collègues, M. Clémenceau, qui, en général, n'était pas effrayé des mouvements populaires, se plaignit vivement, parmi nous, de ce qu'une bande de francs-tireurs, qu'on appelait francs fileurs, avait envahi une maison particulière à Montmartre, expulsé le propriétaire et s'y était installée comme en pays conquis. On avait envoyé la garde nationale, mais ils avaient menacé de faire feu et les gardes nationaux s'étaient retirés en laissant ces bandits en possession de leur citadelle improvisée.

Dans d'autres arrondissements, près des fortifications, les mêmes faits se produisirent.

M. LE PRÉSIDENT. Que faisait le gouvernement pour arrêter ces violences ?

M. DUBAIL. — Il n'avait aucune force. La préfecture de

police était absolument impuissante; les commissaires de police se tenaient cois, craignant d'être enlevés, et leur administration fut presque complètement nulle. Cependant après la guerre, ils reparurent un peu et prêtèrent leur concours, mais avec la plus grande réserve, parce que, connaissant l'esprit de la population, ils avaient à craindre de voir leur autorité méconnue et leur propre sûreté compromise, faute d'agents qui pussent les défendre.

L'action de la police fut nulle, au moins dans les arrondissements populaires. Il y avait abandon complet de la répression aux maires, qui avaient plus de pouvoir dans leurs arrondissements.

Déposition de M. Corbon. — Démoralisation de la garde nationale.

M. LE PRÉSIDENT. — Vous connaissez bien votre arrondissement. Je vous prie de répondre à la question que je vous posais tout à l'heure. Comment la population de Paris s'est-elle démoralisée? comment a t elle perdu ces sentiments généreux qui se sont manifestés pendant le siége, sans distinction d'opinions? comment un mouvement si honorable s'est-il transformé de telle sorte que la Commune ait été possible?

M. CORBON. — Pour tous les arrondissements, comme pour le mien, cela tient à deux causes : la première, c'est le régime hygiénique auquel a été soumise la garde nationale; la seconde, ce sont les déceptions que la mauvaise direction de la défense a causées chez tous ces hommes qui croyaient à la possibilité d'une résistance heureuse.

Rappelez vous que, pour la grande majorité des hommes qui avaient été armés en septembre et octobre, c'étaient des ouvriers, et que personne n'avait de travail. Cette garde nationale s'est démoralisée petit à petit par l'effet d'un détestable régime hygiénique. La solde se dépensait en grande partie en boissons, et il ne restait presque rien pour se procurer l'alimentation solide. J'avais demandé bien des fois qu'on nourrît les gardes nationaux nécessiteux, qu'on les payât en nature, qu'on leur donnât la subsistance des soldats, ce qu'ils désiraient beaucoup eux-mêmes. Je n'ai pas gagné ma cause. Malheureusement, avec leurs trente sous, quand les hommes étaient sur les remparts, ils buvaient de l'eau-de-vie et ne mangeaient pas, ou ne mangeaient que très peu. Puis, quand ils rentraient dans la maison, ils n'y trouvaient point de feu, point d'aliments. Les ménagères étaient de mauvaise humeur ; on se querellait, et c'est ainsi que petit à petit on se démoralisait.

Il faut ajouter que l'oisiveté forcée des gardes nationaux sur les remparts et ailleurs n'a pas peu contribué au développement de l'ivresse. Très-certainement si d'une part, on avait fourni aux gardes nationaux la solde en nature, et si d'autre part, on avait pris le parti de les occuper constamment, soit à des exercices en ville et sur les remparts, soit à des travaux de défense et à de fréquentes sorties ; en un mot, si on avait su s'y prendre avec eux, et faire bon emploi de leur énergie, on eût fortifié en eux le ressort de la moralité, au lieu de laisser ce ressort se détendre et s'affaiblir.

Il n'a pas tenu à moi qu'il en fût autrement. J'ai vu au commencement où l'on allait, et je l'ai dit à qui de droit. J'ai notamment demandé à plusieurs reprises la solde en nature.

M. LE PRÉSIDENT. A qui avez-vous fait cette demande si sensée ?

M. CORBON. — Au gouvernement. Je dois dire que M. Picard, alors ministre des finances, était parfaitement d'avis que la solde en nature eût mieux valu. Je crois que, comme lui, tous les membres du gouvernement n'eussent pas demandé mieux que d'accéder à ma demande ; mais il faut bien dire que c'eût été, pour les maires, un travail énorme. Ma proposition n'a pas été soutenue, et le mal que je voyais naître a pris les plus grandes et les plus déplorables proportions.

M. LE MARQUIS DE LA ROCHETULON. — Ainsi le gouvernement avait accueilli avec faveur votre proposition, et c'est la réunion des maires qui a reculé devant la grandeur de la tâche ?

M. Corbon. — Peut-être a-t-on pensé que la chose était impossible. On n'a pas discuté ma proposition ; on l'a laissée simplement tomber. Je dois dire que la plupart des hommes qui composaient les bataillons de mon arrondissement eussent été heureux qu'on eût pris la mesure dont je parle ; ils la réclamaient eux-mêmes, car ils avaient conscience qu'ils étaient sur une mauvaise pente.

Permettez moi d'ajouter que la démoralisation, quelque limite qu'elle ait atteinte, n'a pas été cependant jusqu'à étouffer les sentiments patriotiques. J'ai trouvé bien des mauvaises natures parmi les hommes de la garde nationale, mais je déclare en même temps que je suis plein d'admiration pour la manière dont la population de mon arrondissement a supporté le bombardement, car c'est le XVe arrondissement qui a le plus souffert. J'avais institué une commission des bombardés, qui devait me prévenir immédiatement en cas de sinistres. Il n'y a pas une seule maison où une bombe soit tombée, que je n'aie visitée immédiatement. Eh bien, j'ai trouvé là de pauvres familles qui, si elles n'étaient pas atteintes dans quelques uns de leurs membres par les projectiles, se trouvaient cependant complétement ruinées. Quand un obus tombait sur nos pauvres maisons, les murs et plafonds étaient facilement traversés : tout était pulvérisé. Eh bien, ces gens-là ne se plaignaient pas. J'ai vu des personnes mortellement blessées qui ne proféraient pas la moindre plainte. Je répète que je suis plein d'admiration pour la manière dont cette population a subi les souffrances du bombardement. A ce point de vue, on ne peut pas dire qu'elle était démoralisée ; le péril la remontait. Les femmes, surtout, ont été admirables pendant cette pluie d'obus.

Démoralisation de l'armée.

M. Corbon. — Après l'armistice, il y a eu un tel désordre dans Paris que les premiers venus pouvaient faire tout ce qu'ils voulaient. Cet effrayant désordre est une des causes qui m'ont fait donner ma démission de maire.

Vous savez, qu'aux termes de la capitulation, c'est le vrai mot qu'il faut employer, les troupes de ligne et la mobile devaient être désarmées, sauf deux divisions. Les gardes nationaux n'ayant plus à aller sur les remparts et ne faisant plus l'exercice flânaient dans les rues et sur les places publiques, pêle-mêle avec des soldats de ligne et des mobiles désarmés.

Alors un fait des plus scandaleux s'est produit. Toute cette foule inoccupée s'est laissé entraîner par la passion du jeu.

Soldats de ligne, mobiles, gardes nationaux, formaient sur toutes les places et promenades des quartiers excentriques de grands cercles, épais de trois ou quatre rangées d'hommes, et pratiquaient toutes sortes de jeux de hasard. C'était presque partout quelque zouave qui était l'entraîneur ou le banquier, ou le compère de l'entraîneur. J'ai vu rouler sur la terre des pièces en or; car on jouait gros jeu.

J'ai fait d'énergiques efforts pour faire cesser ce scandale; j'allais au milieu des groupes qui se formaient dans mon arrondissement, et je les dispersais quelquefois, mais je finissais par perdre toute autorité et par être injurié. Les commissaires de police que j'envoyais à ma place n'étaient pas écoutés. J'écrivis au préfet de police une lettre très pressante; il ne me répondit pas. Les commissaires de police ne voulant plus agir s'ils n'étaient appuyés d'une force armée suffisante, je fis demander au général qui commandait le secteur duquel dépendait mon arrondissement de m'aider à faire cesser ce honteux état de choses; il me fit répondre de ne pas trop prendre à cœur cette manière des troupes de tuer le temps. C'est alors que, écœuré de tout ce que je voyais, et ne pouvant l'empêcher, je donnai ma démission.

Ce scandale a duré jusqu'au surlendemain du 18 mars. Ce jour là, le Comité central donna l'ordre, remarquablement motivé, de le faire cesser, et immédiatement il cessa.

Je ferai remarquer que les soldats des deux divisions qui étaient restées armées, peu occupés eux-mêmes, se mêlaient à la masse de leurs camarades, et se livraient aux mêmes jeux, et se démoralisaient de la même manière.

Eh bien, croire, après cela, qu'on pouvait se servir des troupes de ligne constamment mêlées, de la manière que je viens de vous dire, à la garde nationale, pour tenir celle ci en respect, et notamment pour lui reprendre les canons qu'elle détenait à Montmartre et à Ménilmontant, c'était évidemment une pensée folle!

Et cependant, après avoir conçu l'idée de cette reprise des canons et s'être décidé à l'exécuter, si on avait eu les attelages prêts pour emmener les pièces, l'opération réussissait; tant il est vrai qu'elles étaient mollement gardées!

Si les canons avaient été enlevés à quatre heures du matin, la population de Montmartre, en montant à sept ou huit heures du matin sur les buttes comme elle a fait, eût trouvé la place nette, tant irritée qu'elle eût pu se montrer, la journée du 18 mars n'aurait certainement pas eu les suites qu'elle a eues.

Je vous déclare que les plus étonnés des effets de cette journée ont été ceux qui en ont profité, ceux aux mains desquels est tombé le pouvoir.

M. LE PRÉSIDENT. — Quand même il y aurait eu plus d'intelligence dans les mesures prises, quand même on eût réussi à enlever les canons, croyez vous qu'on aurait pu éviter dans Paris une insurrection formidable, qui n'aurait peut être pas duré deux mois, mais qui aurait duré huit jours, quinze jours? Croyez vous que, le 18 mars, on pouvait éviter une révolution?

M. CORBON. — Je ne crois pas qu'on eût pu éviter après l'enlèvement des canons une grande émotion dans les faubourgs. Mais enfin il y avait des canons à Ménilmontant, on a voulu les enlever; l'opération n'a pas été heureuse, cependant une partie des troupes a pu se retirer du côté de Belleville et garder les canons qu'elle emmenait, une autre partie dut les remettre à la population, parce que s'étant engagée dans les rues qui descendaient vers Paris, cette partie des troupes a été cernée. Toutefois, après avoir parlementé pendant un quart d'heure, on l'a laissée passer.

M. le président. — D'après le récit que vous venez de nous faire, vous pensez donc qu'il eût été possible d'éviter l'insurrection du 18 mars?

M. Corbon. — Je vous dirai que les énergies étaient alors fort atténuées. Je crois qu'il y aurait eu une grande émotion, mais je ne vois pas qu'il y eût, dans la situation, les motifs d'une grande insurrection, comme par exemple celle de juin 1848.

III

Question du désarmement de la garde nationale.

Aurait il été possible tout de suite après le siége de désarmer la garde nationale et d'éviter la guerre civile? C'est une question qui a été souvent posée. Voici les réponses les plus intéressantes qui y aient été faites par les témoins qu'a interrogés la commission d'enquête.

Écoutons d'abord M. Jules Ferry :

M. Louis de Saint Pierre. — Je demanderai à M. Jules Ferry s'il a partagé dans une certaine mesure ce que j'appellerai les illusions de M. Jules Favre, illusions qui ont fait que, d'après les préliminaires de paix, on a dû désarmer la troupe de ligne et les mobiles, qui avaient donné des preuves de leur solidité pendant le siége, tandis qu'on laissait des armes à la garde nationale, dont l'inconsistance avait été signalée à plusieurs reprises.

M. Jules Ferry. — Je suis bien aise de la question que vous m'adressez. Je crois qu'il y a là-dessus un malentendu dans beaucoup d'esprits. Je sais parfaitement ce qui s'est passé entre M. de Bismark et M. Jules Favre.

On a dit et redit bien des fois à la Chambre et dans le public que M. de Bismark avait offert de désarmer la garde nationale.

C'est une très grande erreur et quand vous voudrez sur ce point des explications très-précises, M. Jules Favre vous les donnera. M. Vacherot a entendu ces explications dans les réunions des maires.

Jamais M. de Bismark n'a dit qu'il désarmerait la garde nationale; il a dit : « Messieurs du gouvernement, vous désarmerez la garde nationale. » M. Jules Favre a répondu : « Vous vous trompez si vous croyez que nous puissions la dés- « armer. Qui la désarmera, en effet ? Ce n'est pas la troupe. « Ce n'est pas une partie de la garde nationale qui désarmera « l'autre. Si vous voulez désarmer la garde nationale, entrez « dans Paris, si cela vous convient. » — Alors M. de Bismark, s'échappant par une de ces épigrammes sanglantes dont il avait l'habitude, lui dit : « J'ai un procédé infaillible pour désarmer la garde nationale, c'est de continuer l'investissement; je fermerai toutes les issues et dans quinze jours ou trois semaines... » · (Il croyait que nous avions encore pour pour trois semaines de vivres, alors que nous n'en avions guère que pour quatre ou cinq jours), « quiconque voudra un morceau de pain m'apportera son fusil aux avant postes. »

Ces paroles cruelles étaient dignes de l'homme qui les prononçait

Jamais il n'y a eu autre chose, jamais on ne nous a proposé de désarmer la garde nationale.

UN MEMBRE. — Je demande la parole.

M. JULES FERRY. Si nous avions voulu entreprendre ce désarmement, soyez sûrs que nous aurions sauté en l'air, et que, ce que voulions éviter, les Prussiens seraient entrés dans Paris.

UN MEMBRE. M. Jules Favre a dit le contraire à la tribune.

M. JULES FERRY. — Je ne crois pas. Vous le demanderez à M. Jules Favre. Je vous garantis qu'il n'y a eu là qu'un mouvement oratoire ; mais sous ce mouvement oratoire restent les faits tels que je vous les ai exposés.

LE MÊME MEMBRE. — Les paroles de M. Jules Favre sont

devenues de l'histoire, puisqu'elles ont été prononcées à la tribune, et si je me trompe en les rapportant, tous mes honorables collègues vont me le dire.

J'ai compris que M. de Bismark avait dit à M. Jules Favre : « Nous désarmerons toute l'armée, à savoir : la garnison, la garde mobile et la garde nationale. Mais vous m'indiquerez les bons bataillons et je leur laisserai leurs armes, » — A quoi M. Jules Favre aurait répondu : « La garde nationale de Paris ne contient que des citoyens dignes de conserver leurs armes, et, par conséquent, je n'ai pas à accepter votre proposition. » — M. de Bismark aurait ajouté : « Ah! vous le voulez? eh bien, soit! »

M. Jules Ferry. Nos renseignements sur ce point ont besoin d'être complétés. Car ce que vous venez de dire n'est pas conforme au récit que M. Jules Favre a fait au gouvernement et à plus de cinquante personnes.

Un membre. — Tout s'explique.

M. Jules Ferry. M. de Bismark a dit en effet : « Vous désarmerez les mauvais bataillons et vous laisserez armés les bons. » Mais M. Jules Favre lui a répondu : « Nous n'avons aucun moyen de désarmer un seul bataillon ; nous n'avons pas cette ressource. Vous ne pouvez le faire qu'en entrant dans Paris. » C'est alors que M. de Bismark répondit qu'il avait un moyen très-facile de désarmer la garde nationale sans entrer dans Paris.

Un membre. — Permettez-moi de vous faire observer qu'un jour M. Jules Favre a dit à la tribune : « qu'il était bien tenté de demander pardon à Dieu de n'avoir pas profité de cette offre que lui avait faite M. de Bismark. » Nous l'avons tous entendu.

M. le vicomte de Meaux. — C'est avec M. Jules Favre qu'il faudrait s'en expliquer.

M. Cresson, qui croyait le désarmement possible, expose ainsi qu'il suit le système qu'il avait proposé au gouvernement.

Un membre. — Croyez-vous qu'on aurait pu désarmer la garde nationale à un certain moment?

M. Cresson. — Le 23 janvier, il eût été possible de désarmer les mauvais bataillons de la garde nationale, et je l'ai proposé.

Le même membre. Vous croyez que vous auriez pu y arriver avec le petit nombre d'hommes dont vous pouviez disposer dans Paris?

M. Cresson. — La justification de mon opinion est bien simple L'armée était dans un état d'exaspération extraordinaire contre la garde nationale, et elle lui en voulait à ce point qu'il faillit y avoir une rixe entre des soldats et des gardes nationaux à la porte Saint Denis. L'exaspération de l'armée et de la mobile se traduisait à chaque instant par des menaces qui faisaient craindre des collisions. Je crois qu'à ce moment on eût pu profiter de cette disposition des troupes pour désarmer la garde nationale. Je l'ai proposé au général Clément Thomas et à M. Jules Favre, dont le grand cœur et la grande âme prêtent aux autres ses propres sentiments, et qui me répondit que je calomniais la garde nationale. Je me proposais de faire venir cinq ou six mauvais bataillons sur la place Vendôme, de faire cerner la place et de les désarmer. L'armée qui était irritée et exaspérée de sa situation vis à vis de la garde nationale, n'aurait certainement pas fait comme au 18 mars. Voilà quel était mon projet. Maintenant, il est évident que si je l'avais mis à exécution, les choses auraient pu tourner d'une tout autre façon, et que si l'armée, s'était mise d'accord avec la garde nationale, il y aurait eu un cataclysme. Mais je crois ne pas me tromper en disant que le 23 janvier le désarmement était possible.

Enfin, M. l'amiral Pothuau partageait l'opinon de M. Cresson :

M. le président. Pensez-vous qu'il eût été possible de désarmer la garde nationale sans le concours des Prussiens?

M. LE VICE-AMIRAL. Oui, avec des précautions. Il est certain que l'esprit de la population était très-monté à ce moment ; il eût fallu y mettre beaucoup de prudence et d'adresse ; on aurait pu désarmer la garde nationale avant la troupe ; il fallait surtout la désarmer avant la garde mobile. Il régnait un certain antagonisme entre la garde nationale de Paris et la garde mobile. Quand nous étions en présence de l'ennemi, je me suis efforcé de le faire disparaître ; j'y ai réussi. Je crois que si on avait voulu désarmer la garde nationale, on y serait arrivé en faisant venir les bataillons les uns après les autres, et, au besoin, en faisant intervenir la force armée. A ce moment, la garde nationale avait beaucoup d'éléments d'ordre qui, une fois que la place a été rendue, ont, en grande partie, quitté Paris ; ces éléments ne devaient pas faire de difficulté pour le désarmement, et auraient été un exemple entraînant pour les autres. Enfin, je crois qu'avec de la prudence, de la vigueur, de la fermeté, on aurait réussi.

IV

Le Comité central. — Les canons.

Déposition de M. Desmarest.

M. LE PRÉSIDENT. — Nous avons entendu des dépositions qui ont précisé la date de la formation du Comité central ; cette formation est postérieure à la capitulation.

D'après votre déposition, monsieur, il semblerait que, dès les premiers jours du siége, il y avait un comité de fédération de la garde nationale. Il est certain que, dès les premiers jours du siége, il y a eu des sociétés de blanquistes et autres qui ont eu en vue le renversement du gouvernement, mais la naissance et le fonctionnement de la fédération de la garde nationale remontent-ils, selon vous, à cette époque ?

M. Desmarest. — Toutes les opinions sont conciliables. Il y avait un germe qui tenait à cette affiliation avec les sociétés secrètes; quant à la formation effective du comité, elle est postérieure. Les réunions électorales, faites par M. Vrignault, de *la Liberté* dans un autre but, ont montré la puissance de la garde nationale.

M. de la Rochetulon. M. Héligon nous a dit que, dès le 8 septembre, il s'était formé des comités de défense parmi lesquels il y avait des gens ayant de l'influence sur la garde nationale. Ces comités se sont succédé dans tous les arrondissements. Le 16 septembre, il y avait des affiches signées Meillet. Ils se réunissaient au Pré-aux-Clercs, disant qu'il n'y avait que cet arrondissement où le comité ne fût pas installé. C'est à ce moment que le germe a pris de l'extension.

M. Desmarest. M. Héligon a indiqué la même chose que moi; il y a eu là le germe du comité qui a pris plus de développement depuis.

M. le président. — Vous ne savez pas l'époque précise de la formation du comité. Savez-vous quelque chose sur ses faits et gestes?

M. Desmarest. — L'organisation des services dans les mairies, c'est tout ce que je sais. Le jour où ces services n'ont plus été commandés par l'état major, Paris était pris.

M. le président. Et ce service dépendait du Comité central?

M. Desmarest. — Tout a failli à la fois. La retraite du gouvernement a détruit le lien politique; la suppression de l'état-major a détruit le lien militaire. Le jour où il n'y a plus eu d'état-major à la place Vendôme, il n'y a plus eu dans les municipalités de direction.

J'arrête ma pensée, parce que je ne voudrais pas lui donner une portée récriminatoire qu'elle n'a pas. Je suis persuadé que la lacune momentanée qui s'est faite entre le gouvernement et Paris a permis le triomphe définitif de la Commune; il y a eu un intervalle pendant lequel on a couru de grands risques, car, si Versailles avait été emporté, la France était en grand danger. Nous sommes en face de dangers qui se re produiront.

M. Vacherot. — Qu'est-ce que vous entendez par les services des mairies ?

M. Desmarest. — Il y a, dans chaque municipalité, un certain nombre de bataillons de la garde nationale. Comme détail, l'organisation en est mauvaise, en ce sens que les divisions par municipalités ne correspondent pas aux divisions militaires. C'est à l'état-major général qu'il appartient de déterminer le service fait dans chaque arrondissement par les bataillons de la garde nationale et de dire, par exemple : Tel jour, ce sera le 6ᵉ bataillon qui sera de garde à la mairie du IXᵉ arrondissement.

Quand les états-majors du gouvernement se sont évanouis, ils ont été remplacés par un état major de l'insurrection, qui a visé l'ordre de service, en sorte que moi, maire du IXᵉ arrondissement, entré à la mairie, je me trouvais gardé par un bataillon dans lequel je ne pouvais pas avoir confiance. Qui lui avait donné l'ordre de venir là ? C'était l'insurrection. A ce moment, il n'y a plus eu de défense possible. Tous les ba taillons de la garde nationale avaient de bons et de mauvais éléments ; les meilleurs avaient des éléments douteux, les plus mauvais avaient de bons éléments.

Il m'est arrivé plusieurs fois, dans la cour de la mairie, en allant au devant des bataillons, de les ramener momentanément ; mais j'avais, à côté de moi, un petit jeune homme, en habit de ville, représentant l'état major de l'insurrection, qui cherchait à les influencer dans un autre sens. Nous avions là la révolution avec des alternatives de haut et de bas.

M. Vacherot. Voici ce qui se passait dans mon arrondissement.

Après la suppression des états majors, il y eut ce qu'on appelle des chefs de secteurs. Ces chefs de secteurs étaient chargés du service dont vous parlez. Un chef de secteur a été surpris par le Comité : au moment où il pensait mettre à la mairie une compagnie sur laquelle on pouvait compter, le comité l'a prévenu et a fait entourer la mairie de ses amis. J'ai dit à mon chef de secteur : « Pourquoi vous êtes-vous laissé surprendre? Il n'y a donc plus d'autorité? »

M. Desmarest. Il faut distinguer les époques. Les secteurs sont d'une époque intermédiaire. Les services de la garde nationale ont été faits par les secteurs pendant quelque temps, puis ils se sont évanouis comme l'état-major général.

Déposition de M. Dubail.

M. le président. Nous voici arrivés au moment où la Commune se forme; savez-vous quelque chose sur le Comité central?

M. Dubail. Voici ce qui s'est passé dans mon arrondissement :

La naissance de cette idée de fédération dans la garde nationale peut être reportée au mois de décembre, après l'affaire de Champigny.

A ce moment, la population se persuada que si nous n'étions pas restés vainqueurs, c'était non pas faute de capacité des généraux mais faute de volonté, et par le parti pris d'amener insensiblement une capitulation analogue à celle de Metz. Voilà quel était l'esprit de la population; cette idée avait même gagné des esprits sérieux. Beaucoup étaient résolus à aller se battre et voulaient forcer le gouvernement à les laisser se battre contre l'armée prussienne. Cette idée, et celle qu'on ne trouverait pas dans le gouvernement un appui suffisant, prenant corps, donnèrent lieu à la fédération de la garde nationale; elle avait pour premier but la défense, but accepté avec un entraînement admirable, que pour mon compte j'ai pu admirer toutes les fois que j'ai eu à conduire jusqu'aux fortifications les bataillons de marche de mon arrondissement, qui étaient bien équipés, composés d'anciens soldats, pleins de résolution, habitués aux fatigues.

Cette pensée de la défense à outrance de la ville de Paris, la pensée qu'on pourrait sauver le pays, finit par aboutir à l'idée de fédération. Elle avait un élément tout fait, existant déjà dans la garde nationale, je veux parler des délégués des conseils de famille. Ces conseils n'avaient pas été formés partout d'une façon régulière, ils n'étaient pas toujours le produit d'une élection, ni composés suivant les prescriptions de la loi de 1851 sur la garde nationale; ils avaient pour but de surveiller les corps d'officiers. Outre les conseils de famille, il y avait des délégués qui s'étaient le plus souvent institués d'eux mêmes, qui avaient pour mission la surveillance des officiers et le maniement des fonds de la solde.

Ces délégués sont peut être le germe des comités de fédération; j'ai retrouvé le même mode d'action chez les uns et chez les autres; ils arrivèrent à exercer un pouvoir occulte, mais réel.

Je me rappelle que, lors de l'élection des maires, le 6 novembre 1870, les compagnies de mon arrondissement nommèrent des délégués qui devaient, dans une réunion, entendre les candidats. Je comparus devant eux.

Ces délégués continuèrent à agir; ils s'étaient même installés dans ma mairie sous le titre de comité de vigilance; je les ai congédiés dès mon arrivée; je ne pouvais pas admettre qu'un élu du suffrage universel fût soumis à la surveillance d'un comité qui n'avait aucune autorité légale.

M. LE PRÉSIDENT. Cette nomination des délégués est antérieure à la nomination des maires?

M. DUBAIL. — Oui, elle date des premiers jours de septembre. L'origine du Comité central est, comme exemple au moins, dans la nomination des délégués qui émanaient des conseils de famille. C'était la partie gouvernante de la garde nationale; ils ne faisaient pas de service actif. C'était pour ces membres du conseil de famille un abri contre les exigences du service militaire et pour d'autres, le moyen d'obtenir une influence politique; ils étaient souvent en lutte avec les chefs de la garde nationale, qui s'en plaignaient beaucoup.

Dans mon arrondissement, j'avais une fraction de l'Internationale, très-active; elle avait sa montagne dans les hautours du faubourg du Temple, et c'est de là qu'elle rayonnait dans le reste de l'arrondissement.

Pour arriver à un fait précis, dans les premiers jours de mars, un dimanche, je crois, le 4 ou le 5 mars, j'étais à la mairie assez tard, quand je reçus la visite d'un ancien adjudant-major dont le nom est, je crois, Brotteau; il avait été congédié à cause de l'excentricité de ses opinions, et peut-être par quelque autre motif, du 203ᵉ bataillon, qui était le plus exalté de mon arrondissement, et occupait le boulevard de la Villette, le haut du faubourg du Temple, la rue de la Chopinette. Cet homme vint me trouver, s'annonçant comme délégué du Comité central, qui venait, je crois, de se constituer, dans une réunion au Vaux Hall, rue de la Douane. Il voulut traiter d'égal à égal avec moi, et me demanda, d'une façon impérative, de lui donner une salle de la mairie afin d'y installer le Comité central fédératif.

Je refusai catégoriquement. Je lui demandai quel était ce comité; il me cita des noms inconnus, un nommé Arnold, qui a joué un rôle dans la Commune et qui habitait mon arrondissement.

Ne pouvant pas s'installer chez moi, il se rabattit sur la troisième mairie et il y trouva un gîte pour le Comité. C'est là qu'il fonctionna jusqu'à ce qu'il eût trouvé place à l'Hôtel de Ville. C'est de là qu'il envoyait ses ordres, et je me rappelle que, le 20 ou le 21 mars, une réunion de maires ayant lieu à la troisième mairie, nous fûmes scandalisés d'apprendre qu'une délégation du Comité central tenait séance à côté de nous, avec l'autorisation du maire qui à ce moment même nous présidait.

L'Internationale, existant dans mon arrondissement, a pu fournir quelques hommes, mais cette fraction était plutôt la partie raisonnante, réfléchie; elle était étrangère, par principe, autant que j'ai pu en juger, aux violences qui se sont manifestées dans la Commune, une fois qu'elle a été installée à l'Hôtel de Ville.

Il y avait dans l'Internationale une fraction ancienne qui

avait contribué à la fondation de la société avec l'autorisation ouverte ou tacite du gouvernement impérial; elle était restée économique; elle réglait les rapports des patrons et des ouvriers, exagérant les besoins des ouvriers, tâchant de les élever à la hauteur, sinon à la place des patrons. Cette section de l'Internationale avait, au moment des élections, présenté comme maire un de ses candidats les plus honorables, M. André Murat. La candidature n'avait réuni que trois mille et quelques centaines de voix sur 50,000 électeurs. Il fut nommé adjoint par le concours de ses amis de l'Internationale et de la partie conservatrice de l'arrondissement, qui consentit à donner cette satisfaction au parti avancé, pendant mon administration. Je n'ai eu qu'à me louer de la fermeté et de l'intégrité de M. Murat. J'appuie sur ces mots, parce qu'on pourrait croire que sa qualité d'ouvrier et de membre de l'Internationale le rendait accessible à des influences fâcheuses et impérieuses de la part de ses associés. — Chargé par moi des rapports avec la garde nationale, il se montra d'une fermeté presque héroïque à l'égard de ses anciens camarades venant lui demander l'autorisation nécessaire pour faire des dépenses, ou inutiles ou excessives.

J'ajoute tout de suite, puisque je suis sur son compte, et qu'il est en prison pour avoir été membre de l'Internationale, que dans la lutte qui s'est établie entre les maires et le Comité central, il s'est montré très-énergique, très courageux. Il y a une proclamation signée de lui et de moi dans laquelle il est fait appel à la garde nationale contre le Comité central, à la date du 21 mars.

Dans deux réunions qui eurent lieu du 18 au 23 mars, Murat s'éleva le premier avec une énergie extrême contre l'intrusion de deux ou trois membres du Comité central qui s'étaient substitués aux maires des arrondissements; contre Goupil, qui avait remplacé M. Hérisson; contre, Alix qui avait remplacé M. Carnot. Ces deux messieurs s'étant présentés comme maires furent expulsés à la demande très-énergique de M. André Murat.

Déposition de M. Vautrain.

Dans la nuit du 26 janvier, on annonce la capitulation, et j'entends crier, à la porte de ma mairie, des gardes nationaux qui n'avaient pas été convoqués du tout, et qui parlaient d'enlever la mairie. J'étais seul avec mes adjoints; je demande à ces gardes nationaux qui les avait commandés.

Un chef de bataillon me montre un morceau de papier sur lequel est écrit : « Comité central de la garde nationale. » Je lui dis : « Et vous obéissez à des ordres pareils? Mais oui! monsieur; mon collègue, le second chef de bataillon, a obéi à un pareil ordre! Messieurs, je n'ai qu'un ordre à vous donner, c'est de quitter la mairie; si vous résistez, vous passerez certainement devant un conseil de guerre. » — Dans la nuit même, ce chef de bataillon avait eu l'audace de venir me dire : « Mais il y a des personnes fort inoffensives, des membres du Comité central qui demandent à entrer dans votre mairie. — S'ils entrent, je donne l'ordre de les arrêter. » — Le lendemain arrivaient à ma mairie deux membres de ce Comité central. Je crois qu'ils sont à cette heure fusillés. Ils s'adressent à mon adjoint, M. le docteur Loiseau, et en mon absence causent avec lui : — « Monsieur, nous voudrions nous entendre avec vous. Nous savons que vous êtes républicain et que vous désirez éviter un conflit. Hier nous avions vingt bataillons à nos ordres, et nous pouvions vous expulser de la mairie; nous ne l'avons pas voulu. Eh bien, accordez-nous une salle pour nos délibérations et restons en bon accord. » Mon adjoint, qui soupçonnait que j'étais très peu disposé à une pareille concession, les congédia. Quand j'appris cela, je lui dis: « Vous avez bien fait de refuser, et si j'avais été là, je les aurais mis à la porte. » L'un de ces deux messieurs, qui était secrétaire du Comité central, s'appelait Moreau. Il a été fusillé. C'était le nœud de la conspiration qui commençait dans mon arrondissement : le Comité central se formait. Ce

Comité central a usé de son influence pour faire prendre les canons et les faire conduire à la place Royale. C'est M. Moreau qui les a fait prendre.

Messieurs, je tiens à dire toute ma pensée. Quand on a rendu Paris, nous avons eu un général commandant en chef qui ressemblait, selon moi, beaucoup à un caissier qui, déménageant sa maison, oublierait d'emporter l'argent qui se trouve dans sa caisse : on n'a pas songé aux canons. De ce moment date la désorganisation de l'armée de l'ordre. Le 18 mars, elle a été due au mécontentement habilement exploité des gardes nationaux, et au non usage de leur bonne volonté, pour ceux qui en avaient, et tous ne ressemblaient pas à ceux de Belleville. On prend les canons; les canons sont à la merci de la population. On n'a pas songé à les garder; on s'en empare, et c'est un M. Boudin, chef de bataillon, qui avait avec lui ce M. Moreau, secrétaire du Comité central, qui est entraîné, sottement plutôt que méchamment, à prendre les canons, pour les sauver des mains des Prussiens. On les amène place Royale. Ils y restent, messieurs, assez longtemps. Puis il se forme un comité central, qui se développe de plus en plus, qui a des réunions. En voici un exemple; c'est une convocation adressée à un chef de bataillon: « Citoyen commandant, vous êtes prié d'assister aujourd'hui, 27 février 1871, à deux heures précises à la mairie du IIIe arrondissement, salle du Comité central, pour prendre part au conseil de guerre tenu par la garde nationale. » Cette convocation était adressée au chef de bataillon du 212e, et comme le chef de ce bataillon n'était pas présent à Paris, c'était l'adjudant-major qui l'avait reçue et qui me l'avait communiquée. Sans cela je ne l'aurais pas connue.

Je vais aussitôt trouver M. Jules Favre, puis M. le ministre de l'intérieur et je dis à ces messieurs : « Vous ne pouvez pas tolérer des choses pareilles. Si vous tolérez qu'il y ait dans les mairies des conseils de guerre, nous sommes perdus. » Ils me répondirent : « Nous savons cela; nous avons des hommes égarés, mais ce n'est pas si grave que vous vous le persuadez. »

J'insiste, j'y retourne ; on me répond toujours : « Ce n'est pas si grave que vous vous le persuadez ; les rapports de police nous donnent des informations positives. »

Pendant ce temps, le Comité central se développe toujours. Voici une pièce, datée du 2 mars, qui m'a été communiquée par le capitaine adjudant major et dont j'ai pris copie: « Urgence. 170. Le commandant Hubert, commandant le 95ᵉ bataillon, est invité à se rendre au bastion 4 pour prêter main-forte aux trois compagnies du 208ᵉ envoyées à cette place, ainsi qu'une compagnie du 235ᵉ *pour éviter tout conflit, et pour s'emparer des pièces et munitions.*

Le délégué de la commission : V. FRONTIER.

(Cachet du Comité central.)

Ainsi c'est le Comité central qui donne des ordres à un chef de bataillon.

Le délégué de la commission était Frontier. Pour le Comité central, le cachet noir portait ces mots: « Comité central de la garde nationale. République française. Liberté, égalité, fraternité. »

J'allai trouver M. Jules Favre. J'espérais trouver M. Thiers, et je regrette beaucoup qu'il ait été si longtemps retenu à Bordeaux, car assurément, si j'avais rencontré M. Thiers, et s'il avait connu l'état exact des faits, avec l'autorité qui s'attachait à son caractère de chef du pouvoir exécutif, je suis convaincu qu'un parti décisif eût été arrêté en conseil, et que le Comité central eût été dissous. Je communiquai à M. Jules Favre cette pièce en lui disant: « Si on n'arrête point le Comité central, nous sommes perdus. » Je dis la même chose à M. Picard et au préfet de police.

Le 5 ou le 7 mars, une réunion eut lieu chez M. Picard, ministre de l'intérieur. Les maires y étaient convoqués pour s'entretenir de la situation générale, pour y délibérer sur la question des loyers, sur celle des échéances qui préoccupait

19.

beaucoup la population parisienne, et cela donnait des renforts aux mauvaises gens. Enfin la discussion arrive sur les canons. Nous étions allés, M. Arnaud, de l'Ariége, et moi, visiter, quelques jours avant, les canons à Montmartre, et nous avions trouvé, l'un et l'autre, que c'était très-menaçant. M. Picard engagea les maires à user de leur influence auprès des gardes nationaux qui étaient préposés à la garde de ces canons : « Tâchez de leur démontrer, leur dit il, l'inutilité de cette garde et la nécessité de restituer les canons à l'artillerie. »

Cette opinion était généralement admise. Seul, à la fin de la séance, je me levai pour dire à M. Picard : « Sommes nous ici dans une réunion d'enfants ou dans une réunion d'hommes ? Nous avons en face de nous le danger le plus épouvantable qu'on puisse imaginer; l'artillerie est aux mains de fous furieux, et le Comité central se développe toujours. Nous n'avons qu'une chose à faire : prendre les canons et arrêter le Comité central. Quant à moi, je me charge du quatrième arrondissement. »

Je fus pris pour un insensé, messieurs. Mes collègues se levèrent et me demandèrent si je voulais la guerre civile. Je voulais une action immédiate pour éviter des malheurs plus grands; à ce moment là, je voulais la dissolution et l'action. J'ai pu constater, d'après les documents qui sont à ma mairie, que le Comité central n'a été formé définitivement dans mon arrondissement que le 15 mars. La séance dont je parle est du 5 mars. Je voulais arrêter notamment M. Moreau, qui a été fusillé depuis, et plusieurs autres membres du Comité central, enfin enlever les chefs et n'avoir plus à lutter contre les gens honnêtes qui seraient conduits par des coquins ou des fous.

Messieurs, je ne fais pas un reproche au ministre de l'intérieur de n'avoir point agi, notez-le bien : je ne juge pas. Il n'avait pas, sans doute, les forces nécessaires. Mais voilà ce que j'ai demandé; je suis le seul qui, dans cette séance, ait indiqué si vivement le danger, car j'ai l'habitude de dire tout ce que je pense.

Arrive le 16 mars, jour où on doit reprendre les canons. Voyons comment on s'y prend...

Vous savez que la première séance chez le ministre de l'intérieur est du 5 ; je renouvelai ma déclaration à la séance du 13. J'avais été prévenu par un officier d'état-major, qui se trouvait depuis deux jours dans ma mairie, qu'on voulait reprendre les canons. Voulez vous savoir comment cela s'est passé? Je vais vous lire le rapport qui m'a été fait. Je n'avais qu'un mot à dire ; je n'avais qu'à lever la main pour que ceux qui gardaient les canons les rendissent à la troupe. Car c'étaient mes administrés, mes amis, c'était M. Fauvel, mon ami, qui à ce moment-là gardait les canons. Eh bien, voici comment les choses se passent ; c'est un rapport de M. Lesault, capitaine. « Le 15 mars, je me rendis à mon poste, place des Vosges. Vers 4 heures du soir, je reçus la visite de deux envoyés de l'état major, qui me demandèrent quelles seraient mes instructions si l'état major voulait reprendre les canons dans la soirée. J'ai répondu que je ne ferais aucune résistance, qu'au contraire j'aiderais dans la mesure du possible. Ces messieurs me quittèrent en me promettant un ordre écrit pour 7 heures du soir. Malheureusement cela n'a pas réussi par suite de l'indiscrétion d'un garde de ma compagnie en faction, et devant lequel les envoyés de l'état-major s'étaient entretenus de cette affaire avant de m'avoir vu. Cet homme en rentrant au poste, raconta tout ce qu'il avait entendu. Le Comité central prévenu envoya ses bataillons sur les lieux. »

Ainsi on veut reprendre les canons et on en parle devant des personnes dont on ne connaît pas les opinions, et aussitôt ces personnes vont à Belleville prévenir le Comité central ; et quand on se présente à huit heures du soir pour prendre les canons, on trouve devant soi trois bataillons envoyés de Belleville par le Comité central. On a écrit que c'était les maires de Paris qui avaient désorganisé la résistance. Voilà la vérité vraie. La désorganisation existait bien avant le 25 mars.

Déposition de M. Montaigu, chef d'état major de la garde nationale.

Il s'est produit sous notre commandement le premier acte de tentative de fédération. Je reçus un jour de M. le général Caillé, commandant le deuxième secteur de Belleville, Ménilmontant, Charonne, une communication de laquelle il résultait qu'un certain nombre d'officiers, parmi lesquels le chef du 145e bataillon, du IIIe arrondissement, avaient imprimé et publié un appel à la garde nationale pour constituer une fédération.

Quand je reçus ce document, j'allai trouver le général Clément Thomas; c'était le 9 février; je lui dis : « Mon Dieu, nous ne savons pas si nous avons la force; voilà une Assemblée dont nous ne connaissons pas la composition, il n'y a plus de gouvernement, il n'y a plus rien, peut-être que nous sommes le gouvernement du moment, et que nous avons plus de force que nous ne le supposons. Dans tous les cas, comme il n'en coûte rien d'essayer, nous allons faire un essai. » Nous avions pour la garde nationale un casier par bataillon et nous avions l'historique de chaque officier de cette garde, historique qui n'avait rien de commun avec celui que nous aurions pu puiser à la préfecture de police; nous savions par ces historiques, sauf les peccadilles, ce qu'avaient fait les hommes portant une épaulette dans la garde nationale. Quand je vis ce document imprimé dont je vous ai parlé, je recourus de suite à mes casiers; excepté un employé de l'Assistance publique, je constatai sans étonnement que tous les signataires étaient des fruits secs de l'armée, dont le plus élevé en grade était un ancien sergent, et le plus bas en grade était un soldat qui avait servi quatorze ans sans galons; cela ne m'étonne pas, parce que j'ai constaté pendant le siége que la portion qui a le plus nui dans la garde nationale à la défense et à l'ordre était en général composée de fruits secs de l'armée; c'était un élément déplorable.

Quand j'eus constaté ce qu'étaient les signataires de cette pièce, je fis un ordre du jour dans lequel, pour bien éclairer la garde nationale sur la gravité de ces faits, et sur le crédit qu'elle pouvait accorder à ceux qui s'en faisaient les promoteurs, je mis à côté des grades de ces messieurs la position sociale qu'ils avaient, et par des considérants que je ne me rappelle pas, je déclarai tous ces officiers cassés de leur grade et incapables de servir désormais dans la garde nationale, même à titre de simples gardes.

Je portai ce projet au général Trochu, qui avait assez de confiance en nous pour signer ce que nous lui présentions ; il signa ; je mis ce rapport à l'ordre du jour des 260 bataillons et il passa comme une lettre à la poste ; ces messieurs acceptèrent parfaitement cette situation.

Cela se passait les 9, 10, 11, 12 février, comme le constate le livre d'ordre de la garde nationale.

Je suis donc fondé à croire que la garde nationale aurait pu être maintenue, sans cette faute de l'émigration qui en a fait disparaître les bons éléments.

Déposition de M. Baudouin de Mortemart.

M. BAUDOUIN DE MORTEMART. — Le Comité central de la garde nationale a fait plusieurs essais avant d'arriver à son organisation. Dès le 4 septembre, ou du moins dès les premiers jours de septembre, il a essayé de se former. La garde nationale de Paris comportait dans son sein, au milieu des compagnies, des membres des conseils de famille. Ces membres, qui autrefois avaient été créés pour gérer les caisses de secours formées par les compagnies, ont été le point de départ des essais du Comité central. Les hommes qui avaient intérêt à créer un mouvement pour entraîner la garde nationale ont cherché à attirer à eux les membres de ces conseils de famille. Je me suis aperçu de cette tendance; on a d'abord amené les conseils de famille à se réunir entre eux, à se faire représenter par des délégués dans un grand conseil, enfin on a cherché à créer, à côté des chefs régulièrement élus, un pouvoir nouveau.

J'avais avec moi, parmi les capitaines faisant partie de l'état-major de la garde nationale, M. Lacaille, juge d'instruction au tribunal de Paris. Je priai M. Lacaille de vouloir bien étudier cette question et de m'en faire un rapport.

M. Lacaille prit tous les renseignements possibles; il se procura les instructions que commençaient à publier les délégués de la garde nationale. Il a fait un rapport très long, très-circonstancié ; je l'ai remis à un chef d'état-major. Ce dernier a compris la gravité d'un tel fait; il comprit que l'autorité du chef de la garde nationale serait annulée par ce conseil secret, et il entra dans la voie que je suivais; il proposa la suppression des conseils de famille.

On alla chez le général Trochu, et là on discuta; je demandais la suppression totale de la délégation ; le gouvernement fut saisi de la question; d'après les bruits qu'on a fait courir, M. Jules Favre n'aurait pas été d'avis de supprimer complétement les conseils de famille; on s'entendit pour défendre la formation des comités des délégués établis dans les compagnies et bataillons, et ne conserver que des conseils de famille modifiés ; ce fut l'objet d'un décret du 10 décembre 1870...

Ce décret n'a point servi. Pendant quelque temps, les comités de délégués établis dans les compagnies et les bataillons ont disparu, ou du moins ils sont restés tranquilles; mais petit à petit ils se sont reformés, ils ont repris leur influence; et le Comité central de la garde nationale s'est reconstitué, tant à l'aide de ces délégués qu'à l'aide de nouveaux membres qui sont venus se mêler aux anciens; nous n'avons pas bien su dans ce moment ce qui se faisait. Leur organisation était secrète; c'était celle que nous avions voulu détruire; seulement elle avait changé de nom.

Les gardes nationaux nommaient un délégué par compagnie; les délégués de compagnie réunis entre eux nommaient un délégué par bataillon; ces délégués de bataillons nommaient un certain nombre d'entre eux pour former le comité central, qui exerçait dans la garde nationale un commandement à côté du commandement supérieur.

UN MEMBRE. Il y avait vingt délégués, un par arrondissement?

M. BAUDOUIN DE MORTEMART. — Ils étaient plus de vingt. Nous n'avons pas été bien au courant de ce qui se faisait chez eux; sans quoi nous aurions tâché de l'empêcher.

Une fois reconstitués, leurs prétentions n'ont fait que croître. Tantôt c'était M. Duval, on ne savait pas exactement leurs noms, tantôt c'était M. Henry que l'on nous signalait comme dangereux et influent. Tous les jours, au rapport du général d'Aurelle de Paladines, je soumettais les noms des hommes qu'il serait bon de faire arrêter. Le général d'Aurelle a donné au préfet de police vingt-huit de ces noms; c'est moi qui les transmettais au colonel Durieu, chargé de diriger le service des conseils de guerre et qui faisait les ordres d'arrestation; mais les ordres n'étaient pas exécutés. Voyant qu'on ne pouvait obtenir une action énergique de la préfecture de police, il fallut nous résigner.

UN MEMBRE. — Les mêmes faits avaient ils lieu avant la capitulation?

M. BAUDOUIN DE MORTEMART. Non; seulement après la capitulation. Nous avons toujours pu combattre l'influence de ces comités jusqu'au moment de la capitulation; pendant le siége, l'esprit de la garde nationale a toujours été bon; on était soutenu par un sentiment de patriotisme et par le désir d'éviter toutes divisions dans Paris; nous ne saurions d'ailleurs trop louer l'esprit de la majorité des bataillons jusqu'à l'armistice; après l'armistice, ils ont été désorganisés, nous n'avions plus rien.

UN MEMBRE. Ils n'avaient pas de délégués centralisant le pouvoir avant la capitulation?

M. BAUDOUIN DE MORTEMART. — Quelques bataillons pouvaient bien s'être ainsi constitués avant l'armistice. Ils avaient pour chefs Flourens et autres, qui certainement leur donnaient des instructions en dehors de nous; mais jusqu'au moment de l'armistice ils ne se sont pas mis en hostilité ouverte et déclarée avec l'autorité légale. C'est au moment de la capitulation que nos bataillons de marche ont commencé à se plaindre du rôle de gardiens de la paix que nous leur imposions; ils n'avaient plus comme compensation le service aux tranchées ou aux avant-postes, et ce service, la police de la la ville, qui seul leur restait, apportait avec lui le sentiment toujours pénible d'une fonction policière; de là les défaillances et les départs ou démissions des chefs.

M. LE PRÉSIDENT. — Vous nous expliquez comment une organisation, qui se faisait dans l'ombre et qui était en apparence inoffensive au début, s'est développée peu à peu, s'est complétée, et a bientôt embrassé tout Paris. Elle s'est enhardie en se développant.

Le Comité se composait, nous a-t-on dit, de quarante membres et siégeait tous les jours; ses chefs principaux, vous en avez nommé deux, étaient Duval, Henry, auquel on peut ajouter Varlin, Pindy; mais on nous a affirmé que les membres de ce comité étaient, la plupart, des gens complètement inconnus. — Des commissaires de police entendus nous ont dit que la plupart des noms des membres de ces comités étaient pour eux des noms nouveaux.

M. BAUDOUIN DE MORTEMART. Ils étaient complétement inconnus.

Cela date du 1er au 2 mars; un rapport qui m'a été fait par un officier d'état-major me donna la liste complète du Comité central provisoire...

M. LE PRÉSIDENT. Quelle était la composition du Comité central?

M. BAUDOUIN DE MORTEMART. Voici la liste des membres de ce Comité, transmise par ordre du général en chef à M. le préfet de police, avec des ordres d'arrestation, le 11 mars 1871.

Paris, 11 mars 1871.

COMITÉ CENTRAL PROVISOIRE
DE LA FÉDÉRATION DE LA GARDE NATIONALE.

Prudhomme, 30, rue des Halles. *Alavoine*, 15, rue Pavée. *Froutier*, 18, rue de la Grande Chaumière. *G. Arnold*, 25, boulevard Magenta. — *Chauvière*, 5, impasse de l'Enfant-Jésus (XVe arrondissement). *Castioni*, 196, rue des Fourneaux. — *Renau*, 72, rue des Fourneaux. *Vebert*, 30, rue de Lévis (XVIIIe arrondissement). — *Bouit*, 50, rue Vélin, passage Dubois (XXe arrondissement). *Jules Bergeret*, 11, rue de la Grande-Chaumière. *Viard*, 5, rue des Vertus (IIIe arrondissement). — *Fleury*, 6, rue Lesage (XXe arrondissement). *Maljournal*, 5, impasse Célestin (XXe arrondissement). *Henri Fontaine*, 25, faubourg Saint-Denis. *Boursier*, 56, rue du Temple. *Varlin*, 27, rue Lacroix (XVIIIe arrondissement). *Jacques Durand*, 507, rue Saint-Denis. — *Gartaud*, 10, rue Tiblette (XXe arrondissement). — *Dutil*, 12, rue des Panoyaux. *Matte*, 19, rue Robinet (XXe arrondissement). *Matin*, 64, rue Fontaine au-Roi. *Lagarde*, 11, rue Péquet. — *Courty*, 169, rue du Temple. — *Lavalette*, 6, rue Lesage (XXe arrondissement). *Pindy*, rue du Faubourg-du-Temple, 17 (ou à la Corderie). — *Henri Verlet*, 18, rue de Savoie. *Lacord*, 54, rue de Buci. *Astyn*, 35, rue Rébeval (XIXe arrondissement). — *Chouteau*, 8, rue Guénégaud.

Par ordre du général d'Aurelle de Paladines, j'ai donné, le 11 mars, cette liste au préfet de police, afin qu'on pût arrêter tous ces gens là. Voyant qu'on n'arrêtait personne, nous avons essayé à l'aide d'un bataillon, de faire ces arrestations nous mêmes : nous n'avons pas réussi. Nous en avons pris quelques-uns, Henry et Duval, entre autres, je crois, mais nous avons été obligés de les relâcher, parce que tout le quartier réclamait leur mise en liberté; nous n'étions pas les plus forts, nous ne pouvions pas les garder sans une collision imminente.

M. LE PRÉSIDENT. —Qu'avez-vous à nous dire, maintenant, sur les canons?

M. BAUDOUIN DE MORTEMART.—Nous avons voulu, au moment de l'armistice, sauver tous les canons de nouveau modèle. Ils avaient été faits avec l'argent de tout le monde, et la garde nationale avait fourni une partie de la souscription.

M. LE PRÉSIDENT. Dans quelles proportions la garde nationale avait-elle souscrit?

M. BAUDOUIN DE MORTEMART. — Je ne puis vous le dire; seulement, on avait fait des souscriptions de tous les côtés, dans tous les arrondissements, et l'argent a été recueilli un peu partout. La plupart des bataillons de la garde nationale avaient fait inscrire leurs chiffres sur leurs pièces de canon. Lorsque les Prussiens sont entrés dans les forts, il s'est agi de sauvegarder, autant que possible, le matériel nouveau. Nous avons donc rendu à la garde nationale cette artillerie. L'état-major de la garde nationale a fait établir sur la place Wagram un parc. C'était un lieu assez éloigné de l'endroit par où les Prussiens pouvaient venir; l'artillerie n'était pas à leur portée, et ils ne pouvaient pas la prendre. Pour éviter des difficultés, comme pour s'affranchir de réclamations qu'on pouvait faire au sujet de ces pièces, l'état-major de la garde nationale avait envoyé deux officiers, MM. Pinard et Jesson, prendre possession du parc. Il avait donné l'ordre de faire inscrire, sur les pièces qui ne portaient pas de chiffres, les numéros de chaque bataillon de la garde nationale : ce qui n'indiquait pas du tout que ces pièces de canon, qu'elle a, plus tard, tournées malheureusement contre nous, fussent la propriété de la garde nationale.

Il a été abandonné, au 6ᵉ secteur, un certain nombre de pièces anciennes qui servaient à la défense ; ces pièces n'avaient pas une grande valeur, et on n'avait pas pu les enlever parce qu'on manquait d'attelages à ce moment-là.

Je dois rendre justice, en cette circonstance, au 72ᵉ et au

32ᵉ bataillon de la garde nationale, au 72ᵉ surtout, qui s'est toujours bien conduit. Ce 72ᵉ et ce 32ᵉ bataillon ont pris ces pièces pour les sauvegarder et les ont amenées, en dehors du territoire occupé par les Prussiens, dans le parc Monceaux. Je dois également dire, que, quelques jours après, le colonel La vigne est allé chercher ces pièces et a aidé à les faire rentrer, avec le 6ᵉ bataillon que j'avais fait demander à cet effet. Mais tous les autres bataillons, qui étaient envoyés par le Comité central républicain, et par tous les autres comités et sous comités, tous les autres bataillons, dis je, sont venus les uns après les autres, au parc Wagram, pour prendre les pièces qui avaient été mises de côté et qui ne couraient aucun risque; petit à petit tout a été emmené.

Précédemment, nous avions laissé ces pièces à la garde des artilleurs de la garde nationale ; les artilleurs les ont gardées autant qu'ils ont pu. Ils nous ont demandé du renfort : nous leur avons envoyé ce que nous avions sous la main. Mais, en présence de la quantité prodigieuse de gardes nationaux qui venaient réclamer ces pièces, les artilleurs se virent entourés, cernés ; les grilles du parc furent enlevées, et ils durent rendre les pièces les unes après les autres. Toutefois, nous devons rendre justice aux artilleurs de la garde nationale; tous les simples gardes, comme les officiers et sous officiers, se sont très bien conduits ; ils n'ont rendu les pièces que forcés et contraints.

Quand les premiers bataillons eurent pris un certain nombre de pièces, les autres sont arrivés successivement, et peu à peu toutes les pièces ont disparu.

M. LE PRÉSIDENT. — Et ces pièces prises place Wagram ont été transportées... ?

M. BAUDOUIN DE MORTEMART. — Un peu partout: à Belleville, sur la place des Vosges, à Montmartre.

M. LE PRÉSIDENT. — Vous connaissez les tentatives qu'on a faites pour reprendre ces pièces. Avez-vous quelque chose de particulier à nous dire sur les négociations qui ont précédé l'attaque du 18 mars?

M. Baudouin de Mortemart. Nous avons engagé des négociations autant que nous avons pu.

Le général d'Aurelle lui même, dont vous connaissez le caractère, aurait voulu reprendre ces canons par la force, et vous savez qu'il a une énergie peu commune; il aurait voulu les reprendre par tous les moyens possibles; mais, voyant que les ordres qu'il avait donnés aux premiers bataillons n'avaient pas réussi, il dut abandonner la pensée de reprendre ces canons par la force.

C'est alors que le général Vinoy ordonna, une première fois, de reprendre les pièces de Montmartre. Ce jour-là, je reçus l'ordre du général d'Aurelle de me rendre, dès le matin, pour assister à la reprise des canons de Montmartre. Je suis monté à cheval; j'accompagnais des officiers d'artillerie; nous avons laissé monter les attelages jusqu'à l'entrée des boulevards extérieurs, de manière à ne pas les faire prendre, et nous sommes allés auprès du maire, M. Clémenceau. Bien qu'il eût promis au général d'Aurelle de livrer les pièces, il nous dit qu'il n'avait pas eu le temps de préparer l'esprit de la population, de la multitude, mais il répondait que dans quelques jours nous pourrions recommencer cette expédition et enlever les canons.

M. le président. Était-il de bonne foi?

M. Baudouin de Mortemart. Je le pense; quoi qu'il en soit, je crois qu'il était bien embarrassé.

Plusieurs jours après, les officiers de la garde nationale dont les bataillons étaient braves et loyaux promirent de nous rendre ces canons. Il fut convenu avec le général d'Aurelle que nous en référerions au général Vinoy, ce qui eut lieu. Il fut décidé que l'on enverrait des attelages, un escadron ou deux de gendarmerie, et des gardes de Paris pour prêter main forte. Il fut convenu que nous ferions rendre à la garde nationale le terrain sans nous expliquer sur les canons.

En effet, on est arrivé à la place des Vosges; on s'est rendu sur le terrain, on a pris possession de ce terrain; mais malheureusement les attelages se trouvèrent en retard, les gardes de Paris s'étaient trompés de route, et quand on a été pour prendre les canons avec des attelages incomplets, les gardes nationaux du quartier ont fait sonner la générale et battre le rappel ; ils ont fait les cent coups pour empêcher cet enlèvement ; toute la population s'en est mêlée ; nous avons été littéralement entourés, enveloppés et empêchés dans l'exécution des ordres qui nous avaient été donnés.

Déposition de M. Héligon.

Les événements du 18 mars sont la suite du siége. Les esprits se trouvaient malades par suite des souffrances. On avait mal vécu, beaucoup bu. Une tentative eut lieu le 22 janvier ; c'est alors que s'est constitué le Comité central de la garde nationale.

A la suite du 31 octobre, il y avait beaucoup d'officiers qui avaient été révoqués ; ils étaient rentrés dans le rang ; on n'avait pas sévi contre eux ; presque tous se promenaient avec leurs galons, et, se ralliant aux mécontents des bataillons, ils avaient une certaine influence.

Ces officiers révoqués se sont alliés avec tous les orateurs des clubs et du comité républicain qui siégeait à la place de la Corderie, et là, ils ont eu l'idée de faire nommer des délégués. Les compagnies nommèrent un délégué : elles ne savaient pas pourquoi ; elles croyaient nommer un membre du conseil de famille. Quelques bataillons, les cinquante-deux premiers, se disaient : « Pourquoi nommer des délégués ? » Tous les autres en nommèrent. Ces délégués ont nommé des délégués de bataillons, qui ont nommé des délégués d'arrondissement, et le Comité central s'est trouvé constitué. C'est donc le résultat d'une élection à quatre degrés.

Le Comité central, une fois constitué, a délégué des chefs de légion qui ont fonctionné longtemps d'une manière occulte et qui envoyaient des ordres anonymes. On adressait d'abord aux chefs de bataillons un mot : « Le citoyen un tel, comman dant de tel bataillon, est il disposé à obéir aveuglément aux ordres du Comité central? » Quelques-uns ont répondu : « Oui. » On disait : « Nous voulons établir la république et fonder la fédération de la garde nationale. On veut nous donner un général qui nous déplaît ; nous voulons un comité pour commander la garde nationale. » Certains chefs de bataillon ont adhéré.

Le Comité a délégué des chefs de légion. Dans certains quartiers, on n'a pas voulu les recevoir. On a fait des simulacres d'élections dans les réunions où les femmes allaient ainsi que les enfants : on y faisait nommer le commandant de la légion. C'est ainsi que, le 11 mars, j'ai eu un commandant nommé par le club de la rue Maison-Dieu ; il a pris le titre de général et s'est installé dans une boutique qu'il a réquisitionnée ; il a planté là son pavillon et on a dit : « Nous avons un général dans notre arrondissement. »

J'en fus prévenu ; nous nous sommes transportés avec le commissaire pour voir ce qu'il voulait. Le général voulut être insolent, je lui imposai silence et je dis aux gardes nationaux : « Que voulez-vous faire? Vous vous faites commander, par qui? vous ne vous souvenez donc pas des élections ? » Il y avait là C...; il n'avait pas voulu travailler, sous prétexte qu'il avait une révolution à faire. J'ai réussi à en faire partir quelques-uns.

Je suis revenu avec le chef de bataillon. Avant d'employer la force, je voulais employer tous les moyens possibles pour les faire partir; on ne voulait pas m'entendre. Je parlai au nom de la loi. On me disait : « Je suis le peuple, » je répondais : « Le peuple du XIVe arrondissement, c'est moi. » Alors on me dit : « Si vous êtes la loi, nous sommes la force, » et on avait raison, on était la force. A ce moment, nous n'avons pas osé les attaquer. C'étaient des gens que je n'avais jamais vus pendant le siége. J'ai demandé vingt hommes par bataillon pour les chasser, mais les chefs de bataillon m'ont dit : « Nous ne répondons pas de nos hommes. »

Les bourgeois étaient mécontents de ce qu'on avait rendu

Paris sans se battre. Ils s'étaient aperçus que l'affaire de Buzenval était une comédie ; que le dernier caporal n'aurait pas agi ainsi, et chacun se disait : « Que le gouvernement se tire d'affaire comme il voudra ; je mets mon fusil dans un coin et je vais à la campagne. » Je n'ai pu trouver personne pour mettre les intrus à la raison.

Le soir, j'ai été à la préfecture de police ; j'ai trouvé M. Boiville, employé à la sûreté générale ; j'ai vu le préfet, je lui dis : « Telle chose se passe, tels hommes se sont installés dans une maison de la Chaussée du Maine, n° 94 ; ils ont des barils de poudre ; je n'ai personne pour me débarrasser d'eux ; je viens vous demander une force quelconque pour nous en débarrasser. Si vous laissez cela huit jours dans mon arrondissement, je ne réponds de rien. »

Ce monsieur me dit qu'on comptait sur mon énergie. « Oui, mais il me faudrait une compagnie de gendarmes. — Mais on assomme nos agents ; il faut attendre. » J'ai attendu huit jours. Le samedi, on battait la générale dans mon quartier.

CHAPITRE VIII

LA JOURNÉE DU 18 MARS

Déposition du général Le Flô.

M. le général Le Flô, qui était à Bordeaux depuis six semaines, arriva à Paris le 17 mars dans la journée et trouva au ministère de la guerre l'invitation de se rendre au conseil des ministres, réuni depuis le matin. On y combinait le plan d'attaque projetée pour la matinée du 18.

Le général Vinoy avait été appelé dans ce conseil.

L'armée se composait environ de 40,000 hommes. Le général avait déjà soumis au conseil ses dispositions, qui avaient été généralement trouvées bonnes. C'était donc une affaire à peu près décidée.

Je demandai cependant, comme ministre de la guerre, à être mis au courant. Le général Vinoy eut la bonté de développer son plan devant moi. Je dois dire que je trouvai les dispositions un peu légèrement prises et que j'eus quelques critiques à faire, notamment celle ci :

Il avait imaginé, ne voyant dans cette opération qui me paraissait plus grave que ne le pensait le conseil, qu'un coup de main à accomplir, de faire sortir les troupes sans sacs, c'est-à-dire sans leurs bagages, ce qui les mettait dans l'obligation de revenir le lendemain. Or, si l'opération ne réussissait pas, les troupes étaient obligées de bivouaquer loin de leurs sacs, de leurs approvisionnements et de tout ce qui assure leur situation. Je déclarai que cette façon d'engager les soldats sans leurs bagages était une faute considérable.

J'insistai beaucoup. Mon opinion ne fut point partagée par le conseil. On me dit que cela contrarierait le général Vinoy. Cependant, vers neuf heures du soir, je fis appeler le général Vinoy, et je lui fis de nouvelles représentations sur la résolution qu'il avait prise de laisser les bagages dans les casernes. Il persista dans son opinion. J'eus la faiblesse de céder. Je lui dis : « Je cède, mais j'ai la conviction qu'il résultera de cette mesure de très-graves inconvénients : je cède parce que l'opinion du conseil m'est défavorable, mais je déclare que, si pareille situation se reproduisait, je donnerais ma démission plutôt que de l'accepter. »

Le combat s'engagea le lendemain ; les ordres n'avaient pas été parfaitement donnés, j'en avais fait l'observation. Les troupes devaient partir à trois heures du matin, et être en face des pièces d'artillerie à cinq heures au plus tard. Les choses se passèrent en effet à peu près ainsi. Les troupes étaient sur les buttes Montmartre à peu près à six heures, et il n'y avait plus qu'à enlever les pièces. Malheureusement les équipages n'étaient pas là, et il fallait une heure et demie pour qu'ils vinssent de l'École militaire.

Ils n'arrivèrent qu'à huit heures, quand la population avait eu le temps de s'éveiller et l'agitation de se produire dans tous les quartiers.

Autre inconvénient ; les troupes étaient un peu dispersées. — Il y en avait place de l'Hôtel de Ville, place de la Bastille, sur le boulevard, sur le canal Saint-Martin et encore plus loin. Mais enfin le grand malheur résultait de ce que les attelages n'étaient pas là; s'ils étaient arrivés à six heures du matin, il n'y a pas de doute que les troupes n'eussent opéré leur retraite sans être inquiétées d'une manière sérieuse.

Voilà donc une des causes principales, à mon avis, de l'insuccès de cette journée. Je me rendis à neuf heures du matin à l'Hôtel de Ville. Il y avait là une brigade commandée par le général Deroja, un fort bon officier, et qui avait pris les meilleures dispositions. Je me rendis de là à la place de la Bastille ; elle était à peu près évacuée. Il y avait là une brigade dont la physionomie n'était pas excellente ; les soldats se promenaient leurs armes en bandoulière. Je fis quelques observations. Le général donna un peu plus de cohésion à ses troupes. Pendant que j'étais là, je fus prévenu que des barricades se construisaient à la Villette, à Belleville et même à l'angle du boulevard Richard Lenoir. Je traversai tout le boulevard. J'y trouvai bien de l'agitation ; on y faisait quelques ébauches de barricades, mais je ne fus insulté d'aucune façon. Cependant un moment sur la place de la Bastille, j'approchai d'un groupe qui paraissait fort animé. J'entrai en conversation avec les gens qui le composaient, et je leur dis ce qu'on peut dire en pareille circonstance, — que le gouvernement avait bien fait d'enlever ces canons qui étaient une cause de perturbation perpétuelle, que c'était à eux un tort très grave d'avoir arboré un drapeau rouge, alors que le drapeau de la France était le drapeau tricolore, et qu'ils avaient encore plus grand tort en se mettant à l'état d'insurrection. Ils me répondirent d'abord avec une sorte de politesse, mais ils finirent par devenir brutaux, et je fus entouré. J'étais seul avec mon aide de camp. Un insurgé s'approcha et me dit : « Qui êtes-vous ? » Je lui dis qu'il n'avait aucun droit de m'interroger. Il me répondit : « C'est vrai. J'ai tort. » Avant de m'avancer dans le groupe, j'avais donné ordre à un officier qui commandait un escadron de la garde républicaine de venir à moi s'il me voyait lever ma casquette. Je fis le signal convenu. La troupe s'avança et je fus dégagé sans lutte.

Je reviens sur ce que j'ai dit : les principales causes de l'insuccès de cette journée furent dans le retard de l'arrivée des attelages, le défaut de précision dans les ordres, et la faute très grave qui fut commise de laisser les sacs dans les casernes.

Le soir, je rendis ccompte au onseil de ce que j'avais vu. Or voici ce qui était arrivé.

Les soldats s'étant emparés des buttes Montmartre, attendaient les attelages. Mais, pendant ce temps là, la population sortait des maisons, se répandait dans les rues. Les femmes, les enfants, les vieillards se mêlaient aux hommes armés, mais ne faisaient pas de manifestations très hostiles, et tous ces gens criaient ensemble : « Vive la ligne ! nous ne voulons pas nous battre, nous sommes des frères. » Toujours la même manœuvre à laquelle, malheureusement, nos soldats se laissent trop souvent prendre.

Puis successivement, insensiblement, cette foule se resserra ; il arriva qu'au bout de trois quarts d'heure ou d'une heure nos bataillons se trouvèrent enfermés dans des cercles presque infranchissables. On fit boire beaucoup les soldats, et peu à peu on arriva à leur enlever leurs armes ; ils n'opposèrent pas grande résistance. Le tour, comme l'a dit Ledru-Rollin autrefois, avait été exécuté très rapidement.

Je me rendis au conseil, et j'y exposai la situation, qui était extrêmement grave. J'allai trouver M. Thiers il était midi ou une heure. Il m'offrit de l'accompagner au quartier général du général Vinoy, au Louvre. Mais dans l'espace d'une heure à une heure et demie la situation avait pris un caractère de gravité plus considérable. Plusieurs bataillons avaient été désarmés. Les corps des troupes étaient éparpillés et coupés les uns des autres. M. Thiers pensa que, dans le cas où le succès ne répondrait pas aux espérances qu'on avait conçues, il faudrait se résoudre à abandonner Paris.

Un membre. — A quelle heure?

M. le général Le Flô. — Il était une heure de l'après midi à peu près. L'ordre n'en fut pas donné d'une manière absolue. C'était plutôt une prévision. Les circonstances devaient décider de son exécution, et, je le répète, elles s'aggravaient de plus en plus. Je me rendis donc au quartier du général Vinoy avec M. Thiers, nous y passâmes trois quarts d'heure ; nous fîmes une nouvelle tournée à travers les rues, puis nous rentrâmes au gouvernement, il était trois heures.

Pendant que nous étions là, le gouvernement commença à s'inquiéter de la physionomie que les choses prenaient, et on agita la question de savoir si on ne devait pas se retirer à Versailles. Un certain nombre de membres du gouvernement s'y opposèrent absolument. Cependant il fut décidé que M. Thiers y retournerait ; il semblait indispensable que le chef du pouvoir s'y rendît pour se mettre en communication avec les députés, associer la Chambre à son action, et lui faire prendre part aux mesures qu'exigerait la situation.

Sur l'observation faite par quelques membres du gouvernement et que M. Thiers appuya, il fut convenu que j'accompagnerais M. Thiers à Versailles. Je fis des objections. Je déclarai qu'en ma qualité de ministre de la guerre, mon devoir était de rester à Paris. Le gouvernement persista, et je dus consentir à accompagner M. Thiers.

Vers trois heures, il se produisit un incident qui inquiéta un moment le gouvernement et les représentants qui se trouvaient là. Trois bataillons de la garde nationale, tambours et clairons en tête, passèrent devant l'hôtel des affaires étrangères. Nous étions défendus par un seul demi-bataillon de chasseurs à pied, qui était en dehors de la grille, et dans une situation assez compromise par conséquent. Les hommes étaient disposés en tirailleurs tout le long de cette grille. Le moment me parut critique et je dis: « Je crois que nous sommes flambés, nous allons être enlevés. » En effet, les bataillons qui passaient n'avaient qu'à faire un demi-tour à droite et à pénétrer dans le palais, et nous étions pris tous jusqu'au dernier. Je dis à M. Thiers: « Je crois qu'il est important que vous vous sauviez. Il y a peut être un escalier dérobé par lequel vous pouvez vous retirer et gagner la rue de l'Université, et de là partir pour Versailles. Il est important que vous le fassiez, sans quoi le gouvernement va être absolument désorganisé. » M. Thiers suivit mon conseil. Mais les trois bataillons passèrent sans rien dire, ils allèrent faire un manifestation à l'Hôtel de Ville et en revinrent une demi heure après.

Un membre. — C'étaient des bataillons du quartier du Gros-Caillou?

M. le général Le Flô. — Oui, du Gros-Caillou, de la place d'Italie, du quartier du Maine, enfin tout le quartier qui s'étend sur la rive gauche de la Seine jusqu'au Point-du-Jour.

Vers six heures du soir, la situation était décidée. L'opération était manquée. Un certain nombre de bataillons étaient désarmés. Le régiment caserné au Prince Eugène avait livré ses armes. A Belleville, pareil fait s'était produit. Sur d'autres points isolés, des bataillons, des fractions de régiment avaient également remis leurs armes; les troupes, de toute part, étaient très ébranlées. J'avais profité du répit que me laissait cette situation pour me rendre, tantôt sur le champ de Mars, tantôt sur l'esplanade des Invalides, où il y avait des réserves, où se concentraient les troupes qu'on ramenait de l'intérieur, où le danger que j'avais prévu le matin se produisait dans toute son étendue. Les soldats arrivaient sans sacs, ayant laissé leurs bagages, les uns au Prince-Eugène, les autres au Luxembourg, dans les casernes situées sur tous les points de Paris d'où ils étaient partis le matin. Pouvait-on les y envoyer pour aller les reprendre ? Il était difficile de les envoyer isolément. Cependant nous envoyâmes des troupes au Luxembourg. Ce sont celles qui y restèrent: d'autres corps partirent et ne revinrent pas, parce qu'ils furent désarmés.

Puis arriva le moment où la situation des corps qui se trouvaient à l'Hôtel de Ville, au palais de l'Industrie et sur beaucoup d'autres points devint très-inquiétante. Un agent de police vint me prévenir que déjà des attroupements se formaient autour des points que je vous indique ; l'Hôtel de Ville, la préfecture de Police, le palais du Luxembourg et le palais de l'Industrie. Le général Vinoy fut d'avis avec moi qu'il était nécessaire d'évacuer ces points. Je dois dire que plusieurs membres du gouvernement s'y opposèrent absolument, et ils avaient raison, en apparence du moins, au point de vue politique, parce que suivant eux, c'était tout à fait abandonner Paris, c'était Paris livré à l'insurrection, et l'émeute devenant absolument maîtresse de la situation.

La discussion s'ouvrit pour savoir s'il ne conviendrait pas de garder l'École militaire et de prendre position sur le Trocadéro.

Mon avis fut qu'il ne fallait pas prendre de demi-mesures, qu'il fallait évacuer complétement Paris, que dans l'état d'ébranlement des troupes et en raison des désordres qui s'y étaient déjà produits, il était fortement à craindre que si nous passions douze heures de plus à Paris, nous ne pussions plus ramener un régiment. Cette opinion prévalut parmi les militaires. Elle ne prévalut pas parmi les autres membres du gouvernement, mais je finis par donner l'ordre au général Vinoy, qui trouva la situation assez grave pour me demander de le lui donner par écrit, ce que je fis sans balancer, d'avoir à faire évacuer à six heures du soir le palais de l'Industrie, l'Hôtel de Ville et tout les points que l'armée occupait encore dans l'intérieur de Paris.

C'est moi qui ai donné cet ordre ; c'est moi qui en ai la responsabilité. Je suis bien aise de l'établir. Le gouvernement était, je le répète, contraire à l'évacuation de Paris, et c'est moi qui l'ai ordonnée, la considérant comme indispensable au point de vue de la conservation de l'armée. — C'est moi qui en ai donné l'ordre par écrit ; par conséquent, s'il y a eu mérite à la chose, je veux que la part qui m'en appartient m'en revienne.

Un membre de la Commission demande alors au

général Le Flô les noms des membres du gouvernement qui s'opposèrent à cette mesure. Le général répond :

C'étaient MM. J. Favre, Picard, Jules Simon et même l'amiral Pothuau. Je convenais qu'au point de vue politique, l'évacuation avait de graves inconvénients, mais j'envisageais le point de vue militaire, et ma conviction entière était que si nous passions encore vingt-quatre heures à Paris, nous n'en ramènerions pas un bataillon.

On demande alors au général s'il n'y aurait pas eu moyen d'enfermer les troupes, soit au Trocadéro, soit ailleurs. Il répond que cela était impossible :

Comment aurions nous pu effectuer le ravitaillement ? Nous n'aurions pu le faire que par des détachements qui auraient été certainement enlevés. L'ébranlement des troupes me causait d'ailleurs les plus vives appréhensions ; il me semblait indispensable de les soustraire complétement au contact de la population ; je crus qu'on ne pouvait y arriver qu'en mettant trois ou quatre lieues et la Seine entre elles et cette population, et que ce n'était qu'à cette condition que nous avions chance de sauver l'armée et d'en refaire l'esprit.

Déposition de M. le général Vinoy.

Avec le peu de troupes que j'avais, je ne pouvais tenter un combat pour l'enlèvement de ces canons, je ne pouvais que tenter une surprise.

Cependant on insista ; on dit : Il faut absolument, avant l'arrivée de l'Assemblée, que ces canons soient enlevés.

Le gouvernement décida, c'était un vendredi, qu'on essayerait encore. Des régiments de l'armée de la Loire, qu'on disait très-bons, m'avaient été envoyés, et il m'était interdit d'y toucher. Voici ce que m'écrivait le général Le Flô : « Je vous prie de maintenir absolument, sans rien y changer, l'organisation de ces régiments, etc... » Il y a des généraux qui ne sont pas arrivés du tout. Parmi ces régiments, se trouvait le 88e. Ils étaient tous dans un état piteux ; il n'y avait pas de cadres ; quelquefois un officier par compagnie, d'autres fois deux, jamais trois. Et encore étaient ce des officiers de nouvelle formation, qui ne connaissaient pas leurs hommes. Enfin, j'organisai mon monde comme je pus. Il fut donc décidé qu'on attaquerait. Les dispositions de l'attaque furent discutées avec le général d'Aurelle, qui avait pris le commandement de la garde nationale, et avec tous les commandants de la garde nationale qui devaient nous donner leur concours. Je n'y comptais pas beaucoup ; mais enfin, ils avaient tous promis de faire ce qu'ils pourraient. Il fut décidé en conseil qu'on attaquerait ; le général d'Aurelle, le général Valentin, qui venait d'être nommé préfet de police, le général Le Flô, et M. Thiers étaient là. On examina ce qu'il fallait faire. Comme je prévoyais bien qu'on m'obligerait à tenter une attaque sur Montmartre, j'avais envoyé, par prévision, deux officiers de mon état major, habillés en blouse, déguisés, lever le plan de Montmartre, plan qui, du reste, a servi plus tard à reprendre Montmartre, ce qu'on a fait très-facilement en l'attaquant par derrière.

Je pris ensuite toutes mes dispositions pour une attaque, et ces dispositions furent discutées entre moi et le ministre de la guerre à sept heures du soir. Les résolutions définitives étant prises, je convoquai chez moi, à huit heures, les généraux pour leur donner communication de ce qui avait été décidé. Il fallait attaquer à quatre heures du matin. Et il ne s'agissait pas seulement d'attaquer Montmartre, mais les buttes Chaumont, Belleville, et il fallait se porter, en outre, à la place de la Bastille, et maintenir partout la population. S'il n'y avait eu que quelques canons à enlever, l'affaire eût été simple, mais il y en avait cinq ou six cents, et faites attention à ce que c'est que de descendre à bras des canons des buttes Montmartre. Vous savez que pour traîner des pièces de quatre ou de huit, il faut quatre chevaux, et qu'il s'agissait de pièces de douze. Nous avons ramené, je crois, soixante-dix pièces de canon ; il eût fallu deux ou trois jours pour ramener tout le reste. Et, du reste, les fédérés pouvaient en prendre d'autres sur les remparts. Les premières pièces furent donc enlevées, mais cela ne s'était pas fait sans bruit. Et voilà les femmes, les enfants qui sortent des maisons, qui commencent à parler avec les soldats, qui s'approchent, les femmes en tête, et qui forment une espèce de barricade vivante, les hommes restant par derrière ; et tout d'un coup : « Vous ne tirerez pas sur nous, vous êtes nos frères ! » Un régiment qui met la crosse en l'air, les autres qui sont cernés. Je donne en apprenant cela, l'ordre aux troupes de se replier le plus vite possible sur le champ de Mars. Le gouvernement était en permanence aux affaires étrangères. Le soir, l'Hôtel de Ville était encore occupé ; il y avait là une brigade commandée par un bon officier, et cette brigade se trouvait cernée, tout le monde s'étant replié dans la journée.

Il fut question alors de s'en aller à Versailles. Mais on ne pouvait s'en aller ainsi sans réunir les troupes. M. Thiers partit, je crois, à trois heures et demie ou quatre heures ; il fallait le faire partir, parce que s'il tombait aux mains de l'insurrection, c'était le gouvernement désorganisé. Prévoyant cela, j'avais doublé mon escorte, j'avais fait préparer sa voiture et tout était prêt. Je lui dis : « Mettez votre pardessus ; la porte du bois de Boulogne est gardée, votre sortie est assurée par là ». — J'y avais envoyé un escadron. — Mais avant de partir, il me donna l'ordre d'évacuer Paris et surtout de lui envoyer la brigade Daudel, qui occupait tous les forts du Sud et même le Mont-Valérien et Courbevoie. Il jugeait important d'avoir à Versailles cette brigade, qui était celle sur laquelle on pouvait le plus compter.

M. LE PRÉSIDENT. Ainsi on évacuait tous les forts ?

M. LE GÉNÉRAL VINOY. — Oui, monsieur le président, c'était la brigade Daudel qui les occupait, et M. Thiers voulait l'avoir à Versailles, parce que je lui avais dit que c'était ce que j'avais de mieux. Elle n'avait pas été en contact avec Paris.

Je donnai donc l'ordre à la brigade Daudel de quitter les forts.

Le soir, restait encore l'Hôtel de Ville. On ne voulait pas l'évacuer. M. Ernest Picard et M. Jules Favre étaient venus avec nous. La caserne Napoléon était cernée. Je dis au ministre de la guerre : « Nous n'avons plus que l'Hôtel de Ville ; si on l'abandonne, tout est fini. » Le général Le Flô me donna l'ordre écrit, et qui fut porté par M. Choppin lui-même au général commandant à la caserne Napoléon, de se retirer avec toutes ses troupes.

Un peu plus tard, M. Picard envoyait contre-ordre, sachant Jules Ferry à l'Hôtel de Ville. Le général m'envoya son aide de camp. Je lui répondis : « L'ordre est d'évacuer tout de suite. » Cet ordre ayant été exécuté un peu tard, il fut obligé de faire sortir ses troupes par les souterrains et de se faire jour la baïonnette en avant. — Une dizaine d'hommes ont été jetés par terre, et il a pu se dégager. Voilà comment l'Hôtel de Ville a été abandonné.

Les bataillons de Montmartre arrivaient déjà au palais de l'Industrie ; il en venait de tous les côtés, et nous étions sur le point d'être cernés. Je dis : « Il faut s'en aller; autrement il ne nous restera pas un homme dans les mains. » L'ordre fut donné, le ministre de la guerre était là, et nous nous retirâmes sur Versailles.

Maintenant, on a parlé du Mont Valérien. Voici ce qui s'est passé. Le général Daudel avait fait évacuer ses troupes à lui, mais il y avait au Mont Valérien deux bataillons de chasseurs, le 24e et le 23e. Ces deux bataillons étaient mauvais, je les avais fait sortir de Paris par punition, et ils devaient aller en Algérie.

A mon arrivée à Versailles, j'appris que le Mont-Valérien était évacué par le général Daudel. J'écrivis alors à M. Thiers, et je lui expliquai qu'il était impossible d'abandonner cette forteresse ; je lui dis que les deux bataillons qui s'y trouvaient devant la quitter le lendemain, je lui demandais de la faire réoccuper.

Un membre. Quel jour? Cela a une sérieuse importance. C'est dans la salle des conférences que s'est passé l'incident auquel je crois que le général a voulu faire allusion tout à l'heure. J'y étais présent.

Un autre membre. Je vous demande pardon, il s'est passé vers quatre ou cinq heures.

M. le président. Mais vous êtes d'accord.

Le premier membre. — Non, c'est le dimanche que s'est passé cet incident. Le fait dont parle le général est antérieur; je demande de combien d'heures?

M. le président. Le général vous a dit que c'était dans la nuit du dimanche au lundi qu'il avait eu une entrevue avec M. Thiers. Comment voulez-vous que cette entrevue ait eu lieu dans la nuit du samedi au dimanche, puisque cette nuit-là on opérait la retraite sur Versailles? C'est dans la nuit du dimanche au lundi que, sur la demande du général, le gouvernement s'est déterminé à réoccuper le Mont-Valérien.

M. le général Vinoy. — C'est nécessairement quand je me suis aperçu que le général Daudel avait fait évacuer le Mont-Valérien, comme tous les autres forts, par le bataillon qui s'y trouvait, que j'ai pensé à le faire réoccuper.

M. le président. — Nous étions tous ici dimanche 19 mars dans une des salles du palais, située au rez-de chaussée. M. le président du conseil nous racontait pourquoi il avait évacué Paris. Nous avons insisté pour qu'il n'évacuât pas les forts et surtout le Mont-Valérien. Il ne s'est pas rendu à nos instances. Le soir, plusieurs membres sont retournés à la préfecture.

Un membre. Je ne le savais pas.

M. le président. — Il était environ neuf heures du soir. — On a supplié M. le président du conseil de ne pas ordonner l'évacuation des forts. Le général Vinoy est intervenu, fort heureusement, vers une heure du matin, et, avec son autorité militaire, il a décidé M. le président du conseil à faire ce que les députés n'avaient pas obtenu.

M. le général Vinoy. Je lui ai écrit d'abord, et je lui répétai de vive voix ce que je lui avais écrit : c'est qu'il était impossible que nous restassions à Versailles sans la possession du Mont Valérien.

C'est le 19 que je me suis aperçu de cet abandon. J'allai trouver M. Thiers à une heure du matin; je lui fis annoncer ma présence, je lui fis dire que j'attendais sa réponse, et que même je désirais le voir. M. Thiers me reçut au lit; madame Thiers venait de lui lire ma lettre. J'eus une explication avec lui. Il me dit : « Mais quelles troupes mettez vous au Mont Valérien ? » Je lui répondis : « Vous savez bien que je vous ai envoyé à Versailles le 119ᵉ de ligne pour nettoyer et approprier la ville, que vous m'avez dit être dans un état déplorable ; le 119ᵉ est bien commandé. C'est ce régiment qu'il faut envoyer au Mont-Valérien, et il faut que je l'y envoie tout de suite, parce que les deux bataillons de chasseurs doivent partir à sept heures du matin. » M. Thiers se décida à signer l'ordre que je demandais. J'allai trouver le colonel qui commandait le 119ᵉ, et je lui dis : « Où sont vos hommes? — Ils sont éparpillés un peu partout. — Il faut m'en trouver au moins trois cents. »

Je fus prendre un escadron de cavalerie, de l'artillerie. J'écrivis un mot au colonel qui commandait le Mont-Valérien, et j'acheminai mes troupes vers la forteresse.

UN MEMBRE. A quel moment?

M. LE GÉNÉRAL VINOY. Dans la nuit du dimanche au lundi, parce que les deux bataillons de chasseurs devaient partir à sept heures du matin. J'avais fait dire au commandant du fort de ne pas les laisser sortir avant qu'il aperçût la tête de colonne des troupes que j'envoyais. L'ordre fut exécuté. Le détachement arriva avant que les chasseurs fussent partis.

Déposition de M. le vice-amiral Pothuau, ministre de la marine.

Ce n'est que quand nous avons eu des troupes suffisantes, que nous avons essayé, non pas de désarmer la garde nationale, mais d'enlever les canons. On a pris alors des dispositions pour faire cette opération sur Belleville et sur Montmartre. Il a été convenu qu'elle aurait lieu par surprise et au point du jour, au moment, par conséquent, où il y avait encore peu de monde dans les rues et où les chances de collision étaient, par cela même, moins probables.

On pouvait, en effet, en agissant ainsi, espérer que les habitants ne feraient qu'assister au départ des canons, n'étant pas suffisamment préparés à les défendre. Toutes les dispositions avaient été très bien prises, elles avaient été résolues en conseil. Quant aux détails d'exécution, ils avaient été également bien préparés, dans une réunion de nuit, à laquelle j'assistais, entre le ministre de la guerre, le général Le Flô, le général Vinoy et le nouveau préfet de police (le général Valentin).

L'exécution a t-elle répondu aux instructions qui avaient été données? Non. Il y a eu un retard dans l'envoi des attelages; on prétend qu'il a été de deux ou trois heures; je ne suis pas en mesure de l'affirmer, n'ayant pas été sur les lieux.

Sans ce retard, les canons auraient ils été enlevés? C'est possible. Voici ce que j'ai entendu dire : le mouvement tenté sur Montmartre fut très-bien exécuté ; on s'empara de la position sans coup férir ; nous eûmes les canons en notre pouvoir pendant assez longtemps ; mais les attelages n'arrivant pas, les gardes nationaux se réunirent et finirent par se mêler avec la troupe, selon la tactique habituelle en pareil cas ; malheureusement, on ne les avait pas tenus à distance, comme on aurait dû le faire, et quand nos troupes se trouvèrent noyées au milieu de ce flot de population, dans lequel il y avait des femmes, des enfants, il était trop tard pour qu'elles pussent faire usage de leurs armes. Je ne saurais dire si les troupes ont été sur le terrain commandées avec une vigueur suffisante. Un grand nombre de nos soldats ne faisaient que d'arriver à Paris; les autres avaient été gâtés par le contact de la population et, au moment d'agir, ont mis la crosse en l'air. Il n'y a pas eu de lutte. Mais, quant aux ordres donnés, je me rappelle qu'ils étaient très-énergiques, qu'on devait s'emparer des canons et au besoin ne pas hésiter à employer la force pour atteindre ce but. Je ne crois pas me tromper en disant que les instructions données par le général en chef Vinoy étaient très formelles et que ce n'est que par suite de cette circonstance fâcheuse du retard dans l'arrivée des attelages, que nos troupes ont fini par se démoraliser et par lever la crosse en l'air.

A partir de ce moment, il a été évident que le découragement allait se propager sur toute la ligne et c'est, en effet, ce qui a eu lieu. Non seulement, les troupes qui étaient à Montmartre et à Belleville ont fait défection, mais, dans certaines casernes, elles ont pactisé avec l'émeute. On ne pouvait plus dès lors se faire la moindre illusion sur le secours de la force armée ; l'insurrection prenait le dessus, elle restait en possession de ses armes et la situation devenait dès lors excessivement grave. Le conseil des ministres était réuni en permanence au ministère des affaires étrangères ; l'état des choses y fut envisagé avec calme et sang froid ; la troupe faisait défection, c'est vrai, mais elle ne faisait pas cause commune avec l'émeute, elle se laissait ramener par ses chefs : c'était pour ainsi dire, une demi défection, car elle se repliait.

C'est alors que fut prise la résolution si importante de l'évacuation de Paris. L'honneur de cette résolution appartient tout entier à M. Thiers ; il fut excessivement net sur ce point, et nous dit : « Eh bien, puisqu'il en est ainsi, il n'y a pas à hésiter, il faut évacuer Paris complétement. » — Il semblait pénible à plusieurs d'entre nous d'adhérer à une proposition aussi radicale ; on se demandait s'il ne serait pas possible de tenter de résister à l'Hôtel de Ville et sur certains autres points occupés encore par nos troupes.

M. Thiers, envisageant la question autrement, nous dit : « Non, messieurs, il est évident que les troupes ne tiendraient pas plus à l'Hôtel de Ville qu'ailleurs ; disséminées, nous les perdrons toutes les unes après les autres. Ce serait un découragement général, et ce n'est pas en agissant ainsi que nous relèverons la situation. Il n'y a qu'une résolution radicale qui puisse sauver le pays ; il faut évacuer Paris, mais l'évacuer complétement et immédiatement. »

Les événements postérieurs ont démontré qu'il avait raison.

On donna donc l'ordre de la retraite ; mais ce ne fut guère que dans la nuit que les dernières troupes quittèrent l'Ecole militaire et se replièrent sur Versailles.

M. LE PRÉSIDENT. — A quelle heure eut lieu le conseil des ministres dans lequel cette résolution fut prise ?

M. LE VICE AMIRAL. — Le conseil est resté en permanence toute la journée.

M. LE PRÉSIDENT. — A quelle heure M. Thiers est-il parti ?

M. LE VICE AMIRAL. — Vers la fin de l'après-midi.

M. LE PRÉSIDENT. — Vers trois ou quatre heures. A ce moment-là, la résolution était-elle prise ?

M. LE VICE AMIRAL. — Oui, Monsieur le président.

M. LE PRÉSIDENT. — Et cependant vous avez eu une réunion après son départ dans laquelle vous avez témoigné la plus grande répugnance à quitter Paris, et vous n'avez cédé que devant l'ordre formel que le général Le Flô avait donné à l'armée. Il est sorti en disant : « Je fais évacuer Paris, restez ici si vous voulez ! » Alors M. Jules Favre, M. Picard et vous, vous avez été obligés de sortir de Paris, puisque l'armée en sortait. Y avait-il une résolution parfaitement arrêtée à trois heures et demie ?

Le général Le Flô a déclaré que l'ordre d'évacuer Paris venait de lui et qu'il prenait la responsabilité de cet ordre.

M. LE VICE AMIRAL. — C'est M. Thiers qui a donné cet ordre et cette résolution a été adoptée par le conseil. Nous avons été d'avis d'évacuer Paris ; il y a eu sur un seul point une divergence d'opinion ; quelques-uns d'entre nous auraient voulu que, tout en évacuant Paris, on y conservât une position : l'Ecole militaire ou le bois de Boulogne ou encore un point intermédiaire entre Paris et Versailles. Mais c'était une question de détail ; la question principale, celle de l'évacuation, a été résolue en conseil, bien qu'il nous en coûtât à tous d'abandonner Paris à lui-même.

M. LE PRÉSIDENT. — Ainsi, avant le départ de M. Thiers, la question d'évacuation était vidée ?

M. LE VICE AMIRAL. Assurément, sauf quelques divergences de détail, la question d'évacuation avait été décidée en conseil, et encore une fois, l'initiative en était due à M. Thiers, qui avait déclaré de la manière la plus formelle qu'il n'y avait pas à hésiter et qu'il fallait évacuer. Ce n'est qu'alors que le général Le Flô donna des ordres en conséquence.

M. DE RAINNEVILLE. - Est ce que les divergences d'opinion dont vous avez parlé portaient sur la question de savoir s'il fallait abandonner ou ne pas abandonner l'Hôtel de Ville?

M. LE VICE-AMIRAL. - Il avait été question de garder l'Hôtel de Ville, mais il fut établi en conseil qu'on ne pouvait pas garder l'Hôtel de Ville, pas plus que les autres points, parce qu'il n'y avait pas à compter sur les troupes qui s'y trouvaient, qu'elles seraient cernées par l'émeute et entraînées à se rendre à cause de l'esprit de découragement qui s'était manifesté parmi elles, et qui ne pouvait que se propager sur toute la ligne. Nous n'avions d'ailleurs que très-peu de troupes et M. Thiers avait fait remarquer qu'il était indispensable de les éloigner le plus tôt possible de Paris, pour les mener se retremper ailleurs.

On avait fait appel dès le matin au dévouement de la garde nationale; on avait battu le rappel partout, même la générale, mais la garde nationale n'avait pas paru, pas même celle qui appartenait à ce que l'on appelle les bons quartiers; ou, si elle était venue, elle était venue trop tard et en nombre insuffisant. Toutefois, on n'a pas manqué de l'exhorter à se réunir, à faire que chaque bataillon fût en mesure de défendre son arrondissement; on lui montrait que cela devenait une nécessité pour elle, le gouvernement étant obligé, par suite de la démoralisation des troupes, de quitter Paris et de se retirer à Versailles.

Quant à moi, je considère que cette résolution d'évacuer Paris, qui est due à M. Thiers, a sauvé la situation.

Un membre. Que savez-vous, monsieur le vice-amiral, de l'évacuation du Mont Valérien? Le général Le Flô a dit que cette évacuation avait été faite en dehors de lui et sans qu'il le sût.

M. le vice-amiral. — Je ne sais rien de ce qui concerne les forts ; il n'y avait que quelques jours que ceux de la rive gauche avaient été abandonnés par les Prussiens. Selon moi, quelques hommes auraient suffi pour les garder, car le pont-levis une fois levé, on était à l'abri de toute attaque. Quand nous nous sommes repliés, nous avons appris que tel et tel fort étaient tombés au pouvoir de l'insurrection, que le Mont-Valérien avait été seul conservé.

M. le président. — Que s'est-il passé à la réunion des ministres chez M. Calmon, le soir du 18 mars?

M. le vice-amiral. — Plusieurs d'entre nous se réunirent chez M. Calmon ce soir-là, MM. Jules Favre, Picard, Dufaure, Jules Simon, le général Le Flô, et moi. Le général d'Aurelle de Paladines se joignit à nous pendant quelques instants. Nous nous entretînmes de la situation ; nous étions toujours sous cette impression pénible de l'obligation de quitter Paris et d'abandonner tous nos services ; il n'y avait plus de force armée, les troupes se concentraient au champ de Mars pour achever leur mouvement d'évacuation pendant la nuit. Nous n'avions plus d'espoir, pour nous maintenir dans Paris, que dans la garde nationale, qui s'était montrée jusqu'alors peu empressée. Nous fûmes d'avis de prolonger notre séjour à Paris de quelques heures seulement ; y rester davantage, c'eût été nous exposer à nous faire prendre sans aucune défense possible et à servir d'otages. Nous donnâmes des ordres dans nos ministères pour indiquer le personnel qui pouvait rester à Paris, et celui qui devait rallier Versailles.

Vers deux heures du matin, nous sommes partis pour Versailles.

Déposition du colonel Langlois.

Le 17, après avoir causé le matin avec M. Lambrecht et travaillé à la rédaction de mon projet, j'allai dîner chez un de mes parents.

En rentrant chez moi, vers dix heures et demie du soir, je trouvai une lettre de M. Roger, du Nord, dans laquelle il me disait : « Il y a réunion chez le général, venez. » J'y allai en bourgeois vers onze heures un quart. Là je vis le général d'Aurelle de Paladines entouré des commandants dans lesquels on avait le plus de confiance. J'entendis un chef de bataillon qui disait : « Mon général, sur 1,200 hommes que j'ai il n'en viendra pas 200. » De quoi s'agissait-il? J'écoutai. Le général d'Aurelle de Paladines racontait que des bataillons de Belleville avaient repris les canons de la place des Vosges, qu'on craignait pour le lendemain un mouvement de ces bataillons sur l'Hôtel de Ville, et qu'on battrait le rappel à six heures du matin. J'adressai alors la parole au général et je lui demandai, comme je n'étais pas au commencement de la réunion, de vouloir bien me dire si on voulait faire une opération défensive ou une opération offensive. — « Mais non, me dit le général, ce n'est pas une affaire offensive. » — Il avait sans doute des ordres pour s'exprimer ainsi. Quelque temps après, au moment où l'on allait se séparer, je lui dis : « Si, comme vous le dites, c'est une affaire pour la défensive, vous pouvez être sûr que la garde nationale viendra. Tout le monde y sera. Mais si c'est pour une affaire offensive, vous aurez un échec. Je vous l'affirme, je connais un peu Paris. »

Je lui dis cela devant plusieurs personnes, entre autres M. de Mortemart. Je rentrai chez moi vers une heure. Je ne dormis pas. Il y avait en tout soixante commandants ou colonels de la garde nationale qui savaient qu'on devait battre le rappel. J'étais sûr que la moitié des gardes nationaux ne se réveilleraient pas, et que ceux qui se réveilleraient mettraient la tête de l'autre côté du lit.

A six heures, dès que j'entendis battre le rappel, je m'habillai rapidement en bourgeois, parce que je me défiais beaucoup de l'esprit qui allait se manifester dans mon quartier en apprenant l'opération offensive dont j'avais le pressentiment. Je m'en défiais d'autant plus que j'habite très-près de Montmartre. J'arrivai au carrefour de la rue de Douai et de la rue Fontaine. Là, je trouvai des gardes nationaux ; une trentaine de personnes vinrent à moi et me dirent : « Colonel, on attaque nos frères ; on veut leur reprendre les canons ; il faut marcher à leur secours ; faites battre le rappel. Laissez moi d'abord aller m'assurer de ce qui se passe. — Colonel, quand on ne veut pas marcher, on donne sa démission. »

Je ne fis pas battre le rappel. Je vis, du côté du boulevard, ce qui s'y passait. C'était à peu près fini. Vers sept heures et quart, je me rendis à l'état-major, chez le général d'Aurelle de Paladines, pour lui dire que je n'avais pas fait battre le rappel, et, que si je l'avais fait, tout mon monde serait monté à Montmartre. Je savais ce qui s'était passé le 31 octobre, depuis Notre-Dame de Lorette jusqu'à Montmartre ; mon bataillon s'étendait depuis Montmartre jusqu'au Grand-Hôtel, et au boulevard des Capucines. Dans ce bataillon, qui était superposé au sixième bataillon, et qui avait été formé après le 4 septembre, il y avait des éléments de tous genres, et si je trouvais un appui pour l'ordre dans ce que j'appellerai la plaine, j'avais des difficultés bien grandes par ailleurs. J'avais eu une très-grande peine au 31 octobre à faire marcher mes compagnies, et le soir, craignant d'avoir des gens mal disposés, et ne voulant marcher qu'avec des hommes sûrs, j'avais été réduit à trois ou quatre hommes par compagnie de 300 ou 400 hommes.

J'allai donc chez le général d'Aurelle de Paladines, et, en passant, — c'est un fait bien caractéristique de la situation, — je vis un bijoutier, M. le colonel Quevauvilliers, au coin de la Neuve-des-Petits-Champs ; il était là, lui, colonel, avec ses tambours, dix-sept hommes de son bataillon, pas un de plus !

Je me rendis à l'état-major et j'expliquai la chose au général. Le général me dit : — « C'est fini, les canons sont pris, et, heureusement, sans effusion de sang. Vous pouvez maintenant faire battre le rappel. — Puisque vous m'en donnez l'ordre, je le ferai, mais je crains fort que cela ne tourne contre nous. — Il va, me dit le général, être affiché une proclamation du gouvernement; » et, il m'en donna l'esprit en me réitérant l'ordre de faire battre le rappel.

J'allais sortir pour exécuter cet ordre, lorsque je rencontrai M. de Mortemart tout éperonné, qui me raconta comment les choses s'étaient passées; presque pas d'effusion de sang, tout au plus deux ou trois hommes tués.

Je dis à M. de Mortemart que le général venait de me donner un ordre qui, vu l'esprit de mon bataillon, et surtout des compagnies situées près de Montmartre, me paraissait des plus dangereux.

M. de Mortemart, qui savait quelles difficultés j'avais eues le 31 octobre, entra avec moi chez le général, qui finit par me dire : « Faites ce que vous jugerez convenable. »

J'allai à la marie; je trouvai là mon tambour-maître; il avait sa canne. Mon tambour-maître était un ancien soldat. Je lui dis : — « Eh bien, c'est fini ! c'est tout à fait fini ! — Oh! mon colonel, cela va mal, cela va très-mal. La population est très-montée; cela n'est pas fini, croyez-moi. »

Nous montâmes la rue Notre-Dame-de-Lorette, et, au bas de la rue de Bréda, nous entendîmes des cris, et nous vîmes du monde qui descendait rapidement. Je dis à mon tambour-maître : « Mettez votre canne chez quelque boutiquier que vous connaissez. » Il le fit, et nous continuâmes de monter la rue. Nous rencontrâmes la troupe qui s'en retournait la crosse en l'air, suivie des gendarmes. La foule criait : « Vive la ligne ! à bas ceci ! à bas cela ! »

Arrivé au même carrefour où le matin j'avais vu quelques exaltés, je trouvai une foule énorme qui voulait me faire battre le rappel pour marcher avec l'insurrection. Je finis par m'échapper; et, dans les rues avoisinantes, je vis les chevaux, qui arrivaient trop tard.

Je rentrai chez moi, et au moment où je commençais à déjeuner, mon collègue Tolain vint me dire ceci : « Il y a Clémenceau, maire de Montmartre, qui est là bas ; il est très-gêné ; il a un prisonnier, le général Lecomte ; il craint de ne pouvoir le sauver. Il demande qu'un certain nombre de ses collègues de la députation de Paris viennent à Montmartre, pour se joindre à lui et l'aider. »

Je ne me rendis pas de suite à Montmartre, parce que je voulais avoir l'autorisation du gouvernement.

Je descendis, j'allai à l'état-major. Le général d'Aurelle de Paladines était parti pour le ministère des affaires étrangères. M. Roger, du Nord, à qui je racontai ce que j'avais vu, me dit qu'au Luxembourg il y avait eu aussi fraternisation entre la garde nationale et la troupe. Cela n'était pas étonnant, et pour mon compte je n'en fus pas surpris. J'avais été blessé à Buzenval et j'étais resté au lit un certain nombre de jours. Quelques jours après la capitulation, mon médecin m'autorisa à sortir. On remarque tout à une première sortie de convalescence. Arrivé au bas de l'escalier, je vis trois soldats de la ligne qui faisaient leur pot-bouille dans la loge de mon concierge.

C'était l'armée entière qui logeait chez l'habitant, qui était en rapport constant avec lui.

C'est ce qui fait que j'ai dit à Bordeaux : « La Commune est faite. » Et c'est ce qui est arrivé. Le jour où la troupe vit de cette sorte, il n'y a plus de troupe.

J'allai donc de l'état-major au ministère des affaires étrangères pour y trouver le général d'Aurelle de Paladines. Au bout d'un certain temps je fus introduit auprès de M. Thiers. Je lui expliquai la situation de Clémenceau à Montmartre, et la situation du général Lecomte.

M. Thiers me dit : « Il faut voir Clémenceau. Dites-lui de faire tout son possible pour que le général Lecomte soit sauvé. »

Alors j'allai à la mairie de Montmartre, où je trouvai Clémenceau ; je ne me rappelle pas les autres personnes que je vis avec lui, à l'exception, pourtant, de mon collègue Lockroy, qui était là.

Ce qu'il y a de certain, c'est que quand je m'adressai à Clémenceau et lui parlai du général Lecomte, il me dit : — « Le général est en lieu de sûreté ; il est au Château Rouge. Il est gardé ; il ne risque rien ; il y a là des gens qui en répondent. » Je revins dire cela à M. Thiers avec Lockroy. A ce moment, il était midi ou une heure.

J'ai déjà eu à rendre compte de ces faits devant M. le juge d'instruction Mathieu Devienne, à propos de l'accusation portée contre Jaclard.

Ce qui a fait le malheur des généraux Lecomte et Clément Thomas, c'est qu'ils sont sortis du Château-Rouge. Là, ils ne risquaient rien parce que la population ne les voyait pas, parce qu'il y avait un bataillon qui en était responsable. Quand on leur a fait traverser cette foule furieuse, il n'y a plus eu d'espérance pour eux. On nous chargea chez M. Thiers d'une certaine mission, M. Lockroy et moi ; c'était d'aller prendre des renseignements sur des régiments et des bataillons dont le général Vinoy n'avait aucune nouvelle.

Arrivés à la mairie située au square du Temple, nous prîmes des informations sur ces régiments et ces bataillons, qu'on nous avait dit être de ce côté ; on nous apprit là, qu'au lieu d'être dans le faubourg du Temple, ils étaient près des prés Saint Fargeau. De là, nous passâmes à la mairie des Batignolles, puis nous revînmes à la mairie de Montmartre. Là quelqu'un qui nous connaissait, mais que je ne connaissais pas, nous dit au moment où nous descendions de voiture :

« M. Clémenceau vient de partir ; on vient d'arrêter Clément Thomas. M. Clémenceau est parti pour aller le sauver, mais on ne sait pas par où il est passé. Si vous voulez savoir où il est, allez à la chaussée de Clignancourt, à ce qu'on appelle le comité de vigilance. »

Nous montons là et nous y trouvons Jaclard. Quand j'ai déposé devant le juge d'instruction, j'ai dit que j'avais vu Jaclard à ce moment et qu'il ne me paraissait pas exercer le commandement supérieur ; que celui qui l'exerçait était un individu qui avait un ruban rouge à son képi. Quand on demanda à Jaclard quel était ce chef de bataillon, il répondit (je ne vois pas d'inconvénient à le dire), il répondit que c'était Bergeret et ce Bergeret, au moment où je l'ai vu et où il nous annonçait que tout était fini pour le général Clément Thomas, s'est écrié : « Cela nous enlève cent mille hommes! » Mes souvenirs ne sont pas très présents, mais il me semble qu'à ce moment on ne parlait que du général Clément Thomas. Deux minutes après Clémenceau arriva et dit : « Je suis arrivé trop tard ! » Cela s'était fait très-rapidement.

MM. Tolain et Schœlcher étaient là. Nous nous adressâmes à ceux qui avaient le commandement; nous leur dîmes : « Vous êtes responsables de l'assassinat qui vient d'avoir lieu; vous devriez faire arrêter les coupables. » Clémenceau était dans un état d'indignation profonde. Il racontait ce qui venait d'arriver; il ne savait comment lui-même avait échappé. C'est que malheureusement il y avait là une espèce de folie furieuse dans cette population tout entière. Ce qu'il y a de certain, c'est que dans toute cette avenue de Clignancourt et dans toutes les rues de Montmartre, c'était une foule où il était impossible de circuler. Toute cette foule était dans un état de surexcitation extraordinaire. C'est ce qui fait que le soir, lorsqu'il s'est agi de marcher sur l'Hôtel de Ville, j'étais convaincu qu'on n'arriverait à rien.

Une demi heure après, nous descendions à Paris. Clémenceau, qui était retourné à sa mairie, nous avait dit : « Il faut absolument que vous veniez me donner aide ce soir. »

Il y eut une réunion à la mairie de M. Tirard. Je fus un de ceux qui furent délégués auprès de M. Clémenceau. Quand on dit à Clémenceau : « Il faut que vous assistiez à cette réunion des maires, » il répondit : « Mais j'ai là dans ma cave cinquante gendarmes ou gardiens de Paris qu'il faut sauver. Il y a des gens qui pourraient savoir qu'ils sont là, et alors qu'arriverait-il ? » Si ces gendarmes n'ont pas été fusillés, c'est qu'il les a fait filer le lendemain. Ils lui doivent certainement la vie.

J'ai été à la réunion des maires, et là j'ai appris que M. Ferry avait été obligé de quitter l'Hôtel de Ville et qu'il était à la mairie du Ier arrondissement. Il avait reçu l'ordre de partir. Il avait dit qu'il rentrerait si on lui donnait quatre ou cinq cents hommes. Enfin, obligé de céder, il avait offert de résigner ses fonctions de maire de Paris.

On envoya alors des députations au gouvernement. C'est là qu'il fut question de me proposer comme général de la garde nationale. Ceux qui sont allés en députation ont pu donner plus de détails. Je suis resté jusqu'à minuit et demi. J'étais convaincu que je ne sauverais rien du tout. L'affaire était engagée de façon qu'on n'aurait pas trouvé un homme debout pour l'ordre. Je me le rappelle encore : on avait entendu battre le rappel dans les rues de tout mon quartier et personne n'était venu ! Et pendant ce temps là, dans la journée du 18, une foule de gens du quartier filaient à Montmartre, où on leur donnait des chassepots. Toute la partie saine de la garde nationale était dans le désarroi le plus complet. Beaucoup de personnes avaient quitté Paris après la capitulation et presque tous les bons manquaient à l'appel ; cela n'était pas fait pour donner du cœur au ventre à ceux qui étaient restés.

Lorsque M. Méline, un des adjoints de Paris, proposa de me nommer général de la garde nationale, je m'arrachai les cheveux de désespoir. Je me laissai porter pourtant, parce qu'on insista, en me disant que j'avais le devoir de ne pas refuser. C'est à une heure un quart que j'ai été nommé ; alors, je m'en allai à la mairie du Ier arrondissement et de là à la mairie du IIe, où je trouvai encore une réunion des maires. On avait fait une proclamation à la population pour expliquer ma nomination. On me dit : « Il faut que vous en fassiez une et on l'enverra à l'*Officiel* pour l'insérer demain. » Il y avait des adjoints, entre autres Jaclard ; il y avait aussi Paschal Grousset ; il y avait des députés qui ont été plus tard dans la Commune, comme Cournet et Millière. Je ne me suis jamais expliqué ce revirement après ce qui s'est passé.

M. de Saint Pierre. — J'ai vu Millière pleurer dans mon bureau. Je lui ai entendu dire : « Ce que c'est que le peuple de Paris ! Il n'y a de bons que les gens de la campagne. Les autres ont une éducation factice. » Il pleurait en disant cela ; il avait l'air d'un fou.

M. Langlois. Paschal Grousset me dit alors : « On vous attend à l'Hôtel de Ville ; » je n'ai pas à en être reconnaissant à Paschal Grousset, je raconte les faits. Paschal Grousset me dit : « On vous attend à l'Hôtel de Ville, » alors je m'y dirigeai, accompagné de Lockroy, qui ne m'avait pas quitté de la journée et qui, les jours suivants, fut des plus énergiques contre le Comité central ; accompagné aussi de Cournet, qui n'était pas alors dans le mouvement communard, mais qui depuis y fut sans doute entraîné par Delescluze. Delescluze avait été très-lié avec le père de Cournet, et lorsque Cournet perdit son père, Delescluze avait été pour lui un second père. Je considère que c'est Cournet qui a été entraîné par Delescluze, et non pas assurément Deslescluze qui a été entraîné par Cournet. Je partis donc accompagné de Cournet, de Lockroy et de Paschal Grousset. J'allais là comme quelqu'un qu'on mène à la boucherie. Je me rappelle avoir dit à Cournet : « Je marche au martyre. »

Lorsque j'arrivai devant l'Hôtel de Ville, on cria : « Qui vive ? » — Je répondis : « Général de la garde nationale. »

M. Delpit. — Quelle heure était-il ?

M. Langlois. — Il était alors deux heures et demie du matin. Je calcule qu'ayant été obligé de rédiger ma proclamation, ayant lu la proclamation des maires, ayant été à pied rue Mansart, il devait être deux heures et demie à trois heures du matin.

Lorsque je me présentai en disant : « Je suis nommé par le gouvernement, » on cria : « Vive le général Langlois ! » Non pas tout le monde, mais plusieurs de ceux qui étaient là. Ceci se passait en quelque sorte dans l'antichambre. Au fur et à mesure que j'avançais, je trouvais des dispositions différentes, de la défiance, de l'hostilité même. Quand j'arrivai au Comité central, c'est Assi, je crois, qui m'adressa la parole. Ce qu'il y a de certain, c'est qu'on me demanda qui j'étais. Je dis que j'étais nommé par le gouvernement et que je reconnaissais le gouvernement. — On me dit : « Nous reconnaissez-vous? — Non, je ne vous reconnais pas. — Dites-nous ce que vous pensez du Comité central. — Je n'en pense rien. Je n'ai pas désiré être nommé général. Ce sont les maires et les députés de Paris qui m'ont nommé dans la pensée que par là on arriverait à éviter l'effusion du sang. En admettant même qu'il se passe des événements heureux pour vous, le plus que vous pouvez espérer, c'est le succès ici ; la question est purement parisienne ; si vous ne reconnaissez pas le gouvernement de l'Assemblée, vous avec donc la prétention d'être un gouvernement national? Alors, c'est la guerre civile que vous faites en France. Vous ne pouvez pas avoir cette prétention, ou vous êtes des fous. »— Ils me répondirent : « Donnez votre démission et nous vous nommerons. — Ah ! non, je veux bien être nommé par le gouvernement, mais non par vous. » — Enfin, je ne puis pas entrer dans tous les détails ; mais voilà le fond de toute cette affaire. Je donnai ma démission, je sortis et je me rendis immédiatement au IIe arrondissement pour redemander ma proclamation. On me dit qu'elle était partie pour l'*Officiel*. J'allai au journal pour que ma proclamation n'y parût pas. Le petit jour commençait. Je trouvai là M. Feyrnet, celui qui signait aussi au journal *le Temps*. Il me dit: « Il faut que j'aie des ordres pour cela. » Nous partîmes ensemble avec François Favre, le maire de Batignolles, pour voir M. Picard, au ministère de l'intérieur. Nous ne trouvâmes que son chef de cabinet à qui je racontai ce qui s'était passé, et tout ce que j'avais vu. Je rentrai me coucher à sept heures et demie du matin, j'étais éreinté.

Vers huit heures, des personnes que je ne connais pas vinrent me trouver et me demandèrent si je voulais faire partie d'une fédération de la garde nationale. — « Voulez vous y adhérer avec votre bataillon? — Je ne sais pas ce que vous voulez dire. Je sais qu'il y a un comité central à l'Hôtel de Ville. Est-ce cela? — Oui ! c'est cela ! — Alors vous pouvez dire que je n'en suis pas. »

Une heure après, cinquante hommes montèrent à mon appartement pour m'arrêter. Heureusement ma femme, qui a une grande énergie morale, sut les arrêter. Elle les reçut à la porte. Un seul de ces hommes entra non armé. Les autres restèrent dans l'escalier. Cet homme me demanda si j'étais commandant. Je lui racontai ma nomination et ma démission. Pendant ce temps passèrent des hommes de mon bataillon dans la rue; et les cinquante qui étaient venus pour m'arrêter s'esquivèrent.

Il y eut une réunion des maires le lendemain, dans la journée ; puis, il y eut une seconde réunion des chefs de bataillon à la mairie de M. Bonvalet, au square du Temple. Là, on fit ce qu'on put pour s'entendre. Mais il y eut un grand désarroi. En somme, cela n'a abouti à rien.

On est revenu le soir : il y avait quelques commandants de compagnies qui étaient bien disposés. C'était une force très-minime qui suffisait seulement à garder certains quartiers comme le quartier de la Banque.

Le soir de ce jour, des délégués du comité central, Varlin, Jourde, Arnould, Moreau, vinrent pour s'entendre avec les maires de Paris ; il ressortit de leur démarche qu'ils venaient purement et simplement proposer aux maires de Paris de leur livrer l'Hôtel de Ville, et de leur rendre tous les services administratifs.

Ce qui était très clair et très-net, c'est qu'ils entendaient conserver le commandement militaire de la garde nationale qu'ils venaient de prendre par une espèce de fédération. Des gens qui n'avaient jusque-là aucune influence, par cela seul qu'ils mettaient un brassard de fédérés, prenaient une autorité. C'est qui explique que la veille ces gens-là avaient pu faire arrêter le général Lecomte et le commandant Clément Thomas, et les faire incarcérer au Château-Rouge. On n'a pas su par qui l'ordre de les conduire rue des Rosiers avait été donné.

Le Comité central envoya donc ses quatre délégués, Varlin, Jourde, Arnould, Moreau, disant qu'il était très-disposé à reconnaître l'autorité des maires en exercice ; en somme, il voulait que les maires prissent sur eux la fonction de payer les gardes nationaux. Le Comité central n'avait pas le sou. S'il venait offrir aux maires ce semblant d'autorité, c'était pour leur faire payer la solde des gardes nationaux. Cela fut expliqué par M. Mottu, par M. Tirard et par moi.

Nous leur avons dit: « Vous ne pouvez rester, vous n'avez pas d'argent. » Je leur ai dit ceci : « Vous voulez garder le commandement de la garde nationale, le reste vous importe peu. Il faut que la garde nationale soit payée, et vous venez offrir aux maires de la payer pour vous. »

On sentait bien que les maires, payant la garde nationale, entraient plus ou moins dans le mouvement. Ce que voulait le Comité central, c'était d'engager les maires. Ces gens-là (les gens du Comité central), étaient des gens inconnus. Je ne crois pas qu'il y eût des intentions bien arrêtées avant le 18 mars. Ces gens-là marchaient au jour le jour ; dans les premiers instants, ils ont attendu ; ils ont été poussés et entraînés peu à peu. Quand ils ont été poussés à l'Hôtel de Ville, ils ont été pris de vertige ; ils ont pensé qu'ils pouvaient être un gouvernement, et quand ils ont appris que la troupe s'éloignait, leur ambition s'est développée, elle n'a plus eu de bornes. Ils ont pensé à faire une révolution complète. Mais primitivement cette idée n'y était pas ; seulement il y avait une question très-grave et qui dominait toutes les autres : la force armée, il fallait la payer.

Les maires ont refusé absolument. « Vous venez nous mettre sur le dos la charge de payer la garde nationale, nous ne voulons pas l'accepter. »

On ne pouvait pas attendre, on ne pouvait pas laisser les hommes quarante-huit heures sans paye.

Alors les délégués parurent mettre de l'eau dans leur vin. Ils annoncèrent qu'ils réfléchiraient. Le lendemain, il y eut une autre réunion aussi infructueuse et le surlendemain, ils devaient rendre l'Hôtel de Ville. C'était une affaire pour ainsi dire entendue pour le 21, parce que ces gens-là n'avaient rien, et qu'il leur fallait absolument de l'argent. Pourquoi ne rendirent-ils pas l'Hôtel de Ville? Parce qu'on leur avait donné des fonds. C'est là la vraie raison. Seulement nous n'avons pas su de qui était venu cet argent. Nous avons cru qu'ils avaient fait des demandes d'argent à l'un, à l'autre, à M. de Rothschild, à des banquiers et qu'ils avaient ainsi ramassé 500,000 francs. Mais pas du tout: c'était la Banque qui avait payé! Je ne comprends pas comment, puisque la Banque était à nous, puisque c'était nous qui tenions la rue de la Banque. Ce qu'il y a de certain, c'est que si on était resté deux jours sans payer, il y aurait eu une désorganisation profonde parmi les fédérés, surtout quand ils auraient vu que le gouvernement payait ailleurs, à Passy, par exemple.

Je n'ai pas d'autres détails à donner à la commission, parce qu'à partir du 22, je ne me suis plus mêlé de ces affaires. J'avais des raisons particulières: je ne pouvais point coucher chez moi; on venait tous les jours s'informer pour savoir ce que j'étais devenu, et faire des perquisitions dans mon domicile; par conséquent je ne pouvais pas rester. Je disais à mes collègues: « N'allez pas à Paris, parce que j'y sens un courant fatal que vous subirez. »

Il y en a malheureusement qui ont subi cette influence; il y en a qui ont donné leur démission et qui auraient bien mieux fait de rester à l'Assemblée. Je vous ai cité Millière. Il y a eu aussi Clémenceau, Lockroy et autres, qui étaient les gens les plus énergiques dans les journées des 19, 20 et 21 mars; ils ont continué à aller à Paris; c'est ce qui les a entraînés à donner leur démission.

M. LE COMTE DARU. — Ils y ont pris la maladie.

M. LANGLOIS. — Oui, ils y ont pris la maladie. Il y avait une différence du tout au tout entre le langage d'un homme qui n'était pas allé à Paris, et le langage du même homme revenant de Paris. Il parlait alors d'une tout autre manière.

M. DELPIT. — Ce que vous venez de dire de l'appel fait par le maire de Montmartre aux députés de Paris, dans la matinée du 18, pour l'aider à sauver le général Lecomte, est tout à fait à la décharge de M. Clémenceau. Il est fâcheux pour lui que cette circonstance n'ait pas été révélée plus tôt, et qu'il n'en soit question ni dans la lettre de M. Clémenceau du 30 mars en réponse à M. Beugnot, ni de ce qui a été dit devant le conseil de guerre, dans les dépositions entendues ici.

M. Langlois. — Clémenceau est un des hommes les plus calomniés sur cette question. Cela vient de ce qu'il avait à à Montmartre un très mauvais entourage. Deux de ses adjoints, Dereure et Jaclard, étaient notoirement avec l'insurrection.

Déposition de M. Baudouin de Mortemart.

M. Baudouin de Mortemart. Le 17 mars, le général d'Aurelle m'avait fait venir et m'avait demandé quels étaient les bataillons sur lesquels nous pouvions compter. Je fis monter le major de place, et nous dressâmes ensemble une liste de 40 bataillons sur lesquels nous croyions encore pouvoir compter.

Nous aurions pu augmenter cette liste, la faire plus longue, mais nous n'avions voulu prendre que les bataillons qui confinaient au centre de Paris. Le général d'Aurelle me donna l'ordre de réunir à onze heures du soir, les commandants de ces 40 bataillons, de leur établir un plan, afin de diviser Paris en sept ou huit commandements qui seraient occupés par ces 40 bataillons.

Je fis ce plan; je désignai les emplacements où les troupes devaient aller passer la journée du 18 mars, et je convoquai, par ordre du général d'Aurelle, les officiers supérieurs qui commandaient ces bataillons ainsi que les officiers d'état-major nommés chefs de secteur, pour onze heures du soir. Tout le monde est venu. Le général a réuni tous les officiers autour de lui; je leur ai donné communication de leurs commandements, ainsi que de la liste des emplacements qu'ils devaient occuper. Le général d'Aurelle leur adressa ensuite quelques paroles.

Le colonel Langlois a demandé au général d'Aurelle si c'était pour prendre les canons qu'on réunissait la garde nationale, ou bien si l'on cherchait simplement à défendre Paris. Il déclara que, si c'était pour prendre les canons, il pensait que les bataillons ne marcheraient pas, mais qu'ils marcheraient contre les habitants de Paris qui voulaient le désordre, si ceux ci venaient les attaquer.

Le général d'Aurelle répondit prudemment, en demandant aux officiers s'ils pouvaient répondre de leurs bataillons, et s'ils marcheraient pour assurer la tranquillité et l'ordre dans Paris. Ces messieurs ont assuré qu'ils pouvaient répondre de leurs bataillons dans leurs quartiers respectifs, mais qu'ils ne pensaient pas que leurs hommes voulussent sortir et marcher d'un arrondissement dans un autre. C'est à ce moment que M. Langlois a fait sa demande. Le général a répondu qu'il n'était pas autorisé lui même à dire s'il devait prendre les canons ou ne pas les prendre, mais qu'il était bon que chacun fût prêt à prendre part à la lutte, si la lutte avait lieu; qu'il était évident qu'on ne pouvait pas rester dans cette position d'avoir en face de soi des gens qui avaient des canons et qui ne voulaient pas les rendre; qu'il y avait en ce moment deux commandements dans Paris, le Comité central et le commandement de la garde nationale, et que d'un jour à l'autre la guerre éclaterait entre ces deux pouvoirs; qu'il était nécessaire, dans cette prévision, de savoir sur qui l'on pouvait compter.

Le colonel Langlois ne comprenait pas qu'on voulût prendre les canons; mais néanmoins il n'acceptait pas l'autorité du Comité central. M. Langlois a ajouté que, dans le cas où l'on voudrait prendre les canons, il pensait que cela jetterait la division dans les bataillons de la garde nationale et serait le signal d'une collision; mais que, s'il s'agissait de défendre Paris contre les gens de Montmartre, il répondait que toute la garde nationale marcherait, et que les gens de Montmartre ne pourraient rien faire.

Vers deux heures de la nuit, après que toutes les instructions eurent été données, on se sépara ; il avait été convenu que le matin on ferait battre le rappel afin de réunir les hommes des bataillons et de se tenir prêt en cas d'accident.

M. LE PRÉSIDENT. Le rappel n'a-t-il pas été battu à cinq heures du matin ?

M. BAUDOUIN DE MORTEMART. — Nous avons fait battre le rappel à cinq heures du matin. Le général d'Aurelle m'avait ordonné de le prévenir au premier coup de canon que nous entendrions.

A quatre heures, les tambours se sont mis à battre la marche des bataillons dans leurs quartiers respectifs, mais les hommes ne sont pas descendus ; il n'y avait pas, à six ou sept heures du matin, plus de quatre à cinq gardes nationaux au coin de chaque rue, et cependant c'était dans les bons quartiers qu'on avait fait battre le rappel.

Les bataillons qui étaient de service la veille s'étaient très-bien conduits le soir.

Nous avions envoyé, afin de contre-balancer l'attitude que pouvaient montrer les troupes en voyant que la garde nationale ne voulait pas agir, deux officiers de l'état-major de la garde nationale avec chacune des colonnes qui se rendaient à Montmartre ; de plus, j'avais chargé deux de mes camarades de s'échelonner sur la route afin de faire parvenir au général d'Aurelle les nouvelles qui nous viendraient de l'action. Le matin, un officier que j'avais envoyé vit prendre Montmartre ; aussitôt il vint nous apprendre que tout était pris, qu'on avait mené cette affaire rondement, qu'il n'y avait eu qu'un seul homme tué ; en somme, qu'on n'avait éprouvé que très-peu de difficultés.

Je me fis répéter une seconde fois cette nouvelle ; je montai à cheval et courus chez le général Vinoy pour lui apprendre la prise de Montmartre par les troupes sans coup férir. Je retournai à la place Vendôme ; là, je trouvai un autre officier qui revenait des buttes et qui m'annonça que tout était perdu, que les troupes avaient été envahies par la population, qu'elles avaient fraternisé avec les insurgés, qu'on avait tiré sur le général Susbielle, et que c'était fini, que l'insurrection était maîtresse du terrain, qu'elle restait en possession des canons. Je retournai chez le général Vinoy pour lui annoncer cette triste nouvelle.

A la nouvelle de cet événement, le général Vinoy est monté à cheval pour se porter sur les lieux mêmes. En rentrant à la place Vendôme, nous avons trouvé la place envahie par les troupes qui redescendaient, nous leur avons fait rebrousser chemin. Nous avons trouvé des gendarmes qui rentraient avec leurs officiers; au milieu de cette débâcle générale nous n'étions pas fâchés d'être sauvegardés par la gendarmerie. Je me rendis donc chez le général Soumain, qui commandait la place, et je lui demandai, puisque les troupes étaient sous ses ordres, de laisser les gendarmes sur la place Vendôme jusqu'au soir. Il les y autorisa, et ces gendarmes sont restés jusqu'au dernier moment sur la place Vendôme, où étaient rassemblées deux ou trois portions des bataillons de la garde nationale.

Lorsque j'eus la certitude que les pièces de Montmartre avaient été reprises par les insurgés, et que c'était bien un fait accompli, j'ai sollicité du chef d'état-major, le commandant Roger, du Nord, des ordres pour me rendre sur différents points de Paris où nous avions réuni des bataillons, afin de voir s'il n'y avait pas moyen de tenter un dernier effort pour garder la ligne des boulevards, seul moyen que je croyais possible pour empêcher l'insurrection de se propager; je voulais faire un nouvel appel aux commandants des bataillons sur lesquels on croyait encore pouvoir compter. Cet ordre reçu, je remontai à cheval et j'allai depuis le boulevard Malesherbes jusqu'à la mairie du IXe arrondissement, et même jusqu'à Saint-Laurent, où nous avions un piquet, et de là jusqu'à la caserne du Prince Eugène. Je dis aux gardes nationaux qu'ils savaient ce qui s'était passé à Montmartre, et j'essayai de leur faire comprendre combien il était nécessaire de s'opposer à un pareil mouvement; j'ajoutai qu'il ne s'agissait plus d'un changement de général, que le mouvement était plus grave, qu'il s'agissait en ce moment de savoir si les honnêtes gens seraient remplacés par les coquins ; qu'en conséquence je les engageais à faire sortir tous les gardes nationaux de leurs quartiers respectifs, afin de s'opposer au passage des bataillons de Montmartre lorsque la nuit serait venue. Quelques-uns discutaient; une partie fut de mon avis et promit de prendre des dispositions pour que la ligne des boulevards ne fût pas occupée la nuit par les insurgés.

Le général d'Aurelle rentra vers quatre heures à la place Vendôme, fit appeler son chef d'état major, le commandant Roger, du Nord, le colonel marquis de Corteya et moi. Il nous demanda notre avis sur ce qui se passait. Il savait que nous connaissions beaucoup Paris, et c'est pour cette raison qu'il voulait nous consulter. Son intention était de rentrer à son état-major et d'y attendre l'émeute; nous fûmes d'un avis unanime pour lui dire que si nous restions ainsi, on ne nous tuerait peut-être pas, mais que nous serions traînés dans les ruisseaux par les gens de Belleville et de Montmartre ; qu'à Paris les révolutions se faisaient en un quart d'heure, et que nous avions bien l'air de marcher vers une révolution. Il prit alors le parti de donner sa démission et la fit écrire séance tenante. Le général retourna ensuite au gouvernement et me donna rendez-vous pour huit heures du soir, au Cours la-Reine, chez le commandant Roger.

Avant d'aller retrouver le général, je voulus lui porter quelques nouvelles de la place Vendôme. Je me rendis donc à cette place, et afin de mieux voir, je montai sur un siége. La place était complétement envahie; le bataillon peu nombreux qui la gardait depuis le matin avait déclaré que si l'on voulait occuper la place sans en avoir reçu l'ordre, il tirerait. Les gens de Belleville leur disaient : « Ne tirez pas, nous ne voulons pas nous battre ; » ils cherchaient à parlementer.

On laissa passer une députation qui vint à l'état-major général demander qu'on laissât les bataillons de Montmartre prendre possession de l'hôtel; le major de place et les officiers d'état-major présents s'y opposèrent ; on convint d'aller prendre les ordres du général d'Aurelle, et le capitaine de Villiers, son officier d'ordonnance, partit pour le Cours-la-Reine ; il revint avec une lettre adressée au commandant Barie, du 1er bataillon, qui l'engageait à se retirer, le général ayant reçu l'ordre de se replier sur Versailles avec les troupes du général Vinoy.

Nous avons fait évacuer la place Vendôme, nous avons fait partir tous les gendarmes par la rue de Rivoli, et les bataillons de l'émeute sont seulement alors entrés sur la place.

En quittant le général et le commandant Roger, du Nord, on nous assigna un rendez-vous pour la nuit, mais les circonstances ne permirent pas au général et au chef d'état major d'y venir, et après avoir attendu nous partîmes pour Versailles nous mettre aux ordres du gouvernement, où nous avons organisé les bataillons de volontaires qui ont eu l'honneur de rentrer à Paris dans l'état-major du maréchal de Mac-Mahon.

Déposition de M. le colonel Vabre.

M. LE COMTE DARU. — Nous désirons vous entendre sur les faits relatifs au 18 mars. Vous avez été commandant de l'Hôtel de Ville ?

M. LE COLONEL VABRE. — Depuis le 22 janvier jusqu'à l'armistice, il n'y a rien eu de saillant. Les Parisiens, n'ayant rien à faire, allaient à la colonne de la Bastille pour manifester. Enfin nous sommes arrivés à la reddition de Paris, et je dois dire qu'à ce propos l'incurie a présidé à tout ; c'était un désarroi complet ; je me rappelle que j'ai fait sortir plusieurs fois les hommes du 109e et du 110e régiments de ligne pour aller garder les canons qui étaient abandonnés çà et là.

Nous arrivons à la journée du 18 mars. Ce jour-là, à deux heures et demie du matin, je reçois l'ordre de laisser libre le 109e régiment, qui, à trois heures moins un quart, devait au pas de course gagner les hauteurs de Montmartre et s'arrêter aux boulevards extérieurs, tout près du boulevard Ornano.

Personne n'avait été prévenu, et cinq minutes avant le départ projeté, j'avais relevé les hommes du 109ᵉ avec ceux du 110ᵉ. Tout cela s'était fait de vive voix, et le colonel Lespion partait, à la tête de son régiment, à trois heures moins un quart.

Vous savez ce qui s'est passé. Les canons ont été pris en partie, mais les chevaux ne sont pas arrivés à temps. A qui est le tort? à quel officier les ordres avaient-ils été donnés? Je n'en sais rien. Je ne répéterai pas ici tous les bruits qui ont couru dans la rue, mais il est certain que quelqu'un a commis la faute de ne pas envoyer à temps des chevaux pour emmener les pièces.

A une heure, le colonel Lespion rentra à l'Hôtel de Ville en disant :

« Je vais me faire sauter la cervelle. — Pourquoi cela? lui demandai je. — Parce que je ne suis pas digne d'être officier de l'armée. Voici ce qui s'est passé. Mes troupes ont été entourées par une foule sans armes qui les a mises dans l'impossibilité d'agir. A la fin j'ai dû composer, et pour ravoir mes pièces j'ai promis de rentrer à l'Hôtel de Ville. » Et il y revenait; je le dissuadai à grand'peine de son projet; et je lui fis reprendre immédiatement son poste.

J'avais pris toutes mes précautions pour une attaque; j'avais 300 gendarmes à pied et 40 gendarmes à cheval, plus le 109ᵉ et le 110ᵉ régiment; j'avais organisé, avec plus de 500 matelots, un système de barricades à chaque fenêtre, ce qui rendait l'Hôtel de Ville inexpugnable. J'avais, de plus, organisé une série de feux convergents pour arrêter sur le seuil tous ceux qui voudraient en approcher. Enfin il aurait fallu une armée tout entière, avec des canons, pour prendre l'Hôtel de Ville, et encore cela n'aurait pas été sans une longue résistance.

Dans la journée est arrivé à l'Hôtel de Ville le général Deroja avec son état-major. Je lui ai indiqué toutes les dispositions que j'avais prises. Il s'était formé des attroupements derrière la caserne Napoléon, j'ai été les sommer et j'ai commandé le feu sur eux ; une vingtaine de personnes ont été tuées[1], et les autres sont parties.

Le soir, vers cinq heures, on m'apprend que des hommes non armés voulaient enfoncer la porte du souterrain qui fait communiquer l'Hôtel de Ville et la caserne ; j'y cours et, voyant qu'ils n'avaient pas d'armes, je fais sortir 50 gendarmes en leur défendant de faire feu et de se servir de la baïonnette, mais avec l'ordre de tomber sur cette foule à coups de fusil. Il y eut pas mal de bras et de jambes cassés, mais les attroupements se sont dispersés sans coups de fusil et sans l'usage de la baïonnette.

A six heures nous allions nous mettre à table, le général Deroja, le colonel Lespion, plusieurs officiers et moi, lorsqu'un adjudant monte et nous dit : « Les gendarmes ont déguerpi de l'Hôtel de Ville par le souterrain. »

Je descends et je m'aperçois, en effet, qu'ils s'étaient retirés par le souterrain Lobau, d'où ils ont gagné, comme je l'ai su plus tard, la préfecture de police et de là Versailles. Je fais fermer tout et je dis à ceux qui m'entouraient : « Personne n'entrera dans l'Hôtel de Ville. » A ce moment, un factionnaire m'apporte un papier informe, — ce papier doit être maintenant dans les mains du général Deroja, qui se trouve actuellement au camp de Satory, — sur lequel étaient ces mots : « Évacuez la caserne et l'Hôtel de Ville. *Signé* : Vinoy. » Il n'y avait pas de cachet ; je dis au général Deroja que je n'obéirais pas ; il insiste, je lui dis : « Sortez si vous voulez, général ; pour moi je ne sortirai pas d'ici sans un ordre exprès. » Il me propose alors d'envoyer chez le général Vinoy demander si l'ordre est véritable. Nous envoyons un officier d'état-major, un lieutenant, qui a été tué depuis à Châtillon, avec une lettre demandant au général Vinoy s'il me donnait réellement l'ordre d'évacuer. Mais on ne le trouva pas chez

---

[1] Le colonel Vabre est mal servi par ses souvenirs ou a été mal renseigné sur les conséquences de cette décharge, qui, d'après les récits des habitants du quartier, — n'a fait qu'une seule victime, un clairon de la garde nationale.

lui; il avait battu en retraite avec le gouvernement, et notre officier rentra à une heure du matin en disant : « J'ai trouvé un officier d'état major qui m'a affirmé que c était bien la signature du général Vinoy. »

Cela ne me suffisait pas : je télégraphiai au ministère de la guerre, le ministre était parti; à la préfecture, le préfet était parti aussi. Je ne mets pas en doute un seul moment la valeur du général Valentin, il a fait ses preuves, mais il m'avait aussi oublié. Je télégraphie de nouveau au ministère des affaires étrangères, rien; je télégraphie à l'intérieur, un secrétaire me répond : « Attendez de nouvelles instructions. » La lutte durait toujours entre le général Deroja qui voulait partir et moi qui refusais d'évacuer l'Hôtel de Ville sans des ordres directs. Enfin vers dix heures et demie du matin[1], il nous arrive une dépêche ainsi conçue : « Le conseil des ministres réuni et le président du conseil ont décidé ceci : Faites évacuer la caserne Napoléon et retirez vous sur l'École militaire. » Alors nous avons commencé notre mouvement de retraite et nous avons évacué l'Hôtel de Ville et la caserne Napoléon, en laissant cinq hommes et quatre concierges avec un officier. Les barricades étaient déjà commencées dans les endroits avoisinant l'Hôtel de Ville. Nous avons traversé tout cela les armes chargées, mais personne ne nous a rien dit.

Je dois dire que je pouvais rester à l'Hôtel de Ville plusieurs jours; j'avais 6,000 rations, qui ont été pillées une heure après; toutes mes précautions étaient prises, j'avais en munitions plus de 30,000 paquets de cartouches. En un mot, l'oubli qu'on a fait de la position où je me trouvais a été, selon moi, des plus fâcheux.

Je vous prie, de plus, de remarquer que dans la dépêche

[1] Il y a évidemment ici une erreur matérielle. Il faut lire « dix heures et demie du *soir*. » L'heure exacte de l'évacuation nous est donnée par la dépêche suivante de M. Jules Ferry : « 18 mars 1871; 9 heures 55 mi-
« nutes soir. Maire de Paris à Intérieur. Les troupes ont évacué l'Hô-
« tel de Ville. Tous les gens de service sont partis. Je sors le dernier.
« Les insurgés ont fait une barricade derrière l'Hôtel de Ville et arrivent
« en même temps sur la place en tirant des coups de feu. »

que j'avais reçue, il n'était question que de la caserne Napoléon ; craignant un oubli à mon égard, j'ai prié le général Deroja d'assembler, en conseil de guerre, tous les officiers qui se trouvaient là, pour savoir si je devais évacuer, et ce n'est que sur leur décision que j'ai évacué.

M. LE COMTE DARU. — Il a été oublié, entre autres, trois régiments d'infanterie et des canonnières blindées qui n'avaient pourtant qu'à suivre le courant du fleuve.

M. LE COLONEL VABRE. — M. le général Le Flô m'a dit en me revoyant, à Versailles : « Mon cher ami, quelle nuit vous m'avez fait passer ! Je vous croyais perdu, on vous avait oublié. »

Déposition de M. Macé.

Le 17 mars, nous avons été appelés dans le cabinet du préfet de police, le général Valentin ; je fus chargé d'aller avec le général Faron pour prendre les canons des buttes Chaumont. Nous sommes partis avec des troupes et nous sommes arrivés à trois heures du matin à la mairie de Belleville ; jusqu'à cinq ou six heures nous avons bien marché ; à cette heure-là, nous avons commencé à entendre les coups de fusils, et nous avons été arrêtés par des barricades faites par des gens établis. Je citerai entre autres un boucher que j'ai vu, au coin de la rue de Paris, exciter les gens à faire des barricades.

Nous étions en réserve ; j'ai fait des battues avec la troupe ; seulement ces troupes, qui étaient restées longtemps en permanence, furent flattées par la garde nationale qui criait : « Vive la ligne ! » J'entendais les soldats dire : « Nous ne tirerons pas ; » de plus, ils étaient fatigués de la nuit qu'ils avaient passée ; les chevaux n'arrivaient pas. *Du reste, la chose aurait été mieux préparée qu'elle n'eût pas mieux réussi.* Nous avons été embarricadés et obligés de mettre les mitrailleuses en batterie à la place de la mairie de Belleville, à huit heures du matin, pour nous dégager. Je disais au général Faron : « La troupe ne nous servira pas ; » et en effet, chaque fois qu'on allait en reconnaissance ou qu'on envoyait du renfort soit pour Montmartre, soit pour les buttes Chaumont, les officiers revenaient nous dire : « Ils ont levé la crosse en l'air ; » heureux encore quand on n'avait pas fraternisé !

Nous eûmes beaucoup de peine à redescendre et à ramener les pièces de canon, non pas celles que nous avions prises aux buttes Chaumont, mais celles que nous avions emportées ; nous rentrâmes à cinq heures à la préfecture, conduisant un gardien de la paix qui avait été lardé de coups de baïonnette en passant, et sans qu'il y eût eu collision. Chaque fois que nous mettions les mitrailleuses en batterie, les gardes nationaux arrivaient en disant : « Nous vous défions de tirer sur le peuple, » et on ne tirait pas. A la barrière des Vertus, la garde nationale de la Chapelle était extrêmement hostile ; il nous fallait revenir par Montmartre. Nous avons dû parlementer ; un moment, j'ai été fait prisonnier et jeté dans une cave d'un coup de crosse de fusil. J'avais reçu à la préfecture des mandats contre des individus politiques que je devais prendre à Belleville ; j'avais pris soin de jeter ces mandats dans les fortifications, j'avais seulement mon écharpe ; j'ai parlementé, et ce n'est qu'à force de poignées de mains en leur disant : « Nous ne vous ferons rien, » que nous avons fini par passer.

La nuit du 18 mars au ministère des finances.

Les membres du gouvernement, les maires de Paris, les chefs de l'armée et de la garde nationale ont raconté à la Commission d'enquête ce qu'ils avaient fait ou vu chacun de son côté pendant la lugubre journée du 18 mars. Le public nous saura peut-être gré de lui faire connaître par le récit suivant qu'on veut bien nous communiquer comment le personnel du ministère des finances passa ces tristes heures.

Le 18 mars, en arrivant au ministère des finances, j'appris

que notre bataillon, le 171ᵉ, composé des employés de tous grades de ce ministère, était consigné.

Les événements qui s'étaient passés dans la matinée donnaient à cette consigne une importance toute particulière que chacun comprit. La caisse était ouverte comme d'habitude; mais peu de personnes s'y présentaient : toutes les portes, d'ailleurs, étaient fermées et gardées, et les précautions avaient été prises par M. Dourradou, commandant du bataillon, pour éviter toute surprise.

La journée se passa sans alerte. Le soir, à huit heures, un poste de vingt-cinq hommes fut placé en dedans de chacune des sept portes de l'hôtel des finances. Nous étions dans l'ignorance la plus absolue de ce qui se passait au-dehors, et nous attendions tous, avec impatience, soit l'arrivée du ministre, M. E. Picard, soit au moins des ordres; mais ni les ordres ni le ministre ne venaient.

Le secrétaire général lui-même était dans l'impossibilité de nous donner aucune nouvelle.

Une pareille incertitude ne pouvait cependant durer, et, à une heure du matin, le commandant, d'accord avec le secrétaire général, se décida à envoyer trois gardes du bataillon à la découverte; l'un devait aller chez le gouverneur de Paris, l'autre au ministère de l'intérieur, et le troisième au ministère des affaires étrangères.

Les deux premiers revinrent assez promptement; ils avaient trouvé vides et l'hôtel du gouverneur et celui du ministre de l'intérieur.

Enfin, à trois heures, le dernier messager arriva, apportant la nouvelle que le gouvernement était parti pour Versailles, la veille, à cinq heures du soir.

Une heure après, cette détermination du gouvernement nous fut communiquée. En même temps, nous étions invités à rentrer chez nous, mais, autant que possible, sans uniformes, et, surtout, sans emporter nos armes, afin, nous dit-on, d'éviter tout désagrément en chemin, *car on ne savait pas si nous étions cernés!*

Nous avions, en effet, vu défiler toute la nuit de nombreuses bandes de fédérés, mais n'aurait-on pas pu savoir, avant de nous faire partir, si les rues avoisinantes étaient libres ou non? Et, de fait, en entrant chez moi, à six heures, je ne rencontrai qu'un homme éteignant les becs de gaz!

Ainsi, nous étions restés sans nouvelles et sans ordres, de cinq heures du soir à trois heures du matin, et ce fut seulement le lundi que les employés reçurent l'invitation de ne plus paraître au ministère, et furent avertis qu'ils étaient, à partir de ce moment, en congé régulier à solde entière.

Le dimanche 19, à midi, deux bataillons fédérés avaient pris possession du ministère abandonné.

LE MONT VALÉRIEN

PENDANT LES JOURNÉES DES 18, 19 ET 20 MARS 1871

(Récit inédit)

Une personne qui a connu jusque dans les moindres détails les faits qui se sont passés au Mont-Valérien les 18, 19 et 20 mars 1870, a bien voulu nous en communiquer un très intéressant résumé, dont elle nous garantit la parfaite exactitude. Ce récit, entièrement inédit, complétera ce que les témoins entendus par la commission nous ont appris relativement à l'évacuation des forts.

Journal du Mont Valérien.

18 mars 1871.

Dans la nuit, le colonel Potier reçoit de son général de brigade, le général Daudel, l'ordre de se replier sur Versailles avec les bataillons de son régiment. Le général le prévient qu'il ne devra rester au Mont-Valérien que les chasseurs. Le départ pour Versailles des troupes de Paris qui n'ont pas pactisé avec le désordre détermine cette regrettable mesure. La forteresse du Mont-Valérien se trouve ainsi abandonnée à la garde d'une troupe sans armes et indisciplinée.

19 mars.

Le commandant du fort prescrit sous sa responsabilité aux chefs de bataillon Palluet et Bayard commandant les 21e et 23e bataillons de faire partir avec des feuilles de route tous les hommes de leurs bataillons en mesure d'être libérés ; puis il ordonne à tous les chefs de corps de se disposer à partir, le premier pour Évreux et l'autre pour Chartres, points auxquels ils trouveront de nouveaux ordres de route. Des officiers sont dépêchés à Versailles au général en chef, pour l'informer de ces mesures ; elles obtiennent son approbation. La nuit est difficile à traverser. Un poste de 28 chasseurs choisis veille à l'entrée du fort avec 20 fusils, seules armes restées dans le fort. Les poternes sont gardées chacune par un factionnaire ; une ronde incessante surveille ces derniers. Pas une des poternes n'est fermée à clef : toutes les serrures ont été brisées la veille. Dans la nuit, le général Vinoy, général en chef, fait savoir qu'un bataillon d'infanterie arrivera dans la matinée au fort et qu'il importe extrêmement qu'il ne puisse se rencontrer avec les chasseurs.

20 mars.

Le 23e bataillon part à 6 heures du matin ; le 24e part à 9 heures ; le fort n'est plus gardé que par la porte d'entrée.

En même temps se présente un sergent major de la garde nationale, annonçant que le comité de défense a ordonné l'envoi au Mont-Valérien de deux bataillons des Ternes et des Batignolles, et qu'ils devront arriver dans la journée.

A neuf heures et demie, un bataillon du 119ᵉ venant de Versailles paraît sur les glacis du fort ; son attitude est résolue ; la situation est sauvée.

Les mesures défensives sont prises immédiatement pour être prêt à toute éventualité. Le reste du régiment arrive une heure après. Avec lui un détachement de 72 artilleurs du 22ᵉ régiment : un détachement de 25 sapeurs de la 18ᵉ compagnie (bis) du 2ᵉ génie ; quelques éclaireurs du 9ᵉ chasseurs à cheval et un premier convoi de vivres pour quatre jours pour toute la garnison, qui dispose dès lors de 1800 hommes.

A 8 heures du soir, on annonce au poste de l'avancée une députation d'officiers de la garde nationale. Le lieutenant-colonel commandant du fort et le colonel Cholleton, commandant le 119ᵉ de ligne, les reçoivent aussitôt au poste du capitaine de garde de l'entrée du fort. Ces messieurs déclarent qu'ils appartiennent à deux bataillons, l'un de la garde nationale des Ternes, l'autre de celle des Batignolles ; qu'ils précèdent leurs bataillons arrêtés à environ 2000[1] mètres du fort et qu'ils viennent communiquer au commandant l'ordre qu'ils ont reçu du comité de défense (sic) de venir occuper le fort. Le lieutenant colonel commandant de place leur répond : qu'il n'a reçu aucun ordre à leur sujet ; qu'il ne reconnaît pas le comité de défense dont lui parlent les délégués ; qu'il ne recevra d'ordres que de ses chefs directs, et que, quant à la garde du fort, au sujet de laquelle les gardes nationaux paraissent être soucieux, ils peuvent se tranquilliser : le Mont-Valérien est à l'abri de toute attaque, de quelque côté qu'elle vienne.

Les envoyés se sont retirés en donnant à entendre que la manière dont ils avaient été accueillis mécontenterait beaucoup. En effet, en prêtant attentivement l'oreille, il a été possible d'entendre après leur départ, à travers l'obscurité, quelques rumeurs venant de la direction qu'ils avaient suivie.

---

[1] Chiffre peu lisible sur le manuscrit. Peut être 1,000 mètres seulement.

Une surveillance active a été exercée la nuit; elle n'a donné lieu à aucun incident. Dans une direction est de Paris, ont été entendues des explosions à minuit et à 5 heures du matin; elles paraissaient produites par le canon, sans qu'en entendît le bruit prolongé du boulet.

21 mars.

Travaux d'installation de la nouvelle garnison.

CHAPITRE IX

DU 18 AU 26 MARS

LA RÉSISTANCE.

I

Dépositions des maires et des adjoints.

**Déposition de M. Tirard, maire du
IIᵉ arrondissement.**

M. TIRARD. — Il y eut un moment d'ébranlement moral excessif, lorsque nous arrivâmes au douloureux moment de la capitulation. Cependant, il ne se produisit aucune espèce de mouvement. Pas un des bataillons n'a bougé pendant toute la durée du siége, excepté au 31 octobre pour aller à l'Hôtel de Ville secourir le gouvernement. De sorte que rien ne me faisait prévoir les événements du 18 mars, jusqu'au moment où je suis parti pour Bordeaux.

Peu de jours après mon arrivée à Bordeaux, M. Jules Simon, qui était alors ministre de l'intérieur par intérim, me fit part de dépêches que M. Ernest Picard venait de lui envoyer. Il lui parlait du Comité central, de l'affaire des canons, et manifestait les craintes que ces événements lui faisaient concevoir.

Quelques jours après, il me pria, ainsi que MM. Henri Martin, Arnaud, de l'Ariége, et Clémenceau, d'aller à Paris pour aviser aux mesures à prendre. Nous partîmes le 2 mars, en compagnie de l'amiral Pothuau. J'arrivai dans mon arrondissement, je le retrouvai à peu près comme je l'avais laissé, seulement, je dois le dire, très-courroucé contre l'Assemblée. Toutes les personnes que je vis, même les hommes qui avaient jusqu'alors manifesté le plus grand désir de rester attachés au gouvernement de la défense nationale, les hommes les plus importants de l'arrondissement, les commerçants qui m'avaient donné le concours le plus actif pendant toute mon administration, me parurent extrêmement blessés du désir que manifestait l'Assemblée de ne pas revenir à Paris. Puis, le traité de paix les avait cruellement affectés; ils se figuraient qu'on aurait pu obtenir des conditions meilleures. Enfin, je sentis qu'il y avait là un commencement de désaffection, et je fus étonné de le trouver même chez les personnes les plus intéressées au maintien de la tranquillité publique.

Cependant l'ordre n'était pas menacé, et je n'avais pas à m'occuper spécialement de ce qui m'avait amené à Paris, puisqu'il n'y avait pas de canons dans mon arrondissement. Dans une réunion des maires, M. Henri Martin nous annonça que les canons avaient été rendus avec la plus grande facilité dans son arrondissement. Mais il n'en fut pas de même dans le dix-huitième. M. Clémenceau fit des efforts très grands et ne put parvenir à faire rendre les canons. Cependant, il nous dit qu'avec un peu d'adresse, en n'y mettant pas trop de brutalité, il espérait y parvenir.

Enfin, je revins à Bordeaux avec quelques dépêches que m'avait données M. Picard, et je n'entendis plus parler comme vous, que par les journaux, de ce qui se passait à Paris.

Lorsque je retournai de Bordeaux à Paris, j'allai à Angers, dans la famille de ma femme, où je restai deux jours. J'arrivai le 18 mars à Paris, à cinq heures du matin. A peine étais je arrivé qu'on vint me chercher de la mairie. On m'annonça qu'il y avait des troubles. Au même instant, j'entendis des cris au bas de la maison que j'habite, et je vis le chef de bataillon du 92e qui était maltraité par ses hommes. Quelques hommes de ce bataillon voulaient aller à Montmartre, où, disait-on, la garde nationale était menacée par la troupe.

Le chef de bataillon, le commandant Roux, opposa une résistance très-énergique, mais il fut maltraité et obligé de se sauver. Je me rendis de suite à la mairie, et là je reçus la visite de presque tous mes collègues. Nous recherchâmes par quels moyens nous pourrions rétablir l'ordre. Je fis venir tous les chefs de bataillon du IIe arrondissement qui nous promirent leur concours le plus dévoué; et tous me dirent que sauf quelques hommes, nous pouvions compter sur leurs bataillons.

Nous nous réunîmes dans l'après midi; un certain nombre de députés de Paris, presque tous les maires et une grande partie des adjoints de la mairie du IIe arrondissement assistèrent à cette réunion où nous décidâmes que nous irions le soir au ministère des affaires étrangères où siégeait le gouvernement.

Nous discutâmes les mesures les plus propres à calmer les esprits. On s'arrêta aux suivantes : nommer préfet de police M. Edmond Adam, et donner le commandement de la garde nationale à M. Langlois, hommes d'ordre tous les deux et républicains dévoués.

Nous arrivâmes le soir chez le ministre des affaire étrangères, qui nous reçut. M. Favre nous fit part de la tristesse que lui inspirait l'état de Paris. Il ne connaissait même pas encore l'assassinat de Clément Thomas et du général Lecomte. Lorsque nous le lui apprîmes, son désespoir fut excessif. Il nous dit qu'il n'était pas possible de céder à des gens qui se conduisaient ainsi, et qu'il fallait une très-grande fermeté. Il refusa, en conséquence, de donner son adhésion aux mesures que nous lui proposions de soumettre à ses collègues et à M. le président du conseil. Pendant que nous étions en conférence avec M. Favre, arriva le frère de M. Jules Ferry, qui nous annonça que toutes les troupes avaient disparu, que l'Hôtel de Ville était abandonné, les casernes aussi, et que son frère courait les plus grands dangers.

M. Jules Favre fut très-étonné de cette mesure prise par le gouvernement, et qu'il ignorait complétement; il nous engagea à rentrer à la mairie du II° arrondissement et à tâcher de nous entendre pour remplacer par la garde nationale la troupe de ligne qui faisait défaut.

Lorsque nous revînmes du ministère de l'intérieur, je trouvai dans mon cabinet la lettre que voici :

« Messieurs les maires,

« Le pouvoir exécutif me retire toutes les forces qui défendaient l'Hôtel de Ville.

« Je ne puis le défendre à moi tout seul. — Mais, dans l'intérêt de la caisse des archives municipales, vous devez intervenir pour régulariser ou atténuer ce qui va se passer.

« Signé : Jules Ferry.

« Neuf heures et quart. »

J'appris que l'Hôtel de Ville commençait à être occupé par les gardes nationaux fédérés. M. Ferry s'était réfugié à la mairie du Ier arrondissement ; j'y allai avec quelques-uns de mes collègues; mais, tout à coup, on vint nous annoncer que la mairie était cernée et qu'on cherchait M. Ferry. Notre collègue, M. Méline, adjoint au maire du Ier arrondissement, alla trouver le curé de Saint-Germain l'Auxerrois, dont le presbytère est contigu à la mairie. Ils ouvrirent une fenêtre par laquelle M. Ferry put s'échapper. On nous demanda qui nous étions; nous répondîmes énergiquement et on nous laissa retourner sans difficulté à la mairie du II° arrondissement. Je fis connaître au colonel Quevauvilliers que j'étais résolu à résister de la façon la plus énergique à l'invasion de la mairie du II° arrondissement, et que je le priais de vouloir bien prendre ses mesures à cet égard. C'est ce qu'il fit, et dès le premier jour nous eûmes des troupes en nombre assez considérable. Seulement, j'étais très embarrassé, parce qu'il nous en arrivait de tous les arrondissements dont les mairies avaient été envahies, et comme nous n'avions pas de commandant en chef, je regrettais qu'on ne nous eût pas donné de suite M. Langlois, que la population aurait certainement accepté.

J'envoyai une dépêche à ce sujet au ministère de l'intérieur, et l'on me fit répondre que dans la nuit on nous enverrait la nomination d'un commandant. Dans la nuit, en effet, M. Labiche vint nous apporter un arrêté nommant Langlois commandant de la garde nationale. Nous l'envoyâmes chercher immédiatement. Il arriva vers deux heures du matin, et je l'engageai à prendre immédiatement le commandement. Malheureusement, au lieu de s'installer à l'état-major de la place Vendôme, il eut la pensée d'aller bravement s'installer à l'Hôtel de Ville. Arrivé là, il trouva des bataillons fédérés. Il s'annonça comme commandant de la garde nationale. On lui dit : « Très-bien, nous vous acceptons volontiers, nous allons vous nommer. — Mais je suis nommé ! — Par qui ? — Par le gouvernement. — Qu'est-ce que c'est que le gouvernement ? — M. Thiers. — Ah ! nous ne connaissons pas M. Thiers ; nous vous acceptons très-volontiers, mais à la condition que vous ne soyez pas nommé par Versailles. — Je n'accepte pas d'autre commandement que celui qui m'est conféré par le gouvernement régulier, et je viens prendre le commandement de l'Hôtel de Ville en son nom. » — Les membres du Comité se récrièrent. Langlois fut dans la nécessité de leur laisser la place.

A son retour, il me raconta son aventure, je lui exprimai mon regret qu'il fût allé à l'Hôtel de Ville, au lieu d'avoir été immédiatement avec quelques hommes de son bataillon à l'état-major de la place Vendôme. Enfin Langlois me dit : « La situation est très grave ; je vous avoue qu'il me répugne beaucoup de prendre le commmandement dans un pareil moment. J'ai éprouvé un échec à l'Hôtel de Ville qui me met dans la nécessité, si j'accepte, d'aller me mettre à la tête de quelques bataillons et d'aller en faire le siége. Franchement, je crois que cela ne réussirait pas et j'éprouve d'ailleurs une très grande répugnance à engager la guerre civile. » — Il partit et je restai sans commandant en chef. Le lendemain, j'écrivis à Versailles, pour qu'on nous envoyât quelqu'un. J'avais des élèves de l'École polytechnique et des soldats isolés qui arrivaient à la mairie en grand nombre; je les avais installés à la caserne des gendarmes. J'avais des munitions à leur donner, mais pas d'armes, et pas de commandement. Le lendemain, on vint nous annoncer que les chefs de bataillon se réunissaient à la mairie du IIIe arrondissement pour organiser le service de la garde nationale.

M. Vacherot. — Le dimanche 19?

M. Tirard. — Oui, dans l'après-midi. Je me rendis à cette réunion avec quelques uns de mes collègues, et là nous nous trouvâmes en présence, non-seulement des chefs de bataillon, mais d'une foule d'officiers de la garde nationale. Je fis observer que cette réunion ayant pour but d'organiser le service, il ne devait s'y trouver que les chefs de bataillon et les membres des municipalités. Sur cette observation, les assistants qui n'étaient ni chefs de bataillons, ni membres des municipalités furent priés de se retirer. Il y avait là un certain nombre de chefs de bataillon qui me parurent indécis. Ils manifestaient une égale répugnance pour Versailles et pour le Comité central.

Nous leur fîmes observer que, quant à nous, nous ne voulions marcher qu'avec le gouvernement régulier et que nous étions parfaitement décidés à rester sur le terrain de la légalité.

A cette occasion, notre collègue Brisson fit un discours remarquable. Il fit entrevoir tous les périls de la situation. « A supposer que vos revendications soient parfaitement légitimes, leur dit-il, à supposer même que l'insurrection soit victorieuse, les Prussiens qui nous guettent et qui sont à nos portes se ruçront de nouveau sur nous, et la situation sera pire cent fois qu'au moment où a été voté le traité de paix. »

Pendant que nous étions en train de discuter, on vint me prévenir que quelques membres du Comité central désiraient me parler. Je sortis et je trouvai là deux individus dont j'ignore les noms, qui n'étaient pas du Comité central, mais qui venaient de sa part, et qui me dirent que le Comité était fort embarrassé de sa victoire, et qu'il ne demandait qu'à s'entendre avec les maires pour leur rendre l'Hôtel de Ville et les mairies. Je leur répondis : « Rien n'est plus facile, nous sommes décidés à reprendre possession des mairies, et à rentrer à l'Hôtel de Ville ; vous n'avez qu'une chose à faire, c'est de vous en aller. — Mais vous comprenez que ces messieurs ne veulent pas s'en aller sans avoir conféré avec vous; ils veulent absolument que vous leur accordiez une entrevue. » Je rentrai en séance. Je rendis compte de la communication qui venait de m'être faite, et il fut décidé qu'un certain nombre des membres des municipalités iraient à l'Hôtel de Ville.

Nous nous séparâmes et nous nous réunîmes de nouveau à la mairie du IIe arrondissement à neuf heures du soir. Nos délégués, qui étaient partis entre quatre et cinq heures, n'étaient pas encore revenus, et nous étions fort inquiets. Ils arrivèrent vers dix heures du soir; ils étaient accompagnés de quatre membres du Comité central, MM. Jourde, Varlin, Arnold et un quatrième du nom de Moreau, qui n'a pris presque aucune part à la discussion. Ces messieurs nous dirent qu'ils étaient parfaitement disposés à abandonner les mairies et l'Hôtel de Ville, mais à la condition que les maires s'entendraient avec le Comité de la garde nationale pour convoquer les électeurs et faire les élections municipales le lendemain. Je leur déclarai immédiatement que les municipalités n'entreraient en aucune façon en pourparlers réguliers avec le comité de l'Hôtel de Ville, qu'il n'y avait de pouvoir régulier à Paris que celui des municipalités en vertu d'une délégation qui nous avait été apportée, en même temps que la nomination de Langlois, et dont je vais vous donner lecture si elle peut vous intéresser.

M. le président. — Vous nous en donnerez copie si vous le voulez bien.

M. Tirard. Volontiers. « Le ministre de l'intérieur, vu les circonstances dans lesquelles se trouve la ville de Paris :

« Considérant que l'Hôtel de Ville, la préfecture de police, les mairies et ministères ont dû être évacués par les autorités régulières ;

« Considérant qu'il importe de sauvegarder l'intérêt des personnes, et de maintenir l'ordre dans Paris ;

« Délègue l'administration provisoire de la ville de Paris à la réunion des maires.

« Ce 19 mars 1871.

« Signé : Ernest Picard. »

J'étais allé moi même au ministère de l'intérieur, et j'avais dit à M. Calmon : « Paris n'a plus aucune autorité, nos pouvoirs sont précaires, puisque le gouvernement est parti sans nous prévenir. » Ah ! messieurs, je ne voudrais pas être amer, mais je l'ai dit à la tribune : « Paris a été abandonné « sans même que nous ayons été prévenus et sans que nous « ayons été mis à même de prendre les mesures que comportait « la situation. » C'est alors que, fort de cette délégation, je pus répondre aux membres du Comité : « Il n'y a qu'un pouvoir régulier, c'est la réunion des maires en vertu de la délégation du gouvernement. » Ils prétendirent avoir été nommés. — « Nommés par qui, quand, où ? Nous avons été nommés par la garde nationale. — Jamais, leur dis je, il n'y a eu d'élections pour la garde nationale, autres que celles qui ont été faites dans les mairies. Toutes les élections ont été présidées par des délégués des mairies. Eh bien, je vous déclare quant à moi, que jamais je n'ai été appelé à nommer de délégués pour former un comité de la garde nationale. Vous n'êtes donc investis d'aucune autorité régulière. Vous voulez, dites-vous, éviter l'effusion du sang ? Vous nous avez fait prévenir que vous étiez disposés à vous retirer. On vous a envoyé des délégués ; maintenant vous venez nous imposer des conditions; nous n'avons pas à en recevoir. Tout ce que nous pouvons faire, c'est de vous dire de vous en aller et que vous ne serez pas inquiétés. » — Enfin, nous refusâmes formellement de nous associer par une affiche commune à la convocation des électeurs.   C'était là leur but.   Ils voulaient que les députés de Paris, que les maires et le Comité central fissent une affiche commune pour convoquer les électeurs pour le 22. Nos collègues de l'Assemblée firent connaître que nous étions en instance auprès du gouvernement et de l'Assemblée pour qu'une loi municipale fût votée d'urgence. — « Nous espérons, disions nous, que cette semaine ou la semaine prochaine la loi sera votée, et alors, régulièrement, légalement, les électeurs seront convoqués, les municipalités régulières seront installées, elles fonctionneront, mais, jusque là, nous nous opposerons de la façon la plus formelle à la convocation des électeurs. » Plusieurs de mes collègues reprirent la discussion et leur dirent : — « Vous nous dites que vous êtes embarrassés de votre victoire, que vous ne demandez pas mieux que d'empêcher la guerre civile de prendre des proportions plus considérables. Eh bien, nous sommes dans des sentiments analogues aux vôtres et nous serons heureux de nous entendre avec vous ; nous vous promettons que nous allons faire les efforts les plus grands auprès du gouvernement pour obtenir que les élections se fassent dans le plus bref délai possible. Est ce que cela ne vous suffit pas?

— Non, il nous faut des garanties. »

La discussion se prolongea d'une façon à peu près inutile, en récriminations de part et d'autre; enfin, il fut décidé qu'on ferait une affiche dans laquelle on annoncerait à la population que les députés de Paris et les membres des municipalités allaient déposer un projet de loi sur le bureau de la Chambre, pour demander que les élections municipales fussent faites d'urgence. Ce fut, en effet, ce qui eut lieu, je crois, le lendemain.

Je dois indiquer ici que l'un des délégués de l'Hôtel de Ville, M. Arnold, dans le cours de la discussion, nous dit :—
« Ne croyez pas que vous soyez en face d'une faiblesse; vous êtes en face d'une force et d'une force qui n'est pas circonscrite seulement à Paris, mais qui rayonne dans toute la France. C'est la guerre civile que vous allez déchaîner par votre résistance, et une guerre effroyable; c'est l'incendie, c'est le pillage. »

Un membre. Il l'a annoncé?

M. Tirard. — Oui, monsieur ; « c'est la guerre civile, dit-il, que vous répandez dans toute la France. » Je ne vis là qu'une fanfaronnade. Je ne supposais pas que ces gens eussent des moyens d'action aussi étendus et aussi puissants ; mais ces paroles me sont restées gravées dans la mémoire.

Lorsque le principe de cette affiche fut décidé, les délégués se retirèrent, et il fut convenu que M. André Murat, adjoint de M. Dubail, et Bonvalet, le maire du IIIe arrondissement, se rendraient le lendemain matin à l'Hôtel de Ville pour en prendre possession. Le lendemain, à onze heures, MM. Murat et Bonvalet revinrent en nous disant qu'on n'avait pas voulu leur céder l'Hôtel de Ville, le Comité ayant déclaré qu'Arnold et les autres n'avaient pas de mandat; qu'étant maître de l'Hôtel de Ville, le Comité serait par trop naïf d'abandonner la partie sans avoir des garanties suffisantes. Je vis que notre devoir le plus impérieux était de nous mettre non pas à l'état d'offensive, je vous avoue que je n'avais pas grand espoir de pouvoir le faire, mais enfin de nous retrancher dans le IIe arrondissement et de maintenir nos communications avec la gare Saint-Lazare, de façon à être en relations constantes avec Versailles. Nous n'avions toujours pas de commandant ; nous avions bien le colonel Quevauvilliers, qui s'est très-bien comporté, mais qui n'était que le commandant du IIe arrondissement. J'attribue le revirement d'attitude des membres du comité de l'Hôtel de Ville vis à vis des maires à la facilité avec laquelle ils ont obtenu de l'argent à la Banque de France. Le manque d'argent était l'objet de leurs plus vives préoccupations.

Nous nous réunîmes de nouveau, nous étions presque en permanence, et nous agitâmes les questions de personnes dont la nomination serait de nature à donner satisfaction tout à la fois à la population et au gouvernement. Nous nous arrêtâmes à celui de l'amiral Saisset, que je ne connaissais pas du tout. Nous envoyâmes à Versailles une lettre dans laquelle je faisais connaître au chef du pouvoir exécutif que nous avions pensé que la nomination de l'amiral serait bien accueillie à Paris, et que, s'il n'y voyait pas d'inconvénient, nous lui demandions de confirmer cette nomination, ce qui fut fait. L'amiral nous envoya d'abord son aide de camp, qui vint nous annoncer son arrivée, et depuis ce temps je ne me suis plus occupé de la garde nationale. L'amiral s'établit au Grand Hôtel, et réunit autour de lui les épaves des bataillons, qui se désorganisaient beaucoup. Il y avait une grande désaffection pour le gouvernement, et la crainte de se retrouver encore en pleine guerre civile faisait que beaucoup de nos meilleurs gardes nationaux s'en allaient. Cependant, nous avions encore une force assez respectable qui nous faisait espérer de pouvoir tenir, sinon dans les quartiers excentriques, du moins dans l'intérieur de Paris.

Nous nous étions efforcés de maintenir la communication libre entre Paris et Versailles. Pour cela, nous avions échelonné nos troupes le long de la rue du 4 Septembre, et nous avions un bataillon qui occupait la gare Saint-Lazare. Malheureusement, nous n'avions pas la gare des Batignolles, et les fédérés arrêtaient chaque train pour les soumettre à des perquisitions vexatoires. Je fis dire à M. Tiers et au ministre de l'intérieur qu'il était absolument indispensable d'envoyer, s'il était possible, un ou deux bataillons de troupes aux Batignolles, de façon à assurer le passage des trains ; on me fit répondre qu'on était occupé de réorganiser l'armée, et que, pour le moment, il était absolument impossible d'envoyer même une compagnie. Nous en étions donc réduits à nos propres forces.

Depuis l'arrivée de l'amiral Saisset, je n'eus plus à m'occuper de la garde nationale. Il arriva le 22 mars. Le soir de son arrivée, il passa une partie de la nuit dans mon cabinet, où il eut une longue conférence avec un individu du Comité central, qui disait s'être sauvé de l'Hôtel de Ville, et qui remit à l'amiral de l'argent qu'il avait reçu du Comité pour le service des subsistances.

Depuis l'installation de l'amiral au Grand Hôtel, je ne le revis qu'une ou deux fois.

Mais le Comité central ne se tenait pas pour battu. Il avait annoncé les élections pour le 22 mars; nous étions parfaitement décidés à ne pas les laisser faire. En présence de notre résistance, il ne crut pas devoir passer outre, et il remit les élections. Vous savez les débats qui eurent lieu à la Chambre à l'occasion de la loi municipale. L'urgence de la loi fut votée, et j'ai là une lettre de M. Picard qui me faisait espérer les élections pour le 3 avril.

Cette lettre est datée du 23 mars.

« 23 mars 1871.

« Messieurs les maires,

« Je m'empresserai de porter à votre connaissance la loi relative aux élections municipales dès qu'elle aura été votée. Le gouvernement a demandé que la loi fût mise à exécution avant le 10 avril.

« L'Assemblée y a consenti dans la séance d'hier. Les électeurs pourront donc être convoqués aussitôt après le vote, pour le 3 avril, et, convaincu que par le concours de tous les bons citoyens l'ordre indispensable à la liberté des suffrages sera rétabli, je donnerai les instructions nécessaires pour que par les soins et sous l'autorité régulière des maires, l'élection ait lieu à Paris.

« Recevez, monsieur le maire, l'assurance de ma considération très distinguée.

« Signé : Ernest Picard. »

Toute ma préoccupation et celle de mes collègues a été de faire reculer les élections de façon à atteindre cette date du 5 avril.

M. Desmarest et ses adjoints, MM. Ferry et André, M. François Favre, maire du XVIIe, et M. de Rothschild, je crois, vinrent à Versailles. Ils eurent une longue entrevue avec M. le chef du pouvoir exécutif; c'est à la suite de cette entrevue que le gouvernement se décida à exercer toute son influence sur l'Assemblée, pour arriver à ce que les élections eussent lieu le plus tôt possible.

Lorsque ces messieurs revinrent, très enchantés de l'accueil qu'ils avaient reçu à Versailles, plusieurs adjoints et un ou deux maires voulurent y aller à leur tour ; je m'efforçai de les détourner de ce dessein, qui me paraissait ne plus avoir d'utilité.

Ces messieurs ne tinrent pas compte de mes observations, ils partirent; vous savez qu'ils vinrent à l'Assemblée, qu'il y eut une séance de nuit dans laquelle notre collègue, Arnaud, de l'Ariége, déposa sur la tribune une série de propositions dont l'urgence fut votée.

Les maires et les adjoints revinrent le vendredi matin ; ils nous racontèrent ce qui s'était passé à la séance de jour, puis à la séance de nuit.

Mes collègues exercèrent dès lors une pression sur moi pour que je vinsse à Versailles; ils désiraient que je fusse entendu par la commission; ils pensaient que mon influence serait décisive et que certainement l'Assemblée accepterait les propositions qu'on lui avait soumises. Enfin, ils me forcèrent à partir le vendredi matin. J'ai toujours regretté ce départ, qui m'a empêché de prendre part aux pourparlers nouveaux qui s'engagèrent avec le comité de l'Hôtel de Ville.

Je vins à Versailles, en compagnie de M. Clémenceau, que je rencontrai à la gare Saint Lazare. Notre train fut arrêté aux Batignolles pendant plus d'une heure, où nous courûmes le risque d'être reconnus et arrêtés par les fédérés, qui nous recherchaient.

Arrivés à Versailles, nous fûmes reçus par la commission à laquelle avaient été renvoyées les propositions déposées par M. Arnaud, de l'Ariége. Je vis plusieurs membres du gouvernement, qui me parurent très inquiets au sujet de l'affiche publiée par l'amiral Saisset, affiche dans laquelle il promettait une loi des échéances, une loi des loyers, les élections à bref délai du conseil municipal et de la garde nationale, au tour de laquelle commençait à se faire un bruit énorme.

Les élections pour la garde nationale étaient demandées, en effet, par quelques membres des municipalités, et, dans une réunion, nous eûmes à combattre l'idée de la nomination du chef de la garde nationale par l'élection. « Vous ne savez pas ce que vous allez faire, dit entre autres M. Schœlcher, vous allez nommer un pouvoir militaire auprès d'un pouvoir civil, et qui peut, dans un cas donné, devenir une dictature. C'est quelque chose d'absolument contraire à vos principes que vous voulez créer. » L'idée fut abandonnée.

Cependant l'Assemblée avait été très-émue, vous le savez aussi bien que moi, de l'affiche de l'amiral Saisset. En arrivant le vendredi, je fus interpellé par bon nombre de nos collègues, et notamment par des membres de la majorité qui me demandèrent : « Est ce que l'affiche est authentique? — Oui, j'ai eu le texte en mains. C'est moi qui l'ai fait imprimer. Je vous en garantis l'authenticité, » leur répondis je.

En voici une autre, messieurs, qui n'a pas été publiée. Je vais vous en donner lecture. L'amiral m'avait remis les deux en même temps, en me disant de faire afficher l'une ou l'autre.

Un membre.   Ceci a été affiché?

M. Tirard.   Non, celle que je viens de vous lire ne l'a pas été. Veuillez remarquer que l'amiral Saisset me dit : « Vous ferez afficher les deux ou l'une des deux. » Je choisis celle qui me paraissait la plus utile.

Un membre. — Il y avait ce qu'il appelle les quatre points dans l'autre?

Un autre membre. Dans l'autre il s'engage bien plus.

M. Tirard. Je tiens à vous faire connaître le fait suivant, parce qu'il a été pour beaucoup dans la détermination prise à Paris, le lendemain samedi, par mes collègues. C'est que le bruit courait, et c'est un ministre qui me l'a confirmé au pied de la tribune, qu'une partie des membres de la majorité, très froissée de la proclamation de l'amiral Saisset, était décidée à proposer à l'Assemblée de confier le commandement de l'armée au prince de Joinville.

Un membre. Au duc d'Aumale.

M. Tirard. Non, on m'a dit au prince de Joinville.

M. Martial Delpit. Est ce que c'est un ministre qui vous a dit cela?

M. Tirard. — C'est M. Jules Simon. Il m'a dit que c'était un bruit très répandu.

Un membre. Évidemment dès mon arrivée, je l'ai entendu dire, le bruit en courait partout.

M. Tirard. Vous voyez que je vous parle en toute sincérité et que je ne vous cache absolument rien.

M. le président. Votre déposition est très-consciencieuse.

Un autre membre. — Vous remplissez votre devoir.

M. Tirard. Oh! j'y suis personnellement intéressé, car j'ai été indignement calomnié. Je n'ai jamais répondu aux calomnies. Je me suis dit, et j'ai dit à mes amis : « Le jour de la vérité viendra ; les malheurs personnels ne sont rien à côté des malheurs de la patrie, sachons nous taire et attendons le moment où nous pourrons parler utilement. »

Enfin, au moment où la séance de nuit allait commencer, M. Thiers était très-inquiet. Les quelques paroles qu'il prononça à la tribune, un instant après, le prouvent surabondamment. Je lui dis : « Si l'Assemblée veut accepter les propositions faites par les maires de Paris, je crois que nous pourrons prolonger la situation pendant quelques jours et atteindre la date du 3 avril, pour procéder à des élections régulières. » Je pensais que la séance de nuit ne pouvait pas avoir une grande importance, puisque le rapport de la commission, dans laquelle j'avais été entendu dans la journée, n'était pas prêt. M. Thiers désirait qu'elle le terminât le plus tôt possible. J'allai m'entretenir un instant avec M. Grévy, qui me dit : « Je vais lever la séance très-rapidement. » En effet, elle n'a duré qu'une dizaine de minutes. Et c'est à ce moment que M. Jules Simon, qui était au pied de la tribune, me dit : « Je suis excessivement inquiet. Le bruit court que quelques membres de la majorité ont l'intention de proposer que le commandement de l'armée soit donné au prince de Joinville ; croyez vous que ce soit sérieux ? — Je n'en sais rien, j'ai entendu parler du duc d'Aumale. »

La séance fut levée. J'étais exténué de fatigue ; depuis le 18 mars je ne m'étais pas couché. Je me jetai sur un fauteuil dans la salle qui précède celle des séances, et le lendemain, au commencement de la séance, je reçus la visite de mon secrétaire, qui arrivait de Paris avec M. Héligon, adjoint au maire du XIVe arrondissement. Ces messieurs m'apportaient la convention qui avait été signée, dans la matinée du jour même, entre les membres de la municipalité et le Comité central. Ils me racontèrent qu'il y avait eu une première convention conclue la veille, peu de temps après mon départ de Paris. Deux bataillons de fédérés armés de mitrailleuses, étaient venus pour s'emparer de la mairie du Ier arrondissement, et c'est alors que cette première convention avait été conclue entre mes collègues du Ier arrondissement et le général Brunel. C'était une convention verbale, d'après laquelle les élections ne devaient avoir lieu que le jeudi suivant. Tout le monde, dit-on, était enchanté, on s'embrassait, on criait : « Vive la garde nationale ! vive l'armée ! » Tout allait pour le mieux. Mais cette convention eut le même sort que celle de la réunion des maires. C'est-à-dire que le lendemain, le Comité central de la garde nationale déclara que le général Brunel n'avait pas mandat de fixer les élections au jeudi ; que lui, Comité central, les avait fixées au dimanche ; qu'elles auraient lieu le dimanche, que les maires en avaient déjà fait changer deux fois la date, qu'il n'avait pas besoin d'eux, qu'il se moquait de l'amiral Saisset, et que, quant à Versailles, les fédérés ne tarderaient pas à y aller.

Je dois vous dire, messieurs, que le but principal que nous avions tous poursuivi par cette résistance était d'empêcher les fédérés de marcher sur Versailles.

Je suis persuadé, en effet, que si le 19 ou 20 mars les bataillons fédérés fussent partis par la route de Châtillon, Versailles aurait couru les plus grands périls, et j'estime que notre résistance de quelques jours a permis au gouvernement d'organiser la défense.

Le samedi matin, une réunion nouvelle eut lieu à la mairie du IIe arrondissement, et là il fut décidé que les élections se raient faites. Je ne puis parler des pourparlers qui eurent lieu, puisque je n'y pris aucune part. Enfin, intervint la convention que voici.

Un membre.   C'est celle qui a été publiée?

M. Tibard.   Non, il y en a une qui a été publiée par le Comité de la garde nationale, mais celle-là était fausse ; le texte primitif fut rétabli et affiché concurremment avec le placard du comité central.

J'étais fort embarrassé sur ce que j'avais à faire. Je demandai à voir M. Thiers, et je le vis à l'Assemblée. Il connaissait déjà la convention. Il me dit : « La situation est difficile, je ne sais ce que nous allons faire ; c'est fort embarrassant. Faire des élections demain ! les électeurs n'auront pas le temps de s'entendre, le Comité fera nommer qui il voudra ; ce sont des élections radicalement nulles. » Je fis observer à M. le président que, la garde nationale ayant été renvoyée chez elle par ordre de l'amiral Saisset, et, lui même ayant quitté Paris, il était impossible de résister plus longtemps.   « Vous avez raison, me dit M. le président, il n'y a rien à faire pour le moment. Je suis en train de réorganiser l'armée. Le général Clinchant est dans le Nord avec le général Ducrot. J'espère qu'avant quinze jours ou trois semaines nous aurons une force suffisante pour délivrer Paris. Je fais faire des baraquements pour loger nos soldats un peu mieux qu'ils ne le sont sous ces tentes d'Esquimaux qui remplissent les avenues de Versailles. Le cœur me saigne, répétait il, quand je les vois si mal logés. Mais enfin, pour le moment, je ne puis faire mieux et je ne puis rien faire pour délivrer Paris.

— Que puis-je faire moi-même, répondis-je? Dois-je laisser aller les choses? Je ne peux pas ne pas retourner à Paris, ce serait une lâcheté. Dois je m'opposer à cette convention? »
— M. le président me répondit: « Quand vous vous y opposeriez, vous n'empêcheriez rien. Qu'en pensez vous? Enfin que seront les élections?

— Je n'en sais rien du tout. Si nous avions quatre ou cinq jours, les comités pourraient s'organiser et on pourrait avoir l'espérance de faire élire des républicains dévoués au rétablissement et au maintien de l'ordre. » Nous causâmes ainsi assez longtemps fort embarrassés. Il y avait plusieurs personnes, M. de Larcy et M. Arnaud, de l'Ariége, entre autres, qui assistaient à cette entrevue. « Enfin, lui dis-je, que dois-je faire? dois-je m'opposer à cette élection par une affiche. Il est impossible que je ne dise pas quelque chose! » M. Thiers me répondit ceci : « Vous n'avez qu'une chose à faire, c'est d'empêcher l'effusion du sang. Si vous pensez qu'en laissant aller les choses, on parvienne à empêcher l'effusion du sang pendant quelques jours, votre devoir est de ne pas continuer une résistance inutile. Dans tous les cas, vous avez fait un acte de bon citoyen, et je vous en serai toujours reconnaissant. »

Je rentrai à Paris et je fis afficher une proclamation dans laquelle, après avoir remercié la garde nationale de son concours, qui nous avait permis de placer les légitimes revendication de Paris sur le terrain de la légalité, et voulant éviter tout conflit sanglant, j'invitais les électeurs à se rendre au scrutin. Le lendemain, les élections eurent lieu sans aucun désordre. Dans mon arrondissement, mes trois adjoints et moi avons été nommés. M. Desmarest, M. Méline, M. Adam et quelques autres membres des municipalités le furent également. Mais la grande majorité des élus était des candidats proposés par le comité de l'Hôtel de Ville.

Je revins à Versailles, où l'on vint m'annoncer qu'il y avait une réunion de la Commune pour le soir même. Je retournai à Paris, et je trouvai, en effet, à la mairie une convocation m'invitant à me rendre le soir à l'Hôtel de Ville. J'avais préparé une lettre pour l'envoyer aux journaux, dans laquelle je déclarais que je n'acceptais pas le mandat qui m'était confié. Mes amis me firent observer qu'il serait plus digne et plus courageux d'aller moi-même à l'Hôtel de Ville porter ma démission et de la motiver sur les faits qui ne manqueraient pas de se produire dans cette première réunion. Je m'y rendis donc le lundi soir.

La garde nationale fédérée occupait l'Hôtel de Ville. On mangeait dans les couloirs et dans la salle. Une odeur de tabac, de vin et de victuailles saisissait la gorge et l'odorat. Un tapage infernal brisait le tympan. — C'était un spectacle écœurant.

La réunion avait lieu dans la salle du conseil municipal. A peine y étais-je entré, qu'un membre se leva pour demander ma mise en accusation, en disant que j'étais un traître, que j'avais empêché les élections d'avoir lieu. On le fit taire. Le président, c'était M. Beslay, lui dit qu'on avait autre chose à faire que de s'occuper de questions de personnes ; je m'assis et j'entendis les propositions les plus étranges. Un membre proposa de déclarer que l'assemblée se constituait en conseil de guerre ; un autre proposa de déclarer que la Commune de Paris avait un pouvoir illimité et qui s'entendait à toute la France ; il demanda qu'on envoyât partout des délégués. Puis il y eut une vérification de pouvoirs ; il y avait des élections dans lesquelles les élus n'avaient pas obtenu le huitième des voix, et quelqu'un proposa de valider ces élections quand même, en déclarant qu'on ne reconnaisssait aucune loi, que la loi qu'on invoquait pour s'opposer à la validation était une loi de 1849, et que la Commune ne devait reconnaître aucune des lois antérieures ; aucune protestation n'accueillit ces paroles et les élections furent validées.

Un moment après que ma mise en accusation eut été réclamée, un membre demande l'invalidation de l'élection des députés de Paris nommés membres de la Commune, par ce motif qu'il y avait incompatibilité entre les deux mandats. Delescluze protesta contre cette proposition.

Je demandai la parole. Je me levai, et je commençai par dire à ces messieurs qu'ils avaient trompé les électeurs ; que d'après leurs affiches, et les publications faites dans leur journal officiel, ils n'avaient fait autre chose que d'appeler les électeurs à élire un conseil municipal ; que jamais ils n'avaient déclaré que ce conseil aurait des attributions politiques, qu'ils avaient toujours déclaré que leurs pouvoirs seraient circonscrits à Paris, qu'ils usurpaient donc un mandat, et que, quant à moi, bien persuadé que je n'avais reçu qu'un mandat exclusivement municipal, je ne pouvais faire partie de leur assemblée. Je fus interpellé très-vivement. Enfin on me posa cette question : « Êtes-vous avec Paris ou avec Versailles ? » Je répondis : « Je suis investi d'un mandat parfaitement régulier à Versailles ; celui là je ne l'abandonne pas. Quant au mandat dont les électeurs m'ont investi ici, d'abord c'est un mandat très-irrégulier dans la forme, et ensuite vous le faussez de telle façon que je ne puis l'accepter. » J'allais me retirer, lorsque Paschal Grousset se leva et me reprocha d'avoir dit à l'Assemblée de Versailles que, lorsqu'on entrait à l'Hôtel de Ville, on risquait d'y être assassiné ! J'avais dit tout simplement que, quand on entrait à l'Hôtel de Ville, on n'était pas toujours sûr d'en sortir. Enfin on me laissa tranquille.

Lorsque l'émotion fut un peu calmée, je me levai et je partis. A peine étais-je sorti, m'a-t-on raconté depuis, qu'Assi a demandé ma mise en accusation. Le lendemain, à la première heure, je partis pour Versailles et je ne suis retourné à Paris que le lundi 23 mai, c'est-à-dire au moment de l'entrée des troupes.

Déposition de M. Vautrain, maire du IVᵉ arrondissement.

... Les canons sont donc aux mains des insurgés, quand arrive le 18 mars.

Nous demandons le matin à M. Picard si les ministres vont quitter Paris Il répond qu'il ne le croit pas, et cependant le lendemain le gouvernement est obligé de partir. Le soir, l'Hôtel de Ville était évacué et quelques insurgés seulement y étaient entrés, étonnés de leur succès. Toutes les troupes qui étaient à Paris partent, et Paris, cette ville de 2 millions d'âmes, se trouve dans la nuit sans aucune garnison.

Paris était désarmé. Messieurs, il faut prendre les choses telles qu'elles sont. Voilà une ville de 2 millions d'âmes qui a des insurgés dans son sein en nombre immense, pourvus de fusils, de canons, de cartouches, de munitions autant qu'ils en veulent. La capitale est évacuée. Le frère de M Ferry, en ce moment, si je ne me trompe, préfet à Mâcon, demande qu'on lui donne quelques troupes pour attaquer l'Hôte de Ville. On les lui refuse. Je ne blâme pas ici le général; je constate. Nous aurions pris l'Hôtel de Ville sûrement, mais l'aurions nous gardé? C'est douteux. Je comprends donc très-bien la résolution du général en présence de l'état de dissolution de l'armée.

Nous voilà seuls dans Paris, et toutes les autorités étant parties, il nous faut tenir tête à l'émeute. Il y avait pour les maires deux partis à prendre : donner leur démission et s'en aller, ou rester et défendre le terrain pied à pied. Il y avait inévitablement des compromissions au bout de cette lutte; eh bien ! je crois que, si nous avions tous donné notre démission, — je ne blâme personne, l'Assemblée ne serait plus à Versailles aujourd'hui. C'est évident. Nous nous sommes réunis; eh bien ! laissez-moi vous le dire : il y a eu de grandes divergences parmi les maires. Il y a eu des conspirateurs, c'est évident, puisqu'ils sont entrés tout droit à la Commune.

Mais néanmoins la grande masse des maires n'était pas pour l'insurrection. Rappelez-vous, messieurs, notre première affiche; nous pouvions à peine parler de l'Assemblée nationale; nous en avons parlé avec une très-grande discrétion. Dans notre seconde affiche, rédigée par MM. Henri Martin et Arnaud de l'Ariége, nous disions aux Parisiens : « Vous n'avez de salut que dans l'Assemblée nationale, la seule souveraine. » Et l'affiche était signée par tous les maires. Soyez bien convaincus que l'immense majorité des maires présents, quoique vous en ayez vu de très avancés, était pour l'Assemblée nationale contre l'insurrection.

Cependant, messieurs, nous étions seuls; la garde nationale essayait bien de se grouper, mais elle n'avait pas de chef; il en fallait un. On nous annonce que le gouvernement de Versailles est disposé à nommer pour ce poste l'amiral Saisset. Les maires présents me chargent alors d'aller à Versailles avec MM. Favre et Desmaret, y trouver le chef du pouvoir exécutif. Nous exposons à M. Thiers, qui réunit le conseil des ministres, la situation de Paris. Nous lui disons qu'elle est effrayante, que nous suivons depuis six semaines la conspiration du Comité central, que nous n'avons jamais varié sur la puissance dangereuse de ce Comité, et que nous le voyons s'épanouissant dans ce moment ci avec des forces capables de tout, enfin qu'il faut prendre les mesures les plus sérieuses.

Quand j'arrivai à Versailles (c'était le 22 ou le 23 dans la nuit), mon premier soin fut d'interroger les soldats. Je ne savais pas bien où habitait M. le président du conseil et je causais avec le gendarme qui m'accompagnait; je lui dis : « Puis-je compter sur vous ? — Oh! oui, monsieur ! — Combien êtes vous ? — Douze mille et nous avons de l'artillerie. C'est bon, l'artillerie ! — Et la ligne ? lui demandai je. — Ah ! monsieur, cela ne vaut rien du tout, et vous êtes sûr qu'ils mettront la crosse en l'air. »

J'arrive chez le président du conseil. M. Barthélemy Saint-Hilaire prévient M. Thiers de notre arrivée. On va le réveiller;

il veut bien nous recevoir. Je lui explique la situation de Paris dans toute la gravité que j'entrevoyais.

Un membre. Celle de Versailles?

M. Vautrain. — Celle de Versailles était connue du gouvernement. Je lui dis qu'il faut absolument trouver un moyen de calmer la population. On parle du conseil municipal. Nous insistons pour qu'on veuille bien présenter à l'Assemblée une loi d'organisation municipale. » Nous ne sommes pas sûrs que cela puisse arrêter le mouvement, mais essayons toujours de ce moyen. Surtout, messieurs, organisez-vous à Versailles. »

Je quittai M. Thiers à quatre heures du matin et je causai de nouveau avec les soldats. On savait que j'étais maire de Paris : on causa, et c'est ainsi que je connus l'état de l'armée de Versailles: la ligne, me dit on, était toute disposée à mettre la crosse en l'air.

Dans le conseil des ministres, où nous avons exposé ces faits, le conseil nous apprit qu'il y avait une loi municipale présentée à l'Assemblée et qu'il espérait que cette loi serait rapportée très promptement et que les élections pourraient avoir lieu dans les premiers jours d'avril, aussitôt après le vote de la loi. On nous confirma la nomination de l'amiral Saisset comme commandant de la garde nationale.

Nous rentrâmes dans Paris, ayant l'assurance de la nomination de l'amiral Saisset, ayant reçu l'assurance en second lieu qu'une loi sur les élections municipales était soumise à l'Assemblée nationale, enfin en troisième lieu qu'il serait fait grâce à tous ceux qui n'auraient pas trempé dans l'assassinat des généraux Lecomte et Clément Thomas, dans le crime de la place Vendôme, enfin à tous ceux qui ne seraient pas les chefs de l'insurrection.

L'amiral Saisset arrive à Paris, établit son quartier général au Grand Hôtel et cherche à se mettre en communication avec la garde nationale.

Messieurs, nous avons eu de très-braves gens autour de nous, plusieurs bataillons à la place de la Bourse. Nous avons eu constamment de trois à quatre mille hommes admirables de sang-froid et d'énergie. Je compte beaucoup de mes amis parmi eux ; ils m'en ont longtemps voulu de ne pas les avoir fait battre le 25. Ils n'étaient pas plus de 3 à 4,000 hommes, et ils se succédaient. Tous les maires de Paris ont fait appel à leurs bataillons de gardes nationaux : il en est très peu venu. Chacun voulait garder son quartier. Le jour où j'étais à Versailles, ou plutôt la nuit, j'avais donné l'ordre qu'on réunît mes chefs de bataillon pour tenter un dernier effort. Je ne pus pas rentrer assez matin pour me rendre à la réunion. L'insurrection commandait dans ma mairie; c'était là que se trouvaient presque tous les chefs de l'Internationale. Je convoquai donc les chefs de bataillons de mon arrondissement, non à ma mairie, mais à celle du Louvre, et en mon absence, les adjoints se rendirent à la réunion. Ils dirent aux chefs de bataillons : « Il faut que vous marchiez avec nous ! » Eh bien, la réponse fut QU'ON CONSULTERAIT LE COMITÉ CENTRAL ! Voilà, messieurs, quelle était notre situation. Il faut prendre la réalité telle qu'elle est.

A mon retour de Versailles, il y a eu une démarche des maires de Paris arrivant à l'Assemblée, à laquelle je ne me suis pas associé. Cette démarche était sans objet, puisque dans la nuit on avait accordé ce que nous demandions. Je pressais l'amiral de prendre des mesures. Je ne suis pas militaire. On a fait de grands reproches à Gambetta, et je crois avec raison, d'avoir voulu être militaire. Il ne m'appartenait donc pas de donner des ordres militaires. Cependant, je ne pouvais m'empêcher de dire à l'aide de camp de l'amiral : « Il me semble que rien ne se fait; l'insurrection approche et nous ne prenons pas de mesures. — Mais l'amiral Saisset, me répondit-il, a reçu du pouvoir exécutif l'ordre de ne pas faire de résistance.   Enfin, disais je, faisons toujours des barricades; nous avons des paniers, nous les mettions rue de la Banque, rue Croix-des-Petits Champs, et quand on viendra nous attaquer, ce sera un moyen de défense. Voilà des maisons qui commandent la rue Vivienne : pourquoi ne pas les occuper? — L'amiral ne peut pas don ner d'ordres que l'on pourrait considérer comme agressifs; cependant si vous me donnez l'ordre de le faire, je vais les occuper. »

C'est un officier, messieurs, que je vous engage à faire appeler devant vous. Il s'appelle Feytaud. C'est un officier de marine qui n'était pas précisément aide de camp de l'amiral, mais qui ne le quittait jamais.

Je fis occuper ces maisons par M. Feytaud, lorsque arriva l'attaque de la mairie du Ier arrondissement par les insurgés. Voilà où la situation devient des plus critiques. On annonce au IIe arrondissement, où étaient réunis en partie les maires, que le Ier arrondissement est attaqué et que le feu va commencer. Deux de nos collègues que nous avions délégués pour l'exécution de nos mesures, recevant cette nouvelle, voulant éviter l'effusion du sang, donnent l'avis aux deux adjoints du Ier arrondissement qu'ils peuvent traiter en acceptant les élections pour la date du 2 ou du 3 avril. On s'en rapportait à cette promesse que l'Assemblée voterait la loi municipale avant cette époque, et qu'on serait en mesure de procéder aux élections. C'était un peu se presser. On donne donc l'avis qu'on peut traiter sur la base d'une promesse d'élections pour le 2 ou 3 avril. Aussitôt, la menace de combat cesse contre la mairie du Louvre et nous voyons arriver chez nous un prétendu général, accompagné de gardes nationaux, de mitrailleuses et de canons, qui vient nous demander si nous voulons traiter; déclarant qu'il sera obligé de commencer la lutte, si nous nous y refusons.

Messieurs, c'était une situation bien difficile et bien affreuse pour des hommes qui n'avaient pas de caractère politique que celle de se trouver abandonnés dans une ville de 2 millions d'âmes, en possession d'une insurrection puissante. Nous n'avions personne de vous : l'Assemblée, composée de 750 personnes, ne nous avait pas envoyé une délégation de 50 membres!... Nous n'avons pas eu le secours puissant de 50 membres d'entre vous! Je dois vous le dire, messieurs, nous avons été laissés seuls dans cette fournaise! Il y avait dans ce moment là une responsabilité énorme pour nous : d'une part, usurper sur vos pouvoirs, c'était un des côtés les plus affreux de notre situation; d'autre part, nous compromettre et vous laisser peut-être attaquer une heure après! Voilà notre situation. Mettez vous, messieurs, dans cette situation perplexe ; d'un côté, quelques personnes qui ne demandent pas mieux que de traiter, grossissant le danger aux yeux des incertains, de braves gens mais irrésolus ; et, d'autre part, des hommes qui ne demandent pas mieux que de se battre et qui se feront tuer plutôt que de se rendre, mais sans aucun succès, entendez bien. Car le Comité central était sur pied à ce moment-là, et décidé à marcher. Il avait 85,000 hommes de la nature de ceux qui ont tiré place Vendôme. Voilà notre situation au moment où arrivait le délégué du Comité central, avec son appareil menaçant de canons et de mitrailleuses, aux portes de la réunion. M. Schœlcher, qui présidait, eut le tort de laisser entrer tout le monde dans la salle des délibérations, au lieu d'y laisser entrer seulement les deux personnes qui représentaient l'Hôtel de Ville; la délibération devient tumultueuse. Enfin on affirme que tout danger de lutte va cesser, si l'on admet la convocation d'un comité d'élection. Les élections sont admises pour le 30.

Il y eut alors un fait très-curieux. Je ne sais pas si vous le connaissez, mais sur le bruit de cet accord, le soir même, sur les boulevards, des démonstrations d'une joie folle eurent lieu. Les bataillons fédérés défilaient la crosse en l'air, et criaient: « Plus de guerre civile! vive le travail! vive la paix! » Telle a été, pendant trois heures, l'attitude des boulevards.

Le Comité central sent que le terrain glisse sous ses pas et que la population lui échappe. En effet la population, qui tournait à ce moment-là du côté des municipalités, se disait : « Puisque l'Assemblée nationale nous accorde le conseil municipal, plus de Comité central, plus de guerre civile, vive la paix! » Le Comité central sent le danger; le soir même il délibère. Il revient le lendemain dire : « Ah! non, nous ne pouvons plus accepter le délai jusqu'au 30. Nous n'avons pas confiance dans l'Assemblée, et nous ne pouvons accorder jus qu'au 30 ; il faut tout de suite un accord, ou le combat s'engage aujourd'hui même. » Voilà la situation qui renaît avec ses difficultés.

Vous savez, messieurs, quelle était votre situation à Versailles; je la connaissais et je l'avais gardée comme un secret d'État. On délibère sur ce point, et on refuse d'accorder ce que réclame le Comité central. Les deux délégués du Comité central se trouvaient à l'une des extrémités de la table, et moi à l'autre extrémité. En présence de ces gens-là, je n'ai plus écouté que mon cœur et je les ai traités de misérables et de fourbes, parlant de liberté et n'entendant agir que par l'oppression. Quand ils sont partis, j'ai dû écouter ma raison, et consentir à un accord, contre mes désirs. Il fallait voir les conséquences de l'engagement qui allait subvenir. Eh bien! messieurs, j'ai consenti en connaissance de cause, entendez le bien. A ce moment là, personne n'était là pour me contraindre, j'ai consenti et j'ai signé, car j'ai l'habitude, quand je fais une chose, de l'avouer.

Il faut que vous sachiez bien quels étaient les sentiments de Paris, à ce moment-là. Je vais vous les indiquer par une lettre qui émane d'un de nos collègues.

Il y avait peut être deux ou trois hommes dans la municipalité qui étaient enchantés de tout cela, mais la masse était d'accord avec vous.

Voici ce qu'écrivit M. André, le lendemain de cet accord. C'est dans *le Temps* du mercredi 29 mars.

« Appelé comme adjoint, à la mairie du IXe arrondissement, à prendre part aux négociations qui se sont poursuivies entre les municipailtés et le comité central de l'Hôtel de Ville, *j'ai associé mes efforts à ceux qui ont été faits dans un but de conciliation, pour arriver à arrêter l'effusion du sang,* et si chacun avait consenti à appuyer cette *transaction de sa signature, je ne me serais pas séparé de mes collègues.* Mais en présence de l'hésitation d'un grand nombre et de l'absence de plusieurs autres, j'ai dû refuser de signer affiche par laquelle ces faits se sont révélés au public, et c'est à tort que mon nom s'y trouve apposé. »

M. André approuve l'œuvre de conciliation, et si chacun avait donné sa signature, il aurait signé. Cette déclaration, messieurs, vous montre bien quel était l'état des esprits, le désir d'éviter une lutte dont les conséquences pourraient être sur l'heure si redoutables. Eh bien, moi, j'ai fait plus, j'ai signé; cela a été l'objet d'une très vive agression portée contre moi par le *Journal de Paris*, et par la *Ligue de l'Union parisienne*. Je m'y attendais; quand on est en présence de situations pareilles, quand on est en présence de responsabilités aussi lourdes, on en doit supporter les conséquences. Je ne me plains donc pas de ces attaques; mais j'ai attendu pour me justifier que les événements montrassent quelle avait été la portée de la décision qui avait été prise par mes collègues et par moi. Si les élections pour la nomination du conseil municipal, ou, comme on l'a dit à tort, de la Commune, avaient été adoptées d'un commun accord, Paris aurait donné la majorité aux maires, puisqu'on avait douze heures pour préparer les candidatures, et qu'à ce moment, l'insurrection était moralement paralysée. Partout, messieurs, où la bourgeoisie a voté, les maires ont été nommés.

Dans l'arrondissement de M. André, à Passy, dans d'autres arrondissements encore, partout où la bourgeoisie a voté, les maires ont été nommés. Les journalistes, dans la meilleure pensée, je le reconnais, ont dit : « Mais non, il ne faut pas voter; c'est usurper sur les attributions de l'Assemblée nationale; tout homme bien pensant ne doit pas voter. » Depuis, certains journalistes ont reconnu qu'ils s'étaient trompés, mais enfin c'était leur opinion à ce moment-là. On détournait du vote; et partout où on a détourné les électeurs du vote, les maires n'ont point eu la majorité. Il y avait une chance dans cet accord, c'était que la majorité des électeurs fût acquise aux maires. Les maires dans leur ensemble étaient conservateurs : vous auriez paralysé moralement l'insurrection.

Il y avait un autre but certain : vous faisiez gagner huit

jours de plus à Versailles. Vous savez ce fait, que le commandant du fort Mont Valérien, M. le colonel Lockner, est resté pendant vingt-quatre heures avec quelques hommes seulement pour garder son fort. Je savais, quand j'ai signé, la situation dans laquelle il se trouvait ; j'ai appris, depuis, que les poternes avaient été brisées, et qu'une partie de la garnison qui était dans le fort était prête à faire cause commune avec l'insurrection. Ceci est historique ; c'est un fait connu. Et vous n'aviez pas de moyen à Versailles de résister à une attaque ; l'amiral Saisset me l'a répété quand je suis venu à Versailles ; si l'insurrection, au lieu d'être retenue à Paris par les élections, était venue à Versailles, dites-moi ce que fût devenue la France ! Oh ! j'en appelle ici à vos consciences, je vous prends comme jury, j'ai besoin de votre avis, il faut que vous connaissiez les intentions, et que vous sondiez les conséquences. Supposez l'insurrection arrivant à Versailles ; rappelez vous l'attitude des grandes villes de France. Je ne regardais pas seulement Paris, mais Toulon, mais Marseille, mais Lyon. Vous les regardiez aussi. Eh bien ! supposez l'insurrection arrivant à Versailles avant que vous fussiez absolument sûrs de la troupe, et dites moi ce que nous serions devenus ? Dites le-moi : est ce que c'est une hypothèse gratuite que celle de l'attaque sur Versailles ?

Voici comment le conseil général de l'Internationale de Londres jugeait la situation ; cet article est reproduit par le *Journal des Débats* du 21 juin :

« Malgré tout, le Comité ne voulant pas la guerre civile a commis la faute de ne pas marcher *sur Versailles, alors complétement sans ressources*, et de faire procéder aux élections, se montrant à tort conciliant avec des gens qui se promettaient de le faire disparaître. »

Eh bien, messieurs, j'ai la confiance que les huit jours que vous ont fait obtenir les élections ont été le salut de la France. Il est de principe incontestable à Paris que les jours de vote il n'y a jamais de troubles. C'est une règle sans exception. Toutes les fois qu'on vote, chacun espère que la boîte de Pandore s'ouvrira pour satisfaire à ses désirs. Il y a eu trois jours perdus par ces gens là, grâce aux élections ; il y a eu trois autres jours de perdus pour la constitution de leur conseil, et l'attaque du Mont Valérien n'a eu lieu que le 2 avril. Nous avons donc fait gagner, mes collègues et moi, huit jours de plus. Nous étions bien en mauvaise compagnie, en présence de certains noms; mais quand on a un devoir à remplir, il faut passer sur toutes ces considérations. Je l'ai fait et j'ai la conscience qu'en le faisant nous avons gagné le temps qui s'est écoulé jusqu'au 2 avril, jour de l'attaque du Mont Valérien.

Au 2 avril, les choses étaient changées : le colonel qui commandait le fort du Mont Valérien avait remplacé sa garnison; des renforts étaient arrivés de Versailles, et vous savez ce qui est advenu.

On a dit que la capitulation des maires, comme on l'a nommée, avait été la cause de la désorganisation de la défense. Messieurs, j'ai tenu à bien constater devant vous que la défense était paralysée depuis longtemps, car elle a été paralysée à partir du jour où on a laissé prendre les canons ; elle a été paralysée le jour où on n'a pas pu reprendre ces canons, et la preuve que ce ne sont pas les maires de Paris qui ont paralysé la défense, c'est que les portes d'Auteuil et de Passy sont restées au pouvoir du gouvernement pendant trois jours, occupées par la garde nationale de ces quartiers, que M. Thiers a été prévenu quatre fois de l'occupation de ces positions, afin de n'avoir pas un second siége à faire, et que l'impuissance militaire était si grande qu'on n'a pas envoyé un soldat pour garder ces portes. Ce ne sont donc pas les maires qui ont paralysé la résistance et rendu le second siége nécessaire. Voilà la vérité ; je vous le dis, au nom des municipalités...

Un membre. — A quelle heure a eu lieu la dernière réunion ?

M. Vautrain.   Je crois que c'était à midi.

Le même membre.   Dans la journée du 25 ?

M. Vautrain. — Oui ; on était très anxieux de n'avoir pas de réponse des gens du Comité central, parce qu'on avait eu avec eux cette conférence, à laquelle je n'avais pas assisté. On parla même d'envoyer une députation à l'Hôtel de Ville; je m'y opposai. Quelques instants après, on nous annonça qu'un M. Rouvier[1] et un M. Arnold se présentaient au nom du Comité central et demandaient à être introduits. Ils furent introduits.

Le même membre. Vous faites une confusion. Était ce la dernière de toutes les réunions?

M. le marquis de Quinsonas. D'après M. Dubail, cela aurait été l'avant dernière réunion. Et c'est le lendemain seulement qu'a eu lieu cette réunion dans laquelle on a décidé ce qu'on a appelé la capitulation. Voilà le récit qui nous a été fait.

M. Vautrain. — Les souvenirs de Dubail le servent mal, et M. Favre, qui est ici, pourra vous éclairer sur ce point. M. Dubail se tenait dans la salle voisine, et nous, nous étions dans la salle des délibérations. On a dit : « Mais nous ne sommes pas en nombre, il faut envoyer chercher tous ces messieurs, qui sont dans les salles de la mairie. » M. Dubail a été appelé pour entendre les explications du conseil et je regrette bien qu'il n'ait pas pris la parole avec moi, quand, n'écoutant que mon cœur, je traitai les deux délégués du Comité central de misérables, de gens indignes. Quand ils se sont retirés, ceux qui étaient présents sont restés, ont pesé les chances de résistance, la responsabilité qu'il y avait à engager la guerre civile, à commander l'effusion du sang. On a pesé le pour et le contre, et ceux qui n'ont pas signé n'ont pas dit grand'chose. Voilà ce que je puis vous affirmer.

M. le marquis de Quinsonas. Alors, vous croyez que M. Dubail était à la réunion?

M. Vautrain. Je le crois.

Il est très facile de dire, après coup : Je n'ai pas signé! Quand j'ai dit : « Vous êtes des misérables, vous perpétuez la tradition du 2 décembre, vous mettez le pays en péril ; ce ne

---

[1] *Sic.* C'est évidemment une erreur, et il faut lire *Ranvier*.

sont pas des élections, je n'y consentirai jamais, » c'est alors qu'il fallait prendre la parole avec moi et avec la même véhémence. Eh bien, on ne doit pas rester silencieux dans ces moments-là. Il est facile de dire ensuite : Je n'ai pas signé! J'ai signé, moi! Et quand j'ai signé, personne ne m'y contraignait. J'ai signé par considération politique, et je ferais encore de même, et en le faisant, je crois que je vous ai sauvés! C'est bien facile de dire : « Les maires de Paris ont capitulé, nous ont abandonnés. » La vérité est qu'il fallait un bouc émissaire. « La garde nationale, disait-on, allait se grouper, nous aurions été invincibles. » Nous aurions fait sacrifier quelques milliers de braves gens, sans aucun succès. Non, messieurs, Dubail est un homme que j'estime beaucoup; comme moi, il a donné sa démission après le coup d'Etat de décembre, et il l'a motivée très-courageusement, mais je crois que Dubail se trompe. Chacun peut apprécier les choses à sa façon. Je ne blâme personne. Quant à moi, j'accepte la responsabilité de ma conduite. J'ai comme juge naturel, dans cette situation, cet arrondissement que j'habite depuis vingt-cinq ans. Eh bien, messieurs, on va au vote pour nommer un conseil municipal. Je ne m'en suis pas occupé. Il y a 1,528 votants dans ma section et j'obtiens 1,523 voix. Et parmi les gens qui étaient les premiers à m'attaquer, il y en avait qui me reprochaient très amèrement d'avoir signé.

La vérité, la voilà ; c'est qu'après n'avoir écouté que mon cœur, j'ai écouté ma raison. J'ai vu le feu, messieurs, pendant trois jours au mois de juin 1848 ; je sais ce que c'est que la guerre civile. Au 18 mars, j'ai vu des hommes tués à côté de moi à la porte de la mairie : je sais ce que c'est que la mort. Quand j'ai consenti à cette convention, cela m'a pesé, mais je l'ai acceptée comme absolument nécessaire au salut du pays. Je suis rentré à ma mairie : je savais que je devais être arrêté et j'étais prévenu. Le Comité central, qui connaissait par les journaux, car cela avait été dit, que j'avais demandé, dans une réunion tenue chez M. Picard son arrestation, m'en voulait plus qu'à tout autre. Je savais que je serais probablement fusillé. Néanmoins, je suis rentré à trois heures de l'après midi à ma mairie et j'en ai repris possession. J'ai fait sommation aux gens qui s'y trouvaient d'avoir à se retirer. Un soi-disant colonel est venu pour m'arrêter : il y avait deux heures qu'on avait fusillé un homme dans la caserne d'en face. Eh bien, messieurs, il y a des moments où l'on est difficilement modéré. Je prévoyais déjà, en donnant ma signature, toutes les ingratitudes dont je serais l'objet. J'avais conscience de ce qui se passait. Je suis rentré dans ma mairie décidé à mourir, et quand on m'a arrêté, j'ai revêtu mon écharpe pour bien établir que j'étais arrêté dans l'exercice de mes fonctions, et pour mourir dans l'accomplissement de mes devoirs. Mes trois dignes adjoints ont fait de même, déclarant qu'ils m'accompagneraient et suivraient mon sort. Comme je protestais contre la violence qui m'était faite, les gardes nationaux se trouvant dans le vestibule voisin et qui reconnaissaient ma voix, sont entrés, disant : — « Non, monsieur, nous ne vous arrêterons pas. » Et je n'ai quitté la mairie qu'une heure ensuite, après avoir dressé un procès-verbal que j'ai fait signer par les personnes présentes et par le prétendu colonel qui venait pour m'arrêter. Lui-même, avant mon départ, a été fait prisonnier, pour n'avoir pas exécuté le mandat d'arrestation qu'il avait contre moi. Je ne me suis pas borné à cela : mes adjoints et moi avons fait afficher une adresse à nos concitoyens pour protester publiquement contre la constitution d'une Commune et contre mon arrestation ; et vous savez ce que le comité qui s'était établi dans la mairie répondait une demi heure après.

Déposition de M. Bellaigue, adjoint au maire du VIIe arrondissement.

Le 18 mars, lorsque le Comité fut arrivé, après avoir maintenu en possession de la garde nationale les canons dont elle s'était emparée, lorsqu'il se rendit maître de l'Hôtel de Ville, il n'y a pas eu dans la population parisienne, dans la population honnête, cette indignation que j'ai resssentie pour ma part. On ne s'est pas dit : « Mais c'est monstrueux ! Voilà une révolution sans excuse, sans prétexte ! Nous avons une Assemblée qui représente la France ! que vient faire cette insurrection ? » Au lieu de cela, on s'est dit : « C'est une révolution de plus, attendons ; nous verrons. » Et on s'est trouvé en face du fait du 18 mars, comme on s'était trouvé en face du fait du 4 septembre, du fait du 2 décembre, sans sentir l'indignation dont je parle. On a attendu ! De là, le peu de concours qu'on a trouvé dans la partie honnête de la population.

Il faut l'attribuer aussi à ce que les honnêtes gens n'ont pas l'habitude de s'organiser à côté du gouvernement existant ; ils attendent les ordres du gouvernement. Comme à ce moment, il n'y avait pas d'ordres d'en haut, les honnêtes gens se sont trouvés paralysés involontairement ; il n'y avait aucune autorité militaire ; nous étions destitués de toute autorité, et nous n'avions qu'une autorité morale qui a été exercée dans les premiers jours qui ont suivi le 18 mars.

Lorsque le gouvernement est parti, en ce qui concerne notre mairie, j'ai convoqué les chefs de la garde nationale, croyant pouvoir compter sur eux tous. Nous avions six bataillons, les 15e, 16e, 17e, 105e, 106e, 187e.

Nous avons convoqué les officiers et nous leur avons représenté ce qu'il y avait de monstrueux dans cette insurrection. Ils nous dirent : « Vous pouvez compter sur nous, mais nous ne répondons pas de nos hommes, ils sont découragés et nous ne vous conseillons pas de faire une convocation par la voie du rappel ou autrement. »

Un commandant provisoire du 105e sortit des rangs et nous dit : « Vous pouvez compter sur nous. »

Nous gardions dans le VIIe arrondissement le poste des télégraphes. Ce poste était occupé par le 16e bataillon. J'allai le visiter et encourager les hommes à tenir ferme, parce que les bataillons des autres quartiers, les bataillons de Belleville, ve naient occuper les établissements publics. Un bataillon était venu pour s'emparer des télégraphes ; le 16e bataillon avait résisté et avait dit qu'il garderait son poste. Je recommandai ce poste au commandant. Le nommé Ouite, commandant du 105e bataillon me dit : « C'est à moi qu'est confié ce poste pour la nuit prochaine, et personne n'y entrera sans votre volonté. »

. . . .

M. Bellaigue. Le jeudi 23 mars au matin, j'assistai à l'assemblée des maires. La position devenait de plus en plus tendue. Deux représentants s'y trouvaient : MM. Louis Blanc et Floquet. Je suis arrivé pour entendre une motion qui m'a surpris et qui consistait, dans le désarroi où nous nous trouvions, à rallier les dissidents autour de la députation parisienne, à laisser de côté le Comité central, qu'on n'approuvait pas, mais à ne pas suivre non plus l'Assemblée.

Ce thème a été développé plus ou moins habilement : j'ai demandé la parole pour répondre à ces messieurs. Je n'avais pas l'honneur d'être connu d'eux personnellement ; j'ai dit que cette proposition ne tendait qu'à établir une insurrection mixte, alors que nous avions d'un côté cette détestable insurrection du 18 mars, et de l'autre, le gouvernement que nous devions reconnaître ; qu'en admettant que ce ne fût pas un crime ou une faute, cela semblerait une folie ; que si nous avions quelque force dans le pays, nous devions la puiser dans la légalité et qu'il était insensé de vouloir créer cette nouvelle insurrection à côté de celle de l'Hôtel de Ville.

Je crois que j'ai déterminé l'assemblée à ne pas suivre ces deux représentants.

Je dois ajouter que M. Carnot présidait l'assemblée. M. Henri Martin était présent ; ils étaient dans le même sens.

C'est à ce moment qu'un de nos collègues dit : « Il n'y a qu'un moyen de tout concilier, c'est d'aller trouver l'Assemblée à Versailles. » Je répondis : « Je vous en prie, n'allez pas à Versailles : qu'irez-vous y faire? Deux ou trois d'entre nous y sont ; nous sommes en communication avec Versailles, nous sommes trop sur les chemins, nous avons en face de nous des gens qui vont nous attaquer, et vous voulez aller à Versailles ! » J'ai été repoussé ; on m'a dit : « Savez-vous ce que nous allons faire à Versailles ? »

L'un des plus ardents promoteurs du voyage à Versailles dit : « Maintenant que nous allons aller à Versailles, qu'est ce que nous allons y faire ? Mais, dis-je, je viens de vous le demander et vous ne m'avez pas fait de réponse. » On discute, et l'on ne trouve pas aisément ce qu'on ira y faire, quand arrive M. Desmarest, qui revenait de Versailles. Il se joint à moi, et je crois qu'il a réussi à détourner quelques membres de ce projet. C'est ce jour-là que les maires sont venus faire leur apparition dans une tribune de l'Assemblée.

Le lendemain de cette réunion, un fait s'est produit à la mairie du VIIe arrondissement, il est resté gravé dans ma mémoire, et il a été consigné sur le papier ; c'est l'invasion de la mairie par les gens du Comité. Est ce grâce à la bonne réputation de notre quartier que nous sommes restés si longtemps sans être envahis ? Je ne sais. Le 24 mars, la veille de la capitulation, le matin à neuf heures, on est accouru chez moi de la mairie ; on m'a dit : « Les gens du Comité viennent. »

Nous étions dans une singulière situation qu'expliquent les circonstances : nous étions gardés par les bataillons sur lesquels nous ne comptions pas; nous avions quatre bataillons fidèles sur six, et le Comité s'était arrangé de manière à nous envoyer les deux mauvais bataillons, il leur avait donné l'ordre de ne pas se laisser relever par un bataillon qui ne fût pas affilié.

Le 17e bataillon, qui était prêt à venir au secours de la mairie, nous a demandé : « Faut-il mettre ces gens-là dehors ? » A ce moment-là, il n'y avait qu'un mot d'ordre, auquel tout le monde se ralliait, celui de ne pas engager la lutte, de ne faire aucune violence. La partie du bataillon qui était à la mairie nous dit : « Nous vous ferons respecter, nous voulons vous garder, nous ne voulons pas qu'il arrive un bataillon étranger au Comité, mais nous empêcherons qu'un bataillon étranger à l'arrondissement arrive chez vous. » A cause de la recommandation d'éviter tout conflit, nous avons supporté, pendant cinq jours, d'être gardés par des gens en qui nous n'avions pas confiance.

Je vous ai dit qu'on m'avait fait appeler à la mairie, j'y trouvai MM. Parisel, Maricini, Urbain, André. J'arrive un peu indigné, et je dis à ces messieurs : « Vous allez sortir d'ici, ou nous en sortirons nous mêmes. » M. Hortus, qui était la bonté même, me dit : « Ne le prenez pas si vivement. »

Un de ceux qui ont laissé une triste réputation dans la Commune, Urbain, me dit : « Je vous en supplie, ne le prenez pas sur ce ton là. Nous venons ici au nom du Comité central, nous ne voulons en aucune façon vous molester, mais remplir des fonctions électorales; nous vous prions de rester. » Je leur répondis : « Vous avez la force, mais nous avons le droit; nous sommes les élus du suffrage universel, nous sommes d'accord avec l'Assemblée qui représente la France, et vous venez au nom du Comité central, une autorité interlope, pour faire un travail électoral? » Ils me dirent : « Nous avons la force et le droit, vous êtes des mandataires, mais nous sommes les mandants ; or le droit du mandant est supérieur à celui du mandataire; si les mandataires n'accomplissent pas leur mandat, nous les révoquons. »

Je rappelle ce souvenir, pour venir à l'appui des considérations générales que j'ai énoncées et montrer quelle perversion intellectuelle il y a dans notre société; beaucoup de gens ont une conscience à eux. Je ne sais pas si c'est le cas d'Urbain qui demandait dix otages à fusiller; mais beaucoup de gens de son parti disaient : « Nous combattons pour la bonne cause, » en vertu de théories analogues à celle que je viens d'exposer.

Pour terminer ma conversation, je dis à Urbain : « Il est impossible que nous nous entendions ; maintenant vous allez sortir, et comme il n'y a que la force armée qui puisse nous départager, je vais faire venir le chef du poste. » C'était un brave ouvrier que j'ai revu depuis, qui s'est abstenu de combattre pour la Commune, qui travaillait chez son patron ; nous l'avons fait venir.

Je lui dis : « Vous représentez la force publique : voilà des gens du Comité central que nous ne connaissons pas ; veuillez les mettre dehors, ou nous nous en irons. »

Voilà un homme le plus embarrassé du monde qui me dit : « Mais, monsieur, restez, laissez faire ces messieurs, ils ne veulent pas faire de mal ; restez, vous êtes notre maire et notre adjoint. »

Je dis : « Non, il faut choisir entre nous et eux. » Mais à côté du chef de poste qui était sous-lieutenant se trouvait un simple soldat qui dit à son chef : « Obéissez au Comité central. » Cela a troublé le chef du poste, qui a répondu : « Oui, mais il faut que je parle à mon commandant. »

Le commandant était ce M. Ouite dont j'ai parlé tout à l'heure et qui devait tenir le poste des télégraphes. Il avait laissé entrer un bataillon de Belleville ; je savais donc la foi que je pouvais avoir dans ce personnage. Le commandant entra dans la mairie au moment où je sortais. Je lui dis : « Je vous reconnais, vous aviez promis de tenir ferme, et aujourd'hui vous occupez les télégraphes avec des gens du Comité central, étrangers à notre arrondissement. » Il me répondit : « Je savais bien ce que je faisais, j'avais un ordre du Comité central dans ma poche. » Vous pensez bien qu'il n'a pas conseillé au chef du poste de faire son devoir. Nous avons dû quitter la mairie, mais nous ne l'avons pas quittée sans avoir dressé un procès-verbal que j'ai fait signer à deux d'entre eux qui ont eu le courage de leurs opinions...

Après avoir quitté la mairie, nous nous sommes transportés au Conseil d'État. J'étais de la maison, comme avocat au conseil ; j'avais prié le secrétaire général de faire préparer une salle pour y établir la mairie si nous étions chassés. Nous avons enlevé de la mairie tout ce qu'il nous semblait dangereux d'y laisser, ce qui faisait dire à Urbain : « Vous sauvez la caisse. » Nous avions sauvé nos listes électorales. Parisel

nous dit : « Vous laissez les murs de la mairie tout nus.
— Oui. »

Nous nous sommes donc transportés au Conseil d'Etat, et, pendant quarante-huit heures, nous avons fonctionné municipalement, nous avons continué notre œuvre d'assistance, en sécurité, parce que le Conseil d'Etat était occupé par nos gardes nationaux fidèles qui s'étaient réunis au nombre de 800 à 1000.

Nous avions, dans le VIIe arrondissement, quatre bons bataillons bien diminués non par l'hésitation, mais par le départ d'une multitude de braves gens qui, après les fatigues du siége, étaient allés se reposer dans leur famille.

Il restait encore dans notre arrondissement douze à quinze cents hommes de bonne volonté. Nous étions distribués ainsi. La Caisse des dépôts et consignations était occupée par deux ou trois cents hommes des bataillons fidèles. A côté, il y avait la caserne du quai d'Orsay occupée par les gens de Belleville et les artilleurs restés là avec leur commandant; ils n'avaient pas pu s'en aller. Ce commandant m'a dit : « Mes hommes sont fort impatients; ils ne demanderaient qu'un mot pour sauter sur les Bellevillois qui sont à côté d'eux. » Cela m'inspirait un vif désir d'en donner l'ordre, mais cet ordre eût été contraire aux recommandations de conciliation qui nous étaient faites, je me suis gardé d'engager la lutte; ils sont tous partis plus tard. Au Conseil d'Etat, nous n'étions séparés de la caserne du quai d'Orsay que par une rue. Nous avions pour commandant de nos forces M. Durouchoux. Presque tous nos commandants étaient condamnés à mort par le Comité central, M. de Crisenoy, commandant du 17e bataillon et M. Ibos. M. Durouchoux avait accepté le commandement de nos forces.

A côté du Conseil d'État, le poste de la Légion d'honneur était occupé par les gens du Comité central; nous étions intercalés de manière à en venir aux mains. Plus loin, le Corps législatif était occupé par le Comité. Le ministère des affaires étrangères était occupé par nous.

C'est à ce moment que M. l'amiral Saisset fut placé à la tête de la garde nationale. Je me suis rendu fréquemment chez lui pour lui indiquer la situation de notre arrondissement. Militairement, l'amiral Saisset participait au découragement des maires, il n'a pas pu donner des ordres précis. Il y avait 1700 hommes dans la rue de la Banque; j'ai demandé s'il n'était pas urgent d'en amener d'autres pour se grouper autour de ce noyau central. L'amiral Saisset était très-préoccupé de l'alimentation des gardes nationaux ; il m'a dit : « Faites ce que vous voudrez, voilà un ordre, vous en ferez ce que vous voudrez. »

Il y avait rue de la Banque une partie de nos bataillons. Quand je retournais à nos postes principaux, j'ai vu des canons qui menaçaient le faubourg Saint Germain. J'ai demandé aux chefs de bataillon s'ils ne pouvaient pas amener 300 hommes rue de la Banque. Ces officiers m'ont répondu qu'il serait très difficile de déterminer nos gardes nationaux à quitter le quartier. Je n'ai pas cru devoir risquer la démarche. Nous avions trois catégories de gardes nationaux : ceux qui étaient disposés à tout, qui s'en allaient rue de la Banque ou ailleurs ; d'autres, assez nombreux, qui se réunissaient à des points donnés dans leur quartier, et qui disaient : « Nous garderons notre quartier, mais nous ne voulons pas le quitter ; » enfin il y avait ceux qui disaient : « Nous nous défendrons chez nous. » Ceux-là ne se sont pas défendus.

Nous arrivons ainsi au jour de la capitulation qui a été précédée d'une séance presque intime à laquelle je me suis trouvé mêlé par hasard. Dans mes voyages de la rue de la Banque au Grand-Hôtel, j'ai trouvé l'amiral Saisset, M. Schœlcher et un aide de camp de l'amiral qui apportait cent mille francs que l'amiral avait demandés.

M. Schœlcher disait à l'amiral Saisset : « La lutte me paraît impossible, on va venir du comité avec des mitrailleuses ; nous ne pouvons pas tenir rue de la Banque, il faut capituler, traiter avec le Comité central. »

Avant que l'amiral Saisset répondît, je pris la parole

peut-être un peu trop vivement et je dis : « Puisque vous me faites l'honneur de m'associer à ce conseil de guerre, pourquoi capituler? Vous êtes militaires, vous savez si nous sommes en force, je ne vois pas la nécessité de traiter avec des gens dont nous avons horreur. »

L'amiral Saisset pensait, à ce moment, comme M. Schœlcher, qu'il n'y avait pas de résistance possible. On décida alors qu'il y avait lieu de capituler. Voyant qu'il n'y avait plus rien à faire, j'ai été à la Banque chercher de l'argent pour mon arrondissement. En revenant, j'ai rencontré un de mes collègues, M. Hubard, qui m'a dit : « On vient de signer la capitulation. » Il y a eu une réunion chez M. André; j'ai été à cette réunion; des larmes ont été versées par des hommes qui disaient qu'ils avaient signé malgré eux.

Déposition de M. Denormandie, adjoint au maire du VIII° arrondissement.

M. Denormandie. — M. Carnot, maire de l'arrondissement, était à l'Assemblée; je remplissais ses fonctions, je vins dans mon arrondissement pour encourager la garde nationale. Je fis faire une affiche dans laquelle je disais aux gardes nationaux : « On paraît oublier que l'ennemi est à nos portes surveillant nos moindres divisions; il n'y a qu'un parti, le parti de la France; qu'un gouvernement, celui de la république qui est le gouvernement de tous, que les bons citoyens veulent sincèrement fonder. Il n'y a qu'une question, l'ordre public et le respect des lois, auxquelles personne ne peut se soustraire. »

Cet appel n'amena aucun résultat; on ne bougea pas, on ne vint pas. J'habite un quartier réputé aristocratique et dans lequel les grandes familles étaient absentes pendant le siége. La garde nationale de mon quartier était la bourgeoisie, le commerce, les boutiquiers. Quelques bourgeois vinrent, les boutiquiers ne parurent pas.

La journée s'écoula dans des conditions fort tristes, et le

soir le gouvernement avait quitté Paris, le vide se faisait à Paris. Dans la nuit du samedi au dimanche, la situation s'aggrava de plus en plus. M. Calmon, sous secrétaire d'État, me dit : « Pensez-vous qu'il y ait encore quelque chose de possible à faire? Je le crois; jusqu'à présent je ne vois pas la pensée politique de renverser le gouvernement. »

La forme, pour ainsi dire extérieure, de l'insurrection, n'a affecté qu'un caractère exclusivement municipal; il s'agissait, disait on, uniquement de franchises municipales, de libertés municipales. Alors, dans cette nuit même, du samedi 18 au 19 vers une heure du matin, pour forcer un peu la main à la garde nationale, j'envoyai chercher à domicile les chefs de bataillon. Je fis prendre, par les tambours, les hommes de bonne volonté, à domicile, sans faire battre le rappel ni la générale, sans prendre aucune mesure extrême. J'espérais conserver au gouvernement un dernier moyen de résistance. Nous étions encore en communication avec le ministère de l'intérieur, qui n'était pas évacué, et qui ne l'a été que le dimanche matin. Les autres ministères avaient été occupés dans la journée du samedi, mais nous tenions encore les postes et le télégraphe.

Je me disais : « Si nous pouvons réunir une force assez nombreuse, ce sera un moyen de conserver nos communications avec Versailles. » C'est dans cette pensée que j'avais, dans la nuit, fait un appel qui devait me procurer 4,000 hommes, et qui m'en donna 220.

La Commission comprend qu'à deux heures du matin, la situation pour moi était jugée. J'allai au ministère de l'intérieur, et j'y rencontrai M. Alphonse de Rothschild, M. André, et M. Calmon.

Nous vîmes, sur le bureau de M. Calmon, la carte de l'amiral Saisset. Sur cette carte, l'amiral avait écrit qu'il se mettait à la disposition du gouvernement.

Nous nous dîmes : « Il y a peut-être là une ressource extrême, » et après en avoir causé un instant avec M. Calmon, nous nous rendîmes, M. de Rothschild, M. André, moi et un neveu de l'amiral Saisset, qui arriva à ce moment, au domicile de l'amiral, rue de Ponthieu, pour tenter auprès de lui une démarche, et voir si on ne pourrait pas mettre à profit son bon vouloir.

Nous eûmes le regret de ne pas le rencontrer; on nous dit qu'il était parti pour Versailles. Nous revînmes, il était environ deux heures et quart.

Comme nous débouchions de l'avenue Gabriel dans l'avenue Marigny, pour rentrer au ministère de l'intérieur, nous fûmes coupés par une troupe de 500 hommes qui arrivaient, précédés de trois individus à cheval, pour s'emparer du ministère de l'intérieur. Nous fûmes séparés les uns des autres; le neveu de l'amiral et moi, nous pûmes devancer cette troupe et arriver à la place Beauvau. M. de Rothschild et M. André furent coupés et passèrent par les Champs Elysées.

Nous arrivâmes au ministère, qui avait été aussi cerné par la rue Saint-Honoré. M. Calmon et les attachés de cabinet furent obligés de s'en aller par derrière, et, à deux heures et demie, de partir pour Versailles.

Je rentrai dans mon cabinet du IIe arrondissement; la mairie était envahie et c'est là que j'appris qu'il y avait une réunion des maires qui se tenait rue de la Banque, chez M. Tirard. Je m'y rendis immédiatement; c'était le dimanche à 3 heures et demie ou 4 heures du matin.

La réunion était très-nombreuse; tous les maires et adjoints s'y étaient rendus, à mesure que la révolution se consommait, et j'y arrivai un des derniers, retenu que j'avais été par les causes que je vous ai dites. Je me fis rendre compte par mes voisins du sujet de la discussion. On y discutait le point de savoir si on devait envoyer une délégation à l'Hôtel de Ville, auprès du Comité central, pour négocier avec lui sur ce qu'il pouvait y avoir à faire dans l'intérêt de la ville de Paris.

Je fus surpris, je le dis très-sincèrement, qu'une question comme celle-là pût s'agiter. Je ne sais pas s'il y avait habileté politique à le faire, je ne dis pas non, mais quant à moi mon impression était celle ci : prendre l'initiative d'une démarche de cette nature était chose dangereuse, qui ne pouvait qu'être de nature à amoindrir le parti de l'ordre devant l'insurrection.

Je me retirai; mais je crois me rappeler qu'avant le moment où je me retirais, la mesure avait été votée; et que quelques personnes avaient été déléguées pour aller à l'Hôtel de Ville le lendemain matin.

M. Vacherot. C'est parfaitement exact; j'étais à cette réunion; elle était très-nombreuse, il y avait là des députés de Paris, des maires, des adjoints.

M. Denormandie. — Je n'étais pas partisan de la mesure; je n'ai jamais compris la pactisation avec l'émeute, et je me retirai. La soirée se passa sans incidents particuliers, si ce n'est que la révolution se consommait de plus en plus.

Le lendemain matin, à huit heures, un de mes amis vint me dire : « N'allez pas à la mairie, vous êtes envahis; il y a là une bande de quatre cents individus; votre siége est occupé, et il y a un monsieur dans votre fauteuil. » Je lui répondis que je croyais que c'était, au contraire, mon devoir d'aller au moins constater que j'étais dépossédé. Nous allâmes à la mairie; elle était, en effet, envahie par des hommes appartenant à des bataillons étrangers à mon arrondissement et qui venaient de Belleville, de Charonne, de Montmartre et autres lieux. Le garçon de bureau me dit : « M. Allix est là. » Vous connaissez peut-être ce nom?

Un membre. Oui, c'est l'homme des *escargots sympathiques*.

M. Denormandie. — Il avait dit au garçon de bureau : « Quand M. Denormandie viendra, vous me l'enverrez. » Je me suis envoyé moi-même et suis allé le trouver. Il était dans le fauteuil; il me dit : « Vous êtes M. Denormandie? — Oui, monsieur, je viens prendre possession du fauteuil que vous occupez. » — Il me répondit : « Je suis très heureux de cette démarche; je vais vous le céder avec le plus grand empressement. » Il se leva avec la plus grande déférence et me dit : « Asseyez-vous ; je vois que nous allons nous entendre à merveille et que vous allez vous mettre en rapport avec l'Hôtel de Ville.

Monsieur, vous ne pensez pas un mot de ce que vous dites, mais enfin je tiens mes pouvoirs du suffrage universel ; je ne peux pas admettre qu'en vertu de je ne sais quel pouvoir anonyme, innommé, innommable, vous preniez ainsi possession de mon fauteuil ; si vous le prenez par la force, je ne puis pas vous en empêcher : je viens vous demander si vous pouvez me rendre mon fauteuil.   Je ne puis vous le rendre qu'à la condition que vous vous ralliiez à l'Hôtel de Ville. »

Je dois dire à la Commission que cet homme n'était qu'un insensé. Il n'a fait aucun mal. « Asseyez-vous donc, ajouta-t-il, vous avez rendu quelques services et nous pouvons nous entendre.   Je ne peux pas faire ce que je ne crois pas devoir faire ; nous avons des doctrines qui ne peuvent pas se concilier, je ne me mettrai pas là.   Alors, vous pourriez peut être me donner votre démission, fit il ; cela arrangerait tout ; » et avec la plus grande précipitation, il prit une plume et du papier. — « Mon Dieu oui, c'est bien simple, mettez-vous là et donnez moi votre démission. — Vous prenez ma place de force, j'emporte ma fonction avec moi, et je me retire. »   Il dit : « Tout cela est regrettable ; nous allons faire les élections.   Le suffrage universel a nommé des maires, ils sont en pleine possession de leur mandat, vous me permettrez de m'étonner que vous conceviez la pensée de faire des élections, et surtout de faire des élections après-demain mercredi 22 mars. Vous ne vous doutez pas de ce que c'est que de faire une liste, de la reviser, de composer des sections, d'avoir des présidents de section, de faire des circulaires. »

Alors il me regarda avec une grande naïveté : « Oh! dit-il, nous ne sommes pas difficiles sur les formes. » Je lui répondis : — « Je le vois, » et alors (je demande pardon à la Commission de ces détails), une des personnes qui étaient avec moi prenant la parole lui dit: « Voyons, tout cela est bon, nous allons partir, mais faites-moi le plaisir de me dire ce que vous venez faire ici. A quels sentiments, à quelle idée obéissez-vous? qu'est-ce que vous voulez? — Je ne comprends pas. C'est une question de citoyen à citoyen. »

M. Allix répondit : « Nous voulons établir la Commune. » (cette scène avait lieu le 20 mars à midi). Ce monsieur repartit : « Mais enfin, vous ne reconnaissez donc pas l'Assemblée nationale? Si, parfaitement. — Vous ne reconnaissez donc pas le gouvernement de M. Thiers? Si, parfaitement. Alors qu'est-ce que tout cela signifie? Nous voulons établir la Commune. Mais comment conciliez-vous cette idée de Commune avec le pouvoir de l'Assemblée nationale, que vous déclarez vouloir respecter?

Ah! ce sont des choses distinctes; nous voulons établir la Commune à Paris. Mais enfin qu'entendez vous par là? vous comprenez donc par là que Paris ne doit pas avoir seulement la direction de ses affaires municipales, mais qu'il doit constituer une sorte d'État à part dans le pays? »

Il nous répéta une demi-heure durant qu'il voulait fonder la Commune, et il nous fut impossible d'en tirer autre chose. Nous nous retirâmes; je suis allé dans les bureaux donner quelques signatures pour mettre les registres de l'état civil en état, et l'affaire a été ainsi consommée.

Déposition de M. Desmarest, maire du IXe arrondissement.

M. LE PRÉSIDENT. — Que s'est-il passé à la mairie du IXe arrondissement à partir du 18 mars?

M. DESMAREST. — Je n'ai pas été, d'une manière constante, à la mairie du IXe arrondissement dans le temps que vous indiquez, par la raison très-simple que je n'aurais pas été sûr de ne pas y être arrêté. Il n'y avait plus de sécurité pour l'autorité municipale qu'à la mairie du IIe arrondissement, qui a été le dernier refuge dans lequel il ait été possible de lutter.

Je me rappelle que, quand en sortant de chez moi, rue

Scribe, passant devant le Grand Hôtel, qui était encore une des forces de la garde nationale régulière, prenant la rue du Quatre-Septembre, j'arrivais aux environs de la place de la Bourse, j'éprouvais ce sentiment de sécurité que devaient avoir au moyen âge les habitants d'une commune quand ils rentraient sous la protection de leur beffroi : quand je parcourais les rues de mon arrondissement, je n'étais pas sûr de ne pas être pris; je n'avais de moyen de sécurité que le revolver que j'avais dans ma poche.

Je dois ajouter un détail. Je vous ai parlé de l'importance qu'il y a pour la sécurité des mairies dans l'organisation de la garde nationale.

Au moment dont vous parlez, au moment où je ne croyais pas qu'il y eût sécurité à aller à la mairie du IX° arrondissement, je reçus un petit mot par lequel on me prévenait que je pouvais retourner à la mairie du IX° arrondissement, qu'elle était occupée par un bataillon sûr; je fis la sourde oreille.

A plusieurs reprises, je reçus des indications de cette nature.

Le lendemain, j'appris qu'un certain nombre de commandants avaient occupé la mairie par suite d'un ordre de service, dont tous les jours étaient fixés à l'avance. Il y eut là un effort fait par une partie des bataillons de la garde nationale. Un certain nombre de bataillons ont dit : « Nous ne serons pas avec le Comité central ; nous ne serons pas avec la garde nationale ordinaire, mais si vous voulez nous autoriser à occuper nos mairies avec les bataillons de l'arrondissement, nous ferons notre service. »

J'ai retrouvé au Grand-Hôtel, quand l'amiral Saisset y était, cette même influence, qui était très-fâcheuse et qui a décentralisé la résistance.

M. LE PRÉSIDENT. — Que s'est il passé à la mairie du II° arrondissement? N'y a t-il pas eu des délégations du Comité central?

M. DESMAREST.   Il en venait perpétuellement. Les propositions portaient sur les élections de la garde nationale et sur les élections de la Commune.

M. LE PRÉSIDENT. Comment se fait il qu'elles aient abouti?

M. DESMAREST. Pour faire cette histoire, il faut rappeler la démarche faite à l'origine à Versailles par les maires de Paris.

Cette démarche collective avait été précédée d'une première démarche dans laquelle un certain nombre seulement des maires de Paris étaient venus à Versailles. Je faisais partie de la première députation. Nous étions cinq, nous sommes venus à Versailles de très-grand matin, au milieu de la nuit; nous avons été reçus par M. Thiers, que nous avons réveillé; nous sommes venus lui rendre compte de l'état de Paris. Je dois vous dire que ce jour était le premier où moi même je quittais Paris depuis le commencement du siége; je me trouvais pour la première fois en contact avec le gouvernement de Versailles. Très-préoccupé des événements, voyant les dangers qui menaçaient, j'étais très-anxieux de savoir s'il y avait à Versailles une force suffisante pour protéger l'Assemblée, dans le cas où Paris serait perdu, pour nous faire un refuge.

Je dois dire que j'emportai cette conviction, qu'à ce moment il n'y avait à Versailles rien qui pût nous défendre. Je retournai à Paris, le 24 mars, avec cette conviction. Il me parut résulter de notre conversation avec M. Thiers qu'il penchait lui-même vers cette idée qu'il fallait gagner du temps pour amener une conciliation qui pût empêcher les derniers désastres d'une lutte. Il nous remit une déclaration qui portait sur trois points: sur la promesse d'élections prochaines, sur des élections dans la garde nationale et sur l'oubli, pour les gardes nationaux qui rentreraient dans l'obéissance au gouvernement.

Je revins à Paris; au moment où je rentrais dans la salle où étaient réunis les maires, je trouvai mes collègues disposés à partir pour Versailles; j'en revenais et je me refusai à y retourner. Nous étions en permanence; jour et nuit, nous recevions des délégations qui venaient de l'Hôtel de Ville. Ces députations se succédaient, et elles n'étaient pas composées des mêmes membres, de telle sorte que, quand un point était arrêté avec une députation, la députation suivante, qui venait quelques heures après, n'admettait plus ce qui avait été convenu. La mauvaise foi la plus complète semblait présider à toutes ces manœuvres.

Parmi les hommes qui sont venus successivement, je ferai certaines distinctions. Nous avons reçu notamment une députation composée de Ranvier et autres. La lecture des documents m'a appris que Ranvier avait attaché son nom à des choses sinistres, mais à ce moment son action paraissait conciliante; j'ai même cru un instant que nous allions aboutir et qu'il était disposé à faire des concessions qui auraient amené une conciliation. Notre conversation s'est prolongée pendant deux heures; d'accord sur tous les points, il ne paraissait plus retenu que par la crainte que les promesses d'amnistie ne fussent pas réalisées. Le lendemain, il revint, mais il avait avec lui un autre membre du Comité central, Arnold, dont l'attitude était essentiellement différente.

Dans ces dernières réunions, je ne sais pas pourquoi j'étais l'orateur des conflits engagés avec eux; je crois avoir montré quelque énergie. Mais je vis qu'il y avait un parti pris absolu et que nous n'arriverions à rien.

Il y avait eu avant une sorte de démonstration militaire faite par les partisans de la Commune; je n'assistais pas à cette réunion, je n'y suis arrivé qu'à la fin; je ne puis pas vous rendre compte de ce qui s'y est passé...

M. LE PRÉSIDENT. — Il paraît que MM. Floquet et Clémenceau sont arrivés et ont dit que l'Assemblée nationale venait de proclamer le duc d'Aumale lieutenant général. Beaucoup se seraient décidés alors à signer parce qu'ils auraient vu là une menace contre la république.

Il paraît que cette nouvelle a produit une grande impression sur la réunion des maires.

M. DESMAREST. — Je ne suis pas tout à fait, dans mes souvenirs, d'accord avec les impressions que je vois dans votre esprit; les choses n'ont pas eu le caractère que vous leur donnez.

Il y a un point sans lequel on pourrait s'éclairer. C'est très-délicat ce que je vais dire, mais il n'est pas possible de ne pas le dire. Le conseil municipal se composait de trois éléments : un certain nombre de membres peu considérable était absolument avec la Commune ; d'autres absolument contre la Commune, j'en étais avec M. Vacherot. Puis il y avait des intermédiaires très nombreux qui étaient près de la Commune en lui servant d'auxiliaires. C'est là qu'est la vérité. Voilà avec quoi nous avons eu à lutter.

Le nombre des maires foncièrement attachés à l'idée gouvernementale régulière était peu nombreux.

M. LE PRÉSIDENT. Trois ou quatre?

M. DESMAREST. Dix, peut-être, en comptant les adjoints.

M. LE PRÉSIDENT. Et combien pour la Commune?

M. DESMAREST. — Il serait difficile de le dire. Il y avait peut être une dizaine de membres foncièrement dans les idées du gouvernement régulier sur quatre-vingts, tant maires qu'adjoints. Les autres étaient dans des idées politiques qui les rapprochaient de la Commune ou d'un rôle auxiliaire de la Commune.

M. LE PRÉSIDENT. — Comment tout cela s'est-il terminé? est ce sous le coup d'une menace, d'un rassemblement armé, ou simplement sur le bruit répandu de la nomination du duc d'Aumale comme lieutenant général?

M. DESMAREST. — Je n'ai pas assisté au rassemblement armé; il n'a eu aucune influence sur la transaction qui a été signée par les maires.

Je vous ai entendu vous servir, monsieur le président, du mot de capitulation; je le repousse; quant à moi, je suis convaincu que je n'ai pas fait un acte de faiblesse; je ne l'aurais pas fait.

Nous étions arrivés à la limite dernière ; nous avions prolongé la situation aussi longtemps qu'il était possible de la prolonger. Que quelques personnes n'aient pas mis leur signature sur l'acte, c'était très facile. Il y avait des maires et des adjoints qui étaient toujours à Versailles.

M. DE LA ROCHETULON. M. Denormandie a-t-il signé ?

M. DESMAREST. Il y avait de nos collègues qui étaient retenus par leurs fonctions de députés ; tout a été supporté par ceux qui étaient à Paris. A Versailles, ils étaient dans une sécurité relative, elle augmentait tous les jours ; mais nous, nous étions dans la gueule de l'insurrection victorieuse, nous luttions toujours, nous avions conduit la négociation jusqu'au point extrême.

Il n'y avait plus, pour la cause de l'ordre, à Paris, que trois points militaires : le Grand-Hôtel, la mairie du IIe arrondissement, et le chemin de fer de Saint-Lazare. Le point le meilleur, celui où j'aurais préféré me battre, était la mairie du IIe arrondissement ; cela tient à la topographie des arrondissements, et à ce que les gardes nationaux de ce quartier étaient les mieux disposés de tout Paris. Je connais très-bien ces bataillons là ; ils étaient les meilleurs pour la cause de l'ordre.

Le Grand-Hôtel était moins bien, militairement et topographiquement parlant, puisque l'insurrection était derrière, dans l'Opéra ; elle était à la place Vendôme. Au Grand-Hôtel, avec sa cour, on était fait prisonnier aisément.

Si un combat s'était engagé, je crois qu'il y aurait eu une résistance énergique de la part des gardes nationaux, mais je suis convaincu que nous n'étions pas de force à lutter contre l'insurrection avec tout ce qu'elle avait de matériel et de combattants ; il eût été extraordinaire que nous pussions gagner une bataille dont le gouvernement avait désespéré. La grande anxiété pour nous était de savoir si nous devions livrer cette bataille, si en faisant tuer un certain nombre d'hommes sans possibilité de succès, il y aurait un avantage quelconque pour la cause générale.

Il faut vous dire que l'insurrection, qui nous enveloppait, nous envoyait perpétuellement de prétendus alliés, qui, sous prétexte de venir combattre avec nous, nous auraient enveloppés et auraient créé, au milieu de cette bataille, une diversion au sein de laquelle il aurait été difficile de reconnaître ses amis de ses ennemis.

Il y a eu des moments pendant lesquels nous étions absolument enveloppés ; et les points sur lesquels nous aurions pu livrer bataille étaient occupés par des gens qui nous étaient absolument hostiles. Pour engager le combat d'une façon utile, il aurait fallu avoir un point d'appui avec l'armée de Versailles.

Le gouvernement avait nommé l'amiral Saisset pour commander les gardes nationaux ; j'étais en rapport avec lui, je l'ai trouvé personnellement très calme, mais militairement absolument convaincu de l'inutilité complète d'aucune espèce de résistance. A dix reprises différentes, il m'a donné cette assurance là ; j'ai essayé de combattre son opinion, je l'ai toujours trouvé ferme dans sa conviction.

Le même inconvénient que je vous signalais dans l'intérieur des mairies, je l'ai retrouvé dans la direction générale au Grand-Hôtel ; il y avait un chef d'état-major, M. Langlois ; il était retenu par ses fonctions de député, ainsi que M. Schœlcher. Il en résulte que ses fonctions étaient remplies par d'autres personnes, et quand on demandait des ordres positifs, on ne pouvait pas en obtenir ; j'ai dû lutter contre l'amiral Saisset, en l'avertissant qu'il avait près de lui un chef de bataillon de la garde nationale qui était l'auteur de ce projet intermédiaire de transaction entre l'état-major insurrectionnel et l'état major régulier ; que je le considérais comme trahissant, tellement que si j'étais à sa place, je le ferais arrêter. Je n'ai jamais pu le convaincre : il y avait donc absence de direction au moment où a été signée cette transaction qui a évité un combat qui eût été perdu, et qui eût placé le gouvernement de Versailles dans une fâcheuse situation.

Voilà les considérations qui, quant à moi et avec autant de sang froid que j'en ai en ce moment, m'ont déterminé à signer. Il y avait, en ce moment, dans la salle l'aide de camp de l'a miral Saisset. Je lui ai dit : « Qu'est-ce que vous en pensez ? » Il me répondit : « Il n'y a pas à hésiter. »

Je vous fais remarquer d'ailleurs que cette transaction n'ébréchait la légalité que sur un seul petit point, sur la date des élections.

C'est dans ces conditions qu'en pleine sécurité de conscience pour ma part, et ne croyant faire aucun acte de faiblesse, j'ai signé la transaction.

Individuellement, c'était bien facile à éviter, il n'y avait qu'à s'en aller, les chemins étaient libres; on pouvait s'éloigner, mais je suis resté sur la brèche encore plusieurs jours.

Déposition de M. Dubail, maire du X⁰ arrondissement.

M. Dubail. — Le 18 mars, au sortir de l'Hôtel de Ville, vers quatre heures, j'allai au ministère de l'intérieur, où j'appris l'assassinat des généraux Lecomte et Clément Thomas. Le soir eut lieu une réunion des maires à la 2ᵉ et à la 1ʳᵉ mairie ; je n'y assistai pas, la convocation ne m'étant pas parvenue. Le lendemain, je me rendis à celle du Iᵉʳ arrondissement.

Tout d'abord, le sentiment qui domina dans cette réunion fut celui de l'attachement le plus ferme aux institutions existantes, à l'Assemblée nationale, et au suffrage universel, dont l'Assemblée était l'expression ; nous fûmes tous d'accord sur ce point et il n'y eut pas de récriminations à cet égard.

Ce qui le constate, c'est cette première proclamation qui a été l'œuvre de M. Louis Blanc. Elle est conforme aux principes que j'appellerai constitutionnels.

M. le chef du pouvoir exécutif nous donnait le pouvoir de faire le nécessaire, afin de calmer et de satisfaire la population dans des limites déterminées.

Nous eûmes le premier jour une visite des membres du Comité central, au milieu de la nuit, afin qu'on pût s'accorder sur ce qui était possible. Ces membres paraissaient disposés à céder, mais retenus par la crainte de poursuites judiciaires. On les rassura, excepté en ce qui concernait les assassins de la veille. Enfin, on arriva à un arrangement suivant lequel le Comité central offrait de rendre aux maires, dès le lendemain, l'Hôtel de Ville et la possession des municipalités ; le Comité croyait avoir rempli son rôle en obtenant la promesse de l'élection du conseil municipal de Paris.

Je dois ajouter que plusieurs d'entre nous ne croyaient pas à la sincérité de ces messieurs; d'autres y ajoutaient foi. Quelques-uns de ceux qui avaient cette confiance se rendirent à l'Hôtel de Ville le lendemain matin, et furent éconduits de la façon la moins polie; ils ne purent prendre possession ni de l'Hôtel de Ville, ni des bureaux.

Dès ce moment-là, peut-être, se produisirent dans la commission des maires, deux courants ; les uns étaient décidés à résister jusqu'au bout, pour le maintien de l'ordre et des lois; les autres étaient enclins à la conciliation, quelques uns avec une complaisance fâcheuse, qui énervait la fermeté de la réunion, et allait jusqu'à entraver l'exécution des mesures de défense. Plusieurs pouvaient avoir pour but, par des concessions, de gagner du temps et de mettre par là le gouvernement en mesure de se fortifier contre l'insurrection ; mais ce motif ne fut guère allégué, du moins à ma connaissance, et celui contre lequel j'eus le plus à lutter, moi qui étais partisan de la résistance, ce fut le fantôme toujours évoqué de la réaction, qui, une fois les fédérés dissous, refuserait à Paris des libertés et un conseil municipal élu ; à quoi nous répondions que si les municipalités triomphaient par elles mêmes de l'émeute, elles seraient bien plus autorisées à réclamer cette satisfaction et l'obtiendraient, comme nous en avions la promesse du gouvernement.

Plusieurs membres ne croyaient pas à la sincérité des membres du Comité et voulaient qu'on se préparât à la résistance, croyant possible que la résistance aboutît à de bons résultats; pour mon compte je suis encore à connaître les raisons contraires. D'autres pensaient que si on était forcé de céder matériellement, on devait résister moralement, et ne donner aucune signature qui sanctionnât l'insurrection. Ce fut mon opinion et ce l'est encore.

Après plusieurs entrevues amiables avec les délégués du Comité central, en survint une qui avait un caractère bien différent. Presque tous nos collègues étaient absents. J'étais le vendredi 24 mars, vers deux heures, à la 2ᵉ mairie, dans le cabinet du maire, avec M. Schœlcher, lorsqu'on vint nous prévenir que la 1ʳᵉ mairie, place du Louvre, quoique munie de défenseurs, était assiégée par les forces fédérées. Nous signâmes immédiatement l'ordre à nos bataillons de se porter à l'aide de nos collègues voisins. Mais avant que cet ordre pût être exécuté, MM. Méline et Adam nous firent dire qu'ils ne pouvaient plus tenir, et demandèrent l'autorisation de traiter avec les chefs fédérés. M. Schœlcher et moi, après une courte délibération, signâmes une lettre portant avis que l'on pouvait promettre les élections municipales pour le 3 avril, par les soins des maires, conformément à l'autorisation du gouvernement, autorisation rapportée par une députation de maires qui avaient été à Versailles, le matin même, si je ne me trompe. La lettre fut portée à MM. Adam et Méline, qui, jugeant le délai trop long, prirent sur eux de rapprocher le jour et de le fixer au 30 mars.

Une heure après, la 2ᵉ mairie vit arriver les officiers fédérés, au nombre d'une quarantaine, en compagnie des adjoints du 1ᵉʳ arrondissement et de quelques autres collègues, venant réclamer la ratification de l'engagement pris avec eux. Une scène vive eut lieu avec la garde nationale de service; on trouva peu prudent d'avoir introduit parmi nous les chefs militaires du Comité central. M. Adam, comme affolé d'exaltation, demanda impérieusement qu'on évitât à tout prix l'effusion du sang; et malgré mes objections, l'assemblée, d'ailleurs peu nombreuse des maires et adjoints, ratifia les élections pour le 30 mars. Ils signèrent même cet engagement, ce que pour moi je refusai de faire, exigeant que les délégués justifiassent de leurs pouvoirs et pussent nous garantir l'exécution des engagements qu'ils prendraient au nom du Comité central. Ils promirent de les rapporter le soir.

On se sépara avec l'espoir en apparence fondé d'une conciliation sur ces bases, et sur la promesse de réintégration des municipalités à l'Hôtel de Ville et dans les mairies. Ce bruit répandu dans Paris y fut accueilli avec une satisfaction générale. Ébranlé un moment dans ma défiance, je me rendis à ma mairie pour en reprendre possession; mais je reconnus vite qu'elle était toujours en des mains ennemies et je dus m'abstenir d'y entrer pour ne pas être arrêté. J'engageai, en revenant à la Bourse, les gardes nationaux fidèles à ne pas se disperser; je parcourus les postes et rentrai à la mairie, rue de la Banque. Les délégués du Comité central n'y reparurent qu'assez tard dans la nuit, ayant à leur tête M. Ranvier, et ils demandèrent que les élections eussent lieu le surlendemain, ou plutôt le lendemain dimanche; on repoussa d'une voix unanime cette exigence, en maintenant la concession précédemment faite et justifiant l'ajournement indiqué. Ces délégués, après s'être consultés, répondirent que décidément ils ne pouvaient pas accepter un ajournement, qu'il fallait que les choses se terminassent le lendemain, parce qu'ils étaient débordés. La rupture éclata, et on se sépara, sans espoir apparent de retour. C'est Desmarest qui présidait cette séance.

Je fus chargé de rédiger une proclamation nouvelle, dont les termes étaient ceux ci: « Le Comité central manque pour la deuxième fois à la parole donnée en son nom par ses délégués: il veut faire demain des élections sans sincérité, sans régularité, sans contrôle. C'est la guerre civile qu'il appelle dans Paris; que la honte et le sang en retombent sur lui seul!

« Quant aux maires, ils engagent la garde nationale à se rallier à eux pour défendre la république et l'ordre. »

Cette proclamation fut livrée de très bonne heure, le samedi matin, à M. Dubuisson, rue d'Argout; elle fut composée; j'en corrigeais l'épreuve, quand eut lieu ce que je ne puis m'empêcher d'appeler la capitulation des maires et des députés; et la proclamation fut remplacée par une autre, que falsifia le

Comité, abusant de la bonne foi des signataires avec qui il avait traité, supprimant la partie qui sauvegardait leur droits, prenant le premier rôle et annonçant les élections pour le lendemain.

Je ne me bornai pas à refuser catégoriquement ma signature à la convention ; je crus devoir protester par l'envoi de ma démission motivée, qui parut dans un journal, *le National*, le dimanche matin 26 mars, jour de ces frauduleuses élections. J'avais déjà averti, dès le 22 mars, la population de mon arrondissement, par affiches, que tout ce qui se ferait en dehors des maires serait nul, et que tous les services municipaux seraient suspendus ; je confirmai cet avis à tous ceux qui me consultèrent pour les élections.

M. LE PRÉSIDENT. — Où s'est passé ce second arrangement? en savez-vous des détails?

M. DUBAIL. A la mairie du IIe arrondissement, hors de ma présence. Il y avait des députés. Les signatures ont été publiées. Plusieurs personnes réclamèrent contre l'insertion de leur nom ; elles n'étaient pas présentes. Un de nos adjoints, André Murat, a protesté contre la mauvaise foi des gens du Comité, par lettre du 27 mars.

M. VACHEROT. Il y a donc eu une dernière réunion à laquelle vous n'avez pas assisté?

M. DUBAIL. — J'étais en permanence à la 2e mairie; comme M. Tirard était souvent à Versailles, en qualité de député, c'était sur M. Héligon, dont je ne saurais trop louer la loyauté et la résolution pendant toute cette crise, et sur moi que reposait l'exécution des mesures prises ou même l'obligation d'en prendre d'urgence ; c'est ainsi que nous avions transmis des ordres à la garde nationale fidèle des divers arrondissements pour la concentrer près de la 2e mairie, comme cela eut lieu; de manière que nous eûmes sous la main et pour nous défendre une force d'environ dix mille hommes, bien armés et d'élite ; et nous étions certes en état de repousser une attaque faite par des forces mal organisées, et sans munitions d'artillerie appropriées, telles que celles dont disposait le Comité central. Nous fîmes venir aussi des mitrailleuses, non sans opposition de la part de quelques collègues, qui craignaient de fournir un prétexte aux récriminations du Comité central, lequel avait pourtant des canons et des mitrailleuses. Enfin nous cherchions à accumuler les engins de résistance à l'intérieur, persuadés que c'était le moyen le plus sûr de rallier les hommes d'ordre et de liberté légale, une fois qu'ils seraient revenus de la stupeur produite en eux par la rapidité du triomphe de l'insurrection. Nous cherchâmes par une autre voie à désorganiser celle-ci, en instituant le service du payement de la solde de la garde nationale au palais de la Bourse, ce qui fut considéré par le Comité central comme un échec à son autorité. Cette mesure fut affichée dans Paris sous notre signature, et elle me valut, de la part du Comité central, un ordre d'arrestation motivé sur ce que j'aurais par là fomenté la guerre civile, tant était grande la perversion des idées morales! De plus, nous fîmes saisir et désarmer à nos avant postes des individus armés qui s'y introduisaient, et nous eûmes ainsi à la 2e mairie plus de cent prisonniers, dont un capitaine fédéré du XIIIe arrondissement, accusé d'avoir commandé le feu de la place Vendôme. Mais ils furent, contre mon avis, relâchés successivement dans la crainte d'indisposer le Comité central.

UN MEMBRE. — M. Tirard n'était-il pas à la réunion municipale du 25?

M. DUBAIL. M. Tirard était à Versailles; c'était le samedi, la veille des élections, vers onze heures du matin; j'étais dans le cabinet du maire, situé sur la cour et séparé de la salle des réunions par deux pièces, dont une formant antichambre et empêchant les bruits du dehors d'arriver jusqu'au cabinet; je me rappelle très-bien que j'apportais, corrigée, l'épreuve que le prote de Dubuisson attendait pour la tirer et la placarder dans Paris, lorsqu'on me dit: « Tout le monde est d'accord, on s'embrasse, on fait les élections demain. » J'avoue que ce dernier mot me fit tomber de mon haut en apprenant ce changement subit et inexplicable pour moi.

L'affiche de ma proclamation a été déchirée, mais il doit encore y en avoir un placard, dit d'atelier, qu'on est venu m'offrir, il y a quelque temps, de l'imprimerie Dubuisson. Elle a été rédigée par moi avec l'assistance de M. François Favre, maire du XVIIe arrondissement, qui s'est montré très-énergique. M. Dubuisson vous fournira cette pièce ; elle est à peu près conçue dans les termes que j'ai indiqués. Je ne sais pas si j'aurais pu changer la détermination de mes collègues, n'ayant pas été mis à même de l'essayer; je sais qu'ils ont beaucoup hésité à signer, mais que les premières signatures ont entraîné les autres, sans que d'ailleurs on ait longtemps discuté la question.

M. VACHEROT. Que savez-vous des personnes qui assistaient à cette réunion et des décisions qui y ont été prises?

M. DUBAIL. — La réunion avait lieu dans la grande salle de la mairie, donnant sur la rue de la Banque.

Ce n'est que lorsque j'ai apporté cette affiche dans un autre cabinet contigu à la salle des réunions: « La réunion, me dit on, n'est plus possible, parce qu'elle est un appel à la défense et qu'on est d'accord. »

M. VACHEROT. — Savez vous s'il y a eu convocation? avez-vous su que ce conseil devait avoir lieu et avez-vous su d'avance ce dont il s'agissait?

M. DUBAIL. Non, je ne le pense pas. Je ne sache pas non plus qu'il y ait eu dans la conférence de nuit rendez vous pris pour une autre dans le jour. Mais je dois dire que, bien que j'aie pris dans la première, celle de nuit, une part active à la discussion contre Ranvier, je sortais souvent de la salle pour aller donner ou signer des ordres, et il est possible qu'en mon absence on soit convenu d'une dernière entrevue.

M. LE PRÉSIDENT. Est ce à cette réunion qu'assistait l'amiral Saisset?

M. DUBAIL. Je ne l'y ai pas vu, et je crois pouvoir affirmer qu'il n'y est pas venu, non plus qu'à celles des deux jours précédents. Il y avait paru quelques jours auparavant, le jour de sa nomination définitive, c'est-à-dire vers le 22.

Un membre. — C'est le 20 mars ou le 19 mars qu'il a été nommé commandant en chef.

M. Dubail. — M. l'amiral Saisset était venu quelques jours auparavant en bourgeois à la mairie, parce qu'il y avait des inconvénients sérieux à ce qu'il circulât en uniforme dans les rues de Paris.

M. Vacherot. — Il ne faudrait pas laisser passer ce point qui est capital : c'est qu'on a cherché et trouvé un moyen d'écarter M. Dubail d'une délibération extrêmemement importante où sa présence et sa résolution de résister eussent été gênantes.

M. Dubail. — Je ne crois pas qu'on ait fait ce calcul ; car, étant dans la mairie, je pouvais être averti instantanément. Voici comment les choses se sont passées. Dans la nuit du vendredi au samedi, il y a eu une longue conférence qui a commencé à onze heures du soir et qui s'est prolongée jusqu'à deux ou trois heures du matin. Nous étions là cinq ou six maires et une douzaine d'adjoints. MM. les maires députés, retenus par leurs fonctions, n'y assistaient pas. Je les avais vus à quelques-unes des précédentes, M. Vacherot entre autres aux premières.

M. Vacherot. — J'ai assisté à trois réunions.

M. Dubail. — Ces messieurs ne s'y trouvaient pas parce qu'ils avaient des devoirs à remplir ici, et que les communications étaient devenues très-difficiles entre Paris et Versailles. Vous savez qu'à un moment donné, un bataillon de fédérés avait coupé la ligne du chemin de fer.

Dans cette dernière réunion, où nous étions à peu près quinze à dix-huit personnes allant et venant, se remplaçant à tour de rôle, on a discuté très longuement si les élections auraient lieu le dimanche ou huit jours après, comme il avait été convenu la veille. Moi-même j'avais adhéré à cette dernière convocation, parce que nous avions l'autorisation du gouvernement qui se faisait fort d'obtenir cela de l'Assemblée nationale. On discuta très-longuement ces questions, on les retourna sous tous les points de vue et on aboutit à ne pas tomber d'accord. M. Ranvier et ses acolytes, après s'être consultés et avoir refusé tout ajournement des élections, se retirèrent sans que rien fût conclu ni changé de la part des maires à ce qu'ils avaient consenti la veille ; c'est à dire à ce que les élections pour le conseil municipal eussent lieu le 30, à la fin du mois ou dans les premiers jours d'avril.

Quand ces messieurs partirent, ils ne dirent rien, à ma connaissance, qui indiquât que la conférence serait reprise le lendemain. Peut être cela fut-il convenu entre quelques personnes désireuses d'amener une conciliation, et qui purent engager ces messieurs à se représenter le lendemain ; mais je n'en ai pas eu connaissance. Je restai à la mairie cette nuit tout entière, m'attendant à une attaque possible ; je convins avec le colonel Quevauvilliers, qui se tenait avec son état-major dans une pièce voisine, des mesures à prendre, pendant que M. Héligon inspectait les avant-postes. C'est alors que je fis l'affiche en question ; je m'occupai d'ordres divers à donner parce que la résolution était prise de résister, et elle fut prise immédiatement après le départ de Ranvier ; et je puis conclure de ce qui s'est passé qu'on n'avait pas pris de rendez vous pour le lendemain, parce qu'il fut convenu que je ferais une affiche énergique dans le sens de la résistance.

C'est ce qui fait que, pour mon compte, je ne m'attendais pas à une autre conférence pour le lendemain, et je crois que beaucoup de ces messieurs ne s'y attendaient pas davantage. Quant à cette dernière conférence, je ne sais pas un mot de ce qui s'y est dit ou fait ; on me répéta seulement comme un bruit venu de Versailles que le duc d'Aumale avait été proclamé lieutenant général par l'Assemblée, et que croyant qu'il s'agissait de sauver la république, beaucoup de membres avaient signé cette convention. Je la pris, la lus, et je crus devoir ne pas la signer ; j'ajouterai que M. Schœlcher ne la signa pas immédiatement, qu'il ne le fit qu'une heure après, et par ce motif qu'il me donna dès lors, et qui est bien dans sa nature dévouée, qu'il craignait, en refusant, qu'on n'imputât ce refus à l'amiral Saisset, dont il était pour ainsi dire le garant vis à-vis du Comité central, et dont la sûreté se trouverait compromise, puisqu'il était encore à Paris, et fort empêché d'en sortir. Pour moi, je persistai dans mon refus.

M. le président. — Qu'aviez-vous trouvé dans cette réunion ?

M. Dubail. Vous le dire serait fort embarrassant, parce que la plupart des maires qui y avaient assisté étaient déjà partis.

M. Vacherot. Quels sont donc les maires qui ont signé? — Je sais bien que la pièce existe.

M. Dubail. —Tous les journaux l'ont publiée. M. Degouve Denuncques a eu, il y a quelque temps, une polémique dans laquelle il cite un article de journal donnant la convention telle que l'a rédigée, en la falsifiant, le Comité central, avec la signature des maires adhérents.

Maintenant il y a un détail caractéristique, que je dois vous donner. Dans cette même nuit du vendredi 24 au samedi 25, après le départ de M. Ranvier et de ses collègues, nous restâmes assez nombreux pendant quelque temps encore. Quand je dis que je me suis retiré, c'est une erreur; c'est la nuit précédente que je me suis retiré pendant quelques heures. Il y avait là plusieurs de mes collègues, qu'à tort ou à raison, je soupçonnais d'être plutôt du parti ennemi que du nôtre, et de ne venir au milieu de nous que pour nous épier et nous trahir au dernier moment. Dans un moment de discussion vive, je dis à ces messieurs : « Si vous êtes ici pour résister avec nous, c'est bien ; sinon, il faut partir. » Je leur dis cela en termes soldatesques. Voilà où nous en étions, et c'est cette division déplorable qui explique la faiblesse du pouvoir si respecté de l'ensemble des maires, devant une insurrection sans autorité ni chefs connus, et leur défaillance finale.

Un membre.— Quels sont les maires dont vous parlez ?

M. Dubail.—Je puis me tromper, et je le souhaite, sur les intentions de mes collègues, mais ils ont fait, selon moi, le plus grand mal, à leur insu sans doute, par leur continuelle entremise entre les maires et le Comité central, leur complai sance pour celui ci, leur pression, parfois menaçante, sur nous, et quelques uns par une sorte de connivence avec les insurgés, dont ils soutenaient toutes les exigences. Ils se sont d'ailleurs plus ou moins démasqués depuis. Mais, enfin, le dernier jour, je considérais la présence de ces messieurs comme un danger au moment de la lutte qui allait éclater. Car les ordres étaient donnés : cette nuit-là, la garde nationale de l'ordre avait occupé, comme la nuit précédente, déjà, l'entresol et le premier étage des maisons autour de la Bourse et de la Banque. On était très décidé à la résistance ; les hommes étaient très-animés et très-résolus. J'avoue que la présence de ces messieurs nous indisposait et indisposait surtout la garde nationale qui voulait résister.

Un membre. — M. Tirard était il à cette réunion dans laquelle vous vous êtes montré si énergique ?

M. Dubail. Non, M. Tirard a assisté à plusieurs réunions antérieures, jusques et y compris, je crois, le jeudi 23 mars.

J'ai beaucoup regretté son absence, parce que la mauvaise foi du Comité central l'eût déterminé, je pense, à se décider résolûment pour la résistance, décision qui aurait eu la plus salutaire influence, d'autant plus que tout le XIe arrondissement la voulait. L'état-major même de la garde nationale, qui connaissait nos discussions intérieures, annonçait l'intention, dès le premier coup de fusil tiré sur la mairie, d'arrêter ceux de ces officiers municipaux douteux qui essayeraient de s'interposer encore, au préjudice de la défense.

Je dois dire encore qu'à la suite de cette réunion, il y en eut une autre, vers deux heures de l'après-midi, chez M. André (Alfred), qui depuis est devenu votre collègue ; qu'il s'y trouvait des maires ayant signé et d'autres qui ne l'avaient pas fait ; et que là tous ceux qui avaient signé déclarèrent qu'ils ne l'avaient fait que pour éviter l'effusion du sang ; c'est effectivement le motif sérieux qui avait frappé beaucoup de maires ennemis du Comité central et de la Commune. Dans tous les cas, tous déclarèrent qu'aussitôt les élections faites, ils donneraient leur démission. Je fis cette objection qu'il vaudrait mieux la donner avant qu'après, et c'est ce que je fis pour mon compte, le jeudi même, ne voulant ni participer aux élections, ni paraître les autoriser, ce qui me paraissait gros de périls pour l'avenir, en légitimant aux yeux de la population l'élection de la Commune et, plus tard, son pouvoir.

Dans cette réunion, il y eut un fait assez caractéristique, et si je me permets de le rappeler, c'est parce qu'il montre à quels sentiments divers a été en proie, comme beaucoup d'autres, un de nos collègues adjoint d'arrondissement. Il essaya d'abord de justifier la signature qu'il avait donnée, mais s'interrompant tout à coup, il s'écria : « Ah! je ne me le pardonnerai jamais! » C'est qu'une fois échappé à l'étreinte des influences déplorables qui nous assiégeaient dans les réunions antérieures, il comprenait tout de suite la portée de la décision prise.

Cette décision aidait à tromper toute la population parisienne et à lui faire croire que les élections de la Commune étaient légales, parce que les maires, autorisés par le gouvernement, les autorisaient eux-mêmes. Par conséquent, le pouvoir de la Commune se trouvait investi à l'avance d'une certaine sanction ; on regarda même comme valables les actes d'état civil faits par les agents de la Commune. Ainsi, une famille respectable et même renommée de mon arrondissement a laissé marier sa fille par un délégué communeux, et évidemment le mariage sera nul, si l'Assemblée ne donne pas les moyens de le valider.

J'admets cependant que de bons esprits pussent ne pas vouloir l'effusion du sang, bien qu'après tous les maires ne fissent que défendre les lois, et que le sang eût été versé odieusement par le Comité central. J'admets qu'on pût craindre aussi que la lutte ne se terminât à notre désavantage, quoique nous eussions toutes les chances d'un premier succès. Mais il y a une considération qui devait tout dominer, et que je regrette pour moi de n'avoir pu faire prévaloir, c'est que la signature donnée par les maires engageait presque la population à soutenir et à défendre l'œuvre à laquelle ils prêtaient les mains, c'est à dire la Commune. Il y a eu 150 à 200,000 votants, y compris les votes multiples d'un même individu ; mais si les masses avaient refusé de se prêter aux élections, le Comité central n'aurait pas osé les faire, et probablement il aurait vu son pouvoir s'effondrer et s'évanouir complétement. La prolongation de la défense de Paris me paraît être résultée en grande partie de cette erreur de la population.

Déposition de M. Degouve-Denuncques, adjoint au maire du Xe arrondissement.

La tentative faite pour reprendre les canons, le 18 mars, avorta. Il s'ensuivit que le gouvernement fut obligé de céder la place, et que ce fut un comité de la garde nationale qui s'installa à l'Hôtel de Ville.

Cette situation trouva les maires de Paris très-perplexes ; le gouvernement était parti sans leur laisser aucune instruction ; tous les pouvoirs étaient abandonnés à ceux qui voulaient les prendre. Je me rappelle que, dans la journée du 18, il ne fut fait aucune communication, ni de l'Hôtel de Ville, ni du ministère de l'intérieur, ni du commandant de la garde nationale ; nous fûmes abandonnés à nous mêmes.

Le lendemain, nous reçûmes du ministre de l'intérieur un document qui vous a peut être été communiqué et que je demande la permission de remettre sous vos yeux :

« Le ministre de l'intérieur, vu les circonstances sous lesquelles se trouve la ville de Paris ;

« Considérant que l'Hôtel de Ville, la préfecture de police, les mairies et ministères ont dû être évacués par l'autorité régulière ;

« Considérant qu'il importe de sauvegarder l'intérêt des personnes et de maintenir l'ordre dans Paris ;

« *Délègue l'administration provisoire de la ville de Paris à la réunion des maires.*

« Signé : Ernest Picard. »

Plusieurs collègues connurent cette communication avant moi, mais je crois qu'aucune notification n'en fut faite officiellement. Nous ne pûmes donc pas, et je crois que c'était un devoir pour nous, nous constituer en pouvoir municipal, en une sorte de gouvernement localisé dans Paris ; nous restâmes dans la situation où le 18 mars nous avait trouvés.

Le lendemain, 20 mars, le Comité central de l'Hôtel de Ville agissait et transmettait un avis aux différentes mairies de Paris, où il portait à leur connaissance que ses délégués prenaient provisoirement en main la direction de la municipalité parisienne.

Qu'est-ce que c'était que cette délégation? Il pouvait y avoir eu un conciliabule, un comité avait pu se former, une délégation avait pu s'instituer elle-même, mais enfin elle n'avait pas été officiellement commissionnée par les membres qui étaient en rapport avec le Comité central. — Le reconnaître! j'aurais cru forfaire à mon devoir et à l'honneur si un seul instant j'avais reconnu le Comité central!

Toutefois, à partir de ce moment, des relations s'établirent entre les maires et le Comité central.

Dans la journée du 19 mars, j'avais reçu une invitation de l'Hôtel de Ville d'avoir à pourvoir à la subsistance des soldats qui, la veille, avaient levé la crosse en l'air et s'étaient débandés. On m'avait demandé d'accuser réception de cette notification; je refusai, et je motivai mon refus en déclarant que mes pouvoirs réguliers procédant du suffrage universel, je ne reconnaissais pas un pouvoir irrégulier qui était imposé par la force.

J'en donnai la preuve. Dans la journée du 19, vers midi, le Comité central fit afficher sur les murs de la mairie du Xe arrondissement des placards par lesquels il faisait connaître son arrivée au pouvoir. Aussitôt que j'eus lu ces placards, je descendis avec deux garçons de bureau, et après avoir attendu quelques instants afin que le public vît que quelque chose allait se passer, je donnai l'ordre à ces deux garçons d'arracher les placards qui avaient été affichés, et de déchirer ceux qu'on tenterait d'afficher de nouveau.

J'étais donc, dès ce moment, en rupture complète avec le Comité central. C'était un exemple que je donnais, et j'aurais voulu qu'il fût universellement suivi.

Auprès de nous, il y avait des hommes qui croyaient qu'il fallait s'entendre avec le Comité central bien plutôt qu'avec le gouvernement de Versailles. Ces hommes disaient qu'il y avait plus à gagner pour la république à marcher d'accord avec le Comité central qu'à chercher à se rattacher au gouvernement de Versailles. Je n'ai jamais été de leur opinion. Toutefois, il faut reconnaître que ce fut l'opinion première de la majorité des maires et adjoints, car à la suite de la communication dont j'ai donné lecture, il s'engagea des relations, je ne dirai pas intimes, mais très suivies entre l'Hôtel de Ville et la mairie du IIe arrondissement, où les maires se réunissaient, et où l'on avait, en quelque sorte, constitué un centre de résistance à l'autorité qui cherchait à se consolider à l'Hôtel de Ville. Les allées et venues étaient fréquentes ; on nous communiquait les résultats, et nous restions toujours dans l'indécision.

La question qui nous divisait était celle des élections municipales. Le Comité central prétendait qu'il ne s'était constitué que pour assurer à Paris des élections municipales ; qu'aussitôt qu'elles auraient eu lieu, il se dissoudrait et céderait la place au pouvoir régulièrement élu.

A ne prendre cette parole qu'à la lettre, il est évident qu'il y avait là une chance d'arriver à la conciliation. Mais pour les hommes qui ont une certaine expérience des affaires politiques, il était bien évident que ce mot d'élections municipales, que cette exigence d'élections municipales cachait un projet qui ne pouvait être que dangereux.

Cependant, on ne refusa pas de se placer sur ce terrain ; des pourparlers s'engagèrent entre la réunion des maires du IIe arrondissement et le gouvernement de Versailles. Le gouvernement de Versailles se montra très-disposé à soumettre cette question à l'Assemblée nationale ; je crois que, le 20 ou le 21 mars, celle ci fut saisie d'un projet de loi relatif aux élections municipales de Paris.

Voici la communication qui nous fut faite par M. Picard, à la date du 23 mars :

« Messieurs les maires,

« Je m'empresserai de porter à votre connaissance la loi relative aux élections municipales dès qu'elle aura été votée. Le gouvernement a demandé que la loi fût mise à exécution avant le 10 avril.

« L'Assemblée y a consenti dans la séance d'hier. Les électeurs pourront être convoqués aussitôt après le vote, pour le 3 avril, et convaincu que, par le concours de tous les bons citoyens, l'ordre indispensable à la liberté du suffrage sera rétabli, je donnerai les instructions nécessaires pour que, par les soins et sous l'autorité régulière des maires, l'élection ait lieu à Paris.

« Recevez, etc. »

Cette communication nous faisait une situation excellente ; seulement, il y avait une question de date. Le Comité central de l'Hôtel de Ville était pressé d'en finir. Nous, nous n'étions pas pressés de procéder aux élections municipales ; nous nous rappelions que les nominations des maires n'avaient pas été toutes absolument bonnes, à cause de la précipitation qui y avait présidé ; nous voulions que la population de Paris pût s'entendre sur les choix à faire. Une élection ne s'improvise pas en quelques jours ; on ne met pas en mouvement 400,000 électeurs sans une certaine préparation. Il faut s'occuper des listes pour les élections ; pour chacune des sections, il faut s'occuper des présidents dont il faut faire choix, publier les affiches, désigner les sections, le jour et l'heure de l'ouverture du scrutin ; il y a une foule de petits détails matériels qui demandent du temps.

Nous avions donc vu avec plaisir qu'on nous remettait au 10 avril. Nous étions au 23 mars; entre le 23 mars et le 10 avril nous avions le temps nécessaire, et les électeurs de Paris auraient eu aussi le temps qu'il leur fallait pour préparer leurs élections.

Le Comité central ne l'entendit pas ainsi. Malgré toutes les démarches qui furent faites près de lui, il persista à vouloir des élections quasi immédiates. Nous restions à la mairie du IIe arrondissement, mais la résistance allait toujours en faiblissant.

Dans la journée du vendredi 24 mars, dans l'après midi, le Comité comprit qu'il fallait en finir. Il y avait eu ce jour là une manifestation. Le Comité central fit partir de l'Hôtel de Ville un détachement de troupes avec mission d'aller attaquer la mairie du Ier arrondissement; ce détachement était accompagné d'artillerie et de mitrailleuses. On investit la mairie; on signifia aux magistrats municipaux que s'il n'y avait pas arrangement, la mairie allait être bombardée. Alors il y eut non pas une capitulation, mais un arrangement qui, je crois, devait aboutir à la fixation des élections pour le 30 mars.

A la suite de cet arrangement passé à la mairie du Ier arrondissement, nous reçûmes à la mairie du IIe arrondissement une députation considérable à la tête de laquelle se trouvait le général Cremer, se présentant à nous comme ayant pleins pouvoirs du Comité central pour entrer en négociations. A la suite d'explications qui durèrent une heure, il fut convenu que nous ferions de notre côté, auprès du gouvernement de Versailles, toutes les diligences nécessaires pour que les élections eussent lieu le 30 mars. L'arrangement fut signé dans ces termes, entre cinq et six heures du soir, le 24 mars.

Vers six heures du soir, les maires et adjoints, comme c'était leur habitude depuis cinq ou six jours, se retrouvèrent ensemble pour s'occuper de ce qui s'était passé et pour délibérer sur ce qu'il y avait à faire. Nous venions à peine d'entrer dans la salle de nos délibérations qu'on nous annonça la venue d'un délégué du Comité central, M. Ranvier. Le délégué fut introduit. La première chose qu'il déclara fut que les hommes en tête desquels se trouvait le général Cremer, qui s'étaient présentés à nous, n'avaient pas reçu du Comité central les pouvoirs nécessaires pour l'engager; que, par conséquent, tout engagement qui avait pu être pris par le général Cremer et les personnes l'accompagnant devait être considéré comme nul. Cela remettait tout en question, et M. Ranvier nous signifia que la volonté du Comité central était que les élections eussent lieu sans aucun ajournement, trente six heures après, c'est à-dire le dimanche 26 mars.

Nous discutâmes avec M. Ranvier; nous lui fîmes remarquer que nous avions traité loyalement, que nous avions cru que ceux vis à-vis desquels nous nous étions trouvés s'engageaient comme nous-mêmes, et nous lui déclarâmes que nous ne consentirions à aucun prix à revenir sur la détermination que nous avions prise.

Nous eûmes occasion de demander à M. Ranvier pourquoi le Comité central tenait tant à précipiter les élections. Il les voulait pour le 26 mars, nous demandions qu'elles n'eussent lieu que le 30, et nous disions : Quatre jours de retard seulement, c'est laisser les choses en l'état. — M. Ranvier eut, je dirai l'ingénuité, de nous faire connaître le fin mot, et ce mot aurait dû singulièrement nous éclairer; il nous déclara que le Comité central était à bout d'efforts; qu'il avait assumé une tâche beaucoup plus lourde qu'il ne le supposait; que la victoire lui était restée à des conditions si complètes, qu'il se trouvait dans la nécessité de faire occuper tous les forts du Sud, de faire garder toutes les portes de Paris, et de placer des hommes dans tous les postes à l'intérieur; que pour ces différentes occupations, il n'avait qu'un personnel insuffisant. M. Ranvier alla même jusqu'à dire que tout son monde était sur les dents et qu'il fallait en finir.

Je résume ici des explications qui ne durèrent pas moins de six heures; mais enfin voilà dans quels termes M. Ranvier nous posa la question : « Le Comité central est à bout, il veut en finir à tout prix; il veut précipiter un dénoûment. » Je le répète, nous refusâmes de revenir sur la décision qui avait été prise dans l'après-midi, et nous nous séparâmes à trois heures du matin, convaincus que tout accord était rompu entre nous et le Comité central ; que, par conséquent, le lendemain, s'il devait y avoir une bataille, elle s'engagerait.

Je revins le lendemain à la mairie du IIe arrondissement, dans l'après midi, et je fus fort étonné lorsque j'appris que la majorité des maires et des adjoints avait capitulé ; que, contrairement à ce qui avait été décidé dans la nuit, on avait, à midi, signé une affiche par laquelle on acceptait les élections pour le lendemain 26 mars.

Cela nous plaçait dans une situation très délicate. Nous avions depuis trois ou quatre jours convoqué la garde nationale, et nous avions la satisfaction de voir bon nombre de gardes nationaux accourir au secours des magistrats municipaux qui tenaient tête à l'Hôtel de Ville. Il fallait maintenant annoncer à ces gardes nationaux qui s'étaient dévoués, compromis pour nous, qu'ils allaient avoir à porter la peine de l'engagement qu'ils avaient pris de rester fidèles à la cause de l'ordre et de la vraie république. Je vous assure, messieurs, que je fus très peiné lorsque je sus que nous avions commis, vis à vis de ces braves gens, une pareille déloyauté ; car enfin il y a déloyauté à appeler les gens à son aide, et lorsqu'ils sont venus, lorsqu'ils se sont compromis pour vous, à les abandonner...

Voilà, messieurs, à peu près tout ce que j'ai à vous dire. — J'ai continué cependant à faire, chez moi, les fonctions de maire depuis le 27 jusqu'au 31 mars. J'avais soustrait tout ce qu'il était possible de soustraire, la caisse et les cachets de la mairie. J'avais mis les hommes qui nous avaient remplacés dans l'impossibilité de faire promptement le mal qu'ils auraient à faire.

Nous avions décidé le 15 mars, et nous avions fait afficher dans toutes nos cantines, qu'à la fin du mois ces établissements seraient fermés. En effet, le 31 mars, à dix heures du matin, on afficha dans toutes les cantines un avis par lequel on portait à la connaissance des personnes que les fréquentaient que c'était la dernière fois qu'elles recevaient les rations quotidiennes qu'elles venaient y chercher.

Grande rumeur! en courut au Xe arrondissement; on déclara, là, que je voulais affamer le peuple, que j'avais donné l'ordre de fermer les cantines; qu'en conséquence, je m'étais rendu coupable d'un crime qui exigeait une prompte punition.

A deux heures de l'après-midi, on se présenta chez moi. Deux gardes nationaux me remirent un ordre d'arrestation très-laconique, et qui n'était motivé sur aucune considération légale; il n'indiquait pas même le fait pour lequel j'étais décrété d'arrestation. Je le déchirai, j'en jetai les morceaux à la tête de ceux qui étaient venus pour m'arrêter, et je leur dis : « Si vous voulez me mettre en arrestation, allez chercher du renfort. » On alla chercher du renfort; pendant ce temps, j'eus la chance de me soustraire à l'ordre d'arrestation qu'on avait tenté d'exécuter.

Lorsque le renfort arriva, j'étais hors de mon domicile, ma femme et mes filles y étaient restées. On procéda à une perquisition dans tout l'appartement, on se vengea sur mes meubles du désappointement qu'on avait éprouvé de ne me plus retrouver là où on m'avait laissé. On alla plus loin : on déclara à ma femme et à mes filles qu'on allait les emmener comme otages, et qu'on les garderait jusqu'à ce que je me fusse présenté!

En effet, à trois heures de l'après-midi, en plein jour, ma femme et mes filles, une honnête femme et d'honnêtes filles, eurent l'humiliation d'être enlevées de leur maison, d'être conduites à la marie où j'avais siégé comme administrateur, et d'y être séquestrées pendant plusieurs heures!... Cela se fit avec le concours de la garde nationale, qui emmena ma femme et mes enfants comme de véritables malfaiteurs !

Le soir même, car je n'avais pas quitté ma maison, pour réussir à en sortir, je fus obligé de simuler le débraillement et l'ivresse, et ce ne fut qu'à cette condition que je pus passer au milieu des hommes qui faisaient faction, se persuadant toujours que je sortirais et que je tomberais entre leurs mains.

UN MEMBRE. Votre famille a été mise en liberté ?

M. DEGOUVE-DENUNCQUES. — Oui, elle a été mise en liberté. Quand on vit qu'elle était un embarras plutôt qu'un secours, qu'on avait affaire à des femmes très énergiques, qui ne diraient rien, on ne les retint pas plus longtemps.

En résumé, messieurs, je crois remplir un devoir en déclarant que, si la majorité des maires et des adjoints de Paris avait été du côté du gouvernement, du côté de la vraie république, plutôt que du côté de l'Hôtel de Ville, nous avions en nous une force morale suffisante pour faire comprendre à la population de Paris, du moins à la majorité de cette population, que c'était de notre côté qu'il fallait se tourner. Nous avions une force matérielle qui, jusqu'au moment où nous avons éprouvé des défaillances, s'était constamment accrue, qui n'aurait fait que s'accroître encore ; avec laquelle nous aurions pu avoir raison de ce gouvernement de l'Hôtel de Ville qui, par l'organe de M. Ranvier, nous avait déclaré qu'il était à bout de forces, qu'il voulait en finir, parce que tout son monde était sur les dents.

Dans mon opinion, la cause première de l'insurrection du 18 mars, ç'a été les défaillances d'un très-grand nombre de maires et d'adjoints — Pour moi, ce sera un éternel honneur que de n'avoir pas partagé ces défaillances. Ce sera aussi un éternel honneur pour mon honorable ami M. Vacherot d'avoir été, avec moi et un très petit nombre de nos collègues, du côté où il fallait marcher.

UN MEMBRE. — Croyez-vous que vous auriez été soutenus par la garde nationale, si tous les maires avaient été d'accord ?

M. DEGOUVE-DENUNCQUES. Du moment où nous avions commencé à réunir des gardes nationaux à la place de la Bourse, leur nombre a toujours été en augmentant, jusqu'à ce que nous nous soyons abandonnés nous mêmes.

Un membre. — Savez vous combien de maires ont lâché pied?

M. Degouve Denuncques. Ç'a été une majorité quasi imperceptible. On peut le savoir par les affiches : il y avait quatre-vingts maires et adjoints.

M. le président. Vous n'étiez pas tous réunis là?

M. Degouve-Denuncques. Non, pas tous. Généralement, on ne s'est pas trouvé plus de quarante. Les uns venaient un jour, les autres, un autre jour, et à des heures différentes. Jamais nous n'avons eu de réunion complète. L'affiche a porté plus de quarante noms. Je ne dis pas qu'ils aient tous signé ; mais on a signé pour eux, et ils n'ont pas renié leurs signatures.

Déposition de M. Héligon, adjoint au maire du XIVe arrondissement.

A la suite des affaires de la butte Montmartre, tout s'est révolté ; des gendarmes ont été désarmés. Je restai seul. Le 18 mars, je ne recevais plus de dépêches du gouvernement, on les interceptait. Les gens de mon arrondissement, habitués à m'obéir, s'étaient donné de nouveaux chefs à qui ils obéissaient. Un nommé Henry, un petit cabotin de barrière, les commandait ; tout ce monde le méprisait.

A deux heures, je reçus une dépêche par l'intermédiaire de notre collègue Tirard : il m'invitait à me trouver, à trois heures, à la mairie du IIIe arrondissement.

Je fus à l'Hôtel de Ville. L'Hôtel de Ville était bien gardé. Si on s'y était défendu, les fédérés auraient mis plusieurs jours à s'en emparer ; il y avait des barricades avec des matelas dans les escaliers. Je trouvai M. Ferry avec plusieurs collègues, je lui demandai des hommes. Il me dit : « Je n'en ai pas, on n'a pas pu prendre les canons, nous nous attendons à être attaqués. »

A la mairie du IIIe arrondissement, nos collègues étaient partis ; on était convoqué pour le soir.

Le soir, nous nous trouvons réunis ; on apprend les événements de Montmartre, l'assassinat des généraux ; on nomme une commission pour aller chez le ministre des affaires étrangères, on ne savait plus où était le gouvernement. On savait que le Comité central avait demandé l'élection des officiers à tous les degrés, le changement du maire de Paris et le remplacement du général Vinoy. Nous sommes partis, essayant encore de faire de la conciliation. Nous allons trouver M. Jules Favre, qui nous répond que le gouvernement ne peut faire aucune concession, qu'on allait se retirer à Versailles et qu'on appellerait la province. « Quant à moi, dit il, je suis décidé à rester avec les bataillons fidèles de la garde nationale, nous tâcherons de dégager l'Hôtel de Ville et de nous défendre dans Paris. »

Nous apprenons alors que le général Vinoy avait donné l'ordre d'abandonner l'Hôtel de Ville; que M. Ferry y restait seul attendant un bataillon fidèle.

Le général Vinoy avait donné l'ordre, en effet, d'abandonner toute la rive gauche et de concentrer toutes les forces de Paris à l'École militaire.

Dans la nuit, nous reçûmes une réponse du gouvernement, et nous apprîmes que M. Langlois était nommé commandant provisoire de la garde nationale, qu'on ferait une loi pour les élections.

M. Langlois, ayant sa nomination, avait dit : « Avant d'accepter cette nomination, avant de rendre la chose officielle, il faudrait savoir si on veut m'accepter. » Il a été à l'Hôtel de Ville, et là on lui a dit : « C'est trop tard, c'est autre chose qu'il nous faut. »

La soirée du dimanche s'est passée en pourparlers. La réunion des maires se composait d'un groupe d'hommes qui voulaient se défendre, d'un certain nombre de membres qui étaient du Comité central, et d'autres qui nageaient entre deux eaux.

Le lundi, j'allai à la mairie du IIIe arrondissement ; je trouvai le directeur inspecteur des prisons, directeur de Mazas, qui venait demander au maire de Paris de lui donner du secours pour garder la prison, dans laquelle se trouvaient des voleurs, car leur évasion serait un danger pour la ville. M. Bonvalet dit : « J'ai quelqu'un dans la marie avec qui nous allons nous entendre. » Je vois deux gardes nationaux que je connaissais, Lamy et Lena, ouvriers typographes, conducteurs de machines chez M. Dubuisson. M. Bonvalet me dit : — « Vous les connaissez, ce sont des membres délégués du Comité central ! — Ah ! vous avez ici des membres du Comité central ! Oh ! ce sont de charmants garçons. »

Le soir, j'étais retourné chercher M. Bonvalet pour venir à la Banque. En passant dans la rue Turbigo, nous vîmes des cavaliers et des gardes nationaux de marche tout prêts à se battre. Nous arrivons pour voir ce que c'était ; c'étaient les gardes nationaux du Comité central qui étaient envoyés par Lullier pour chercher les canons. Les sédentaires ne voulaient pas les lâcher. M. Bonvalet dit : « Dites au Comité central que les gardes nationaux garderont encore les canons cette nuit. » Le lendemain on est venu les chercher.

C'est seulement sur les sept heures et demie du soir que la défense a commencé à s'accentuer. Dans la réunion des maires, un grand nombre paraissaient disposés à la défense. J'ai demandé la parole et je leur ai expliqué la situation, ce que je pensais des gens qui étaient à la tête du mouvement, et j'ai terminé en disant : « En définitive, il n'y a qu'une chose à faire, prendre son fusil et marcher. Votre Comité central, c'est un paravent dont on se sert pour cacher les véritables meneurs. On a mis les imbéciles devant, mais derrière il y a un groupe d'individus, j'en suis persuadé, lesquels font jouer les marionnettes. Eh bien, ces gens-là sont des restants de la société des révolutionnaires de Londres, ce sont les blanquistes, quelques vieux individus de 1848, qui se sont réunis aux montagnards de la révolution au boulevard de Strasbourg. Ces gens-là ont toujours été, sous l'empire, les ennemis des idées socialistes des ouvriers, ils les ont toujours insultés. Aujourd'hui, ils s'en servent comme d'un moyen. » Si le Comité central avait en effet réussi, et il était prêt à réussir, une fois la situation déblayée, ces gens-là auraient renversé le Comité central et se seraient posés en libérateurs, en sauveurs de la société, le lendemain, après avoir fait faire la vilaine besogne par le Comité central composé d'ouvriers.

Voilà le langage que je tenais à la réunion des maires. On s'est récrié, et je n'ai eu aucune espèce de crédit : les uns disaient que j'avais été mis en arrestation le matin, et que c'était la colère qui me faisait parler ainsi ; les autres, bien disposés en faveur du Comité central, disaient que j'étais un réactionnaire. On ne m'a pas cru ; je me suis adressé à M. André, mais personne n'a voulu me croire.

Je tenais à voir l'amiral Saisset, qui venait d'être nommé général commandant la garde nationale. Je couchai chez André, et le lendemain matin à huit heures, je causai avec l'amiral dans un petit appartement, et je lui expliquai la situation. « Nous avons à combattre des gens qui vous promettront tout, mais qui n'accepteront jamais rien ; tous les moyens leur seront bons. Vous allez vous trouver entouré d'espions, qui peut-être, viendront faire du zèle autour de vous. Il faudra vous en méfier ; ce sont en quelque sorte les jésuites de la démocratie. »

L'amiral me dit que je connaissais bien ce monde-là. J'ajoutai : — « Quant à la réunion des maires, il ne faut pas y compter. Parmi eux se trouvent beaucoup de gens qui voudraient s'en aller chez eux ; d'autres se faufileront auprès de vous pour tâcher de vous empêcher de faire quelque chose ; d'autres enfin seront carrément vos adversaires, et les soutiens du Comité central. »

L'amiral Saisset eut confiance dans ce que je lui disais, et vit que je connaissais bien la situation, et qu'il pouvait compter sur moi.

On avait donné le mot d'ordre aux gardes nationaux le mardi ou le mercredi. On essaya donc de prendre en main la situation. Le lundi soir, nous reçûmes la visite de quatre individus du Comité central qui venaient nous faire des propotions. C'étaient Varlin, Jourde, Antoine Arnaud, et un nommé Moreau. Ils venaient demander aux maires de faire cause commune avec le Comité central, et de prendre avec lui la direction du mouvement de Paris. Nous n'avons pas voulu accéder à ces conditions, mais nous leur avons dit : « Nous pouvons entrer en arrangement avec vous à la condition que vous allez nous livrer l'Hôtel de Ville, tous les ministères, la place Vendôme, et que les gardes nationaux vont rentrer tranquillement chez eux. Nous aurons après à traiter avec le gouvernement. » Alors Jourde s'est emporté : « Si nous vous rendons l'Hôtel de Ville, les ministères, vous allez bourrer cela de gendarmes. Nos têtes sont en jeu, nous sommes les maîtres ; nous tenons les plis d'une vaste conspiration, et à l'heure où je vous parle toutes les villes de France ont proclamé la Commune ou vont la proclamer. »

C'est moi qui lui répondis :

« Enfin, quand même vous seriez les vainqueurs, quand même vous auriez toutes les villes de France pour vous, admettez un instant que l'Assemblée nationale soit renversée. Après ?... Les Prussiens, qu'en ferez-vous ? Les Prussiens ne bougeront pas ! Mais enfin vous admettez bien que s'ils veulent entrer dans Paris, ils y entreront ? — Eh bien, si nous sommes vaincus, nous brûlerons Paris et nous ferons de la France une seconde Pologne. »

Voilà les paroles de Jourde le 20 mars...

La journée du jeudi se passa sans événements. C'est le vendredi 24 que les événements ont commencé à approcher de leur dénoûment. Il y a eu encore quelques pourparlers, mais qui n'ont jamais abouti à rien. Les délégués du comité central acceptaient ce que nous leur proposions : mais ensuite le Comité central refusait ; ainsi les délégués de Varlin avaient accepté de nous rendre la mairie, et quand on est arrivé au Comité central, le Comité central a refusé.

Le vendredi, vers quatre heures, nous apprenons que les gardes nationaux se dirigent pour prendre la maire du 1er arrondissement. Immédiatement on fait prendre les mesures nécessaires pour résister et au besoin pour se porter au secours de l'arrondissement menacé. Tout était bien préparé, et, ce jour là, je crois que si nous avions eu un général dans Paris, on prenait l'Hôtel de Ville et on sauvait la situation. Il y avait à la Bourse 10,000 hommes. J'avais près de 300 ou 400 officiers d'infanterie, venant de captivité, à qui j'avais fait distribuer des chassepots ; il y avait parmi eux un colonel. Tous étaient prêts à marcher. Seulement il manquait un homme ayant le droit de dire : « Je veux. » J'avais bien un commandement, mais il était illusoire, puisque j'étais délégué uniquement par les maires et que l'amiral Saisset était au Grand Hôtel, où je croyais qu'il allait prendre des mesures pour activer les choses. Rien n'a été fait, et quand les fédérés sont arrivés à la mairie du Ier arrondissement, aucune résistance n'était possible.

Les pourparlers se sont engagés. Je vois arriver par la rue Neuve-des-Petits-Champs un bataillon de gardes nationaux avec un détachement qui se composait d'un tas d'officiers plus ou moins malpropres, et au milieu, des maires et des adjoints se tenant bras dessus bras dessous et ceints de leurs écharpes. Il n'y avait pas moyen d'opposer de résistance. Ces gens là avaient leurs écharpes et ils nous disaient : « Nous venons de signer la paix ; tout est arrangé ! » On avait accepté les élections pour le 30 mars.

Les gardes nationaux qui étaient à la Bourse n'étaient pas du tout disposés à accepter cet arrangement. Au contraire, ils étaient disposés à se défendre, car on ne croyait pas au traité de paix. Voyant ces dispositions, j'ai écrit à l'amiral Saisset une lettre dans laquelle je lui disais : « Monsieur l'amiral, je vous annonce que 7 ou 8,000 employés des chemins de fer sont à votre disposition, tous armés et parfaitement équipés. J'ai quarante pièces de canons à Passy, j'ai des attelages dans la mairie ; je vous prie de vouloir bien prendre des mesures en conséquence pour faire venir ces pièces de canon. Maintenant, d'un autre côté, je prends des dispositions pour faire venir des mitrailleuses. Nous sommes disposés à nous défendre. Je ne crois pas un mot du traité de paix qu'on dit signé en ce moment. »

Pendant ce temps l'insurrection doublait ses postes, et dans la nuit le Comité central ne voulait plus du traité que les maires avaient signé. Ils voulaient la Commune et les élections pour le dimanche. On a parlementé, mais rien n'a pu y faire. Je déclare que certains des maires qui ont signé voulaient s'en aller chez eux. Voici ce qui a décidé une masse de nos collègues à signer. Dans la réunion du samedi matin, est arrivé de Versailles un maire-député, M. Clémenceau, avec M. Floquet. Ils nous ont dit qu'ils arrivaient de Versailles et que dans les couloirs, il n'était question que de proclamer le duc d'Aumale lieutenant général du royaume.

M. LE PRÉSIDENT. — M. Clémenceau et M. Floquet vous ont dit cela dans la réunion des maires?

M. LE MARQUIS DE LA ROCHETULON. — Vous l'avez entendu?

M. HÉLIGON. Oui; ils nous ont dit : « Le bruit court qu'on va nommer le duc d'Aumale lieutenant général du royaume. » Alors les maires se sont jetés sur les plumes et ont signé le traité. Dubail, qui était là, avec Tirard et moi, pour diriger la résistance, Dubail a pris son chapeau et s'en est allé. Quant à moi, j'ai dit : « Je ne signe pas cette pièce. Je n'ai pas reçu de mandat pour signer des traités; je me retire à Versailles et je donne ma démission. » Voilà comment les faits se sont passés.

M. LE PRÉSIDENT. Une question. Qu'est-ce qu'est devenue l'Internationale depuis ces événements?

M. HÉLIGON. L'Internationale, je crois, n'existe plus comme internationale. Mais il existe maintenant une haine violente parmi la population des faubourgs, une haine terrible. Oui, dans les quartiers de Popincourt, de la Chapelle, de Belleville, il y a des gens qui n'attendent que le moment de la vengeance. — Je leur dis : « Comment ! vous aviez Paris entre les mains, les fusils, les canons, tout, et cependant vous avez été battus? Vous savez parfaitement que vous ne pouvez rien faire. »

Mais non, ils ne songent qu'à la revanche et n'attendent que cela. Et comme il faut un nom de ralliement, ils se disent tous de l'Internationale. Mais je ne crois pas, après la répression violente qui a eu lieu dans certains quartiers, qu'il soit resté à Paris beaucoup de membres de l'Internationale; je parle des chefs qui peuvent avoir une certaine influence. Quand le travail aura repris, il n'y aura plus rien à craindre; mais aujourd'hui il ne faut pas laisser les faubourgs sans surveillance.

Malheureusement, à la suite de la rentrée des troupes dans Paris, les mesures ont été très mal prises. On aurait dû faire entrer immédiatement, à la suite des troupes, la police dans chaque quartier. Les hommes de la police connaissaient parfaitement bien leurs arrondissements, et immédiatement ils auraient enlevé ces gens-là et on aurait pu laisser tranquilles les pauvres malheureux qui n'avaient marché que pour leurs trente sous. Cela n'a pas été fait; la police, dans mon arrondissement, n'a pensé à fonctionner que sept ou huit jours après l'entrée des troupes, et encore elle n'avait que deux ou trois agents. Les membres de la Commune ont donc eu le temps de se sauver et de se mettre à l'abri. Avec la précaution que je vous indique, on aurait pu les prendre tous. Il n'y a pas un agent de police qui ne les connaisse; tous ont été condamnés plusieurs fois, tous ont été suivis plus ou moins sous l'empire. Eh bien, aucun d'eux n'a été pris.

II

LA GARDE NATIONALE AU GRAND-HÔTEL.

La déposition de l'amiral Saisset devrait, à ce qu'il semble, tenir la première place dans les documents rangés sous ce titre; mais on se rappelle qu'à la suite de lettres publiées par le général Cremer, si violemment attaqué dans cette déposition, l'amiral a rétracté ou retiré ce qu'il avait dit contre lui. D'autre part, il prévient lui-même les membres de la commission qu'une partie des faits étranges qu'il leur raconte lui a été confiée par un certain nombre « de francs-tireurs, d'hommes de sac et de corde qui s'y trouvent mêlés. » Enfin, d'autres faits sont présentés dans le récit de l'amiral d'une façon si singulière, si romanesque, qu'il nous est impossible de ne pas nous tenir en méfiance contre le travail qui a dû s'opérer à son insu dans son imagination, entre le 25 mars, jour où il quitta Paris de la façon que chacun sait, et le moment où il fut interrogé par la commission d'enquête. Nous ne voyons donc aucune utilité à faire des emprunts à cette déposition.

Déposition de M. Schœlcher. — Possibilité de la résistance entre le 18 et le 26 mars.

M. Delpit. — Je voudrais prier M. Schœlcher de nous dire, en sa qualité d'ancien colonel de la garde nationale, son opinion personnelle sur la possibilité qu'il y avait, au moment où l'amiral Saisset s'est retiré, de garder des positions importantes comme Passy, la Muette, l'Ecole militaire, le quartier de la Banque, le Grand-Hôtel.

M. Schœlcher. — Il est bien difficile pour moi de répondre à cette question. D'abord, je ne suis pas militaire et je ne puis avoir que mon opinion personnelle là-dessus. L'amiral Saisset, au contraire, est un militaire, un homme de guerre, dont personne au monde ne peut contester l'énergie et le courage, et, s'il a jugé la résistance impossible, c'est que certainement elle devait l'être.

Cependant, voici mon opinion personnelle, que je ne puis nullement mettre en parallèle avec celle de l'amiral Saisset.

Nos approvisionnements augmentaient tous les jours, ainsi que le nombre de gardes nationaux qui venaient se ranger autour de nous, lesquels étaient animés d'un très bon esprit et étaient très-décidés à se battre quand le moment viendrait. Nous avions déjà douze mitrailleuses, et il me semble que, dans ces conditions, si nous avions pu tenir encore quelques jours, nous aurions pu réussir.

Vous pouvez vous rappeler d'ailleurs que le lendemain du jour où eut lieu la fusillade de la place Vendôme, plusieurs gardes nationaux sont venus à Versailles me prier de les introduire auprès du général Le Flô, dans le but d'obtenir de lui des canons avec lesquels, disaient ils, il leur semblait très-facile de prendre la place Vendôme. Je me rappelle que M. Le Flô dit à cette occasion : « Mais, c'est très-difficile de confier des canons à la garde nationale, car nous n'en avons pas beaucoup; » et il finit par ne pas les donner.

Le lendemain ou le surlendemain, nous sommes encore venus trouver M. Thiers. Je me rappelle cela parfaitement; je crois même que M. Tirard et quelques maires se trouvaient avec nous. Nous lui avons dit : « La garde nationale est disposée à se battre; elle est très-résolue, mais elle est un peu embarrassée (c'était avant que l'amiral Saisset fût nommé général en chef de la garde nationale), elle est inexpérimentée et si vous lui adjoigniez seulement 5,000 hommes de troupes régulières, cela lui donnerait de l'assurance. » Les paroles que M. Thiers nous répondit sont encore présentes à ma mémoire : « Ni 5,000, ni 500, ni 5; j'ai besoin du peu de troupes que j'ai à ma disposition et dont je ne suis pas encore complétement sûr, pour défendre le gouvernement et l'Assemblée nationale. Si je vous donne 5,000 hommes et qu'ils soient battus, il faudra en envoyer 5,000 autres pour les remplacer et les soutenir. » — Et il refusa très-catégoriquement.

Quant aux dispositions de la garde nationale, elles étaient excellentes. Plusieurs des membres de cette assemblée peuvent se rappeler qu'au moment même où l'amiral Saisset fut nommé général en chef de la garde nationale, je proposai à la tribune qu'il passât une revue de la garde nationale aux Champs-Élysées, affirmant qu'il réunirait immédiatement autour de lui 200,000 gardes nationaux. (C'est vrai!)

Je vous ai exposé mon opinion personnelle. Mais il est évident que je me soumets à l'opinion de M. l'amiral Saisset, qui est un homme dont les lumières et le courage m'inspirent une parfaite confiance. Sans quoi, je ne me serais pas mis sous ses ordres.

Je crois que si on avait résisté, on serait toujours arrivé à la guerre civile, mais à une guerre civile beaucoup moins longue que celle qui a eu lieu; je crois qu'avec 200,000 gardes nationaux résolus, on serait venu à bout du mouvement. Telles sont du moins mes impressions personnelles.

État-major de l'amiral Saisset, au Grand-Hôtel.

On nous communique le document suivant qui n'a jamais été publié, et dont nous avons sous les yeux l'original tout taché d'huile et déchiré aux quatre coins par les clous ou les épingles qui l'avaient fixé à la muraille.

GARDE NATIONALE DE LA SEINE

ÉTAT NOMINATIF DE MM. LES OFFICIERS ATTACHÉS PROVISOIREMENT
A L'ÉTAT-MAJOR DE LA GARDE NATIONALE.

MM.

Lemerle de Beaufond, lieutenant colonel, chef d'état major.
Chavand, capitaine d'état major de l'armée, *sous chef*[1].
Carrey, chef d'escadron d'état-major de la garde nationale.

[1] Ce dernier mot est rayé au crayon. Nous ignorons si c'est à tort ou à raison qu'il a été ainsi biffé.

Laboulaye, capitaine d'état-major de la garde nationale.
Chevalier de Lauzières, lieutenant au 171ᵉ bataillon.
Gaffiot, lieutenant de la garde nationale mobile.

} Officiers d'ordonnance.

Touret, Id.
Lasnier, lieutenant d'artillerie, attaché à l'état-major.
Eck, lieutenant adjudant-major au 12ᵉ bataillon des mobiles de la Seine.
Nazet, lieutenant des mobiles à cheval.
Morisot, sous lieutenant au 4ᵉ chasseurs à cheval.
D'Anthoine, lieutenant au 9ᵉ bataillon des mobiles de la Seine.
De Groulard, lieutenant au 116ᵉ bataillon de la garde nationale.
Opermann,
Laverlochère,
Duminy,
D'Astier,

} Élèves de l'École polytechnique, attachés à l'état major.

Hue, lieutenant d'état major de l'armée.

SERVICES ADMINISTRATIFS.

MM.

Achet, sous-intendant militaire de la garde nationale.
Maret, Id., adjoint.
Marc, officier d'administration, adjoint.

Cette pièce n'est pas datée. Elle porte, imprimé en bleu, le cachet de l'état-major : *Gardes nationales de la Seine. Etat-major général.*

III

FIN DE LA RÉSISTANCE.

M. Lavigne. — L'amiral Saisset. — Lettre de M. Pavillon.

Était il possible de garder, à l'aide de quelques bons bataillons de la garde nationale, la partie de Paris la plus voisine de Versailles, jusqu'au jour où les premières troupes réorganisées dans le voisinage de l'Assemblée nationale par M. Thiers seraient en état de prendre l'offensive?

C'est une question qui a été et qui est encore fort controversée. Nous ne nous permettrons pas de la résoudre ni même de la discuter; mais il importe de soumettre au public les faits affirmés de part et d'autre par les hommes qui ont joué à ce moment un rôle important dans la résistance.

Nous mettons donc sous les yeux de nos lecteurs les affirmations également formelles et complétement contradictoires de l'amiral Saisset et de M. Lavigne, lieutenant colonel de la garde nationale de Passy.

Voici d'abord ce que dit l'amiral Saisset :

MM. P... et Lavigne vinrent me trouver; j'avais profité d'un moment de répit pour rentrer chez moi, rue de Ponthieu, 45. Je donnai à ces messieurs cet ordre : Puisque vous dites que votre bataillon sera à ma disposition pour la défense de l'ordre, cette nuit, à deux heures, vous lui ferez prendre les armes, vous lui ferez quitter Passy, et vous vous rendrez au Palais de l'industrie, où j'irai me mettre à leur tête, et, dans la nuit, nous enlèverons les Champs-Élysés et le ministère de l'intérieur. Veillez à ce que vos hommes aient le plus grand nombre possible de cartouches.

Ils me répondirent par l'intermédiaire de MM... : « Les gardes nationaux que nous avons consultés déclarent qu'ils sont prêts à défendre leur localité, mais qu'ils ne la quittent pas. »

Ces deux bataillons de Passy ont refusé d'agir avec moi. Ceci est un point essentiel.

M. DE RAINNEVILLE. — Vous avez dit tout à l'heure que vous ne considériez pas la possession de Passy comme d'une grande importance.

M. L'AMIRAL SAISSET. — Voilà ce que je voulais dire : mon premier mouvement répondant à mon caractère, était de me porter en avant. J'ai échoué complétement, quand j'ai cherché à réunir les bataillons commandés par Bouteiller et Lavigne, et à me porter en avant avec ces deux bataillons qu'on disait bons. Quand j'ai vu que je ne le pouvais pas, je me suis demandé si je ne pouvais pas me retirer soit sur la gare Saint-Lazare, soit sur Passy. J'étais très-disposé à me retirer sur ce dernier point à cause de la grande quantité de munitions et de fusils qui s'y trouvaient, parce qu'une partie du bataillon de Passy était déjà passée à l'ennemi, et que M. Lavigne est venu me dire qu'il ne répondait pas de ses hommes. Alors je ne suis pas allé à la Muette, qu'y aurais-je fait? Ni M. Bouteiller ni M. Lavigne n'étaient maîtres de leurs hommes, et Bouteiller en particulier en était si peu le maître, qu'il était condamné à mort dès le 21, qu'il a été obligé de se sauver et qu'il aurait été exécuté si le Comité central en avait donné l'ordre.

Voici maintenant le récit de M. Lavigne :

M. LE PRÉSIDENT. — Avant le 18 mars, n'y avait-il pas de patrouilles circulant par les ordres du Comité central?

M. LAVIGNE. Non-seulement, avant le 18 mars, mais, même après, jusqu'au 30 mars, veille du jour où j'ai dû cesser toute résistance, je puis affirmer qu'aucune patrouille étrangère n'a circulé dans mon arrondissement. J'avais constamment au moins deux compagnies de piquet sous les armes, et toute patrouille signalée eût immédiatement été cernée ou repoussée. On verra, par la suite, que les fédérés avaient des raisons pour ne pas ainsi oser se hasarder chez nous.

M. LE PRÉSIDENT. — Que s'est-il passé dans le XVIe arrondissement le 18 mars?

M. LAVIGNE. Le 18 mars, j'ai attendu en vain des ordres. Je n'ai rien reçu ni vu personne. Le 19, inquiet à juste titre d'un pareil silence, je me rendis au secteur et j'appris avec un étonnement mêlé d'une indignation légitime, que le lieutenant-colonel d'état-major de la garde nationale, ainsi que le chef d'escadron, l'avaient subitement quitté, sans même prendre le temps ni la peine de m'informer de leur départ.

Je m'installai alors en permanence au secteur, où je me rencontrai avec le commandant du 72e bataillon, M. Bouteiller.

On comprendra dans quelle situation nous laissait le départ des officiers du secteur. Elle s'aggrava encore, en ce sens, que sous prétexte que j'étais nommé colonel par le gouvernement, et non élu, M. Bouteiller, commandant du 72e bataillon, ne voulut pas reconnaître mon autorité, soutenu en cela par la municipalité représentée alors à Passy par le second adjoint, M. Chaudet (boulanger). J'eus plus tard l'explication de ce fait, lorsque je vis la municipalité signer la transaction avec le Comité, et MM. Chaudet et Bouteiller portés candidats. M. Bouteiller, nommé par le comité chef du secteur, n'était désigné à la municipalité que sous ce titre.

Quoi qu'il en soit, voulant avant tout organiser la résistance, j'évitai d'insister sur ce point et je résolus d'agir pour le mieux. On va voir, qu'en dépit des oppositions ouvertes ou occultes, j'y parvins dans une certaine mesure.

Après le départ des troupes, une chose me sembla dominer la situation : conserver à un retour offensif l'importante position stratégique du Trocadéro, et à l'évacuation du nombreux matériel laissé en arrière les portes communiquant avec Versailles.

Ne recevant pas d'ordres, et n'ayant été informé que par les affiches ou indirectement de la nomination de l'amiral Saisset, je distribuai mes postes dans ce but ; mais bientôt j'appris que le 72e bataillon, sur lequel, en définitive, je n'exerçais aucun commandement, s'était laissé reprendre la porte de Saint-Cloud.

La reprendre de vive force, il n'y fallait pas y songer. J'eus alors recours à une surprise qui me réussit.

Dans la nuit du 24, accompagné de M. le lieutenant de vaisseau de Montebello, mon officier d'ordonnance, j'allai faire une ronde dans la partie occupée, pour reconnaître la position. Je comptais sur le désordre qui régnait chez les insurgés.

En effet, ils me prirent pour un de leurs chefs (ils en changeaient tous les jours). Je visitai les postes, j'appris qu'ils manquaient de cartouches et je vis en même temps quelques fautes commises dont il était facile de profiter.

Dès lors, mon parti fut pris. J'envoyai Montebello mettre en marche les compagnies de la porte d'Auteuil et celles qui se réunissaient pour prendre la garde ; j'en fis autant moi-même à Passy, en échelonnant convenablement les heures de départ, et, vers neuf heures du matin, six compagnies du 38e bataillon et trois du 72e, arrivant par des routes différentes, sans même savoir où elles allaient, cernaient dans le Point du Jour les 178e et 82e bataillons insurgés.

Les petits postes rapidement enveloppés se rendirent facilement, mais ce ne fut que vers deux heures de l'après-midi, après avoir vu que les bataillons envoyés à leur secours n'avaient pu forcer le viaduc du chemin de fer, fortement gardé et barricadé, ainsi que le pont de Grenelle, que le gros des bataillons consentit à abandonner le poste.

Je fis alors rouvrir les portes, à la grande joie du quartier.

Pendant ce temps, le capitaine de la 3e compagnie du 38e bataillon, de garde à la porte Dauphine, avait fait surveiller par mes ordres la porte Maillot, et le lieutenant Carrière m'envoyait au secteur une dépêche m'annonçant qu'avec du renfort il pouvait s'en emparer.

En mon absence, cette dépêche fut remise au commandant du 72e, qui envoya sa compagnie de piquet. La porte fut rendue sans difficulté et remise au 33e bataillon, qui, voyant notre succès, se déclara prêt à se rallier à nous.

Ainsi, le 24 au soir, non-seulement nous avions conservé nos portes, mais encore nous en avions repris deux des plus importantes, et entraîné avec nous un nouveau bataillon.

J'envoyai un officier prévenir de ce résultat l'amiral Saisset. Cet officier ne put voir que M. le lieutenant de vaisseau Clément, son chef d'état-major; et, pendant la nuit, je pus faire des rondes à cheval de la Seine à la porte Maillot, et constater le bon esprit du bataillon qui venait de se rallier à nous, le 33e.

Malheureusement, le lendemain, M. le lieutenant de vaisseau Mignard m'apportait officieusement, de la part de l'amiral, l'ordre, que je reçus officiellement depuis, de cesser toute résistance.

C'était le premier ordre que je recevais, car j'affirme que, contrairement à ce que l'amiral a dit à la chambre, le 38e bataillon n'a jamais refusé de descendre dans Paris, et cela, pour une bonne raison, c'est qu'il n'en a jamais reçu l'ordre.

Le premier, le seul ordre que j'aie jamais reçu, a été de cesser la résistance, alors que je venais d'obtenir un succès qui avait donné à nos bataillons une confiance du meilleur augure.

Le lendemain de la lettre de l'amiral Saisset, la désorganisation commença dans nos bataillons. Deux fois je me rendis à Versailles auprès de M. Thiers, pour lui demander du secours, lui affirmant que je pourrais conserver cette partie de Paris.

Je ne pus l'obtenir. Je demandai alors une note de lui, désavouant la lettre de l'amiral Saisset; il m'autorisa bien à affirmer aux bataillons fidèles qu'il regrettait la décision prise, mais ne voulut pas me donner d'ordre écrit.

Je rentrai alors à Paris, et à force d'obstination, je parvins à maintenir ouvertes, jusqu'au 31, les trois portes de Passy. (Les 33e et 72e bataillons s'étaient encore laissé reprendre les portes Maillot et de Saint Cloud.)

Condamné à mort et traqué chaque nuit dès que je sortais de mes postes, il me fut bientôt impossible de compter, même sur mon bataillon, dont les compagnies, privées de la solde, ne fournissaient presque plus personne.

Enfin, dans la nuit du 30 au 31, des bataillons fédérés envahirent l'arrondissement et les quelques hommes restés aux portes durent se retirer.

Grâce à un stratagème, je parvins encore à faire ouvrir les portes et je sortis de Paris pour tenter un dernier effort auprès du président, et l'avertir surtout du danger que couraient les forts d'Issy et de Vanves.

Arrivé à pied à Versailles, je ne pus voir M. Thiers que le lendemain, et je compris bien vite que toute insistance était inutile. Je restai dès lors à Versailles et me mis aux ordres de l'état-major.

En résumé, ma conviction formelle est qu'il était possible, après le 18 mars, de conserver non-seulement les forts, mais encore l'importante position stratégique du Trocadéro.

Ainsi, selon l'amiral Saisset, M. Bouteiller est menacé de mort par le Comité central, et il doit se sauver pour échapper à une exécution sommaire; selon M. Lavigne, au contraire, ce même chef de bataillon a été nommé par ce même comité, chef du secteur. D'après l'amiral, les bataillons commandés par M. Lavigne ont formellement refusé d'obéir à l'ordre qui leur avait été donné de sortir de leur arrondissement ; M. Lavigne au contraire déclare n'avoir reçu d'autre ordre de l'amiral que celui de cesser toute résistance; enfin l'amiral affirme avoir reçu à son hôtel la visite de M. Lavigne en personne, tandis que M. Lavigne certifie qu'il ne lui a été possible de se mettre pour un instant en rapport avec l'amiral que par un double intermédiaire.

Nous devons nous borner à faire ressortir ces contradictions, sans qu'il nous soit possible de décider de quel côté est la vérité.

A ces extraits de deux dépositions recueillies et publiées par la Commission d'enquête, nous ajouterons la lettre suivante qui nous a été apportée par son auteur, et que nous avons publiée dans *le Soir*.

Monsieur le rédacteur,

Je crois qu'il est du devoir de chacun de compléter l'enquête parlementaire sur l'insurrection du 18 mars, en relatant des faits dont les membres de la Commission n'ont pas eu connaissance.

Le 22 mars, je me rendis de Versailles à Paris, chargé par le général Ducrot de réunir quelques bataillons de l'ordre, de me porter au rond-point de l'Étoile, de m'y établir solidement, et de m'emparer de la porte Maillot.

Si cette opération réussissait (et je réponds qu'elle aurait réussi, si j'avais eu deux bataillons seulement) j'en avisais le général Ducrot, qui devait rentrer dans Paris par la porte Maillot avec une division pour rallier les bataillons de l'ordre et vaincre l'insurrection.

Le hasard paraissait vouloir me servir, car les coups de fusils de la place Vendôme avaient fait prendre les armes à cinq ou six mille gardes nationaux qui s'étaient réunis place de la Bourse, à la mairie et à la caserne de la rue de la Banque.

La garde nationale n'ayant plus de général en chef, l'état-major dont je faisais partie comme chef d'escadron n'ayant plus également de lieu de réunion pour y concentrer et donner des ordres, je crus devoir m'adresser aux maires pour obtenir les forces dont j'avais besoin.

J'appris que les maires devaient se réunir à minuit à la mairie du IIe arrondissement; je m'y rendis à une heure du matin, je fus immédiatement reçu par les maires.

Après leur avoir fait part de ma mission, la majeure partie se récria (ils parlaient tous à la fois), disant qu'ils ne voulaient pas voir de pantalons rouges dans Paris, surtout commandés par le général Ducrot, qu'ils arriveraient par la conciliation.

Il y avait dans cette réunion un des officiers de l'amiral Saisset, et l'amiral était à la mairie.

Je me retirai, convaincu que s'ils ne voulaient pas du général Ducrot, c'est qu'ils le savaient peu conciliateur, et qu'il aurait tapé fort et ferme.

Le conciliateur qui lui fut préféré, l'amiral Saisset, avec lequel je passai quelques jours au Grand-Hôtel, avait été, par les maires, tellement imbu de l'esprit de conciliation, que le 25 ou le 26, une cinquantaine d'insurgés, conduisant une pièce de canon, eurent l'audace de passer devant le Grand-Hôtel occupé par trois ou quatre mille gardes nationaux de l'ordre ; l'amiral ne voulut pas les faire enlever. C'était de la conciliation à la façon de la majorité des maires de Paris.

Concluez si les maires avaient écouté l'avis du général Ducrot !

Recevez, etc.

PAVILLON,
22, rue Clausel.

Paris, le 11 mars 1872.

Il ne nous a été adressé aucune réponse, aucune rectification au sujet de cette lettre.

Nous ne pouvons que soumettre ces documents contradictoires au jugement du public, en nous bornant à faire remarquer une chose :

C'est seulement, d'après M. Lavigne, le 31 mars, que les trois portes de Passy ont été définitivement prises par les insurgés. C'est le dimanche 2 avril qu'eut lieu le premier combat entre les troupes de Versailles et les bandes de la Commune.

N'aurait-il pas été possible de prolonger deux ou trois jours de plus la résistance contre la Commune, depuis la place de la Bourse jusqu'à Passy et Auteuil ? Une telle prolongation de la résistance n'aurait-elle pas permis de reprendre, dès les premiers jours d'avril, toute la partie de Paris qui ne subissait qu'avec dégoût le joug odieux de l'insurrection? N'aurions-nous pas vu dès lors la Commune réduite à n'exercer sa fureur que dans les arrondissements où ses partisans avaient réellement la majorité? La lutte n'aurait-elle pas été beaucoup plus courte et beaucoup moins sanglante? N'aurions-nous pas évité ainsi la plus grande partie des crimes par lesquels l'insurrection vaincue a signalé ses derniers jours?

Si nous ne pouvons résoudre ces questions, il nous est du moins permis de les poser.

IV

ARRESTATION DU GÉNÉRAL CHANZY.

Déposition de M. Turquet.

M. EDMOND TURQUET. — Vous n'ignorez pas dans quelles circonstances j'ai été arrêté; je l'ai déjà raconté à l'assemblée une première fois. C'est le 19 mars, nous arrivions de Tours; — le général Chanzy était en grand uniforme, dans le train, lorsqu'on se précipita sur le wagon salon que j'occupais avec ma famille, croyant que le général s'y trouvait. Il y avait là une troupe de gardes nationaux armés, commandés par un officier qui s'appelait le lieutenant Bergeron. Une chose m'a frappé, au moment où je fus arrêté ou plutôt où le général Chanzy l'a été, c'est que ceux qui l'arrêtaient paraissaient très-étonnés de l'action qu'ils commettaient. Les gardes nationaux qui entouraient le train avaient l'air très-ému. Le lieutenant Bergeron, ancien sous officier de zouaves, si je ne me trompe, avait l'air horriblement embarrassé de sa personne, au milieu de cette foule qui nous regardait. Dès le moment de la sortie du wagon du général, il tint la conduite la plus louable et la plus énergique; il protesta devant les quelques mauvais chenapans qui étaient dans sa compagnie que son intention formelle était de défendre contre tout le monde et contre ses hommes, en particulier, la vie du général et des officiers qui l'accompagnaient.

Dans tout le parcours entre la gare et la mairie du XIIIe arrondissement, le même phénomène me frappa, c'est que ceux qui portaient l'uniforme de la garde nationale avaient une attitude bienveillante pour le général, pour ses officiers et pour moi; ceux qui criaient et hurlaient étaient une bande sans nom, de femmes, d'hommes et d'enfants en guenilles. La garde nationale, ce jour-là, nous a bien certainement protégés. Au point de vue de la recherche des causes de l'insurrection, ce phénomène est peut-être bon à indiquer. La garde nationale nous a arrêtés, mais bien certainement elle nous a protégés contre la foule.

Lorsque nous fûmes arrivés à la mairie du XIIIe arrondissement, il y a un fait qui me remplit du plus vif étonnement.

D'après ce que nous avions vu dans les journaux du matin que nous avions achetés à Étampes, nous croyions que l'autorité municipale était d'accord avec le gouvernement insurrectionnel, qu'il y avait accord entre le Comité central de la garde nationale et les maires et adjoints du XIIIe arrondissement.

Eh bien, voici ce qui s'est passé, ce que je n'ai pas dit à la tribune et ce qui me paraît grave. Quand nous arrivâmes à la mairie du XIIIe arrondissement, conduits par le peloton des gardes nationaux, on nous fit conduire dans la grande salle des mariages, et on nous dit : « Vous allez rester là prisonniers, jusqu'à ce que le général Duval, qui a ordonné votre arrestation, soit arrivé. »

Aussitôt que nous fûmes dans cette salle, le premier adjoint, M. Léo Meillet, se présenta, très étonné de trouver là un général en grande tenue. Il s'informa, il demanda ce que cela voulait dire, et quand il eut compris qu'il se trouvait en présence d'un nouvel acte arbitraire du Comité central, il déclara qu'il ne voulait pas prendre la responsabilité de ce qui allait se passer. Il dit à Bergeron : — « Qui vous a donné l'ordre d'arrêter le général Chanzy et un député? — C'est le général Duval. Le général Duval n'a pas d'ordres à donner ici ; il représente le gouvernement insurrectionnel; moi je suis une émanation du gouvernement régulier, j'ai été nommé adjoint par un vote légal; il ne sera pas touché à un cheveu de la tête du général Chanzy et de M. Turquet, député à l'Assemblée nationale, et, pour vous le prouver, voici mon revolver. M. le général Chanzy et M. Turquet sont dès à présent sous ma protection. »

On nous fit entrer, le général et moi, dans le cabinet de M. Léo Meillet. Celui-ci se montra alors vis-à-vis de nous de la plus grande courtoisie. « Je suis le représentant du gouvernement régulier, répétait-il, et je ne tolérerai pas qu'un gouvernement insurrectionnel fasse contre vous quoi que ce soit. Vous ne sortirez de la mairie que sous ma protection. » Il donna l'ordre au concierge de la mairie d'aller chercher une voiture, pour nous amener à la gare de Saint-Lazare. La voiture venait d'arriver quand le général Duval fit son entrée dans le cabinet du maire. Il déclara, comme je l'ai dit, qu'il arrêtait Chanzy au nom du droit de la guerre et que le général était son prisonnier. Meillet lui répondit : « Vous êtes en état d'insurrection ; je suis le représentant du gouvernement régulier; vous n'arrêterez pas le général Chanzy, et la preuve, c'est que je vais l'emmener chez moi. »

En effet, il nous emmena malgré la présence de Duval, le revolver au poing, dans son appartement de l'avenue d'Italie. Nous restâmes là jusqu'à une heure et demie du matin. C'est alors que se place un fait qu'il est bon que la Commission connaisse, et que je n'ai pas dit à la tribune.

Nous étions dans le salon très-modeste de Meillet, nous y étions arrivés escortés par un des bons bataillons du XIIIe arrondissement, — du moins ce que M. Meillet appelait un des bons bataillons.

Quand nous arrivâmes, une quinzaine d'officiers du bataillon vinrent se grouper autour de lui.

Quelques uns d'entre eux, les plus exaltés, faisaient des reproches au général sur son attitude à l'armée de la Loire, prétendant qu'il n'avait pas fait tout ce qu'il aurait dû faire. Les choses s'envenimaient. Un certain nombre de simples gardes étaient entrés dans la première pièce, et je sentais très-bien que nous étions dans une situation des plus graves.

Dans le désir de sauver la vie du général, que je croyais très menacée, parce qu'on entendait sous la fenêtre du bruit qui allait en augmentant sans cesse, je dis aux gardes nationaux : « Mais que voulez-vous au général? Votre ami Gambetta, l'homme qui représente votre opinion, a dit au général que c'était le premier homme de guerre qui se fût révélé dans cette campagne; ne soyez pas plus sévères que le député de Paris, que M. Gambetta, que vous aimez et que vous estimez. » Alors ces hommes s'emportèrent; ils dirent : — Nous ne voulons pas de Gambetta, il ne représente pas nos opinions. » Je ne commente pas le fait; pourquoi ces hommes se sont-ils exprimés ainsi? J'avais failli commettre une imprudence, en plaçant Chanzy sous le patronage de Gambetta. A vous de chercher et de voir s'il n'y a pas là un indice curieux.

Le temps s'était passé; à un moment donné, la chambre fut envahie. C'est alors qu'on voulut nous entraîner dans la rue pour nous fusiller. M. Léo Meillet tira son revolver de sa poche et essaya de lutter. Il prétendit qu'il avait donné sa parole au général Chanzy de lui offrir asile et de le sauvegarder jusqu'au dernier moment. Chanzy, comprenant qu'il allait se passer des scènes de violence et que nous serions certainement écharpés, releva M. Meillet de la parole qu'il lui avait donnée, et le supplia de nous laisser partir avec les gardes nationaux et de nous laisser emmener à la prison la plus voisine. Nous descendîmes; Chanzy fut bousculé dans l'escalier, reçut quelques coups de poing et arriva sur le boulevard. On voulut nous entraîner pour nous fusiller le long de la chapelle Bréa. Alors Meillet intervint de nouveau et dit : « Messieurs, ne nous conduisons pas en assassins. » — Ceci est très curieux dans la bouche d'un homme qui, quinze jours après, demandait à la Commune la démolition de la chapelle Bréa. — « Ces hommes ne sont pas condamnés. Quand ils seront jugés, vous les fusillerez si bon vous semble. » Il put ainsi nous entraîner à quelques centaines de mètres plus loin et nous jeter dans la prison du 9e secteur.

Une fois arrivés dans la cellule, quand il s'agit de porter nos noms sur le registre d'écrou, une scène des plus violentes eut encore lieu entre Léo Meillet et quelques officiers d'un autre bataillon qui venait d'arriver. Il y eut des coups de sabre échangés. A un moment donné, nous vîmes entrer des hommes avec des baïonnettes ; on amenait des individus qui s'étaient battus à cause de nous. Tout à coup, je vis Léo Meillet arrachant sa ceinture d'adjoint et la jetant à la figure d'un officier en lui disant : « Puisqu'il en est ainsi, puisque vous voulez fusiller ces hommes, puisque vous voulez vous conduire comme des lâches, vous me fusillerez avec eux. » Puis il s'assit, et cet homme, d'une nature énergique et violente, fondit en larmes. Il était environ deux heures du matin. Les choses se calmèrent cependant et on nous introduisit dans la cellule. Mais voilà ce que j'ai à signaler à la Commission comme pouvant donner des indications sur les causes de l'insurrection. Le lendemain matin, j'étais plus calme ; le général, lui, l'avait toujours été. On avait mis quatre factionnaires dans la cellule où nous étions, et, tout en haut, sur une espèce de galerie en fer qui surmonte la cellule ; je causais avec ces quatre factionnaires qui m'avaient l'air d'assez braves gens, qui avaient assez bonne figure ; ils me faisaient l'effet d'appartenir à la catégorie honnête des ouvriers de Paris. Je leur dis : « Qu'est-ce qui se passe à Paris ? O monsieur, me répondirent-ils, il n'y a pas de danger, nous voulons nommer nos maires, nos conseillers municipaux et notre capitaine de *pompiers*.

— Comment! votre capitaine de pompiers? qu'est-ce que cela veut dire?

— Mais, vous autres ruraux, vous avez le droit de nommer vos maires et votre capitaine de pompiers; nous voulons l'avoir aussi. Ah! vous ne comprenez pas, c'est le général de la garde nationale. » Pendant quatre heures, je n'ai pas pu faire sortir ces hommes de ce raisonnement.

J'ai causé avec quelques officiers qui étaient là et qui regrettaient tous l'arrestation du général. Pendant les quelques jours que nous sommes restés dans cette prison, le plus grand respect lui a toujours été témoigné. Un petit détail : il y avait un water closet dans une seconde pièce ; pour y arriver, il fallait passer devant les hommes de faction, et chaque fois que le général Chanzy et le général de Langourian passaient, on leur présentait les armes. On restait à la porte respectueusement, et lorsqu'ils sortaient du water-closet pour rentrer dans la grande pièce, on les leur présentait encore.

Les violences contre nous n'ont jamais été exercées que par la foule. Lorsque le général Chanzy a été transféré à la Santé avec le général de Langourian, c'est encore la garde nationale qui l'a protégé, quand une foule sans nom, composée de matelots, de soldats d'infanterie de marine, de toute espèce de gens, l'insultait. En somme, ce qui m'a surtout frappé, au milieu de tous ces incidents, c'est d'abord le respect de la garde nationale pour Chanzy, et ensuite cette lutte entre la municipalité légale dont Léo Meillet était alors le représentant, et le Comité central.

M. LE PRÉSIDENT. — Cela a pu être vrai un moment après le 18 mars. Quant à M. Léo Meillet, s'il s'est bien conduit ce jour là, depuis il est devenu un grand coupable.

M. EDMOND TURQUET. Je suis parfaitement de votre avis.

M. LE PRÉSIDENT. — Il a pris part aux actes les plus odieux de la Commune.

M. Edmond Turquet. — Je suis convaincu qu'il aurait voulu que je le fisse arrêter ici ; car vous savez que quand je suis revenu à Versailles, il m'a accompagné.

Le général Chanzy avait été transféré à la Santé par ordre de la Commune, et je n'avais pas pu obtenir l'autorisation de l'y suivre. Le lendemain, Léo Meillet me fit sortir en cachette, et malgré les ordres de la Commune, de la prison du 9e secteur ; il me fit mettre une chemise de flanelle rouge et un grand pantalon dans mes bottes, et il voulut m'accompagner jusqu'à Versailles, parce que, disait-il, j'étais en danger. En effet, l'amiral Saisset a déclaré le lendemain à la tribune que j'avais failli être assassiné pendant le parcours. Il savait qu'une quinzaine d'hommes de mon bataillon avaient projeté de venir en armes à la prison pour me délivrer quand même ; c'était des tirailleurs de la Saône et de Lafon-Mocquart, et ces messieurs m'ont suivi jusqu'à la gare Saint-Lazare. Meillet me fit donc sortir malgré la Commune, mais il avait peur qu'il ne m'arrivât quelque chose en route ; le village de Levallois Perret était en effet occupé par les gens de la Commune. Il avait un laisser passer pour lui et pour un de ses amis, de sorte que, quand nous sommes arrivés à la gare Saint-Lazare, où il y avait des gardes nationaux de l'ordre, je pus le faire passer avec ma carte de député, et que quand j'ai été aux Batignolles, à son tour il m'a fait passer.

Je crois que, quand il m'a accompagné à Versailles, il craignait déjà d'être débordé. Si j'y avais pensé alors, j'aurais pu voir un ministre et obtenir des mesures qui auraient empêché ce malheureux de se perdre, car il n'était pas alors l'homme qui a depuis proposé de faire raser la chapelle du général Bréa. Il y a là un phénomène moral qu'il n'est pas facile d'expliquer.

Un membre. — M. Léo Meillet n'est pas fusillé ?

M. le président. — Non, il a été convenu entre ces messieurs que M. Turquet serait fusillé à sa place. (On rit.)

M. Edmond Turquet. — Du reste, je dois vous le dire, en fin de compte, il m'a sauvé la vie ainsi qu'au général Chanzy et au général de Langourian. J'avais cru comme tout le monde qu'il était fusillé. Un jour, à la chambre, je reçois un mot qui me fait bondir. C'était Léo Meillet, qui n'était pas mort et qui me demandait l'hospitalité. Que faire? Cet homme m'avait sauvé. Je pars pour Paris, et une heure après, à six heures 55 minutes, un homme sonne chez moi; c'était lui. J'envoyai une dépêche télégraphique à madame Turquet en lui disant de revenir avec sa femme de chambre. Ma femme revint, ne sachant ce que cela voulait dire. Pendant quatorze jours, elle et sa femme de chambre ont donné la nourriture à ce malheureux. Le quatorzième jour, un de mes amis m'apporta un passe port très régulier. Je lui dis : « Voilà un passeport. » Il me répondit : « Il faut que vous m'accompagniez à la gare, parce que, si j'y étais arrêté, on m'écharperait peut-être ; vous me servirez de caution. » Je le menai à la gare du Nord; nous sommes arrivés vingt minutes trop tôt. Il a été magnifique de sang-froid et la police a été très-maladroite, car il y avait là des agents qui me connaissaient et qui ne l'ont pas reconnu. Il est arrivé à la frontière belge. Là, son passe-port n'était pas visé, il ne put passer. Il revint à Saint Quentin, où il y a un consul belge ; on lui donna un visa régulier et il repartit; il fut arrêté encore à..., mais enfin on le laissa passer.

Il avait à Paris une maîtresse dont il avait fait son capitaine d'état-major; la police le savait, et cette femme lui a témoigné un dévouement sans bornes. Trois fois de suite elle s'était fait prendre, et trois fois on l'avait relâchée, parce que la police, sachant que Meillet n'était pas fusillé, espérait le prendre chez elle. Meillet, arrivé à Bruxelles, lui écrivit une lettre, et c'est ainsi qu'on sut ce qui s'était passé.

M. LE PRÉSIDENT. — D'après votre récit, vous pouviez être fort bien arrêté et condamné.

M. EDMOND TURQUET. — Mon Dieu, je ne dis pas le contraire ; j'ai commis un délit au point de vue de la loi de mon pays. Si la justice de mon pays veut m'en demander compte, je suis à sa disposition.

M. LE PRÉSIDENT. — Le délit existe, mais on ne vous en

demandera probablement pas compte, puisque Léo Meillet vous avait sauvé la vie. Cet homme n'en est pas moins un grand coupable.

Un membre. — Qu'est ce que c'était que ce Léo Meillet?

M. Edmond Turquet. — C'était un maître-clerc d'avoué.

Le même membre. — Est ce que c'est lui qui a signé un ordre d'incendie?

M. Edmond Turquet. — Non, il n'a pas cela sur la conscience. Ce qu'il a fait, c'est de proposer à la Commune de raser la chapelle du général Bréa. Il a signé aussi l'ordre de démolition de la chapelle expiatoire de Louis XVI. Je lui ai dit à ce sujet : « Comment se fait-il que vous ayez signé de pareilles choses? » Il m'a répondu : « Je trouve que ceux qui ont assassiné le général Bréa ont eu un très grand tort, mais je trouve aussi qu'il n'est pas bon que, dans un pays comme le nôtre, on élève des monuments qui entretiennent un perpétuel souvenir des crimes et des dissensions civiles du passé. »

Déposition de M. le général Cremer. — Mise en liberté du général Chanzy. — Détails sur le personnel et les séances du Comité central. — Les étrangers au service de la Commune.

M. le général Cremer. — Nous commençâmes alors à faire des démarches pour la délivrance du général Chanzy. Nous avons eu deux fois l'ordre de le mettre en liberté. Cet ordre était donné par Lullier et signé de sa main, mais l'ordre de celui qui commandait ne suffisait pas, il fallait passer par la préfecture de police. Là, il y avait Rigault et Duval, qui, à deux reprises différentes, déchirèrent l'ordre de mise en liberté signé de Lullier, disant qu'il était illégal, qu'il fallait que la Commune tout entière délibérât ainsi que le Comité.

Il y avait là une difficulté très grave; je tenais à ce que le général Chanzy fût délivré avant les élections; je craignais qu'il n'y eût un mouvement violent; je commençais à leur être suspect par mon insistance.

Nous nous mîmes en campagne d'une manière très-active, M. Aronhson et moi ; nous fûmes aidés par Babick, c'est un illuminé, ce n'est pas un méchant homme et il nous a été très favorable, ainsi que Léo Meillet et un ingénieur nommé Léon Blin ; les autres étaient très difficiles à prendre, c'étaient des fous ; on parvenait à les convaincre quand ils étaient seuls, mais quand ils étaient réunis, ils se prenaient aux cheveux et changeaient d'avis. Il y en a un qui, devant le général Chanzy, s'est mis à faire l'apologie de l'assassinat des généraux Clément Thomas et Lecomte ; il s'était opposé à la délivrance du général Chanzy.

Enfin nous allâmes les trouver tous, les uns après les autres ; nous finîmes par réunir toutes les signatures dans la journée en allant chez eux, ou au cabaret ; et le soir, nous les prîmes les uns après les autres pour qu'ils prissent une délibération en commun. A minuit et demi, on nous donna l'ordre d'élargissement signé par le Comité.

J'ignorais que le général de Langourian fût en ce moment à la Santé.

Nous nous rendîmes de nouveau à la préfecture de police avec l'ordre d'élargissement Duval faillit encore le déchirer ; heureusement nous étions accompagnés de Babick, il représenta que c'était une délibération prise en comité. Nous allâmes à la prison de la Santé, le général de Langourian y était. Sur l'ordre d'élargissement de la préfecture, je fis ajouter : « Et Langourian ; » on ne tenait qu'au général Chanzy. Nous avions pris des vêtements bourgeois, de crainte que le général Chanzy ne fût arrêté de nouveau, et nous sortîmes vers une heure du matin ; il devait comparaître devant le Comité avant d'être relâché complétement.

Le général Chanzy et le général de Langourian comparurent avec moi devant le Comité. Tout faillit être perdu par la publication dans les journaux de la lettre que j'avais écrite au général Vinoy ; on se demandait si on devait me faire fusiller ; je promis de faire démentir la lettre le lendemain, mais la lettre est authentique. Si le Comité ne m'avait pas cru, au lieu de sauver les généraux Chanzy et de Langourian, je rentrais en prison avec eux dans des conditions plus mauvaises.

On finit par nous lâcher. J'avais fait dire, dans la journée, à l'amiral Saisset, que je comptais avoir le général Chanzy dans la soirée, et que nous le rejoindrions au Grand Hôtel. Quand nous arrivâmes au Grand Hôtel, nous trouvâmes les portes fermées; l'amiral était parti sans nous prévenir, probablement parce qu'il ne le pouvait pas.

Je conseillai au général Chanzy de s'en aller à pied, parce qu'il serait arrêté au chemin de fer. Il est parti, avec M. Aronhson et le général de Langourian, à deux heures du matin, et ils ont dû arriver à Versailles vers sept heures...

M. LE PRÉSIDENT. — Vous êtes du petit nombre de ceux qui, pénétrant dans l'Hôtel de Ville, ont vu à l'œuvre le Comité central et la Commune. Pouvez-vous nous dire comment ce gouvernement fonctionnait?

M. LE GÉNÉRAL CREMER. — Je ne sais pas comment il s'était formé. Je connaissais de vue les gens qui le composaient; j'en connaissais quelques-uns de nom. Il y avait des gens exaltés, furieux ; ainsi, Assi, tout le monde l'a vu, en parlant, tourner un poignard autour de la figure de celui à qui il parlait; c'était un fou furieux.

Babick n'était pas méchant; il était tellement content, qu'il pleurait comme un enfant quand nous avons été délivrer le général Chanzy ; c'était un illuminé, un fou sans instruction. Il y avait un homme très-exalté dans ses opinions et qui, cependant, a été très-favorable à la délivrance du général Chanzy: c'est Lavalette, un grand brun, mince.

M. LE PRÉSIDENT. Étaient-ils absolument dépourvus d'instruction?

M. LE GÉNÉRAL CREMER. — Il y en avait d'instruits. Un des plus mauvais est Varlin, ouvrier relieur ; il était plus dangereux, parce qu'il avait une instruction relative; il parle assez bien, il avait de l'influence.

M. LE PRÉSIDENT. Le Comité avait-il un président?

M. LE GÉNÉRAL CREMER. Il n'y avait pas de président

33

régulier, c'était un jour l'un, un jour l'autre ; jamais ils n'étaient tous réunis quand il y avait quelque chose à faire. C'était un spectacle navrant de voir ces salles de l'Hôtel de Ville pleines de gardes nationaux ivres. Quand on montait par le grand escalier, il y avait, dans la grande salle, tout ce que l'orgie peut avoir de plus ignoble, des hommes et des femmes ivres ; on traversait deux ou trois autres salles plus calmes, et on arrivait à une autre qui donne à l'angle de la place de l'Hôtel de Ville et du quai ; c'est là que le Comité tenait ses séances.

Nous avons passé une journée à aller dans les cabarets pour trouver les membres du gouvernement, et le soir nous avons dû refaire les mêmes courses pour les ramener et les faire délibérer sur l'élargissement du général Chanzy. — Ils se prenaient aux cheveux au bout des cinq premières minutes de délibération ; il n'y a pas de cabaret qui puisse donner une idée des séances du Comité central ; tout ce qu'on a imaginé d'excentrique dans ces derniers temps pour les petits théâtres, les Bouffes-Parisiens, n'est rien à côté de ce que j'ai vu. Si cela n'avait pas été si terrible, ces scènes auraient été du plus grand comique. Un jour, j'ai dit à mon père : « Cela touche à sa fin et mérite d'être vu ; » il l'a vu, et, en sortant, il me disait : « Je suis un vieux républicain de 1848, mais encore une séance comme celle-là, et je me fais enragé réactionnaire. » Je n'aurais pas cru, néanmoins, à ce moment, qu'ils en arriveraient où ils en sont arrivés. Si on n'avait pas fait la Commune, le Comité central n'aurait jamais pu organiser une défense comme celle qui a été organisée ; ils criaient, ne faisaient rien ; tout le monde voulait commander, personne ne voulait obéir, c'était la cour du roi Pétaud.

M. DE RICHEMONT. Avez-vous vu une des séances de la Commune?

M. LE GÉNÉRAL CREMER. Non, je suis parti le jour où la Commune s'est constituée. Ils n'étaient jamais plus de six ou sept en délibération ; les uns sortaient, les autres entraient, il y en avait qui étaient ivres, ceux-là étaient les plus assidus, parce qu'ils ne pouvaient plus s'en aller. Il y en a un de moyenne taille, trapu, ayant les cheveux longs, grisonnants, la barbe mal tenue, qui avait toujours son chassepot sur l'épaule gauche. Quand il parlait, à chaque phrase il prenait son chassepot, vous tenait en joue, et, quand la phrase était finie, il remettait son chassepot sur l'épaule.

M. LE PRÉSIDENT. — Vous attribuez la résistance que nous avons rencontrée à la Commune et non au Comité central?

M. LE GÉNÉRAL CREMER. Oui, il n'y avait rien de possible avec les gens du Comité central; s'il n'était pas entré dans la Commune des hommes plus intelligents, ayant plus d'esprit de suite, je suis convaincu qu'on n'aurait rien fait, que le Comité devait tomber de lui même au bout de quelque temps.

Ce qu'il y avait de plus terrible dans Paris, c'étaient les étrangers. Je suis sûr que les gens qui se sont battus d'une façon si tenace étaient guidés par les étrangers. A ce moment il arrivait à Paris des bandes de Polonais, de garibaldiens spécialement. J'ai vu un garibaldien disant qu'il avait 12,000 hommes; mais à part 2,000 qui étaient des soldats, qui marchaient par conviction, le reste était un ramassis de misérables qui disparaissaient au premier coup de feu. Il y avait des compagnies qui se formaient, comme toutes les compagnies de corps francs, avec 100 hommes; elles s'appelaient *les Vengeurs* de n'importe quoi; elles avaient 40 officiers et 10 trompettes. 12,000 garibaldiens coûtaient autant que 100,000 hommes. Je me suis aperçu du trafic qui se faisait des entrées en campagne. Quand un officier entre en campagne, il touche 400 francs ou 500 francs, selon le corps auquel il appartient, comme indemnité des dépenses qu'il a à faire. Tous les corps francs se composent de petits corps ayant des noms plus ou moins baroques. On faisait passer un officier des Vengeurs de la mort, dans le corps des Vengeurs de la vie, il changeait deux fois de corps et il touchait deux fois l'entrée en campagne, et, au bout de quelque temps, un sous-lieutenant avait touché les appointements d'un général de division; ils touchaient, en outre, deux fois la solde de voyage. J'en ai vu arriver à Paris en corps constitués; ils ne sont pas arrivés isolément...

M. LE PRÉSIDENT. — Vous dites que le Comité central était un ramassis d'hommes sans consistance; que c'est la Commune qui a organisé l'insurrection?

M. LE GÉNÉRAL CREMER. Elle lui a donné surtout un semblant de légalité; il y a eu une autorité qui n'existait pas avant. Avant, qui connaissait Assi? qui connaissait ces noms là à Paris? Cela n'avait pas de consistance et ne pouvait en avoir; il suffisait qu'ils se montrassent pour que tout le monde en rît. J'attribue toute la faute à la Commune, qui a donné de la consistance à quelque chose qui n'en avait pas.

CHAPITRE X

ATTITUDE DE LA PRESSE SOUS LA COMMUNE

**Déposition de M. Édouard Hervé, rédacteur en chef
du *Journal de Paris*.**

Au 19 mars, nous étions livrés à nous mêmes. Dès ce jour, la pensée vint aux rédacteurs en chef des journaux de l'ordre d'opposer une barrière morale au despotisme de la Commune.

Nous étions au dimanche 19 mars; la place Vendôme était occupée, il y avait un état-major; le Comité central avait lancé une convocation pour appeler les électeurs à voter pour le conseil municipal. En présence de la gravité de ces événements, plusieurs d'entre nous pensèrent qu'il fallait faire quelque chose, qu'il fallait protester contre ce qui se passait.

Je fus appelé par les circonstances à me faire l'interprète de cette pensée. Je croyais que si nous voulions résister efficacement au despotisme du Comité, il ne fallait pas résister isolément. Je pensai que, si chaque journal, chaque rédacteur, prenant une attitude particulière, discutaient d'une manière spéciale, il serait facile au comité de nous diviser, de frapper l'un et l'autre et de nous intimider. Je pensai qu'il fallait nous solidariser, ce qui forcerait le Comité, s'il voulait nous frapper, à nous frapper tous; je pensai qu'il reculerait peut-être.

Je me rendis au *Journal des Débats;* je m'adressai à M. Bapst; je lui exposai cette idée. Il comprit la nécessité d'un acte collectif, mais il me fit remarquer que, n'étant pas directeur, la convocation venant de lui n'aurait peut-être pas assez d'autorité, mais qu'il se rendrait à toute convocation. Il m'engagea à la faire; je lui fis remarquer que j'étais trop jeune et je pensai que M. Guéroult pourrait s'en charger.

M. Guéroult déclara qu'il ferait la convocation le lundi soir. Il nous réunit le lendemain matin, et une protestation signée de vingt-cinq ou vingt-six journaux, dont le nombre s'éleva à trente quatre, parut dans les journaux.

Voici, telle que nous la trouvons dans le *Journal des Débats* du 21 mars, la *Déclaration de la presse aux électeurs de Paris* dont parle M. Hervé dans sa déposition :

Attendu que la convocation des électeurs est un acte de souveraineté nationale;

Que l'exercice de cette souveraineté n'appartient qu'aux pouvoirs émanés du suffrage universel;

Que, par suite, le Comité qui s'est installé à l'Hôtel de Ville n'a ni droit ni qualité pour faire cette convocation,

Les représentants des journaux soussignés considèrent la convocation affichée comme nulle et non avenue, et engagent les électeurs à n'en pas tenir compte.

Étaient présents et ont adhéré,

LES JOURNAUX DU MATIN :

Journal des Débats. — *Constitutionnel.* — *Électeur libre.* — *Petite Presse.* — *Vérité.* — *Figaro.* — *Gaulois.* — *Paris Journal.* *Petit National.* *Rappel.*

JOURNAUX DU SOIR :

Presse. — France. — Liberté. — Pays. — National. Univers. — Cloche. — Patrie. — Français. — Bien public. — Union. Opinion nationale, - Journal des villes et campagnes.. — Journal de Paris. Moniteur universel. France nouvelle. — Gazette de France.

Ont ensuite adhéré à cette déclaration les journaux suivants :

Avenir libéral. Temps. Soir. Ami de la France. — Messager de Paris. Peuple français. — Siècle.

L'histoire de la lutte de la presse honnête contre la Commune mériterait de remplir un long chapitre et ce ne serait certes ni les faits curieux, ni les traits de courage qui y manqueraient. Nous ne pouvons écrire ce chapitre dans ce livre, qui est avant tout un recueil de documents. Nous tenons cependant à montrer à nos lecteurs, au moins par quelques citations, que les journalistes, trop souvent rendus responsables de tout ce qui se fait de mal en France, savent, au besoin exposer non-seulement leurs journaux mais leurs têtes pour la défense de l'ordre et des lois.

On nous permettra de reproduire d'abord l'article que nous écrivions le 19 mars dans le *Journal des Débats* :

L'insurrection qui s'est emparée hier de Paris presque sans coup férir est aujourd'hui, ou plutôt paraît maîtresse absolue de la ville. Mais son triomphe l'embarrasse singulièrement, puisqu'elle n'a pas trouvé, pour signer ses proclamations, d'autres hommes que la poignée d'inconnus dont les passants déchiffraient ce matin avec stupeur les noms obscurs au bas des affiches placardées sur nos murailles. Qu'est-ce que c'est que ce Comité central de la garde nationale qui s'arroge le droit d'occuper l'Hôtel de Ville au nom du peuple? qui de nous l'a nommé? qui de nous a seulement soupçonné la formation de ce pouvoir occulte qui se prétend aujourd'hui institué par nous? De quel droit ces gens-là, parmi lesquels ne figure même pas un seul des députés élus à Paris il y a cinq semaines, se permettent ils de nous appeler autour de leurs urnes dérisoires? Quel honnête homme osera porter son vote à ce scrutin que n'a pas ordonné la seule autorité légitime qui existe aujourd'hui en France? Quel est ce gouvernement qui, en s'adressant au peuple et à la garde nationale, ne trouve pas un mot pour désavouer et flétrir les assassins du général Lecomte et du général Clément Thomas? Quels sont ces gouvernants qui débutent par anéantir à la préfecture de police les dossiers judiciaires où la biographie de plusieurs d'entre eux était sans doute trop fidèlement écrite? Le gouvernement provisoire du 24 février comptait dans son sein un Lamartine et un Arago. Le gouvernement provisoire de 1870 pouvait s'enorgueillir de l'éloquence de Jules Favre et de l'esprit fin et politique d'Ernest Picard. Le coup d'État du 18 mars est fait par Assi, le désorganisateur du travail, et par des gens dont leurs janissaires eux mêmes n'avaient jamais entendu prononcer les noms. Et voilà les hommes qui prétendent imposer silence aux représentants légitimes de la France entière, élus il n'y a pas six semaines! Non, en vérité, nous ne pouvons pas supporter une telle humiliation; et, en attendant que justice soit faite de cette odieuse insurrection, nous protestons de toutes les forces de notre honneur et de notre conscience, et nous disons bien haut aux tristes héros du 18 mars : Vous n'avez pas le droit de parler au nom de Paris, qui ne vous connaît pas. Personne ne sait qui vous êtes, excepté ceux qui le savent trop bien. Hâtez vous de vous retirer devant l'indignation publique et de rentrer dans la foule dont vous n'auriez jamais dû sortir. Paris ne vous obéira pas! Nous ne connaissons qu'un pouvoir, l'Assemblée nationale; c'est autour d'elle que nous nous rangeons; c'est elle seule qui a le droit de commander en France. Nous ne reconnaissons pas d'autre autorité que celle qu'elle exerce ou qu'elle délègue. Quant à vous, Comité central, retirez-vous!

Le *Journal des Débats* était supprimé dans la nuit du 4 au 5 avril par un ordre de la Commune, en même temps que le *Paris-Journal* et le *Constitutionnel*. Le *Figaro* et le *Gaulois* avaient inauguré quelques jours auparavant la liste des feuilles condamnées à mort par les dictateurs de l'Hôtel de Ville.

Quinze jours plus tard, une nouvelle hécatombe était annoncée au public et appréciée de la façon suivante par le *Journal de Paris* :

Nous n'en sommes plus à compter les victimes de la liberté de la presse aujourd'hui. Quatre journaux sont supprimés d'un coup par une simple note sans signature insérée au *Journal officiel*. Jamais l'empire, dans ses plus beaux jours, n'est allé aussi loin; jamais l'arbitraire ne s'est étalé avec tant de sans-façon; les journaux dont nos maîtres ont aujourd'hui décrété la mort sont : *le Soir*, *le Bien public*, *l'Opinion nationale* et *la Cloche*.

Que nos courageux confrères reçoivent l'expression publique de notre sympathie. Leur sort nous attend; nous sommes aussi coupables qu'eux, puisque, comme eux, nous refusons de nous incliner devant le despotisme qui pèse sur Paris.

Edouard Hervé.

20 avril 1871.

Hier, on est venu s'opposer par la force à la publication du *Bien public* et de *l'Opinion nationale*. Le fait brutal a eu raison du droit; la résistance de nos courageux confrères a été vaine. L'imprimerie a été occupée, les formes brisées, les caractères d'impression dispersés. M. Dubuisson, imprimeur du *Bien public* et de *l'Opinion nationale*, qui est aussi notre imprimeur et celui du journal *la Commune*, est sous le coup d'un mandat d'arrestation. Sept ou huit cents employés, ouvriers, marchands de journaux, qui vivaient du *Bien public* ou de *l'Opinion nationale* sont sur le pavé et sans pain.

Ceux qui ont concouru à ces actes de violence et d'arbitraire, soit en les ordonnant, soit en les exécutant, n'ignorent pas sans doute qu'ils tombent sous le coup des dispositions du code pénal qui protègent le domicile des citoyens, leur propriété et leur liberté individuelle; ils tombent en outre sous le coup de la reprobation de l'opinion publique. On sait maintenant, si on ne le savait déjà, ce qu'il faut penser d'un pouvoir qui, au moment où il recule les limites jusqu'ici connues du despotisme, ose encore prétendre qu'il travaille à faire de Paris une cité libre.

ÉDOUARD HERVÉ.

21 avril 1871.

La Commune devait supprimer plus de journaux en deux mois que l'empire n'en avait supprimé en dix-huit ans. Nous ne pouvons citer tous ceux qui tombèrent tour à tour sous ses coups; notons pourtant le grand égorgement du 12 mai où l'on vit immoler six journaux à la fois, frappés par un ancien rédacteur du *Réveil*, le citoyen Cournet.

Les six victimes du 12 mai furent : *le Moniteur universel*, *l'Observateur*, *l'Univers*, *le Spectateur*, *l'Étoile* et *l'Anonyme*.

Le jour même où était commis ce nouveau massacre, M. Edouard Hervé publiait un article aussi éloquent que courageux, au sujet de la lettre dans laquelle Rossel donnait sa démission en se plaignant de l'indiscipline des fédérés.

Nous ne pouvons résister au désir de citer au moins la fin de cet article :

Ce qui choque surtout M. Rossel, c'est l'indiscipline et le désordre de l'armée insurrectionnelle dont la direction lui a été confiée. Que voulez-vous, monsieur ? quand des soldats commencent par fusiller deux de leurs généraux, il y a bien peu de chances pour qu'ils accordent ensuite l'obéissance et le respect aux chefs nouveaux qu'on leur donne. Nous comprenons vos sentiments d'irritation en présence des cohortes insubordonnées qu'on vous a chargé de commander. Vous, fils d'officier, vous qui êtes né et qui avez été élevé au milieu des traditions sévères qui ont fait pendant si longtemps la force et l'orgueil militaire de la France, vous savez qu'il n'y a point d'armée sans discipline, point de discipline sans une autorité indiscutable et indiscutée.

Mais alors, permettez-nous de vous le dire, qu'êtes-vous venu faire au milieu des auteurs, des complices ou des approbateurs du double assassinat commis sur les généraux Lecomte et Clément Thomas? Était-ce là que vous pensiez retrouver les traditions de la discipline et de l'honneur militaires? Pourquoi n'êtes-vous pas resté tout simplement à votre place dans les rangs de l'armée française? D'autres que vous, croyez-le, monsieur, ont rougi de nos désastres et gémi de nos humiliations; d'autres que vous ont condamné une guerre légèrement entreprise; d'autres que vous ont blâmé une paix trop précipitamment conclue. Ils n'ont pas cru cependant que les fautes commises pouvaient les autoriser à méconnaître la volonté nationale et à s'insurger contre le suffrage universel, représenté par une Assemblée librement et régulièrement élue. Vous parlez du respect que vous croyez devoir à la souveraineté publique. La souveraineté publique, monsieur, elle ne réside pas plus dans le conciliabule qui siége à l'Hôtel de Ville sous le nom de Commune que dans celui qui, sous le nom de Comité central, a entravé votre action au ministère de la guerre. Elle est à Versailles et n'est que là.

ÉDOUARD HERVÉ.

12 mai 1871.

Le *Journal de Paris* était supprimé à son tour le 16 mai, le jour où tombait la colonne Vendôme. Il reparaissait aussitôt sous le titre de *l'Echo de Paris*, dans le même format et avec les mêmes caractères. *L'Echo de Paris* ne put pas vivre jusqu'au 22 mai.

Si la place ne nous manquait, nous pourrions citer aussi de très-courageuses attaques contre le Comité central et la Commune, publiées par *le Bien public*, *la Cloche*, *le Soir*, le *Paris Journal* et tant d'autres feuilles qui n'ont pas voulu se laisser intimider par la force brutale et qui ont mieux aimé périr que de se soumettre.

Nous prions nos lecteurs de se rappeler cette longue liste des feuilles immolées par la Commune pour lui avoir résolûment tenu tête, lorsqu'ils entendront répéter que la presse n'a de courage que contre les gouvernements faibles, ou de force que pour troubler l'ordre et pour braver les lois.

CHAPITRE XI

LA COMMUNE. — SON RÈGNE. — SA DÉFAITE

Déposition de M. de Plœuc.
La Banque de France sous la Commune.

M. LE PRÉSIDENT. — Monsieur le marquis, veuillez nous raconter les faits dans lesquels vous avez été acteur et témoin pendant l'insurrection du 18 mars.

M. DE PLŒUC. — Messieurs, votre convocation m'a surpris, et je n'apporte ici que des souvenirs qui seront souvent un peu vagues, au lieu des incidents précis qui donneraient à ce long récit du règne de la Commune sa véritable physionomie.

Dès le 6 avril, j'avais été prévenu par M. Beslay que Raoul Rigault avait décidé mon arrestation ; je brûlai mes notes, et je n'en tins plus, ne me souciant aucunement d'aider à mon acte d'accusation ; c'est donc seulement depuis avant-hier que j'ai fait appel à mes souvenirs et que j'ai tenté de rétablir les faits chronologiquement.

Le jeudi 23 mars, au matin, je me suis trouvé investi du gouvernement de la Banque de France, par le départ de M. Rouland pour Versailles. Je n'avais eu aucun rapport jusque-là avec les délégués de la Commune ; le gouverneur avait reçu les délégués du Comité central de la garde nationale

Ces délégués étaient Jourde, Varlin et Billioray, je crois. Ils étaient venus demander un million et faire entrevoir la nécessité d'un second million. Le mercredi 22 mars, le gouverneur exposait au conseil qu'il avait fait délivrer un million dès le lundi, à la réquisition de Jourde, de Varlin et de Billioray.

Le motif de cette réquisition était la solde de la garde nationale et les secours à donner à leurs femmes et aux enfants.

Il est utile de rappeler dans quels termes le gouverneur justifiait cette remise.

« Dans ces conditions, disait-il, refuser absolument me paraît impossible. La Banque ne peut pas, comme les autres administrations, se transporter à Versailles et échapper ainsi aux tristes conséquences d'une collision armée. Il faut qu'elle fasse tout ce qui est en son pouvoir pour éviter la collision. »

Le conseil ratifia; il crut que cette attitude était sage, qu'il fallait éviter l'occupation de la Banque.

Ce même jour était celui de la manifestation de la place Vendôme, qui accentuait encore le péril.

Le 20 mars, le poste intérieur de la Banque était encore occupé par l'infanterie de ligne, mais le régiment auquel appartenait ce détachement avait quitté Paris.

Le commandant du poste reçut de nous un certificat et partit accompagné d'un de nos agents pour rallier une caserne.

La situation s'aggravait; les insurgés tentèrent dans la nuit, mais sans y réussir, de s'établir dans le quartier de la Bourse, qui était occupé par les gardes nationaux de l'ordre, difficiles à distinguer cependant à cause de la similitude des uniformes.

Le 25, le Comité central devait envoyer prendre 350,000 fr., deuxième à-compte sur le second million qui avait été consenti par le conseil de régence.

Les délégués Jourde et Varlin se présentèrent vers dix heures du matin. Ils durent attendre, prirent peur et se retirèrent en entendant les murmures et les menaces du personnel armé de la Banque qui se trouvait dans les cours.

Peu de temps après, je reçus la première sommation écrite du nouveau gouvernement. Elle était conçue dans ces termes :

« Affamer la population parisienne, telle est l'arme d'un parti qui se dit honnête ! La faim ne désarme personne, elle ne fera que pousser les masses aux massacres et à la dévastation. Nous voulions éviter tous ces maux; la Banque pouvait nous y aider. Elle a préféré se mettre du côté des hommes qui veulent coûte que coûte triompher de la république.

« Nous ramassons le gant qui nous est jeté, laissant à ceux qui, pour leurs personnalités, n'hésitent pas à irriter les fureurs populaires, l'épouvantable responsabilité de leur conduite.

« Quant à nous, nous avons fait notre devoir, et si notre attitude conciliatrice a été prise pour de la crainte, nous prouverons que l'on s'est trompé. Puisse la Banque revenir sur les décisions funestes qu'elle paraît avoir prises!

« Nous ne nous représenterons pas devant elle. Si la Banque est disposée à verser le complément du million demandé, soit sept cent mille francs, elle le fera parvenir au ministère des finances avant midi. A partir de cette heure, toutes les mesures nécessaires et les plus énergiques seront prises !

« Vive la république !

« Signé : JOURDE et VARLIN. »

Les hostilités étaient bien déclarées ; il ne s'agissait plus que d'éviter, si possible était, toute collision, ou de la soutenir si nous ne pouvions faire autrement.

J'envoyai le contrôleur de la Banque prévenir les délégués aux finances qu'il ne fallait pas compter, pour midi, sur la somme demandée ; que le conseil de régence serait réuni à une heure, que c'était la seule autorité qui pût me couvrir de toute remise de fonds que j'aurais à leur faire.

Je dépêchai le caissier principal au Ier et au IIe arrondissements et à l'amiral Saisset, pour demander si nous pouvions engager la lutte, c'est-à-dire si nous serions secourus.

L'amiral Saisset n'était pas arrivé de Versailles, et on ne put pas le trouver. L'adjoint du Ier arrondissement, M. Méline, m'envoya dire d'éviter la lutte, d'user de conciliation.

Au IIe arrondissement, M. Quevauvilliers, commandant d'un bataillon, me faisait dire, de son côté, que si la Banque était attaquée, elle serait défendue.

Je réunis le conseil de régence pour délibérer sur la demande comminatoire du Comité central, et il fut décidé qu'on ne changerait rien aux engagements pris, qu'on ne tiendrait aucun compte de la forme comminatoire et qu'on pouvait venir prendre 350,000 fr. et non 700,000 fr., et qu'on ne les porterait pas au ministère des finances.

Escortés d'un ou deux bataillons qui s'arrêtèrent aux abords de la Banque, deux envoyés des délégués, dont l'un s'appelait Meillet, vinrent vers quatre heures recevoir les 350,000 fr. promis.

Le même jour, je fis un payement de 200,000 fr. à un agent du trésor envoyé de Versailles. Ce payement fut connu du Comité central, qui me fit notifier que tout payement pour le compte de Versailles serait considéré comme un crime de haute trahison.

J'en donnai connaissance au gouvernement à Versailles, qui ne fut sans doute pas suffisamment écouté, car il fut délivré sur moi des mandats du trésor jusqu'au 1er avril, et je fus obligé de donner ordre que l'entrée de la Banque ne fût plus permise à aucun agent du trésor...

Très-inquiet de l'audace de ces hommes qui osaient venir me menacer alors que les hommes d'ordre étaient encore sous les armes et me couvraient jusqu'à la gare Saint-Lazare, je fis demander une entrevue à M. l'amiral Saisset. Il me reçut à la mairie du IIe arrondissement, vers une heure du matin, dans une réunion très-nombreuse. J'y reconnus M. Tirard et M. Schœlcher.

Il s'agissait de bien déterminer sur quoi je pouvais compter. J'avais donné pour instruction qu'aucune provocation ne partît des défenseurs de la Banque, mais que si elle était attaquée, elle se défendît avec énergie.

L'amiral Saisset me répondit qu'il me défendrait, mais, en me reconduisant, il me fit comprendre qu'il n'était pas en mesure de le faire. C'était le 24 mars.

Tel était même l'embarras de l'amiral, que j'avais été chargé par un habitant de Passy de lui faire connaître que deux ou trois bataillons étaient sous les armes depuis trois jours, qu'ils étaient surmenés ; ils le conjuraient de les faire relever, comme aussi de venir prendre une quarantaine de pièces de canon qui se trouvaient dans le parc de la Muette sous leur garde. L'amiral me répondit qu'il était bien difficile de faire relever ces bataillons, qu'il pouvait être dangereux d'envoyer les bataillons d'un quartier dans un autre, qu'il y réfléchirait. Cela se passait dans la nuit du jeudi au vendredi.

Le lendemain, la nouvelle de la proclamation de la Commune à Lyon fut affichée dans Paris ; des colonnes de fédérés suivis de canons venaient à la mairie du Ier arrondissement faire consentir le maire aux élections de la Commune pour le dimanche suivant.

Vers quatre heures, arrivèrent aux abords de la Banque et de la mairie du IIe arrondissement les mêmes fédérés. Des hommes vêtus d'uniformes garibaldiens et suivis de canons venaient sommer le maire du IIe arrondissement de consentir aux élections de la Commune pour le lendemain.

Il faut avoir vu et entendu ce qui se passait alors pour s'en rendre compte. Il semblait, à la surface, que tout fût sauvé, et c'était l'abdication des autorités municipales de Paris.

Un monsieur, qu'on me dit être M. Bonvalet, passa devant la Banque dans l'exaltation d'une joie indicible ; il s'adressa à moi. Je ne dirai pas qu'il m'a embrassé, mais peu s'en est fallu. Il se félicitait de la solution survenue.

Le lendemain, 25, je fis rechercher l'amiral Saisset. Je lui avais envoyé des fonds par son aide de camp (100,000 francs) ;

on ne le trouva plus ; il était parti vraisemblablement dans l'après-midi.

Les bataillons qui avaient couvert la Banque, de la gare Saint-Lazare à la rue Saint Honoré, se dispersèrent. La Banque était livrée ; il ne restait plus personne au dehors sur qui elle pût compter. Le moment était venu de faire notre inventaire matériel et moral.

On a beaucoup dit à Versailles et on me le disait à moi-même, le 2 avril, que la Banque de France ne renfermait, à cette date, que des valeurs sans importance.

La situation, au 28 mars, était la suivante :

Encaisse de la Banque	243,000,000 fr.
Numéraire	77,000,000 fr.
Billets de Banque.	166,000,000 fr.
Le portefeuille ordinaire et le portefeuille des prorogés étaient ensemble de	899,000,000 fr.
Les valeurs déposées ou garanties d'avance.	120,000,000 fr.
Lingots	11,000,000 fr.
Les bijoux en dépôts	7,000,000 fr.
Les titres en dépôt	900,000,000 fr.
Ensemble [1].....	2,424,000,000 fr.

Il y avait aussi des billets de Banque qui n'étaient pas encore émis, mais auxquels ne manquait que la griffe du caissier principal, pour 900,000,000 de francs.

---

[1] Le total exact est 2,423 millions, et non pas 2,424. Nous ne savons pas si l'erreur porte sur le total lui même ou sur l'un des nombres qui concourent à le former. On voit encore une autre erreur dans les lignes suivantes : M. de Plœuc ajoute à ce chiffre de 2,424 millions une somme de 900 millions en billets de banque auxquels manquait seule la griffe du caissier, et il dit : « On arrive ainsi à *un total de* 3,413 *millions.* » Le total véritable serait soit 3,324 millions, soit 3,323 millions. Voilà encore un écart de près de 100 millions. A quoi tient il? Nous l'ignorons. Nous ne pouvons que reproduire les chiffres qui nous sont donnés par la publication officielle.

Il n'eût pas été difficile de faire faire une griffe par un graveur et de les lancer dans la circulation, sans qu'on pût les distinguer des billets régulièrement émis. Si on ajoute à la somme totale ces billets, on arrive à un total de 3,413,000,000 de francs.

Me demanderez-vous si mon opinion est que la résistance pouvait être efficace? Je vous dirai qu'avant le samedi 25, c'est à-dire avant cette dispersion des bataillons de l'ordre, contenant de 15 à 20,000 hommes environ, échelonnés du quartier Saint-Honoré à la gare Saint Lazare, la résistance était possible.

On a dit qu'il n'y avait eu qu'à peine 5 à 6,000 hommes. Je le conteste absolument.

Les mairies des Ier et IIe arrondissements avaient mis à notre disposition, dans la semaine du départ de l'amiral, des détachements qui nous aidèrent à créneler nos ouvertures, à disposer des sacs à terre et des barricades intérieures, à renforcer enfin les points faibles qui sont nombreux, parce que nous sommes encore en construction.

La Banque de France aurait pu, à ce moment, avec les auxiliaires dont je viens de parler, soutenir une lutte prolongée et peut-être provoquer un mouvement plus général.

Les maisons qui avoisinent la Banque étaient occupées par des gardes nationaux des bataillons de l'ordre; mais, au 26 mars, c'est à-dire le dimanche, nous ne pouvions plus compter que sur nous-mêmes.

Pour évacuer la Banque, comme on nous l'a dit aussi, il eût fallu soixante ou quatre-vingts voitures et un corps d'armée peut-être, car la Commune ne nous eût pas laissés sortir, et il n'y avait plus ni corps d'armée, ni bataillons.

Il n'y avait donc qu'à se résigner et à faire son devoir.

Les employés de la Banque formaient alors trois compagnies du 12e bataillon, réduites à 430 hommes, si, de 500 personnes environ, on déduit les non-valeurs, malades ou autres, etc.

Nous avions un mauvais armement, trois sortes d'armes

et 10,000 cartouches, c'est-à-dire une défense de quelques instants; ceci connu fort heureusement d'un petit nombre.

Notre inventaire moral valait mieux. Chacun avait, à un haut degré, le sentiment que la défense de la Banque était d'un grand intérêt national, et, qu'à ce résultat tout devait être sacrifié.

Ces 430 hommes ont eu, pendant les longs jours de la Commune, la plus ferme, la meilleure attitude.—Ils m'ont permis avec la Commune un langage que je n'aurais pas pu tenir, si j'avais eu des doutes sur leur dévouement.

Bien des jours ont dû leur paraître sans lendemain, et ils sont restés étroitement unis au milieu de la désagrégation générale. Il faut comme moi les avoir vus à leur poste de combat dans cent alertes, pour leur rendre, comme ils le méritent, la justice qui leur est due.

Leur commandant, Bernard, ancien chef de bataillon, qui ajoute à sa retraite le produit d'un modeste emploi à la Banque, a été pour tous un exemple de fermeté et de sagesse. Sa préoccupation, comme la mienne, était de ne pas pouvoir toujours arrêter les impatients du combat et d'empêcher les imprudences qui nous eussent compromis. Qu'un coup de fusil partît, et nous étions perdus.

Les quatre chefs principaux du service intérieur étaient à leur poste, vigilants et dévoués.

Le conseil de régence se trouvait réduit à un petit nombre de membres, et ce nombre devait encore diminuer par la maladie.

C'est dans ces conditions que nous allions avoir à vivre, si nous le pouvions, face à face avec le gouvernement qui s'installait en maître dans Paris.

Le lendemain du jour où nous sommes arrivés, c'est-à-dire le 28 mars, la Commune fut proclamée. La veille, une demande de 500,000 francs nous avait été faite par le Comité central, qui ne devait céder le pouvoir que le lendemain. J'envoyai immédiatement le caissier principal au Comité central pour déclarer que, s'il s'agissait de demandes imputables à l'État, je n'y ferais pas droit, mais que si la demande était faite au nom de la ville de Paris, alors seulement elle serait examinée, et que je réunirais le conseil de régence.

La réponse fut, comme toujours, qu'il s'agissait de la garde nationale, des femmes et des enfants. Ceci, je vous le dis une fois pour toutes afin d'établir, sans avoir à y revenir, que nous entendions profiter de toutes nos apparences de force militaire pour créer le plus d'obstacles possibles à ces exigences; le même jour et non sans beaucoup d'appréhensions, je fis sortir de Paris trente-deux clichés pour mettre obstacle à la fabrication des billets par la Commune si on venait à s'emparer de la Banque.

Le lendemain 28, l'un de nos régents, M. le comte Pillet-Will, fut averti qu'il allait être arrêté. Son âge et son état de santé ne lui permettant pas d'affronter cette éventualité; il dut partir, nous privant d'un collègue courageux et de bon conseil.

M. LE PRÉSIDENT. — Il est mort peu après en Belgique.

M. DE PLŒUC. Le jour suivant fut celui où j'entrai en rapport avec M. Beslay, le doyen de la Commune.

M. Beslay appartient comme moi aux départements de l'Ouest, et, pendant le siége des Prussiens, nous avons eu quelques rapports mauvais, violents même, mais enfin nous nous connaissions.

M. Beslay s'annonça. Je vous rapporte ses paroles textuellement, parce que je crois que ces premiers contacts entre lui et moi ont eu une telle importance, qu'il est intéressant peut-être que vous sachiez exactement dans quel ordre d'idées nous nous abordions et comment nous avons pu nous entendre. M. Beslay a l'habitude du langage de son parti; il se fait annoncer, et en entrant dans mon cabinet, il me dit : — « Citoyen, les officiers payeurs des bataillons fédérés sont au ministère des finances devant des caisses placées sous des scellés; il faut satisfaire aux nécessités de la solde, et la situation des esprits est telle que la Banque va être pillée, je le crains bien, malgré tout ce que j'ai pu dire. »

—Eh bien, monsieur Beslay, vous avez traversé les cours, vous y avez vu des hommes armés, et quand je vous dis froidement que nous nous défendrons si nous sommes attaqués, c'est que je peux compter sur le dévouement de ceux que vous venez de voir.

Mais enfin, pour éviter l'effusion du sang, si la Commune nommait un gouverneur?

— Un gouverneur! non, je ne l'accepterai jamais : je suis ici le gouverneur de la Banque ; j'y ai seul autorité, et la force seule peut me déposséder. Si vous me parliez d'un commissaire délégué, comme il en existait près des sociétés anonymes; que ce délégué fût vous, et que vous borniez votre mandat à connaître de mes rapports avec Versailles et de mes rapports avec la ville de Paris, que vous appellerez la Commune, tout à votre aise ; nous pourrions nous entendre. Quant à me demander d'aller au delà, à me demander par exemple un seul compte courant, vous ne l'obtiendrez jamais. Le secret du compte courant, c'est le devoir professionnel de la Banque. Mais voyons, monsieur Beslay (et je crois que c'est là que j'eus une heureuse inspiration) — le rôle que je vous offre a assez de grandeur. Aidez moi à sauver ceci : c'est la fortune de votre pays, c'est la fortune de la France! »

Ma situation était désespérée ; si je ne réussissais pas, la Banque tout ou moins était aux mains de la Commune; mais je vis au silence de mon interlocuteur que j'avais fait vibrer en lui la corde de l'honneur. J'ajouterai, parce que je crains de m'attribuer tout le mérite de ce succès, que je crois avoir été au devant des secrètes pensées de Beslay. Il est vraisemblable que si je l'avais mal accueilli, si je l'avais renvoyé purement et simplement d'où il venait, les choses eussent tourné différemment. La Commune, après la prise de possession de la Banque et du sang versé, eût nécessairement nommé Beslay gouverneur; elle aurait nommé deux sous-gouverneurs, puisqu'avec moi tout le gouvernement de la Banque disparaissait; et il est certain que les comités connaissant les richesses renfermées à la Banque, vous auriez à enregistrer un désastre sans précédent.

Un détail anecdotique, si vous le permettez. Je dis à Beslay :

« Pourquoi ne prenez-vous pas l'argent qui est au ministère des finances, au lieu de m'en demander? Vous êtes en guerre, me dites-vous, avec Versailles.

« Oui, mais c'est que les fédérés ne croient pas que Versailles ait été assez imprudent pour avoir laissé de l'argent dans les caisses, et on pense qu'il est inutile de rompre les scellés pour ne rien trouver. »

Bref, il se retira. Le même jour plusieurs compagnies d'assurances étaient occupées.—Plus que jamais, j'avais à craindre; j'envoyai prévenir à Versailles, et le ministre des finances écrivit au gouverneur de la Banque, qui était à Versailles, une lettre qui approuvait d'avance ce que nous ferions à Paris. Le lendemain 30 mars, la poste, qui est dans notre voisinage, fut occupée par les fédérés ; je ne pouvais plus douter que le Comité central ne voulût tout occuper, et plus encore la Banque qu'aucun autre établissement.

Vers neuf heures du soir, MM. Davillier, régent de la Banque et de Mentque, secrétaire du conseil général, se trouvaient dans mon cabinet, quand Beslay se fit annoncer. Il était porteur d'un mandat de délégué de la Commune, dont voici à peu près le texte :

RÉPUBLIQUE FRANÇAISE

COMMUNE DE PARIS

LIBERTÉ   ÉGALITÉ — FRATERNITÉ

La Commune de Paris, nomme le citoyen Charles Beslay en qualité de son délégué à la Banque de France.

Signé :

Les délégués du Comité exécutif.

LEFRANÇAIS — TRIDON — FÉLIX PYAT.

« Vous .devez, citoyen, vous douter du motif qui m'amène ; je suis délégué de la Commune. » Je lui rappelai alors notre conversation de l'avant-veille, et je lui déclarai qu'il ne pouvait être délégué que dans les conditions que je lui avais déterminées d'avance, c'est-à-dire avec la faculté de connaître mes rapports avec le gouvernement de Versailles et avec la Commune, et rien de plus.

« Mais vous ne voyez donc pas, citoyen, que nous sommes la force ? »

Je dus lui répondre que la force n'avait pour moi qu'une mince valeur ; que j'étais beaucoup mieux que cela, puisque j'étais le droit, et que je maintenais absolument mon programme. Ce n'était chez mon interlocuteur qu'une bouffée d'orgueil qui ne changeait rien à ses intentions.

Le lendemain, je réunis le conseil, qui se trouvait réduit à cinq derniers membres, M. Durand, le doyen, qui malgré son âge, a été pour tous un exemple de fermeté et de sagesse, M. Davillier, M. Denière, M. Millescamp et M. Fère, censeur, pour leur donner connaissance de ces incidents.

Un membre. Vous habitiez seul, monsieur, dans l'hôtel ?

M. de Plœuc. — J'étais seul, comme gouverneur, à y habiter, mais les quatre chefs principaux demeurent aussi à la Banque.

Le lendemain, les fédérés nous enserrèrent encore davantage en occupant le timbre, l'enregistrement et la mairie du IIe arrondissement.

J'installai Beslay dans un cabinet en face du mien, afin de le conserver autant que possible près de moi. A partir de ce jour, il nous a, comme j'aurai occasion de le montrer, aidés dans la mesure de son autorité, et je déclare que, sans le secours qu'il nous a apporté, la Banque de France n'existerait plus.

Un membre. La lettre qu'il a publiée dans les journaux n'est pas exagérée alors ?

M. de Plœuc. — Non, il est dans le vrai, quoique peut-être il eût mieux fait de ne pas l'écrire...

La situation se tendant de plus en plus, je crus devoir aller le 2 avril à Versailles, dont je ne recevais que les avis les moins justifiés.

Je savais qu'il pouvait y avoir dans la garde fédérée trente ou quarante mille bandits et assassins, et je craignais que le premier coup de canon tiré ne fût le signal d'une attaque contre la Banque. — Les émissaires que j'avais envoyés à Versailles m'avaient rapporté que l'action militaire devait s'engager au jour le plus prochain, et je venais demander au chef du pouvoir exécutif que les premières troupes qui entreraient dans Paris vinssent à mon aide, parce que je ne me défendrais qu'à la condition d'être secouru.

Pendant que j'étais dans le cabinet du président de la république, j'entendis les premiers coups de canon, et je le quittai promptement pour revenir à mon poste, ayant, hélas! constaté qu'on avait ignoré à Versailles la situation vraie de la Banque de France. — On la croyait presque vide de valeurs.

La Commune, pendant ce temps, rendait un décret pour dissoudre les compagnies spéciales et les fondre dans les bataillons. Comme il n'existait à cette époque, en dehors des cadres, que le bataillon de la Banque de France, je ne doutai pas que ce décret n'eût pour objet d'en préparer la dispersion. — Mais les archives de la Banque possédaient un décret de 1792 qui assignait aux employés des grandes administrations leurs bureaux comme poste de combat quand la patrie est en danger. Ce décret a été mon talisman contre la dissolution de notre bataillon, essayée de mille façons.

La date vénérée que j'avais à opposer à ceux qui s'adressaient à moi pour cet objet faisait courber les têtes, et nous gagnions quelques heures, après lesquelles, emportés par les événements, ils ne pensaient plus à nous.

Toutes les tentatives pour dissoudre notre bataillon sont consignées dans le rapport du commandant Bernard.

Il renferme des détails pleins d'intérêt sur toutes les péripéties par lesquelles nous sommes passés. Si vous jugez utile de

M. LE PRÉSIDENT. — Parfaitement.

M. DE PLŒUC. Vous verrez, messieurs, combien il a fallu à ce vieillard d'énergie et de finesse pour déjouer toutes les tentatives faites pour disperser et détruire notre seule force armée, soit qu'un décret appelât tous les hommes de vingt à quarante ans au service extérieur, soit qu'on bornât les exigences du service aux mairies, service que nous promettions et ne faisions jamais; soit encore qu'on nous demandât nos armes à tir rapide, que nous promettions et ne remettions point.

Le 6 avril, je fus averti par Beslay qu'à la requête de Raoul Rigault, j'allais être arrêté. Beslay me priait instamment de pourvoir à la sécurité de ma personne, me disant très-naïvement que, quoique membre de la Commune, il n'était pas sûr de pouvoir me faire mettre en liberté si une fois j'étais pris. C'était le lendemain ou le surlendemain de la loi des otages et de l'arrestation de l'archevêque.

A dater de ce jour, je cessai d'habiter la Banque, et je n'y vins plus que par intermittences, de façon à déjouer autant que possible les tentatives qui pouvaient être faites contre ma personne. On décidait dans une séance orageuse qu'on arrêterait le sous-gouverneur de la Banque, et le lendemain, ces résolutions de la veille étaient emportées par de nouveaux incidents. Telle est l'explication qui me fut donnée par quelqu'un très au courant de ce qui se passait, de leurs vaines tentatives pour m'arrêter. Le conseil de régence ne pouvait plus désormais se réunir à la Banque; nous choisîmes pour nos réunions le domicile de M. Davillier jusqu'au jour où nous fûmes avertis que les comités avaient décidé l'arrestation des régents. Chacun des membres du conseil de régence pourvut à sa sécurité personnelle, mais le conseil continua à se réunir comme par le passé. — Les réquisitions continuèrent dans les mêmes conditions. Je refusais toujours jusqu'à ce que le conseil eût statué, nous gagnant ainsi quelques heures.

Le 13 avril fut un jour de très-grand péril. Les délégués

trouvèrent au ministère des finances un procès-verbal dans lequel M. Rouland était intervenu comme gouverneur, et d'où l'on pouvait conclure que les diamants de la couronne étaient à la Banque de France.

En conséquence, la Commune avait donné ordre à ses délégués d'exiger la remise des diamants, mais de tenter de les obtenir par la voie amiable avant d'employer la force.

Les registres des dépôts ne portant aucune mention des diamants de la couronne, la Commune pouvait croire à une dissimulation de notre part et ordonner une perquisition qui eût été désastreuse. Nous fîmes demander par M. Beslay un laisser-passer à Raoul Rigault, et nous envoyâmes à Versailles pour demander des éclaircissements au gouverneur de la Banque de France. Ses réponses nous permirent d'affirmer de nouveau que les diamants que réclamait la Commune n'avaient jamais été déposés à la Banque, et Beslay convaincu nous aida, non sans peine, à convaincre les délégués Jourde, Varlin et Amouroux, qui vinrent dans l'après-midi. Ils vinrent réclamer ces diamants, et après avoir examiné les registres de dépôt, ils nous déclarèrent néanmoins qu'en dissimulant les diamants, la Banque de France faisait acte politique, qu'elle cessait d'être un établissement exclusivement commercial, et qu'elle ne pouvait plus bénéficier de la neutralité qu'elle réclamait chaque jour.

La lettre de Delescluze que je joins ici fera mieux comprendre à quel point la situation était tendue :

COMMISSION EXÉCUTIVE.

« 13 avril.

« Citoyens délégués aux finances,

« La commission exécutive, après avoir entendu le citoyen Beslay, estime qu'avant d'user à l'égard de la Banque de France d'aucun moyen de rigueur, il convient qu'une démarche soit faite par ledit citoyen Beslay afin d'obtenir amia blement la remise des diamants de la couronne, sauf en cas d'insultes à employer la force.

« Le citoyen Beslay promet d'apporter une solution définitive à quatre heures de relevée. Le citoyen Beslay a besoin des procès-verbaux de dépôt des diamants, et cela se conçoit. Veuillez les lui confier sur sa décharge. — Sa probité le met au-dessus du soupçon, d'autant plus que l'anéantissement des procès-verbaux ne détruirait pas les droits de la Commune, aujourd'hui représentant l'État.

« La commission vous prie de ne voir dans cette invitation que le désir de ménager les rapports de la Commune et d'un établissement financier qui nous a été et nous sera encore utile.

« Signé : Ch. Delescluze.
« G. Tridon. »

M. Martial Delpit. — M. Picard n'avait-il pas été informé par M. Magne des dispositions prises au mois d'août pour les diamants, dispositions dans lesquelles M. Rouland était intervenu?

M. de Plœuc. — Je le crois, mais il était regrettable que je ne le susse pas. J'affirmais qu'ils n'étaient pas à la Banque, à tous risques. Ce n'est que le lendemain que j'appris de M. Rouland la vérité et que les diamants étaient en lieu sûr.

Vers le milieu du mois d'avril, la Commune de Paris paraissait se croire viable et voulut battre monnaie. M. Beslay fut son intermédiaire. Nous avions des lingots pour d'assez fortes sommes, mais nous n'avions conservé dans nos écritures apparentes que 1,100,000 fr. La Commune me fit demander de les lui livrer.

Je me retranchai derrière le conseil de régence, qui n'avait pas délibéré, et je gagnai quelques jours. Mais ils revinrent à la charge et se heurtèrent à cet argument tenu en réserve qu'aucune administration de monnaies n'existait. Nous ne pouvions donc nous prêter à ce qu'on nous demandait.

Après quinze jours ou trois semaines de débats, ils nous notifièrent la formation d'une administration complète, à la tête de laquelle était un ouvrier bronzier nommé Camélinat. Cette notification signée : Clément, Billioray et Jourde, détruisait notre dernier argument et était une mise en demeure sans réplique.

Le conseil de régence désigna trois de ses membres pour s'entendre et discuter avec cette administration les voies et moyens. Camélinat s'appuyait sur la nécessité de favoriser la reprise du travail avec une insistance qui nous laissait pressentir l'emploi de la force si nous résistions. Nous lui répondions que la Commune nous paraissait sortir du cercle des attributions municipales, que le droit de battre monnaie était un droit régalien, etc., etc.

Mais nous étions au terme de toute résistance et je fis une première livraison de lingots. J'obtins cependant une concession importante ; je déclarai que bien qu'il s'écoulât ordinairement un délai de dix jours entre la livraison des lingots et la restitution en monnaie frappée, je ne consentirais à donner des lingots que pour un délai de quarante-huit heures.

Camélinat se tournant vers un autre membre de la Commune avec un accent de menace lui dit : « Vous remarquerez que le citoyen se méfie de nous. » Je répondis : « Oui, mais ce n'est pas une défiance qui puisse vous offenser. Je ne sais qui triomphera de la Commune ou de Versailles, mais supposons, par impossible si vous le voulez, que ce soit Versailles, je dois croire que vous quitterez rapidement vos ateliers. Et qui m'assure qu'entre votre dépôt et la reprise de possession par le gouvernement de Versailles, il n'y aura pas une lacune qui permettra à quelqu'un de s'emparer de vos fontes, qui après tout sont à moi ? »

Cet argument, qui laissait supposer toute la bonne foi du monde, apaisa mon interlocuteur, et sur ma déclaration que tel était mon ultimatum, il prit l'engagement de me remettre les pièces fabriquées quatre jours après la réception des lingots.

Je n'ignorais pas que ce délai de quatre jours eût été insuffisant, et je le reconnus avec lui, — mais je lui fis remarquer qu'ils devaient avoir de l'argent en fusion provenant soit des églises, soit des palais, ce qu'il ne nia pas.

En résumé, nous livrâmes successivement nos lingots, mais par fractions de 200,000 fr. — Leurs engagements ont été tenus, et ils nous ont restitué les pièces fabriquées dans le délai convenu.

Un membre. — Ils avaient des effigies, des coins pour battre leur monnaie?

M. de Plœuc. Tout le matériel, y compris les poinçons et les coins, avait été abandonné.

Le même membre. — Ils ont fait des pièces républicaines alors?

M. de Plœuc. — Ils se sont servis des coins de 1848.

Un membre. — Billioray était-il réellement le joueur de vielle?

M. de Plœuc. Non, mais un modèle d'atelier.

Un autre membre. — Quel intérêt avaient-ils à battre de la monnaie?

M. de Plœuc. — Ils faisaient acte de souveraineté.

Le lendemain de notre dernière conférence avec Camélinat, le 6 mai, Jourde vint exposer son projet financier dont le résultat devait être la réalisation d'économies importantes; mais, en attendant qu'il fût appliqué, il nous demandait un million par jour pendant dix jours. MM. Davillier et Denière, régents de la Banque, assistaient à cette conversation.

Accueilli par un silence significatif, Jourde comprit qu'il faisait fausse route et que mieux valait arriver directement à l'objet de sa visite. — Il venait nous proposer l'encaissement des revenus de la Commune, qu'il évaluait à 600,000 fr. par jour, de telle sorte que la Banque n'aurait eu, selon lui, que 400,000 fr. à donner. Nous nous y refusâmes absolument, mais en faisant ressortir que puisque les revenus de la ville étaient de 600,000 fr., au lieu de nous demander un million, elle devait réduire la demande à 400,000 fr. Après de longs débats, il y consentit. Jourde nous proposa en outre de consentir un emprunt sur dépôts de titres trouvés au ministère des finances. Il ne pouvait nous convenir de prêter sur un gage qui n'appartenait pas à celui qui l'avait entre les mains, et nous refusâmes, sans qu'il insistât trop.

La ville de Paris, par une heureuse fortune pour nous, au 18 mars, avait laissé un solde créditeur d'environ 9,400,000 fr. C'est à ce solde que chaque jour, quand nous étions trop pressés, quand nous lisions dans les yeux de nos interlocuteurs que la résistance n'était pas possible, nous prenions les sommes livrées. — Mais ce compte s'épuisait, et il ne convenait ni à moi ni aux régents restés à Paris d'aller au delà et de donner ce qui ne nous appartenait pas sans une autorisation du gouvernement. — Cela fut vers la fin d'avril l'objet de négociations avec Versailles. Nous n'obtînmes pas satisfaction très facilement, mais enfin le ministre des finances, qui avait écrit à M. Rouland, à Versailles, une première lettre qui ne nous convenait en aucune façon, sur une nouvelle insistance de notre part nous donna satisfaction. Je n'ai pas besoin de vous lire la correspondance échangée à cette occasion, quoiqu'elle ne soit pas sans intérêt par certains côtés.

Nous avions donc un blanc seing, mais comme pour le solde de la ville, c'est pied à pied que nous continuâmes de défendre notre situation, et nous n'avons livré du jour auquel nous sommes arrivés (fin d'avril) au jour de notre délivrance que 7,290,000 fr.

Depuis que j'avais été prévenu, le 6 avril, que je devais être arrêté et que plusieurs fois Beslay m'avait fait savoir qu'on s'impatientait que je ne le fusse pas encore, je ne venais à la Banque que par instants et irrégulièrement.— Le 11 mai, fatigué de cette vie errante, je rentrai dans mon appartement. — Le 12 au matin, la Banque était investie par un bataillon de fédérés, les Vengeurs de la république et un détachement de garibaldiens. J'eus à peine le temps de me mettre à l'abri, une minute avant que l'investissement fût complété.

J'envoyai chercher Beslay, mais avant qu'il fût arrivé, un

commissaire de police, appelé Le Moussu, voulut pénétrer dans les cours.

Le commissaire de police demanda à faire une perquisition, parce qu'il y avait, disait-il, un dépôt d'armes à la Banque.

Beslay arriva, et je dois lui rendre la justice de dire qu'il usa très-énergiquement de son autorité pour s'opposer à toute perquisition, et qu'il parvint à faire retirer les troupes...

Dans l'après-midi, Jourde me fit demander; je ne refusai pas, pensant que cette demande se rattachait aux événements du matin. Les régents de la Banque, ou si ce ne furent pas les régents, les chefs principaux, étaient présents, comme de coutume, à cette entrevue.

« La Banque de France, me dit Jourde, est accusée d'avoir des dépôts d'armes, de faciliter des conciliabules, et enfin il s'y trouve des personnes qui, par leur situation, sont justement suspectes au Comité. »

Je lui répondis : « Par ce mot de personnes justement suspectes, vous entendez ma personne, n'est-il pas vrai? Vous n'aurez pas recueilli un grand avantage quand vous m'aurez arrêté. Quant à favoriser des conciliabules, il m'est bien facile de vous répondre. Comment! moi qui ai refusé aux maires et aux députés de Paris pendant le séjour de l'amiral Saisset une salle pour délibérer, et cela à des personnes qui ne me demandaient pas d'argent, avec accompagnement de bataillons, vous voulez que je favorise des conciliabules quand je suis sous votre dépendance comme maintenant! Mais ceux qui portent contre moi cette accusation ne disent pas leur véritable pensée.

« Quant à des dépôts d'armes, vous allez avec moi, mais avec moi seul, visiter la Banque, et si vous trouvez une arme en plus que je n'ai d'hommes, vous me fusillerez. » A ces arguments sans réplique, Jourde abandonna ce terrain et me dit : « Il faut en tout cas donner satisfaction à l'opinion publique ; en temps de révolution, il faut transiger ; je vais choisir un bataillon de gardes nationaux qui relèvera le bataillon des employés de la Banque, je le choisirai en vue de la conservation de la Banque. »

Prendre possession de la Banque était tout son désir et c'était aussi toute ma crainte ; mieux vaut subir une attaque à distance que d'être pris à la gorge. A tout risque, je répondis que je n'y consentirais jamais !

« Ne me faites pas de violence, lui disais-je. Vous vous dites le patron des ouvriers : si les ouvriers ont un billet de vingt francs et que vous me fassiez violence, ce billet vaudra le prix du papier et vous serez tous ruinés. Vous assumez sur vous une responsabilité que vous êtes trop intelligent pour ne pas comprendre.

— Eh bien, citoyen, combien avez-vous d'hommes dans votre poste extérieur ?

— Trente ou quarante.

— Il faut que vous me donniez ce poste. »

C'était peu de chose en apparence, mais ce pouvait être beaucoup à un moment donné. Je le priai de réfléchir. « Nous verrons cela demain ; d'ailleurs, rien ne peut se faire sans l'avertissement du délégué de la Commune. Donnez-moi quarante-huit heures, nous en causerons. » Mon argument que rien ne pouvait se faire sans l'assentiment du délégué de la Commune fut tout-puissant. Il se retira. C'est le plus grand danger peut-être que j'aie couru. Si les fédérés étaient entrés à la Banque, je ne sais pas au prix de quels sacrifices nous les aurions satisfaits.

Beslay donna sa démission à la Commune pour l'attaque faite le 12 mai ; la Commune la lui renvoya, et quand je le sus, le dimanche 14, je me rendis chez lui pour le prier de ne pas insister sur sa démission, lui déclarant que j'avais absolument besoin de lui, et que sans lui, j'étais absolument réduit à l'impuissance. Il ne la maintint pas, et il continua à m'assister.

Le mardi, 16 mai, je fus encore prévenu que la Banque allait être investie ; tout le bataillon prit les armes ; c'était le jour de la démission de la minorité modérée de la Commune.

Cependant personne ne vint et la journée se passa dans un calme relatif.

Nous approchions du jour de la délivrance, mais nous n'en savions rien; de Versailles, il ne nous était venu ni un avis, ni un encouragement.

Beslay, le 19 mai, reçut la lettre suivante :

« Cher et honoré citoyen Beslay,

« Mon caissier Durand vous expliquera quelle importance j'attache à une ouverture d'un million de plus pour demain. Coûte que coûte, il faut que demain avant midi j'obtienne au moins 500,000 fr. Nous réglerons avec la Banque la différence que cela produira.

« Si je succombais, vous savez ce qui en résulterait. Dévoué à notre grande cause socialiste et communale, je puis, en étant soutenu, éviter des écarts et des violences que notre situation explique et que je ne reproche pas à nos collègues. Mais au nom du salut de la révolution, il faut que je sois absolument secondé. Je sais combien vous m'honorez de votre précieuse estime ; aidez-moi, je vous prie, à la mériter.

« Respectueux et fraternel salut,

« Signé : JOURDE. »

Nous donnâmes 600,000 fr.

Les termes de cette lettre indiquent bien que la Banque était menacée.

L'imminence des entreprises hostiles engagea la Banque à faire descendre dans les caves tout ce qui n'était pas nécessaire au service de quatre ou cinq jours et à tout ensabler.

Nous avions pris ainsi toutes les précautions utiles, et la Banque eût été démolie par le feu ou les canons que l'obstacle n'en eût été que plus considérable.

Le dimanche 21, la situation se tend encore davantage. La Commune est profondément divisée ; il y a quatre gouverne ments, la Commune, le comité de salut public, le Comité central, le comité fédéral.

Tous ces comités deviennent plus agités, ils sentent que tout va leur échapper. Vers le soir, le caissier du ministère des finances se présente, porteur de la lettre suivante :

« Paris, le 20 mai.

« Citoyen Durand,

« Il est indispensable que la Banque nous avance une somme de 500,000 fr. sur le million que du reste j'avais demandé au citoyen Beslay.

« Faites donc le nécessaire auprès de la Banque, pour lui faire comprendre quel intérêt il y a à obtenir cette somme.

« Sans cela !!

« Signé : Jourde. »

Le conseil de régence, agissant comme contraint et forcé, autorise.

A dater de ce jour, dimanche soir, je me suis trouvé privé du conseil de régence, la circulation devenant dans Paris dangereuse et impossible. Par une sorte d'intuition, je rentrai à la Banque de France vers dix heures du soir pour n'en plus sortir, ignorant l'entrée des troupes, mais sentant que la crise suprême approchait.

Les journées du lundi et du mardi nous ont paru à tous de bien longues journées ; sans aucun avis de l'armée, sachant seulement qu'elle était engagée dans Paris depuis le dimanche soir.

M. LE DUC DE LA ROCHEFOUCAUD-BISACCIA. Vous n'avez pas été tourmentés pendant ces deux journées-là ?

M. DE QUINSONAS. — Ce n'est que le mercredi que vous avez été délivrés ?

M. DE PLŒUC. — Le mercredi à sept heures et demie du matin ! Le lundi, au milieu de la lutte, le comité de salut public me fit demander sept cent mille francs, j'en donnai deux cent mille ; mais le soir je reçus la réclamation du complément avec une lettre me menaçant de l'occupation immédiate par la garde nationale.

Les dispositions autour de nous étaient les suivantes :

Une barricade au coin de la rue de la Feuillade et de la rue des Petits-Champs, en face de notre corps de garde.

Je l'avais laissé faire pour ne troubler en rien l'apparente bonne intelligence qui existait entre nous et l'extérieur.

Une barricade dans la rue Coquillière;

Le Louvre et la place Notre Dame-des Victoires occupés par les fédérés; la caserne de la rue de la Banque, à cent pas de nous, occupée par les *Vengeurs* de Flourens; enfin, la place Vendôme, qui était également aux mains des fédérés.

Je payai les 700,000 francs. .

A dater de ce jour, les employés de la Banque de France que j'avais jusque-là laissés rentrer par escouades dans leurs familles, n'ont plus quitté la Banque : les bureaux, les caisses furent fermés; tout le monde consigné, sous les armes, réparti dans les divers postes assignés par leur commandant.

Le mardi, les troupes, entrées depuis l'avant-veille, ne m'avaient encore donné aucun avis et j'ignorais les chances de la lutte ; une nouvelle réquisition de 500,000 francs me fut faite au nom du comité de salut public, qui menaçait d'occuper immédiatement la Banque; et, en effet, devant les portes stationnaient des compagnies, précédant des forces considérables massées aux Halles centrales.

Je fis appel à Beslay, que j'avais prié de venir le dimanche à la Banque pour y rester avec moi, et il parvint encore à éloigner ces troupes, mais il me fallut consentir à cette dernière réquisition.

Les fédérés qui occupaient le quartier voulurent encore une fois nous forcer à concourir à la défense extérieure ; nous leur répondimes en évacuant notre poste extérieur et en nous renfermant strictement dans nos cours.

C'était le moment le plus grave pour nous Vers dix heures du soir, on vient me prévenir qu'une très grande émotion régnait dans les cours; et, en effet, un de nos malheureux employés, qui est en même temps docteur en médecine, avait été retenu par un bataillon de fédérés depuis deux ou trois jours pour en être le médecin. Il s'était échappé, et il portait à la main un petit sac dans lequel était renfermé tout ce qu'il avait pu sauver de l'incendie de sa maison, rue de Lille. Cet employé avait eu dans la journée le chef de son bataillon blessé. Celui-ci, pensant qu'il aurait un asile plus sûr chez un employé de la Banque, lui avait demandé l'hospitalité, quand vers neuf heures du soir, cet employé apprend qu'on met le feu à sa maison ; il descend et il trouve les soldats du bataillon auquel il était attaché depuis trois ou quatre jours qui allumaient du pétrole sous son escalier. « Misérables, je vous soigne depuis trois jours, vous ne savez donc pas que votre commandant est chez moi ? » Sans l'écouter, ils continuèrent leur criminelle opération et la maison fut brûlée.

Ce récit devait troubler profondément ceux qui avaient à Paris femmes, enfants, famille, et il était bien naturel qu'ils voulussent aller voir si leur quartier brûlait.

Cependant, la notion vraie du devoir prévalut, et si l'émotion ne se calma pas, chacun resta à son poste. A onze heures, on vint me dire que le feu était aux Tuileries.

J'en acquis la certitude d'un point élevé de la Banque. Je me souviendrai toujours de ce sinistre spectacle : une mer de feu envahissant le faubourg Saint-Germain, les Tuileries, le ministère des finances ; de toutes parts le feu, et le ciel aussi beau que je l'aie jamais vu en Orient.

Il était onze heures ou minuit à peu près. Vers deux heures, on vint me dire qu'une colonne de fumée épaisse montait au coin de la Banque de France. Cette colonne de fumée large et épaisse, en effet, c'était le Palais Royal qui commençait à brûler dans la partie la plus rapprochée de nous.

Si le feu n'était pas éteint, il devait inévitablement gagner la rue Radziwill et de là la Banque.

Sans nouvelles de la lutte engagée et ignorant que déjà les insurgés battaient en retraite, nous ne comprenions pas que ce moment ne fût pas choisi par eux pour nous attaquer.

Le craignant à tous moments, je ne pouvais envoyer du secours à l'incendie et je me résignais à attendre que le feu s'approchât. Je fis venir Beslay, je le priai d'aller au comité de salut public demander des saufs conduits pour les femmes et les enfants réfugiés à la Banque. — Beslay y consentit, mais il revint peu de temps après en nous disant qu'il n'y avait plus de comité de salut public.

Le feu gagnait toujours, quand vers cinq heures se présente un inconnu. Depuis plusieurs jours, j'étais entouré d'inconnus, de gens qui me proposaient de recevoir à la Banque de France des gardes nationaux isolés, afin de se servir de la Banque comme point d'appui pour combattre les insurgés. Les uns arrivaient avec des lettres incomplètes du ministre, sans caractère suffisamment certain. Ne m'inspirant aucune confiance, et craignant de tomber dans un piége de la Commune, je les éloignais. Cet inconnu me demandait des hommes pour aller combattre l'incendie du Palais-Royal. Je lui fis subir un interrogatoire, et il finit enfin par m'inspirer confiance; il s'appelle M. Sauvé; il est, m'a t-il dit, ancien officier de marine et actuellement capitaine au long cours.

J'avais donné asile, depuis trois jours, à trente maçons, qui travaillaient aux constructions de la Banque. Ces maçons, me disait on, avaient tenu quelques propos communeux; j'ai vu, par leur intrépidité à combattre l'incendie, qu'on les avait calomniés, mais je crus, à ce moment, qu'il était bon de m'en débarrasser. Je les confiai à M. Sauvé, et je fis accompagner une de nos pompes par nos pompiers et une escouade de notre bataillon.

Le passage de cette pompe sur la barricade qui barrait la rue Croix-des-Petits-Champs fut accueillie du cri de : « Vive la Banque ! » Ce fut le réveil de l'esprit public dans le quartier; chacun sortit de sa maison, et alla, à la suite des nôtres, attaquer l'incendie. Plus tard, j'envoyai d'autres hommes de secours, pris au hasard, pour ne froisser personne ; tout le monde voulait courir là où le danger était le plus manifeste. C'est au concours d'un petit nombre d'habitants du quartier, d'une part, et des employés de la Banque et des maçons dont je viens de parler, qui travaillèrent avec intrépidité jusqu'à six heures du soir, qu'on doit que l'incendie du quartier du Palais-Royal n'ait pas pris de plus grandes proportions.

Dans cette nuit du 23 au 24, un certain ébranlement dans les forces insurgées du quartier se faisait remarquer ; il y avait moins de monde à la barricade de la rue Coquillière ; celle de la rue Croix-des-Petits-Champs avait été évacuée, ainsi que la caserne de la rue de la Banque.

A sept heures et demie, et pour la première fois, depuis soixante-sept jours, nous vîmes les soldats de la France. Un premier bataillon de l'armée passa près de nous sans presque s'arrêter, il avait une autre destination que notre quartier. Un second bataillon survint bientôt, et j'appris de son commandant que la brigade du général l'Hérillier était à peu de distance. — Je fis relever le drapeau, que sur l'ordre de la Commune, j'avais abaissé, mais sans le remplacer par le drapeau rouge ; je fis ouvrir les portes. La Banque de France était sauvée ! A huit heures moins le quart, le général l'Hérillier entrait à la Banque et y établissait son quartier général. Il était temps. Que les troupes fussent arrivées le soir, j'étais impuissant à éteindre l'incendie, et on comptait un grand désastre de plus !

Déposition de M. le vice-amiral Pothuau, ministre de la marine.

Réorganisation de l'armée.

La réorganisation de l'armée s'est faite à Versailles avec beaucoup de soin ; on l'a dirigée de manière à ce que les opérations sur Paris fussent menées avec la certitude du succès. Nos troupes s'augmentaient journellement, et le retour de nos braves et malheureux prisonniers d'Allemagne nous permit enfin de faire prendre aux opérations une tournure décisive.

J'estime que l'action personnelle de M. Thiers a été très-utile, dans toutes ces circonstances ; elle a été pour beaucoup dans le succès, c'est une justice que je me plais à lui rendre, parce qu'il est bon de dire bien haut ce qu'on pense, surtout quand il s'agit d'un grand service rendu au pays. M. Thiers a déployé une activité énorme : il s'est montré partout, dans les casernes, dans les camps, s'assurant par lui-même que tout allait bien ; il a trouvé, il est vrai, le meilleur concours de la part de nos généraux. Quand il s'est adressé par exemple à l'illustre maréchal de Mac-Mahon, il a rencontré un homme dévoué comme toujours. Le maréchal hésitait certains jours, m'a-t-on raconté, et disait par modestie : « Vous le savez, monsieur le président, j'ai été un général malheureux ! » Il finit néanmoins par se rendre aux vœux du président et donna de suite à la situation une importance réelle par la popularité de son nom et par la beauté de son caractère.

Le général Ladmirault s'est mis aussi à la disposition du gouvernement ; il disait : « Disposez de moi, j'ai eu à exercer des commandements de corps d'armée ; mais je suis prêt à prendre tel autre commandement qu'il vous plaira de me confier. »

Nous n'avons donc eu qu'à nous louer, comme toujours, du dévouement de notre brave armée et de ses chefs. M. Thiers était partout, voyant tout par lui-même. — Je crois que l'établissement de cette formidable batterie de Montretout a été très-utile et très-décisif, et, si j'ai bonne mémoire, l'idée de cette batterie de canons de gros calibre lui est due ; il nous en a parlé ; il était d'abord un peu embarrassé de savoir si l'on pourrait avoir immédiatement les gros canons qui serviraient à l'armement de cette batterie. Nos marins sont, vous le savez, toujours prêts à faire une besogne rapide ; nous avons répondu que les canons seraient bien vite arrivés des ports et bien vite mis en place ; on les a fait venir en effet. Cette batterie a rendu intenable le Point-du-Jour qui, quand nous y sommes entrés, était abandonné depuis trois jours ; mais à quelques centaines de mètres plus loin, on retrouvait les insurgés qui nous accueillaient à coups de fusil.

Déposition de M. Gerspach.
Personnel de l'insurrection. — État moral des Parisiens.

Dans cette armée de la Commune, il y avait non-seulement des ouvriers et des gens sans aveu, mais encore des gens ordinairement assez tranquilles, des concierges, de petits boutiquiers, de petits patrons; ils marchaient sans trop savoir pourquoi, les uns par peur, les autres par force; beaucoup disaient : Nous serions mal vus dans le quartier, et après tout, puisque mon voisin touche la solde et les vivres, pourquoi ne les toucherais-je pas aussi? L'ouvrage ne va pas, ce n'est pas ma faute, etc., etc. Ils faisaient des raisonnements où il entrait de tout, sauf de la politique.

A mon sens, ces gens-là n'étaient pas une force pour la Commune; je pense même, tout en regrettant, bien entendu, qu'ils aient été sous ce drapeau, que leur présence dans le rang a empêché beaucoup de mauvaises actions, car enfin, pour être juste, il faut reconnaître qu'au cours de l'insurrection, les insurgés n'ont ni autant volé ni autant pillé qu'ils auraient pu le faire.

Les plus mauvais, c'étaient les étrangers, qui étaient arrivés peu à peu; les chefs étrangers avaient bien vite acquis une grande popularité à cause de leur bravoure. Ces bandes se battaient sans idées politiques ni sociales; c'étaient des aventuriers aimant et recherchant les émotions des combats; ils se seraient battus contre les Prussiens ou les Turcs, comme contre nous. Puis il y avait la canaille, les repris de justice; ils se sont assez bien tenus dans les commencements, mais à la fin vous savez ce qu'ils ont fait.

Les journaux de la Commune ont été aussi très habiles. On n'avait pas à Paris les journaux de Versailles et on ignorait complétement ce qui se passait hors des murs. Quand je restais à Paris plusieurs jours, je ne savais plus où j'en étais; certainement je ne croyais pas un mot des récits fantastiques des journaux, ni des mensonges de la Commune ; eh bien, j'étais troublé, inquiet, et lorsque je rentrais à Versailles, je me demandais comment j'avais été assez sot pour me laisser ainsi impressionner. C'est qu'on vivait dans une autre atmosphère ; l'influence des journaux : a été énorme elle a tenu les insurgés en haleine, les gens tranquilles la subissaient aussi.

Une des causes principales de la longue durée de l'insurrection, ç'a été, selon mon jugement, la très-grande faiblesse de caractère de la partie saine de la population qui était restée à Paris. Elle affectait alors une extrême indifférence ; sans doute on n'approuvait pas, mais on ne résistait pas, on laissait faire ; à moins d'être personnellement atteint, on ne se remuait guère ; on souhaitait le succès de l'armée de Versailles, mais on ne faisait rien pour le préparer et le faciliter.

J'ai été frappé du peu d'énergie qu'a montré le clergé ; j'étais venu à Paris pour l'affaire de l'archevêque, car nous avons les cultes dans notre ministère, et le ministre désirait vivement avoir des renseignements précis sur monseigneur Darboy, qu'on disait assassiné ; je devais aussi essayer de faire savoir à l'archevêque, s'il vivait encore, qu'ici on se préoccupait extrêmement de sa situation, et pour tâcher, également, d'adoucir sa captivité si c'était possible. Le clergé était terrifié ; un certain nombre de ses membres avaient été arrêtés ; quelques églises étaient fermées et on n'entrait qu'avec crainte dans celles qui étaient ouvertes ; il me semblait qu'avec de la résolution on aurait pu tenter des efforts pour sauver les prisonniers ; mais, dans ces circonstances, le clergé, comme tout le monde, n'a pas montré l'énergie que comportait une crise pareille.

« Quand donc l'armée de Versailles arrivera-t-elle ? » me répétait-on sans cesse ; mais, en attendant, on ne bougeait pas ; il semblait qu'il n'y eût plus de devoirs à remplir.

Au moment du combat dans les rues, si l'on en excepte le commandant Durouchoux, la même indifférence a existé presque partout. Puisque je vous raconte ce que j'ai vu, il faut naturellement que je parle de moi. J'étais à Paris depuis le

12 mai, attendant les troupes; après des incidents inutiles à raconter, je me suis trouvé le 24 mai, vers 5 heures et demie du matin, au coin de l'église Saint Roch. Je voulais aller au Louvre, car, dans la nuit, cerné par les insurgés dans une maison du quartier, j'avais vu brûler les Tuileries; l'explosion avait été si forte que j'avais été renversé. Au bout de quelque temps je vois arriver nos soldats par la rue Saint-Honoré; vous ne vous figurez pas combien ce spectacle était émouvant; ils marchaient lentement, les soldats le long des maisons, les officiers au milieu de la rue, la canne à la main; jamais je n'oublierai ce moment : enfin ils étaient là, je les voyais, c'était bien vrai cette fois; on pouvait donc respirer. Quelques hommes portaient de grands drapeaux tricolores, qu'ils plantaient dans les rues et sur les barricades prises. Sous les portes et aux encoignures, il y avait un assez grand nombre de gens du quartier sortis par curiosité; je leur dis : « Venez avec moi, allons au Louvre faire la chaîne ; » je les ai pressés, suppliés. Ils criaient : « Vive la ligne ! et s'en allaient. » Ce n'est que du côté du Palais-Royal, quand je pris un fusil, et que je traversai seul la rue Saint-Honoré et la rue de Rivoli, que quelques citoyens excités m'ont suivi. Dans la journée je suis retourné plusieurs fois pour chercher du monde, car nous étions épuisés de fatigue; presque personne n'est venu. Il est vrai que des obus tombaient toujours, mais enfin on pouvait passer; nous aurions dû être plus d'un millier, nous n'avons été qu'un nombre insignifiant. Cette indifférence est caractéristique. Au 31 octobre, il n'en a pas été ainsi. La population a été superbe; au premier appel, nous avons été cent mille hommes sous les armes; au 18 mars, c'est l'inverse qui a eu lieu.

Après les journées de bataille, l'indifférence a persisté. Les incendies ont eu lieu jusqu'au jeudi; le dimanche suivant, il y avait plus de 50,000 personnes dans les rues, j'étais dans cette foule; je ne puis penser aux incendies sans être ému. J'ai vu brûler à la fois le Palais-Royal, les Tuileries, la Bibliothèque du Louvre, une partie de la rue de Rivoli, les Finances;

c'était un enfer; eh bien, j'ai vu cette foule le dimanche : elle n'avait que de la curiosité, pas la moindre indignation, rien, rien; l'indifférence la plus complète.

Ce n'est pas tout : les parents et les amis des prisonniers ne sont nullement honteux de leurs crimes; ils n'ont pas de reproches pour eux et les excusent assez volontiers. Quant aux prisonniers, vous verrez que, dans quelques années, pour beaucoup, ce sera un titre de gloire ; ils diront : « J'étais un des soldats de la Commune. » Ils en tireront une grande vanité. Les ambitieux s'en feront un marchepied politique et, comme l'ont fait les insurgés de juin, ils se présenteront aux élections alors et seront peut-être nommés ; en tous cas, ils auront bien des voix.

M. LE PRÉSIDENT. — Vous nous faites là de l'état moral de Paris une peinture fort triste.

M. GERSPACH. — En ce moment, Paris est calme est indifférent; il n'y a aucun danger. Paris est blasé sur tout.

Il y a eu dans cette insurrection des faits extraordinaires qui m'ont beaucoup frappé; on m'en a raconté que je puis répéter si vous le permettez.

C'était le 24 au matin, rue de Lille ; une partie de la rue brûlait; il y avait un jeune homme nu-tête qui marchait seul; un officier s'approche et lui dit : « Que faites-vous ici ? »

Il répond froidement : « Je viens de mettre le feu à cette maison. » — L'officier lève son revolver. Cet homme lui dit alors : « Merci, capitaine ! » Et le coup partit.

C'était un exalté, devenu criminel et incendiaire pendant le combat. Cette exaltation n'existait pas du tout au commencement; les gardes nationaux étaient alors assez calmes; ils allaient à leurs postes sans trop de bruit; on entendait peu de cris de : « Vive la Commune ! » Puis les chefs firent tous leurs efforts pour les exciter avec les journaux, les placards, des mises en scène à grand effet, comme les enterrements, par exemple. J'étais à Paris le jour où Bourgoin, un colonel, fut enterré avec d'autres insurgés tués à Neuilly; il y avait plusieurs corbillards avec des drapeaux rouges, des membres de la Commune avec l'écharpe rouge marchaient derrière ; on a fait des marches et des contre-marches sur les boulevards et dans les rues, beaucoup plus qu'il n'en fallait pour aller au cimetière ; la foule était grande et surexcitée, et le lendemain on s'est battu davantage. Dans les dernières semaines, les bataillons sortaient musique en tête ; derrière la musique défilaient sur un rang des femmes du peuple avec l'écharpe rouge et le brassard de Genève ; elles étaient fières de marcher ainsi ; on voyait bien leurs mobiles : la vanité et la pose.

Du reste, les insurgés suivaient l'impulsion des chefs mieux qu'on ne pouvait s'y attendre de la part d'une population aussi indisciplinée que celle de Paris. J'en connais un exemple assez frappant, mais il est peut-être un peu long à raconter.

Un de nos garçons de bureau, nommé Luccioni, ancien soldat, était à Paris de retour des prisons de l'ennemi ; il fut arrêté sous le prétexte d'avoir eu des relations avec Versailles, ce qui était inexact. Il fut enfermé à la Conciergerie, puis à Mazas ; le 25 ou le 26 mai, on ouvre les portes aux prisonniers, mais beaucoup furent repris par les insurgés eux-mêmes ; ce fut le sort de Luccioni qui, arrêté, passe devant une espèce de conseil de guerre et est enfermé dans une cave de l'église Saint-Éloi. Il y avait là comme commandant, un nommé Baudoin qui, sans avoir de grade, avait un pouvoir absolu sur une trentaine d'insurgés qui l'entouraient. Vers le soir, ce Baudoin — je puis en parler, car son procès va être jugé — descend dans la cave et dit à un jeune homme qui était silencieusement dans un coin : « Je t'engage à prier Dieu pour que je sois tué cette nuit, car, si je ne suis pas tué, je te tuerai demain matin. » En effet, le lendemain matin, il brûla la cervelle à ce jeune homme, sans aucun motif, et en présence de sa troupe.

Il força Luccioni à prendre un fusil et des cartouches, car la fusillade se rapprochait ; quelques heures après, Baudoin est blessé ; il réunit ses hommes et leur demande s'ils veulent se rendre ou combattre et mourir au cri de : « Vive la Commune ! »

Ils répondent tous : « Nous mourrons ! nous mourrons ! Vive la Commune ! »

Alors Baudoin explique qu'étant blessé il va se retirer dans une ambulance, et il proclame chef à sa place mon garçon de bureau Luccioni; les autres l'acceptent. Luccioni était très-embarrassé, mais il ne perd pas la tête. Il voit les soldats au coin de la rue Érard à peu de distance de l'église ; il dit aux insurgés : « Nous sommes cernés; si nous restons ici nous sommes perdus; le mieux à faire, c'est de nous sauver. »

— Et il indique un passage qui facilite la fuite; les insurgés s'y précipitent, ils se sauvent tous. Luccioni reste seul, et peu d'instants après, il se fait reconnaître par les soldats de la ligne et se met avec eux.

Ainsi voici les mêmes hommes qui, sous l'influence d'un chef, déclarent qu'ils vont se faire tous tuer; ils crient : « Vive la Commune ! » pour s'exciter mutuellement, et qui, quelques minutes après, sous l'influence d'un autre chef reconnu par eux, font absolument le contraire et se sauvent. Il y a là beaucoup plus d'amour-propre que de politique.

Pour me résumer, je crois que les causes de l'insurrection viennent du siège et de nos défaites; l'Internationale n'était pas de force à organiser une pareille levée ; on avait pris des habitudes militaires ; il y a une certaine noblesse pour un ouvrier, et aussi pour d'autres, dans le fait d'avoir un fusil entre les mains; il semble qu'on se relève à ses propres yeux; de là une fierté, une vanité et quelquefois un désir assez entraînant de se servir de ce fusil; beaucoup se sont battus après le 18 mars, parce qu'ils ne s'étaient pas assez battus contre les Prussiens. La politique n'est intervenue que plus tard; au commencement mon opinion est, que c'était plutôt une révolte qu'une révolution; j'ai vu là une immense explosion de mécontentement, mais point d'idées sociales. Je parle des premiers jours, bien entendu ; je crois aussi qu'aucun décret ni aucune loi n'aurait pu empêcher cette explosion.

Si l'insurrection a duré aussi longtemps, cela vient avant tout de l'indifférence des gens de Paris et puis de l'habileté des chefs de la Commune ; ils savaient flatter les idées de présomption et de vanité qui dominaient les insurgés et les maintenaient.

Déposition de M. le comte de Mun.
État moral des insurgés.

M. LE COMTE DE MUN. — Relativement aux dispositions des insurgés, ce qui était évident, c'était le sentiment d'une haine profonde de la part de la classe ouvrière, qui composait la majeure partie des troupes de l'insurrection, et de la part de la bourgeoisie une apathie mêlée de sentiments d'hostilité contre le gouvernement et contre l'Assemblée, qui se traduisaient par des discours et des rapports venus de tous les côtés.

M. LE PRÉSIDENT. — Ceci est antérieur à la prise de Paris.

M. LE COMTE DE MUN. — Ce sont les observations que nous avons pu recueillir pendant le siège. Une fois entré dans Paris (je continue à signaler ces deux points comme les principaux;) je crois que l'on peut considérer comme les deux causes de l'insurrection : d'une part, l'apathie de la classe bourgeoise, et de l'autre, la haine féroce de la classe ouvrière contre la société. La classe bourgeoise a manifesté, lors de notre entrée dans Paris, cette inertie d'une manière frappante et à nos yeux très-choquante. Lors de notre entrée dans Paris, nous nous attendions à être reçus par les bourgeois comme des libérateurs. Au contraire, nous avons été reçus avec une indifférence coupable, au moins dans la plupart des quartiers ; c'était l'opposé de l'enthousiasme.

Dans les entretiens que j'ai pu avoir, depuis la prise de Paris, avec les marchands, j'ai vu que ces sentiments provenaient de leur hostilité profonde contre le gouvernement, hostilité qui a pris naissance surtout à l'occasion de la loi sur les échéances. Quant à la classe ouvrière, sa haine est grande et doit servir à éclairer la commission sur les passions entretenues au sein de toutes les sociétés ouvrières qui se qualifient de communistes, de mutualistes, d'individualistes, de noms plus ou moins humanitaires. Leur résolution très-arrêtée est de renoncer absolument au travail. Et c'est ainsi, je crois, qu'on peut expliquer le cynisme avec lequel ces gens se sont fait tuer ; non pas que leur résistance ait été aussi énergique qu'elle aurait pu l'être, mais lorsqu'on les a fusillés, ils sont tous morts avec une sorte d'insolence qui, ne pouvant pas être attribuée à un sentiment moral, ne peut être attribuée qu'à la résolution d'en finir avec la vie plutôt que de vivre en travaillant.

Voilà les deux choses que j'ai observées pendant la prise de Paris.

Depuis, mes fonctions auprès du gouverneur m'ont mis en rapport avec la police ; j'ai eu des entretiens avec les personnes qui emploient des ouvriers, et je me suis rendu compte jusqu'à un certain point des causes de l'insurrection. Ce sont là des considérations d'un ordre très-général qui ne sont peut-être plus de nature à intéresser la commission.

M. LE PRÉSIDENT. — Parlez, monsieur, dites-nous ce que savez.

M. LE COMTE DE MUN. — Si j'entrais dans l'examen des causes de l'insurrection, telles que j'ai pu les étudier par des observations rétrospectives, puisque j'étais absent de Paris pendant les événements qui l'ont préparée, je vous montrerais comment je suis arrivé à cette conviction : qu'il ne faut pas considérer l'insurrection comme le résultat de telle ou telle situation politique que l'emploi de la force aurait pu maîtriser. Je crois que, nécessairement, par suite des circonstances où l'on était placé, on devait arriver à l'explosion à laquelle nous sommes arrivés. Cette observation repose sur les propos que j'ai entendu tenir journellement, pas précisément par les gens de la classe ouvrière, mais par ceux qui s'occupent des ouvriers. Ces observations je les ai recueillies de droite et de gauche, partout, et notamment dans les hôpitaux où l'on soignait les insurgés, etc. Ces gens-là, qui sont parfaitement tranquilles aujourd'hui, causent entre eux uniquement des chances plus ou moins prochaines qu'ils auront de renouveler leurs tentatives.

Il est évident que cette insurrection a des causes qui ne sont pas uniquement dues aux circonstances où l'on était placé. Ces causes déterminantes, il est inutile de les signaler.

Je ne parlerai pas de l'armement général de la population, du maintien des armes à la garde nationale et enfin de l'insuccès de l'attaque du 18 mars, que je n'ai pas à apprécier militairement. Ces causes sont connues de tout le monde. Mais il y a dans cette insurrection des causes plus profondes; l'apathie des classes bourgeoises est à mon avis plus dangereuse que le sentiment ardent des populations. C'est là le point sur lequel j'insiste le plus ; puis à côté de cela, il y a une haine fortement enracinée, qui a été surexcitée petit à petit par les doctrines socialistes de toute nature qui se formulent par des mots tels que « l'émancipation des travailleurs, la guerre au capital, la guerre aux patrons, » mots vides de sens, mais qui séduisent l'ouvrier, parce qu'il y a dans ce mot d'émancipation des travailleurs une révolution féconde à leurs yeux.

Dans tous les ateliers, aujourd'hui comme auparavant, il y a des ouvriers qui ont une intelligence plus développée que les autres, qui voudraient arriver à percer par eux-mêmes, qui ne le peuvent pas, soit qu'il y ait tort du patron, soit qu'il y ait illusion de leur part. Ce sont eux qui s'emparent des idées socialistes et qui les inculquent dans l'esprit de leurs camarades. On est frappé de voir comment ces ouvriers intelligents parlent avec mépris de ceux d'entre eux qui ne le sont pas. Je n'ai jamais eu de l'ouvrier une aussi médiocre idée que celle qu'ils m'en ont donnée quand j'ai causé avec ceux là. Ils s'accordent à représenter l'ouvrier comme un être ignorant et abruti.

Peu à peu, les doctrines socialistes ont fait leur chemin, favorisées par le gouvernement qui, peut-être, n'a pas apporté suffisamment d'énergie dans leur répression, ou qui a laissé se développer cet enseignement. Il y a aujourd'hui entre les diverses classes un abîme profond qui ne peut être comblé que par le temps, par une éducation morale meilleure donnée à la classe ouvrière et par bien d'autres moyens. Je suis très-éloigné de croire que la force seule puisse en venir à bout.

Dans tout ce que je viens de dire, je n'ai fait que suivre pas à pas l'Internationale; je n'ai fait que répéter ce qu'elle dit dans tous les discours de ses congrès successifs, dans les journaux dévoués à sa cause. Cette société, petit à petit, a réuni toutes les doctrines socialistes en une armée considérable, elles les comprend toutes, à l'exception de la secte des blanquistes.

. . . .

Complots contre la Commune.

M. LE COMTE DE LA ROCHETULON. — Ainsi la tentative de conciliation des francs maçons était connue et autorisée à Versailles?

M. LE COMTE DE MUN. — En effet, nous avons appris la manifestation par une dépêche donnant l'ordre de suspendre le feu aussitôt que les remparts se couvriraient de branches d'arbres. Il est certain qu'il y avait à cette époque, je ne dirai pas entente, mais des rapports que je n'ai pas connus assez pour pouvoir les apprécier, entre l'intérieur de Paris et le gouvernement. Je crois que c'est à cet ordre d'idées qu'il faut attacher les expéditions nocturnes qui ont été tentées pour se faire livrer une des portes de Paris et s'emparer de la ville par surprise. On a considéré dans l'armée ces opérations au point de vue militaire comme très fâcheuses. Je le répète, pour l'avoir entendu dire par des hommes très compétents auprès desquels j'ai eu l'honneur de servir, ces opérations étaient basées sur des bruits sans consistance; dans tous les cas, il eût été difficile de mettre en pratique un projet consistant dans l'ouverture d'une ou deux portes par un ou plusieurs individus et dans l'introduction par cette porte d'une armée considérable, qui aurait pu se voir coupée, enfermée, massacrée peut être en détail. Cette opération, de plus, était sujette à de très grands dangers, puisqu'elle se faisait la nuit, avec des troupes qui n'étaient pas les meilleures que nous ayons eues, bien qu'elles eussent une certaine valeur ; en outre, parce qu'elle entraînait la nécessité de faire passer sur un seul pont de bateaux toute l'armée, ce qui est toujours dangereux. On peut comprendre que cette opération était difficile et périlleuse. Je crois qu'elle n'était pas approuvée dans son exécution par le commandement militaire et qu'elle doit se rattacher à des communications dont nous n'avons pas eu connaissance et qui peut-être étaient politiques ; néanmoins, dans l'état des esprits, il valait mieux s'emparer de vive force de la ville; le droit se manifeste ainsi d'une manière indiscutable. Il valait mieux ne pas laisser dire que nous entrions par la petite porte.

M. Vacherot. — Il s'agissait d'entrer.

Déposition de M. Corbon.

Nous avons tenu à donner de longs fragments de la déposition de M. Corbon, parce que, autant elle nous semble fausse comme appréciation des faits que nous connaissons, et même comme récit de ceux auxquels le témoin a assisté, et qu'il croit nous rapporter fidèlement, autant elle est curieuse comme témoignage de l'état d'esprit où se trouvaient à Paris, pendant la Commune, les chefs et les adhérents, même les plus honorables, du parti radical.

Parmi les passages les plus intéressants de cette déposition, on remarquera surtout ceux qui se rapportent aux tentatives de conciliation entre Paris et Versailles. Nous avions toujours cru, pour notre part, que le but réel des conciliateurs était de trahir l'Assemblée, c'est à-dire la légalité et le pays, au profit de la plus odieuse et de la plus criminelle des insurrections. Devant l'affirmation d'un homme personnellement aussi respectable que M. Corbon, nous reconnaissons que nous nous sommes trompé ; mais si les membres de la Ligue d'Union républicaine des droits de Paris étaient de bonne foi, combien a-t il fallu qu'ils fussent aveugles pour croire à la possibilité de cette conciliation chimérique !

Nous tenons, en outre, à faire remarquer que tous les témoignages contredisent l'opinion de M. Corbon sur le peu de résistance opposé aux troupes, après leur entrée dans Paris, par les derniers défenseurs de la Commune, et sur l'innocence de la plupart des prisonniers faits par nos soldats. Il importe de protester, dès aujourd'hui, au nom de la vérité, contre de si fausses et si dangereuses allégations ; il importe de ne pas laisser s'établir dans l'opinion un courant favorable à ces soldats de l'émeute sur lesquels la presse rouge cherche à nous apitoyer. La majorité d'entre eux a été remise en liberté, parce que les hommes qui les avaient arrêtés par masses ne pouvaient, au bout de plusieurs jours, souvent de plusieurs semaines ou de plusieurs mois, les reconnaître individuellement. Quant à ceux dont la culpabilité est établie par des témoignages certains, quant à leurs chefs, quant aux bandits de la Commune, comprenons que si l'on peut accorder aux moins coupables d'entre eux des grâces individuelles, leur accorder jamais, à quelque propos que ce soit, une amnistie générale serait une folie et un crime.

Rappelons nous dans quel état d'esprit sont rentrés en France les condamnés politiques amnistiés au début de l'année 1870 ; souvenons-nous de ce qu'ils ont fait depuis leur rentrée, non seulement contre l'empire, mais contre l'ordre, contre le pays, contre la société. La leçon nous a coûté assez cher : il faut au moins qu'elle nous profite.

Les tentatives de conciliation. — Congrès de Bordeaux. — Ligue de l'Union républicaine. — Les partis dans la Commune. — Fautes du pouvoir militaire.

M. LE PRÉSIDENT. — Étiez-vous à Paris pendant tout le temps de la Commune ?

M. CORBON. — J'y ai été presque tout le temps qu'elle a duré. J'en ai été absent seulement une semaine, pour aller à Bordeaux, où moi même j'ai eu l'air de jouer le rôle d'agitateur. Le gouvernement a cru que j'y étais allé, avec quelques amis politiques, pour organiser un troisième gouvernement dont Gambetta aurait été le chef, et, étant revenu à Tours pour réclamer deux de nos amis qui y avaient été arrêtés ; j'y ai été arrêté moi même, amené à Versailles, où l'on a bien voulu reconnaître que je n'étais pas un homme dangereux.

La vérité est que nous allions à Bordeaux pour assister à un congrès des conseillers municipaux des grandes villes. En route, nous avons appris que le gouvernement s'opposait à ce congrès, et arrivés à Bordeaux, nous avons conseillé nous-mêmes de ne point causer d'ombrage à Versailles, tout en nous réservant de donner suite, plus tard, à l'idée qui avait germé, et qui était pour nous un moyen certain de consolider la république. Il s'agissait de s'entendre sur les franchises municipales à revendiquer, et de créer un lien de solidarité républicaine entre les grandes communes.

Il s'agissait surtout d'isoler du reste de la France et, par suite, de faire dissoudre le pouvoir terroriste de Paris.

M. Martial Delpit. — Ce congrès devait se réunir à Bordeaux?

M. Corbon. A Bordeaux ou ailleurs, peu importait.

Je ne sais pas jusqu'à quel point on s'est mépris à Versailles sur l'esprit du congrès projeté ; mais on s'est mépris certainement sur les hommes qui passaient pour en avoir eu la pensée. On croyait que Gambetta en était l'inspirateur. Il n'y était pour rien. Je n'avais aucune espèce de rapport avec lui. Ma préoccupation personnelle était surtout d'isoler la Commune de Paris, et, par la pression que pourrait exercer sur elle un congrès, d'arriver à faire cesser la guerre civile…

M. Martial Delpit. Le congrès de Bordeaux est arrivé après beaucoup d'autres tentatives faites par la Ligue de l'Union pour les droits de Paris. Pouvez-vous donner quelques renseignements sur sa formation et sur ses actes? C'est un des côtés les moins connus de l'histoire de la Commune.

M. Corbon. — Les républicains sérieux, chagrinés de la tournure qu'avaient prise les affaires à Bordeaux, des sentiments qui s'étaient manifestés dans l'Assemblée, tout à la fois contre la république et contre la capitale, affligés d'un autre côté de ce qui se passait à Paris, de cette insurrection, à laquelle ils ne voulaient pas se rallier, à laquelle ils voulaient, au contraire, résister, se trouvaient dans une situation entièrement fausse. Ils se sont réunis sous l'impulsion d'un sentiment commun et se sont demandé ce qu'ils avaient à faire. Ils ont pensé qu'il fallait créer un groupe qui pût rallier les hommes qui, tout en étant ardemment attachés à la république, blâmaient énergiquement les actes de la Commune.

Ce groupe-là s'est formé sous le nom de *Ligue d'Union républicaine des droits de Paris*. Cette Ligue répondait à un sentiment très-vif de la population parisienne, sentiment qui avait pris tout à coup un développement et une énergie incroyables : c'était le sentiment des droits municipaux. Oui,

Paris tout entier se montrait passionnément épris des franchises municipales, et il se serait très probablement mis du côté de l'insurrection, si celle-ci ne s'était pas souillée dès les premiers moments et si, d'ailleurs, elle s'en était tenue purement et simplement à une organisation municipale.

Je partageais le sentiment commun ; j'ai été l'un des fondateurs de la Ligue des droits de Paris.

Nous avons pensé que notre devoir était d'intervenir entre la Commune et Versailles. Nous n'y aurions pas songé que l'idée nous en serait venue du dehors, car tous les journaux nous la suggéraient ; c'est sur leur insistance que nous avons négocié les quelques heures de trêve en faveur de la malheureuse population de Neuilly. La Ligue était un refuge pour tous les républicains qui ne voulaient pas pactiser avec la Commune.

Nous étions donc disposés à tous les efforts possibles pour arrêter la guerre civile. Nous avons décidé que nous enverrions à Versailles une délégation, pour voir sur quelles bases on pourrait s'entendre. Jusqu'au premier jour de mai, nous espérions qu'une transaction serait possible, que nous pourrions peut être encore obtenir du gouvernement et de l'Assemblée des concessions, et déterminer la Commune à abdiquer.

Le gouvernement nous a semblé ne demander pas mieux que d'arriver à un apaisement. Tout le monde a su alors les conditions que proposait le chef du pouvoir exécutif : la garde nationale déposerait les armes ; on promettait la vie sauve aux auteurs du mouvement, sauf aux assassins des généraux. Mais la Commune et le Comité central affectaient de repousser toute proposition conciliatrice. La Ligue ne fut pas seule à s'entremettre ; des délégués des chambres syndicales de Paris firent aussi des démarches réitérées. Enfin, des députations des conseils municipaux de Lyon, de Bordeaux, de Marseille, de Montpellier, de toutes les grandes villes de France, vinrent s'efforcer, à leur tour, de faire cesser la guerre civile. Ces députations commençaient par s'aboucher avec nous, puis elles se mettaient ensuite en rapport avec Versailles et avec la Commune.

On doit rendre au gouvernement cette justice de dire que les députations ont toujours été très-bien accueillies par lui, tandis qu'elles ont toujours été fort mal accueillies par la dictature révolutionnaire de l'Hôtel de Ville.

Je fus désigné une seconde fois, avec deux autres membres de la Ligue, M. Brelay, grand manufacturier, aujourd'hui notre collègue, et M. Stupuy, pour aller une seconde fois à Versailles sonder les intentions du gouvernement. Nous trouvâmes M. Thiers dans de bonnes dispositions, mais persistant à ne vouloir pas traiter avec « les bandits qui avaient créé une situation si désastreuse pour la France. » En ce moment, la Commune avait déjà pris des otages, et son attitude s'était dessinée d'une manière très fâcheuse pour elle et pour tout le monde. Nous fîmes remarquer à M. Thiers que nous ne venions pas intercéder en faveur des membres de la Commune, mais bien en faveur de la population de Paris, des trésors d'art et de science que Paris renferme; « car, ajoutions-nous, ces membres de la Commune auxquels vous consentiriez à entr'ouvrir une porte s'ils abdiquaient immédiatement, ne voudraient peut être pas sortir par cette porte. Nous connaissons leur tempérament, et tout nous porte à croire que, le jour où ils seront près d'être battus, ils voudront s'ensevelir sous les ruines de Paris. » Nous faisions alors aux hommes qui exerçaient la dictature à Paris l'honneur de croire qu'ils étaient capables de s'ensevelir sous les ruines qu'ils feraient. Nous fîmes donc un chaléureux appel à l'amour de M. Thiers pour la science et les arts. Cet appel ne pouvait manquer de le toucher. Il nous dit : « Je ne veux pas, je ne dois pas traiter avec ces gens-là; mais tâchez de leur arracher quelque chose, et venez me retrouver, nous aviserons ; mais hâtez-vous, car chaque jour perdu creuse l'abîme. D'ailleurs, les Prussiens menacent d'intervenir. »

En même temps que la Ligue nous envoyait à Versailles, elle déléguait trois autres membres près de la Commune pour sonder aussi ses intentions. Aucune réponse n'avait été obtenue de ce côté. A notre retour, on se décida à faire une nouvelle et plus pressante démarche, à laquelle furent associés les délégués qui étaient allés à Versailles. Je fus donc obligé, malgré ma profonde répugnance, d'aller à l'Hôtel de Ville. Nous y fûmes fort mal reçus. Le comité de salut public nous fit dire que nous étions ses pires ennemis, que nous énervions la défense, que nous servions les seuls intérêts de Versailles et qu'on devrait prendre des mesures contre nous. Il s'en est fallu de très-peu que quelques-uns d'entre nous fussent retenus comme otages. Peut-être ceux-là doivent ils leur salut à l'intervention de Miot, qui semblait regretter l'insuccès de notre démarche. Je dois dire aussi à l'honneur de l'un des trop rares membres de la Commune qui se sont fait tuer, Vermorel, qu'il est venu deux fois me serrer la main à la dérobée et convulsivement, me disant tout bas et rapidement : « Continuez votre œuvre ; la Ligue peut tout sauver encore. Sauvez Paris! sauvez nous de nous-mêmes et de cette affreuse guerre! » Malheureusement, il se faisait illusion complète sur l'étendue de notre puissance !

Si le pressant encouragement que nous donnait le membre le plus intelligent de la Commune avait été entendu de ses collègues, il lui en aurait coûté cher! peut-être la vie!

Et la plupart de ceux qui auraient condamné Vermorel avaient comme lui, au fond de leur âme, le plus violent désir de sortir de l'abîme où ils s'étaient laissé entraîner !

Cependant, jusqu'au mardi de la sanglante semaine de mai, nous espérions encore pouvoir sauver les otages, et, comme j'étais président, je priai M. Bonvalet et deux autres de nos amis de tenter une dernière démarche à l'Hôtel de Ville; mais arrivés là, nos délégués apprirent que la Commune était en pleine dissolution. Ses membres étaient dispersés. Quelques-uns étaient réunis à la mairie du XIe arrondissement, d'autres ne songeaient qu'à se cacher ou à fuir.

M. Martial Delpit. — Ils ont trouvé le Comité central.

M. Corbon. — Les membres du Comité central étaient réunis, au nombre de 15, à l'Hôtel de Ville. Nos délégués se mirent en rapport avec eux. Sauf deux membres de ce comité qui se montrèrent intraitables, les treize autres donnèrent à espérer qu'ils entendraient raison, et promirent d'envoyer, dans la journée même, au lieu de notre réunion, trois d'entre eux pour nous faire connaître leurs conditions. Ces trois membres vinrent en effet à l'heure dite; mais au lieu des grandes concessions que la situation leur commandait impérieusement de faire, ils nous apportèrent un *ultimatum* qui n'était de la part du Comité central qu'un acte de folie. Le Comité consentait à se démettre, à condition que l'armée se retirerait immédiatement loin de Paris, que l'Assemblée se dissoudrait le jour même avec le gouvernement, et que jusqu'à la formation d'une nouvelle Assemblée constituante, le gouvernement serait exercé par les délégués des grandes villes.

Maintenant laissons de côté et la Commune et le Comité central pour parler de l'état moral de la population parisienne. Je vous dirai qu'il était, jusque vers le commencement de mai, celui d'une irritation profonde contre Versailles, contre l'Assemblée, et je la partageais.

M. Martial Delpit. Oh! pas tout entière.

M. Corbon. — En tous cas, dans une très forte mesure. Que ce fût un effet du milieu dans lequel je vivais, c'est possible. Il est certain qu'il s'est produit en ce temps là un phénomène moral très-intéressant à étudier. A Paris, nous nous trouvions dans une atmosphère extrêmement ardente, tandis qu'à Versailles, c'était l'opposé. Quand, au sortir de Paris, on tombait dans Versailles, c'était un changement pareil à celui qu'on éprouverait en se plongeant dans un bain d'eau glacée au sortir d'un bain de vapeur.

Bref, je vous dirai que malgré sa répulsion pour la dictature de l'Hôtel de Ville, la population de Paris, y compris l'élément bourgeois et conservateur qui n'avait pas fui, était très irritée contre le gouvernement qui, au 18 mars, avait battu en retraite sans avoir tenté de tenir bon, qui aurait pu tenir bon et qui, en fin de compte, faisait supporter à la capitale les horreurs d'un second siége. Cette irritation des Parisiens, je la partageais, je vous le répète.

M. LE PRÉSIDENT. Vous n'êtes plus à Paris, vous êtes un esprit sensé, vous vous calmerez peu à peu; vous êtes déjà calmé.

M. CORBON. — Pas tant que cela! D'ailleurs il ne faudrait pas croire que tous les torts aient été d'un côté, et toute la raison de l'autre.

M. LE PRÉSIDENT. — Il vous reste encore, je le vois à regret, de grandes illusions!

M. MARTIAL DELPIT. Je tiens à vous demander de préciser la pensée de l'Union de la ligue républicaine, parce que les brochures qui ont été imprimées sur ces événements donneraient à croire qu'elle penchait plutôt du côté de la Commune que du côté du gouvernement.

M. CORBON. Parmi les manifestes de la Ligue, il y en a eu un, en effet, qui nous a donné le caractère de semi communards. Voici l'explication.

Dans le personnel de la Ligue, il y avait des hommes qui, sans vouloir aller avec la Commune, et tout en protestant énergiquement contre les monstrueux excès commis, néanmoins étaient sympathiques à l'idée qu'ils supposaient être la génératrice du mouvement et qui espéraient que cette idée se dégagerait et s'imposerait à tous les esprits. Quelques-uns de ceux d'entre nous qui donnaient dans cette illusion firent, dans le courant d'avril, un manifeste qui impliquait clairement qu'on prendrait fait et cause pour la Commune, si Versailles bombardait Paris. Mais ce manifeste, œuvre de quelques uns de ses membres, était l'expression forcée de l'esprit de la Ligue, et il ne portait qu'un petit nombre de signatures. La Ligue ne s'est pas crue engagée par là.

D'autre part, pour attirer à elle une foule d'ardents citoyens qui auraient été infailliblement entraînés dans le mouvement de la Commune, qui lui auraient prêté main forte en se perdant eux-mêmes, il fallait bien que la Ligue affirmât carrément sa manière de voir. Toutefois le jour où j'ai été élu à l'unanimité son président, j'ose dire qu'elle affirmait, par cela même, la modération de son caractère politique.

Mais que sous l'empire de l'invincible surexcitation que nous causait une guerre civile qui aurait pu être évitée, et lorsque d'ailleurs nous venions de passer par les terribles épreuves du siége par les Prussiens, nos exigences puissent être taxées d'excessives, — ce qui n'est pas démontré, je le veux bien, — nous pouvons du moins nous rendre à nous-mêmes ce témoignage que nous avons retenu dans la bonne voie beaucoup de braves gens et, ce qui est plus, c'est que si la Ligue n'avait pas existé, l'Imprimerie nationale, les Archives, la bibliothèque de l'Arsenal auraient eu le sort de l'Hôtel de Ville et de tant d'autres monuments!

En effet, c'est avec la Ligue que les membres du Comité central eurent leurs derniers rapports, et c'est de trois d'entre eux, éperdus, affolés des ruines qu'ils faisaient, que nous obtînmes l'ordre de sauver les précieux établissements que je viens de nommer.

M. LE PRÉSIDENT. N'avez vous pas fait quelques tentatives pour sauver aussi les malheureux otages?

M. CORBON. — C'est dans ce but que nous avions cherché, sans y réussir, à nous mettre en rapport avec la Commune, le mardi de la grande semaine. Mais, le lendemain matin, à la vue des incendies, nous avons oublié les otages; nous ne pensions qu'aux irréparables ruines qui se faisaient, et, éperdus nous-mêmes, nous ne nous préoccupions que de savoir ce que nous pourrions sauver. Nous n'avons connu les assassinats commis sur les otages que plusieurs jours après le crime accompli.

M. LE PRÉSIDENT. Pouvez vous nous expliquer la dissension des partis qui se partageaient le gouvernement de la Commune?

M. CORBON. Il s'y trouvait plus de deux partis, autant que je puis le savoir par des membres de la Commune. Mais il est assez difficile de tirer cela au clair, les opinions de ces gens-là n'étant pas assez nettes et assez précises pour qu'on puisse les définir. Il y avait dans la Commune des jacobins, des hébertistes, des fédéralistes, des socialistes.

M. LE PRÉSIDENT. — Les jacobins et les hébertistes ne sont pas bien loin les uns des autres.

M. CORBON. — Je vous demande pardon; les jacobins actuels détestent autant les hébertistes que Robespierre détestait Hébert.

Il y avait entre eux une compétition ardente d'influence. Le jacobinisme avait son expression dans la personne de Delescluze. Je crois que celui-ci répugnait beaucoup aux excès commis, et qu'il n'a été lui même excessif que pour n'être pas débordé par les hébertistes, pour garder le haut du pavé par rapport à eux.

D'ailleurs, c'était de la part de cet homme un principe de ne se laisser jamais dépasser en radicalisme révolutionnaire. S'il détestait les néo-hébertistes, ce néo jacobin, il ne détestait pas moins les socialistes, surtout ceux du Comité central et de la Commune, non seulement parce qu'ils étaient socialistes, mais encore parce qu'ils étaient fédéralistes.

M. LE PRÉSIDENT. — Est-il possible qu'un malheureux pays soit livré à de telles haines!

M. CORBON. — Ce malheureux pays n'aurait pas été entre les mains de ces gens-là si on ne le leur avait pas abandonné! Je ne saurais trop dire et redire que, le 18 mars, Paris a été abandonné à lui-même; et que le Paris insurgé est resté quatre jours sur la défensive....

M. LE PRÉSIDENT. Ce gouvernement a eu successivement à sa tête le Comité central, la Commune et le Comité de salut public. Il y a eu des révolutions dans son sein : comment se sont-elles opérées?

M. CORBON. Je vous ai dit que je n'avais été qu'une fois à l'Hôtel de Ville. Ce que je sais, je l'ai appris par un membre de la Commune, l'un des plus modérés, lequel, traduit en conseil de guerre, n'a été condamné qu'à trois mois de prison; c'est Victor Clément, que je ne connaissais nullement, mais qui, étant délégué au XVe arrondissement et étant de fait mon successeur, vint à ce titre me demander des renseignements. C'est de sa bouche que j'ai appris à quel point la dictature de l'Hôtel de Ville était composée d'éléments antagonistes. Il y avait les révolutionnaires politiques, qu'on appelait les uns jacobins, les autres hébertistes. Il y avait les socialistes communautaires ou collectivistes, et les socialistes proudhoniens ou mutuellistes ; puis les indépendants.

. . . .

M. Corbon. — Vous savez qu'un ministre ne peut voir que par les yeux des autres. Ce que j'accuse surtout, c'est l'inertie du pouvoir militaire. C'est l'autorité militaire qui a laissé l'armée se démoraliser par l'oisiveté, le jeu et la boisson. C'est elle qui, après avoir laissé les troupes fraterniser dans la démonstration avec la garde nationale des faubourgs, a eu l'inepte idée de tenter un coup de force avec l'armée contre cette même garde nationale; c'est elle enfin qui, tentant ce malheureux coup de force, cette action provocatrice, n'a pas été assez prévoyante pour avoir sous la main les attelages et qui, le coup de main commencé la nuit, a fait attendre pendant quatre heures les troupes réunies sur les buttes Montmartre; juste le temps suffisant pour que la population, avertie, pût arriver en masse et faire avorter dans le sang une opération si stupidement conçue et menée.

. . . .

M. Martial Delpit. — Vous avez présidé aux négociations de la Ligue de l'Union républicaine pour les droits de Paris; vous nous avez dit votre départ pour Bordeaux; avez vous été à Lyon?

M. Corbon. — Je n'ai pas été à Lyon. Avant d'arriver à Bordeaux, M. Floquet et moi, nous savions que le gouvernement était contrarié de la réunion projetée, et nous n'avions pas du tout l'intention de passer outre. Nous avons vu à Bordeaux des délégués de plusieurs départements, et notre avis à tous a été de ne pas donner suite immédiate au projet de congrès, mais d'attendre que le gouvernement soit mieux renseigné sur les intentions des citoyens qui avaient pris l'initiative de cette réunion de conseillers municipaux.

M. Delpit. — Tout cela est important. Vous expliquez très-bien ce que vous vouliez dans la Ligue; les brochures qui ont été publiées ne donnent pas à vos actes leur vraie couleur.

M. Corbon. Nous ne pouvons répondre de ce qu'on a imprimé sur notre compte. J'ai déjà dit et je répète que les manifestes de la Ligue avaient un caractère un peu agressif à l'endroit de l'Assemblée, surtout la seconde affiche, des termes de laquelle il semble résulter que si Paris était attaqué, les membres de la Ligue se mettraient avec la Commune et se défendraient avec elle. Mais j'ai dit que cette affiche était le fait d'une minorité, et j'ajoute que ce fait a été blâmé par la majorité.

M. Delpit. — Ce côté de votre déposition me paraît important, parce que les publications sont de nature à faire croire que les membres de la Ligue penchaient du côté de la Commune.

M. Corbon. Je vous déclare très-sérieusement que, sous le coup de l'irritation que me causait le second siége de Paris, et quand je pensais aux énormes fautes commises, je me sentais moins d'éloignement pour la Commune que pour Versailles; cela, bien entendu avant que la Commune eût laissé do miner son misérable caractère. Il me fallait de grands efforts de raison pour refouler mon sentiment.

M. le président. — Nous ne vous demandons pas de telles déclarations.

Les troupes dans Paris.

M. Corbon. — Pour terminer ma déposition, je tiens beaucoup à dire ce que je sais de la prise de Paris et de la bataille des rues pendant la grande semaine. Je ne veux pas dire tout ce que me suggère le rapport du maréchal qui comman dait les opérations, me réservant d'établir dans un mémoire l'état vrai des forces des fédérés pendant le temps qui a précédé l'entrée des troupes dans Paris.

Elles y sont rentrées presque sans coup férir dans la nuit du dimanche au lundi. Si le général qui commandait les opérations de la rive gauche avait eu des instructions qui lui laissassent plus de liberté, ou s'il avait été mieux renseigné tout à la fois et sur l'état moral de Paris et sur l'état défensif de la rive gauche, il aurait su :

Premièrement, que la population de Paris, y compris la très-grande partie des gardes nationaux fédérés, désirait passionnément la fin de la guerre civile et que, hormis un petit nombre de fédérés ou de fous, tout Paris attendait l'armée de Versailles pour le délivrer de la Commune, car, depuis une quinzaine de jours un revirement caractéristique se faisait dans les esprits, les actions de Versailles remontant beaucoup, et celles de la Commune descendant en proportion.

Secondement, on aurait su que la rive gauche était à peu près vierge de barricades; que rien n'était si facile pour l'armée que de suivre les quais et la grande rue de Sèvres pendant la nuit, de manière qu'en s'éveillant, la population sentît que l'affaire était faite.

Nous pensions, nous autres de la *Ligue*, que Paris pouvait être pris en quatre heures. En suivant les quais de la rive gauche, l'armée tenait toutes les têtes de pont, et même pouvait, sans difficulté aucune, occuper les quais des deux côtés, à partir du pont Royal jusqu'au pont d'Austerlitz; et il n'y avait pas d'incendies, pas de désastres, pas d'affreuses tueries d'hommes. Au plus y aurait-il eu quelques engagements du côté du ministère de la marine, à Montmartre et Ménilmontant. Mais l'action réduite à ces proportions laissait Paris sauf.

Sur la rive gauche, les premières barricades ont commencé à être élevées vers neuf heures du matin, le lundi ; le mardi, à trois heures, on ne faisait que commencer celles du boulevard Saint Michel et de la place Maubert. Ce sont les lenteurs déplorables de l'envahissement de Paris par l'armée qui ont donné l'idée d'essayer la résistance. Il suffisait qu'un petit nombre d'individus commençant forçassent les voisins d'y travailler, pour qu'à leur tour ceux ci forçassent les passants d'y travailler aussi.

J'ajoute que, pendant le combat, les défenseurs des barricades étaient incroyablement peu nombreux. De ce que j'ai vu de mes yeux, et de ce que j'ai appris de témoins oculaires, il résulte que, pour moi, la moyenne des combattants fédérés était à peine de vingt par barricade. Celle de la rue de Rennes, qui était des plus fortes et qui a tenu près de cinquante heures, n'a jamais eu plus de trente hommes pour la défendre. J'y suis allé cinq fois, et je n'ai jamais compté plus de vingt-sept hommes.

Quiconque a vu de près les événements de cette épouvantable semaine dira que l'on a fait huit ou dix fois plus de prisonniers qu'il n'y avait de combattants du côté de l'insurrection. Quant à moi, j'ai la conviction profonde qu'on a fusillé plus d'hommes qu'il n'y en avait derrière les barricades; ces faits à jamais déplorables s'éclairciront un jour.

En attendant, et pour clore cette longue déposition, je maintiens que Paris pouvait être pris pendant la nuit et dans la matinée du lundi, sauf les extrémités nord et nord est de la ville; et que, conséquemment, nous n'aurions pas eu à déplorer les malheurs de tous genres qui ont été les effets d'opérations militaires arrêtées sans connaissance de l'état des esprits et des possibilités matérielles.

Déposition de M. Garcin, capitaine d'état major. Arrestation et mort de divers chefs de la Commune.

J'ai été chargé de recueillir des renseignements relatifs à l'insurrection; je transmettais le bulletin politique au maréchal.

M. LE PRÉSIDENT. — Vous avez interrogé personnellement plusieurs insurgés?

M. Garcin. — Oui, tous les chefs arrêtés sur la rive gauche pendant les jours de l'occupation de Paris.

M. le président. — Quels étaient ces chefs?

M. Garcin. On a arrêté Billioray, le joueur de vielle; il a été fusillé à l'École militaire.

Le troisième jour, on a arrêté Millière au Luxembourg, puis Fontaine, Jourde, Cavalier, puis un autre Billioray, le véritable chef de la Commune, Lhuillier, Rossel et Urbain.

M. Flotard. — Est ce qu'ils ont été tous fusillés ?

M. Garcin. Non, on a fusillé Millière, Tony Moilin, Billioray.

Billioray a d'abord cherché à nier son identité. Il y avait une grande exaspération de la foule; il avait voulu se jeter sur un soldat, c'était un homme d'une force athlétique. On l'a soustrait à la fureur de la foule et j'ai essayé de le faire parler. Il a commencé une histoire de fonds dont il pouvait indiquer la cachette, mais il ne l'a pas terminée. Il parlait de 1,500,000 francs, puis il s'est interrompu pour me dire : « Je vois bien que vous allez me faire fusiller ; c'est inutile que j'en dise davantage. »

Je lui ai dit : « Vous persistez ? — Oui. » Il a été fusillé...

Millière a été arrêté vers dix heures du matin dans une maison qui était la sienne, je crois. Il avait opposé une certaine résistance au sergent et au caporal qui l'arrêtaient; il avait tiré un révolver, et il était amené par deux hommes très-surexcités ; la foule était frémissante, elle voulait le lacérer.

Millière a été amené, nous étions à déjeuner avec le général au restaurant de Tournon, à côté du Luxembourg. Nous avons entendu un très grand bruit et nous sommes sortis. On m'a dit : « C'est Millière. » J'ai veillé à ce que la foule ne se fît pas justice elle même. Il n'est pas entré dans le Luxembourg, il a été arrêté à la porte. Je m'adressai à lui, et je lui dis : « Vous êtes bien Millière ? — Oui, mais, vous n'ignorez pas que je suis député.   C'est possible, mais je crois que vous avez perdu votre caractère de député. Du reste, il y a parmi nous un député, M. de Quinsonnas, qui vous reconnaîtra. »

J'ai dit alors à Millière que les ordres du général étaient qu'il fût fusillé. Il m'a dit : « Pourquoi ? »

Je lui ai répondu : « Je ne vous connais que de nom, j'ai lu des articles de vous qui m'ont révolté ; vous êtes une vipère sur laquelle on met le pied. Vous détestez la société. » Il m'a arrêté en me disant avec un air significatif : « Oh ! oui, je la hais, cette société ! Eh bien, elle va vous extraire de son sein ; vous allez être passé par les armes. C'est de la justice sommaire, de la barbarie, de la cruauté. — Et toutes les cruautés que vous avez commises, prenez vous cela pour rien ? Dans tous les cas, du moment où vous dites que vous êtes Millière, il n'y a pas autre chose à faire. »

Le général avait ordonné qu'il serait fusillé au Panthéon, à genoux, pour demander pardon à la société du mal qu'il lui avait fait. Il s'est refusé à être fusillé à genoux. Je lui ai dit : « C'est la consigne, vous serez fusillé à genoux et pas autrement. » Il a joué un peu la comédie ; il a ouvert son habit, montrant sa poitrine au peloton chargé de l'exécution. Je lui ai dit : « Vous faites de la mise en scène, vous voulez qu'on dise comment vous êtes mort ; mourez tranquillement, cela vaut mieux. — Je suis libre, dans mon intérêt et dans l'intérêt de ma cause, de faire ce que je veux. — Soit ; mettez-vous à genoux. » Alors il me dit : « Je ne m'y mettrai que si vous m'y faites mettre par deux hommes. » Je l'ai fait mettre à genoux et on a procédé à son exécution. Il a crié : « Vive l'humanité ! » Il allait crier autre chose quand il est tombé mort.

Tony Moilin a été arrêté un soir à neuf heures. Il a dit qu'il voulait prendre certaines dispositions. Un point à noter, c'est que presque tous les chefs vivaient en concubinage. Tony Moilin a demandé à régulariser son union ; il voulait assurer sa fortune à sa concubine ; on lui a donné toute la nuit pour prendre ses dispositions. Je ne l'ai vu que le lendemain matin, et je lui ai demandé, comme aux autres, quelle était la part qu'il avait prise à l'insurrection, quelles étaient ses idées sur la Commune qu'il voulait fonder. Il m'a répondu : « Je réprouve très fort les actes odieux de la Commune. Je voulais fonder la république telle que je l'avais rêvée ; je n'ai pas réussi, c'est un malheur pour moi. »

Je lui ai dit : « Mais, en somme, comment appréciez vous ces faits odieux ? comment admettez vous ces incendies ? » Il m'a répondu : « Monsieur, c'est la guerre. — Ah ! vous appelez la guerre mettre le feu dans tous les quartiers, faire sauter des populations ! Vous les avez vues ces femmes, ces enfants qui ne savaient où se cacher. C'était la guerre. Rien que ces mots-là dégagent tout homme qui vous condamne à mort. Vous ne méritez aucune pitié. »

Les dernières paroles adressées à sa femme ont été : « Tu élèveras mon enfant dans la haine de ceux que j'ai combattus. » C'était sa dernière recommandation.

Madame Tony Moilin avait demandé que son mari fût fusillé d'une certaine façon, qu'on ne touchât pas à la tête et qu'on lui donnât le cadavre.

Le général en chef n'a pas cru devoir déférer à cette demande. On s'est souvenu de l'affaire Baudin ; il a été enterré dans la fosse commune et des ordres ont été donnés pour qu'il ne fût pas retrouvé.

UN MEMBRE. — Est-ce que la femme de Tony Moilin n'a pas été arrêtée ?

M. LE CAPITAINE GARCIN. — Non, elle ne l'a pas été.

L'arrestation de Millière a été faite dans des conditions extraordinaires.

C'était au moment de l'explosion de la rue Vavin. On venait d'arrêter un individu qui jetait du pétrole dans les caves. Il avait été fusillé. On venait aussi d'arrêter une femme qui empoisonnait nos soldats. L'irritation était à son comble et il fallait tout le sang-froid de ceux qui commandaient pour empêcher les exécutions par le peuple lui-même.

M. LE VICOMTE DE MEAUX. — Est-ce qu'on n'a fusillé que Millière et Tony Moilin ?

M. LE CAPITAINE GARCIN. — Billioray a été fusillé le premier, puis Millière et Tony Moilin.

Un membre. Comment a fini Billioray ?

M. le capitaine Garcin. — Billioray a été arrêté en premier lieu. C'était le joueur de vielle. Il venait de donner un coup de couteau à un homme, il avait blessé un soldat, et avait reçu un coup de baïonnette. C'était devant l'École militaire : il y avait une très grande excitation chez les soldats en voyant leur camarade blessé. On chercha à arrêter Billioray. Il se défendait, il écumait de rage. On a à peine eu le temps de l'interroger. Au dernier moment, il n'a rien voulu dire.

L'autre Billioray a été arrêté au Luxembourg. Il avait fait tailler ses cheveux de manière à avoir une tournure militaire. Il avait pris un faux nom, il avait une feuille de route délivrée pour Montpellier.

Il fut arrêté par un commissaire de police.

Ce commissaire m'avait prévenu qu'il était certain que c'était Billioray, car c'était la sœur de ce dernier qui le lui avait livré.

Je lui ai dit : « Vous êtes Billioray. » Il y avait là le prévôt du 2ᵉ corps et un autre officier de gendarmerie ; je lui dis : « C'est inutile de nier ; vous êtes Billioray. — Vous vous trompez, voici mes papiers, je ne suis pas Billioray. — Je sais que vous allez imaginer une combinaison ; vous avez pris cette feuille de route ; vous avez un signalement qui se rapporte à cela, mais vous avez les cheveux teints. » Il me dit non jusqu'au dernier moment ; il m'a dit : « Faites de moi ce que vous voudrez ; » et il nia son identité.

Le commissaire de police me conseilla de faire venir sa sœur et sa mère. Ses parents sont des personnes respectables qui considèrent cet homme comme une plaie de famille. Avant l'insurrection, il venait jusqu'à leur emprunter vingt sous, et, dans les derniers temps, il était caché chez sa sœur ; c'est là qu'on l'a saisi. Le commissaire de police me dit : « Voulez vous que je fasse venir sa sœur ? nous verrons s'il continuera ses dénégations. »

A ce moment, cet homme commença à pâlir un peu. Je lui

dis : « Tout à l'heure votre sœur et vos parents vont arriver; dès qu'ils auront constaté que vous êtes bien Billioray, vous serez fusillé cinq minutes après, réfléchissez : si au contraire vous avouez votre identité, vous aurez le bénéfice d'un jugement ; les juges décideront. »

Il changea de système de défense, en disant : « Mais votre gouvernement a assuré que Billioray avait été fusillé au Point-du-Jour. — On a peut être dit qu'il avait été fusillé pour vous donner plus de sécurité. — Oh ! c'est une infamie. » Alors il a reconnu son identité.

On a fait certifier par tous les assistants le procès-verbal qui avait été rédigé pour constater que Billioray avait reconnu son identité. Il a chargé beaucoup les autres membres de la Commune, leur donnant toute la responsabilité. Je lui répliquai : « Mais j'ai vu des pièces qui vous condamnent ; ce n'est pas la peine de nier. »

C'était un misérable dans toute l'acception du mot ; chez lui le côté moral était aussi affreux que possible.

CHAPITRE XII

RÉSUMÉ

Déposition de M. Thiers.

A la fin de chacune des divisions de ses deux grandes *Histoires*, M. Thiers a l'habitude de passer une sorte de revue générale des faits dont il vient de raconter jusqu'aux moindres détails, et ces résumés sont si clairs si nets, si lumineux, si complets, qu'en les cousant les uns aux autres on aurait une excellente histoire en un ou deux volumes de la révolution et de l'empire.

Il nous a semblé que la partie de sa déposition qui est consacrée au récit des événements depuis le matin du 18 mars jusqu'au jour de la défaite suprême de l'insurrection remplirait à merveille dans ce recueil de document le rôle que les admirables fins de certains de ses chapitres jouent dans ses livres. Nous la plaçons donc à la suite de toutes les dépositions des autres témoins comme le meilleur, le plus fidèle, le plus intéressant et le plus dramatique résumé qu'on en puisse donner. Les divers dépositaires de telle ou telle partie du pouvoir nous ont raconté une multitude de faits chacun à son point de vue ; le chef de l'État va maintenant nous présenter un vaste et magnifique tableau d'ensemble. Ce récit du chef du pouvoir exécutif est peut être la plus belle page d'histoire que nous ait encore donnée l'historien de *la Révolution, du Consulat et de l'Empire*.

M. Thiers. — L'opinion était universellement prononcée dans le sens d'une action immédiate.

On comprend qu'alors on pût déjà se dire que si on ne réussissait pas, il faudrait sortir de Paris, mais qu'auparavant il fallait tenter le combat et chercher à enlever les canons à tout prix. Nous étions à l'un de ces jours où il faut tout risquer, où il faut marcher en avant, coûte que coûte. Le général Vinoy, que je consultai, me répondit : « Nous avons bien peu de monde. Enlever les positions n'est pas impossible. Ordonnez; je suis soldat et j'obéirai. » Nous délibérâmes en conseil. J'avais le sentiment que c'était une résolution redoutable que nous prenions, et dont le succès était douteux. Mais enfin, ne pas tenter quelque chose était impossible.

Je dis au général Vinoy : « Il ne faut pas faire cela en présence de tout Paris assemblé ; nous ferons sortir les troupes à trois heures, pour qu'à cinq heures elles soient au pied des hauteurs, et qu'elles puissent les enlever avec vigueur, coûte que coûte, atteler ensuite les canons et les emmener. » Tout cela fut convenu. Le gouvernement passa la journée à Paris ; on préparait tout à Versailles pour y recevoir l'Assemblée. J'étais venu dans cette ville pour quelques heures, mais je revins immédiatement à Paris.

J'avais recommandé au général Vinoy de disposer ses mouvements avec la plus grande précision pour la sortie des casernes, afin que les troupes arrivassent de bonne heure au pied des hauteurs et les attaquassent sans hésiter. En effet, le général Faron, homme très-énergique, qui s'est admirablement conduit dans toutes ces circonstances, était chargé d'exécuter nos ordres. A trois heures, les troupes étaient sur pied, sortaient des casernes; et à cinq heures, elles arrivaient au pied des hauteurs, qui furent enlevées avec une extrême promptitude. Malheureusement, il restait une opération très-difficile à exécuter et qui ne fut pas aussi bien conduite que la première.

Un gouvernement qui se respecte doit partager les malheurs communs, et ne s'en prendre à personne lorsque le succès n'a pas toujours couronné ses efforts. Nous avons été malheureux dans la seconde opération qui consistait à emmener les canons. Je pourrais accuser celui ci ou celui là : je ne le ferai pas, bien qu'on ait souvent moins d'égards pour moi. Je ne dirai pas à quoi a tenu la faute commise, si toutefois il y a eu faute.

Les positions furent donc occupées ; mais les mesures prises pour enlever les canons ne réussirent pas si bien que l'attaque. Je dois dire, car je veux être juste, que quand même on aurait pris les meilleures dispositions pour emmener les canons, traverser Paris avec 250 attelages, puisqu'il y avait 250 bouches à feu à traîner, était une opération des plus difficiles et des plus chanceuses.

Quand les troupes furent établies sur les hauteurs, la foule, composée d'hommes, de femmes et d'enfants qui ne valaient pas beaucoup mieux que ceux qui les amenaient, la foule entoura les troupes, se jeta dans les rangs de l'artillerie, et bientôt ce fut un chaos sans pareil.

J'étais à l'État-major avec le général Vinoy quand arriva un premier officier nous annonçant que tout allait bien. Mais, plus tard, d'autres officiers nous arrivèrent fort tristes, et nous sentîmes que la situation devenait embarrassante. C'est alors que je fus frappé d'un souvenir, le souvenir du 24 février. J'étais depuis fort longtemps fixé sur ce point que, si nous n'étions pas en force dans Paris, il ne fallait pas y rester.

Au 24 février, le roi m'avait demandé, lorsque les choses avaient pris une mauvaise tournure, ce qu'il y avait à faire. Je lui répondis qu'il fallait sortir de Paris, pour y rentrer avec le maréchal Bugeaud et cinquante mille hommes.

Le parti que je proposais au roi fut discuté mais point accepté. On rappela que les Bourbons, que les Bonaparte eux mêmes étaient sortis de Paris et n'avaient jamais pu y rentrer ; et on en avait conclu qu'il ne fallait jamais en sortir.

Ce souvenir m'était resté dans la mémoire ; et, en outre, je me rappelais l'exemple du maréchal de Windischgraetz, qui, après être sorti de Vienne, y était rentré victorieusement quelque temps après. Je dis au général Vinoy : « Il est clair que nos troupes vont être submergées dans cette foule. Emmener les canons est impossible, les mouvements de l'armée étant aussi entravés qu'ils le sont. Tirons nos troupes du chaos où elles sont plongées, et faites les revenir vers le ministère des affaires étrangères. » Le gouvernement était réuni en ce moment à l'hôtel de ce ministère. Beaucoup de personnes étaient accourues, et chacune donnait son avis. Je réunis mes collègues dans la salle du conseil, où nous pûmes délibérer seuls avec nous-mêmes. Là, je n'hésitai point, je me rappelai le 24 février, mon parti était pris ; je l'annonçai. Cette déclaration provoqua de graves objections. Le 24 février, je n'avais pu réussir, mais ce jour-là je triomphai des objections, grâce au bon sens et au courage de mes collègues.

Le général Vinoy me dit : « Je suis soldat, commandez ! — Faites, lui dis je, retirer vos troupes derrière la Seine ; et occuper tous les ponts. On ne passera pas la Seine devant vous. »
— Il était midi, nous étions là depuis cinq heures du matin : le temps s'écoulait. Je réitérai au général Vinoy l'ordre de se replier avec ses troupes derrière la Seine.

On envoya de tous côtés des officiers d'état major porter l'ordre, aussi bien aux troupes qu'à la garde nationale, d'avoir à se réunir sur la rive gauche de la Seine.

Si nous avions eu quelques milliers de gardes nationaux avec nous, nous les eussions tenus à nos côtés ou sur nos derrières, et nous aurions pu livrer bataille. Mais comme le disait le général Vinoy, avec 20,000 hommes seulement nous ne le pouvions pas. « Nous ne pouvons qu'une chose, ajoutait-il, c'est mourir jusqu'au dernier pour défendre le gouvernement contre les factieux qui veulent le renverser ! »

Deux opérations simultanées furent entreprises. Le général Vinoy s'occupa de ramener les troupes sur le bord de la Seine ; et à l'État-major de la garde nationale, on commença à battre la générale, et à chercher de tous côtés des gardes nationaux. Si les braves gens qui avaient passé quelques mois dans Paris assiégé par les Prussiens s'étaient trouvés là, si nous avions pu réunir 15 ou 20,000 gardes nationaux, nos troupes auraient pris la tête, et nous aurions pu livrer bataille avec chance de succès. Mais nous n'avions que 20,000 soldats, prêts, il est vrai, à faire leur devoir ; mais si nous nous avancions sans avoir nos ailes et nos derrières couverts, nous pouvions être enveloppés.

La générale fut battue pendant plusieurs heures. Il nous arriva peut-être 5 ou 600 hommes. Les mauvais gardes nationaux étaient descendus des hauteurs de Paris ; nous n'avions pas pu occuper tous les ponts ; ils étaient venus dans les Champs-Élysées, ils défilaient sous nos yeux, sur la rive gauche ; même nous en vîmes défiler près du ministère des affaires étrangères. Ils ne tiraient pas encore de coup de fusils, mais ils étaient très-menaçants. On les laissa défiler.

Ce qui me préoccupait, c'était la retraite des troupes ; j'y attachais le salut de la France. Elles se replièrent en bon ordre, et ce fut alors seulement que je fus tiré d'une inquiétude mortelle, et que je pus me dire : Nous sommes sauvés ! J'avais vu arriver la division du général Faron faisant très-bonne contenance. Il y eut bien quelques détachements qui, troublés, montrèrent de la faiblesse ; mais, en général, les troupes se retirèrent en bon ordre.

Quand nous eûmes occupé les ponts sur la rive gauche de la Seine, nous trouvâmes un peu plus de repos. Des bandes de furieux avaient passé la gauche de la Seine ; ils voulaient aller au ministère des affaires étrangères, où se tenait le gouvernement : on les refoula, et nous nous trouvâmes assez bien concentrés en avant des ponts.

Nous délibérâmes de nouveau. Il était tard ; je vis plus clairement encore que nous ne pouvions pas rester impunément dans Paris, et qu'il fallait en sortir. Après une discussion approfondie, je pris sur moi de décider la question, et je donnai l'ordre au général Vinoy de sortir de Paris avec ses troupes. Le gouvernement se dirigea alors sur Versailles. Quant à moi, je précédai le général Vinoy de quelques instants ; je vins me placer sur la route de Sèvres, par où l'armée devait passer. L'attitude des troupes était bonne. Cependant j'éprouvais quelque inquiétude pour le reste de l'armée. Enfin, par les aides de camp qui m'arrivaient à tout moment je sus que les troupes n'avaient essuyé aucun échec sérieux. Je partis pour Versailles.

Versailles a toujours été un camp de plaisance, et l'on ne s'attendait pas à y voir arriver une armée. Aussi rien n'était prêt. Il fallut aller chercher des ressources dans tout le voisinage ; on y parvint et l'armée eut de quoi se refaire. Pour le soldat, l'essentiel est d'avoir des cartouches, des vivres et des généraux qui ne se troublent point.

Les événements que je viens de rappeler avaient eu lieu le 18 mars. Le lendemain, vers six heures du matin, j'aperçus la queue des colonnes qui arrivait, sans avoir essuyé aucun accident fâcheux. Il ne faut pas se plaindre de l'armée. Des détachements isolés avaient faibli ; la vigueur des généraux avait su maintenir le gros des soldats. Je vis donc les troupes arriver ; cela me rassura, car j'étais convaincu qu'une fois à Versailles, on ne viendrait pas nous y chercher. J'avais, du reste, recommandé au général Vinoy de faire usage de la mitraille, si on le serrait de trop près.

Quant aux insurgés qui étaient restés dans Paris, leur opinion fut qu'ils étaient désormais les maîtres, qu'ils n'avaient qu'à se présenter à Versailles, que l'armée lèverait la crosse en l'air et irait au devant d'eux. Je n'avais pas d'inquiétude à cet égard. Je savais que, quand j'aurais réuni l'armée à Versailles, tout serait sauvé. Cependant ce n'était pas l'opinion de beaucoup de gens, qui disaient : « Si l'armée vient à être abordée sérieusement, que fera t elle ? » Il régnait donc une certaine crainte.

Je commençai par donner mes soins aux soldats ; je m'occupai de les faire placer dans de bonnes positions, de leur procurer tout ce dont ils avaient besoin, et surtout de les bien concentrer.

Plusieurs personnes avaient émis l'avis qu'il fallait en laisser autour de Paris. Nous étions trop peu nombreux pour occuper le périmètre d'une ville aussi grande. Si nous avions voulu nous étendre, embrasser un espace que les Prussiens n'embrassaient pas eux-mêmes, nous aurions été faibles partout ; on aurait pu percer notre ligne sur tous les points. En général, quand les troupes faiblissent devant les masses populaires, il y a chez elles plus de faiblesse que d'infidélité. Des troupes qui n'ont pas le sentiment de leur supériorité sont prêtes à mettre la crosse en l'air, plutôt par timidité que par esprit de trahison. Il fallait donc tenir nos troupes ensemble, de manière que, quelque part qu'elles fussent abordées, elles eussent l'avantage. C'est pourquoi je voulus que leurs positions fussent resserrées. Et de fait, avec les 130,000 hommes que nous avons eus plus tard, c'est à peine si nous aurions pu embrasser la moitié de Paris. Les Prussiens avaient employé 300,000 hommes à envelopper le tout. Au moment dont je viens de parler, nous ne comptions que 22,000 hommes.

Je fis occuper le Mont-Valérien. On y envoya un excellent régiment. Il y avait là un immense matériel, et, de plus, une position dominante qui commande tous les environs. Quant aux autres forts, nous nous serions affaiblis si nous avions voulu les garder, car il nous aurait fallu au moins 8,000 hommes pour les occuper. Nous aurions perdu là sans profit une partie notable de nos forces. Je ne gardai donc que le Mont Valérien, et je ramenai tout le reste. J'eus ainsi 22,000 hommes bien liés et bien commandés.

Nous passâmes à Versailles quinze jours sans rien faire. Ce sont les plus mauvais jours de ma vie. Il y avait cette opinion répandue dans Paris : « Versailles est fini ; dès que nous nous « présenterons, les soldats lèveront la crosse en l'air. » J'étais bien certain que non ; et cependant, si nous avions été attaqués par 70 ou 80,000 hommes, je n'aurais pas voulu répondre de la solidité de l'armée, ébranlée surtout par le sentiment d'une trop grande infériorité numérique. Aussi fis-je donner l'ordre de serrer l'armée, et notamment de l'isoler. Nos principales forces étaient campées à Satory, avec injonction de ne laisser aborder qui que ce fût. L'instruction était donnée de fusiller quiconque tenterait d'approcher. Du côté de Neuilly, je fis prescrire au Mont-Valérien, qui était entre les mains de braves gens, de tirer à outrance, dès qu'il se présenterait des masses ennemies.

En même temps, je recommandai de la manière la plus formelle de traiter très bien nos soldats. J'augmentai la ration, surtout celle de la viande, reconnue insuffisante. J'étais sûr qu'en les nourrissant bien, qu'en les faisant camper, qu'en forçant les officiers à camper avec elles, les troupes se referaient bien vite, et arriveraient à avoir une très bonne attitude.

A la suite du premier siège, les soldats étaient débraillés, mal vêtus, leur aspect était fâcheux. J'étais certain que ce désordre passerait bientôt avec le campement, avec une surveillance active et bien soutenue. Mon espérance ne fut point trompée, car, en quelques jours, l'armée changea d'aspect, et tout le monde en fut frappé.

Ce n'était pas tout que de réconforter l'armée sauvée de Paris, il fallait la porter à 120 ou 130,000 hommes, et surtout la munir d'un immense matériel de siège. Il y a une manière d'ordonner que j'ai employée souvent, et qui m'a toujours réussi ; c'est de ne pas s'en fier à la correspondance et de commander directement et de vive voix. Chaque matin je réunissais tous les chefs de service autour de moi ; j'arrêtais en présence de tous les chefs ce qu'il fallait faire, et chacun avait ainsi sa tâche bien tracée. Il fallait de la grosse artillerie, on disait sur-le champ où elle était, on s'occupait des transports devenus très difficiles. S'il y avait une difficulté, on cherchait à la lever instantanément.

Grâce à cette manière de procéder, j'ai pu, en réunissant tous les services, en ne recourant pas aux correspondances qui prennent un temps infini en demandes et réponses, en exigeant que les ordres fussent transmis immédiatement, en m'assurant que tout le monde était d'accord, avait bien entendu, bien compris, exécuterait l'après midi ce qui avait été convenu le matin, en m'assurant moi-même que les ordres s'accomplissaient, j'ai pu, dis-je, arriver au but, et créer en quelques semaines une armée de 150,000 hommes. Je recommençais le lendemain matin ce que j'avais fais la veille ; je ne donnais jamais un ordre sans être certain de son exécution, et je suivais cette exécution jusqu'à ce que tout fût consommé.

C'est ainsi, messieurs, que des hommes m'arrivèrent de toutes parts, et que nous atteignîmes en peu de jours le chiffre de 50,000 hommes. Alors je fus, non pas rassuré sur la possibilité d'emporter Paris, mais sur le danger d'être assailli à Versailles par une masse de forcenés. « Qu'ils viennent, me dis-je alors, et ils seront bien accueillis ! »

L'opinion générale était qu'il ne fallait pas perdre de temps ; mais on comprenait aussi qu'il y aurait danger à faire une tentative prématurée, car si un malheur était arrivé sous les murs de Paris, il eût été impossible de compter sur rien.

L'Assemblée nationale crut qu'il fallait demander des volontaires ; tout le monde était de cet avis. Je reconnus bientôt que le pays était tellement abattu par les désastres de toute nature qui avaient fondu sur lui, qu'il ne fallait pas compter sur une ressource semblable. Les mobiles ne valaient pas grand'chose, ils étaient découragés; une fois la paix signée, ils étaient rentrés chez eux. Il ne vint pas un seul bataillon de volontaires. Mais il restait les débris de nos armées ; je me hâtai de les réunir, de les réorganiser, et c'est avec ces débris que je composai l'armée qui est parvenue à arracher Paris à la révolte. Dès que je fus parvenu à réunir 50,000 hommes, je me dis que le moment était venu de donner une leçon aux insurgés. Ils étaient sortis du côté des forts du sud, ils s'avançaient du côté de Châtillon, de Vanves. Je me préparai à les bien recevoir. Ils se montrèrent plus téméraires du côté de Neuilly et de Courbevoie. On dit même qu'ils se préparaient à une attaque sérieuse. Je n'en étais pas effrayé. Je voulais leur prouver que nous n'avions pas peur ; je voulais surtout bien engager l'armée. Les officiers placés au Mont Valérien, et munis des instruments qui leur permettaient de bien voir les mouvements des insurgés, nous rendirent d'immenses services. Le maréchal de Mac Mahon n'était pas encore à la tête de l'armée. D'après les observations du Mont Valérien, le mouvement se dessinait évidemment vers le pont de Courbevoie. Je fis diriger de ce côté une grande partie de l'armée. Je dis au général Vinoy : « On nous attaque faiblement du côté de Meudon, de Châtillon, des forts du sud ; il faut être en grande force du côté de Courbevoie, où le mouvement de l'ennemi est plus prononcé. » Les troupes vinrent, en effet, se placer sur les coteaux qui sont au pied du Mont Valérien, et qui dominent les plaines de Saint Germain et de Saint Denis. On fondit sur eux à outrance, on en sabra un bon nombre. Flourens fut tué ce jour-là. Chacun avait pris confiance ; il y eut un entrain extraordinaire. Nous n'avions pas mis en ligne 50,000 hommes, mais seulement 30,000 ; les autres étaient restés à Versailles et vers les forts du sud.

Une tentative était possible sur le pont de Sèvres : quelques mille hommes le couvrirent, refoulèrent les insurgés qui étaient là, et les rejetèrent de l'autre côté du pont.

J'étais renseigné, je savais qu'on disait que nous ne prendrions jamais Paris ; mais en même temps on avouait que les gens que nous combattions ne prendraient jamais Versailles ; de sorte qu'il y avait deux corps ennemis en présence, qui étaient pour ainsi dire impénétrables l'un pour l'autre.

Cependant, peu à peu la situation s'améliorait visiblement. Je veillais aux vêtements, car je savais que le soldat bien vêtu se comporte mieux. Je passais mes journées dans les bivouacs, je m'occupais de tout ; les soldats étaient contents. L'armée avait un aspect excellent.

Pourtant je m'abstenais encore d'agir contre Paris, malgré beaucoup de plaintes qui retentissaient de toutes parts. On me disait : « Il faut en finir ! » Je répondais : « Je ne ferai une tentative sur une place aussi forte que Paris que lorsque j'aurai tous les moyens nécessaires pour réussir. »

On me disait aussi, et il y avait du vrai dans cette objection : « Mais pendant que vous vous organisez, les insurgés s'organisent aussi. » — Je répondais : « Oui, mais ils se rendent odieux à la population par les moyens qu'ils emploient, tandis que nous, en nous préparant, nous répondons au vœu du pays; nous gagnons plus qu'ils ne gagnent ; ils finiront par des actes qui soulèveront l'indignation générale. Dans tous les cas, la place de Paris est tellement formidable, qu'il ne serait pas raisonnable de l'attaquer avec 50,000 hommes. » — J'étais convaincu que c'était par la puissance des feux que nous triompherions, et nous étions loin alors d'avoir une artillerie suffisante.

L'Assemblée a bien voulu me laisser faire. Je dis à la commission des Quinze mes raisons d'attendre et de temporiser jusqu'à ce que le moment fût propice, et elle finit par m'approuver.

Alors, il faut le rappeler, les Prussiens étaient de très mauvaise humeur. Il n'est pas vrai, comme on l'a prétendu, que j'eusse beaucoup de difficultés avec le gouvernement prussien à propos de la Commune et qu'il eût pour elle la moindre prédilection. Il y eut seulement quelques dépêches désagréables échangées à ce sujet avec M. de Bismark.

La Commune, qui joignait à la prétention d'un patriotisme implacable celle d'être en faveur auprès de la Prusse, avait répandu le bruit de ses relations amicales avec les généraux prussiens. Des écrivains imprudents en avaient tiré des suppositions offensantes pour le cabinet de Berlin, et tout à fait calomnieuses. M. de Bismark, avec beaucoup de raison, démentait ces bruits, se plaignait de ce que nous ne les démentions pas nous-mêmes, en quoi il avait tort, et offrit publiquement ses secours contre la Commune, secours qu'évidemment nous ne pouvions point accepter. Il nous pressait lui même d'en finir, et, à cet égard, joignait ses impatiences à celle d'un certain nombre de députés qui auraient voulu substituer leurs idées aux nôtres, sans connaître la situation et ses difficultés.

Cependant, malgré ces démêlés, malgré le traité qui limitait à 40,000 hommes l'armée de Paris, M. de Bismark consentit à une augmentation, qui fut d'abord de 100,000 hommes, puis de 130,000. Il nous en fournit lui-même les moyens en nous renvoyant un nombre assez considérable de nos prisonniers, dont il avait suspendu le retour par suite des contestations survenues.

Les troupes que nous avions étaient très jeunes, elles n'avaient pas beaucoup vu le feu. Il y avait près de la frontière beaucoup de nos soldats faits prisonniers à Metz; ceux-là avaient pu voir 47,000 hommes abattus en un seul jour à Gravelotte. Je demandai qu'on me les rendît le plus tôt possible. M. de Bismark y consentit. Le général Ducrot, à Cherbourg, le général Clinchant, à Douai, reçurent les prisonniers, et s'occupèrent de les réorganiser. Je ne saurais dire exactement le nombre des soldats qui nous furent ainsi rendus; les papiers de l'administration de la guerre étaient les uns à Paris, les autres à Bordeaux; quelques-uns avaient été perdus. Les prisonniers arrivèrent au nombre de 50 à 60,000 hommes, mais la moitié était libérable; il fallait leur donner leur congé, car ils eussent été des mécontents et non des combattants dévoués comme il nous en fallait. Beaucoup étaient fatigués. Tous les soins furent donnés à leur rétablissement. Nous avons pu avoir ainsi la moitié de ces prisonniers à verser dans l'armée. Les dépôts s'étaient aussi remplis de recrues que la loi nous autorisait à y appeler. C'est ainsi que nous parvînmes à créer une armée de 130,000 hommes bien organisés, et pouvant être mis en ligne. Nous avons eu jusqu'à 170,000 rationnaires. Mais, dans une armée, tout ce qui mange ne combat pas. Il y avait le train, les malades, les blessés. Ces derniers étaient peu nombreux.

Après la tentative manquée du côté de Courbevoie, les insurgés nous attaquèrent du côté de Châtillon. Le général de Cissey enleva cette redoute avec la plus grande vigueur. Nous eûmes alors deux routes ouvertes, Châtillon et Courbevoie.

Je ne m'étais pas borné à compléter l'armée, j'avais appelé à sa tête les chefs les plus renommés, et notamment l'illustre maréchal de Mac-Mahon, digne et constant objet du respect universel. Sa présence avait donné à l'armée une nouvelle consistance et une direction excellente. Tout étant prêt, le moment d'agir était venu. Mais comment attaquer Paris? On disait : « Il faut employer les moyens réguliers, ouvrir la tranchée, cheminer, pour battre en brèche quand on sera au bord du fossé. » Les règles de Vauban subsistent en effet tout entières, sauf très-peu de modifications. Leur application aux ouvrages immenses de Paris offrait de graves difficultés. On estimait à trente jours au moins le temps nécessaire pour être au pied des murailles et pouvoir établir les batteries de brèche. Les impatients, et ils étaient nombreux, disaient : « Trente jours! » M. de Bismark pensait que nous aurions du bonheur si nous arrivions à ce résultat en trente jours. Dans l'Assemblée, on disait : « Que fait-on? pourquoi employer les moyens ordinaires, les tranchées, les cheminements? comment se condamner à trente jours de travaux? Pourquoi pas une attaque à force ouverte? » A cela les généraux répondaient : « Comment escalader de telles murailles, monter à l'assaut avec des escarpes de dix à douze mètres? »

Une idée me préoccupait depuis longtemps pour le sort des ouvrages de Paris, et m'avait fort inquiété pendant le premier siége, celui que dirigeaient les Prussiens.

Comme membre du conseil de défense, où j'étais entré malgré moi un peu avant le 4 septembre, j'avais eu occasion, quelques jours avant Sedan, de visiter les forts qui entourent Paris, et je m'étais dit que si l'ennemi dirigeait sur un de ces forts une masse considérable de feux, l'ouvrage ainsi attaqué pourrait se trouver en grand péril. J'étais persuadé que par la puissance des feux on pourrait amener des résultats imprévus et décisifs. Les généraux étaient à cet égard d'opinion très-différente. Quelques uns prouvaient qu'en accumulant sur un seul point une masse de feux considérable, on pourrait produire des effets très prompts et très-grands. D'autres prouvaient que le plus sûr était de suivre les règles, d'ouvrir la tranchée, de cheminer jusqu'au bord du fossé, et là de battre en brèche, et de donner de suite l'assaut, promettant d'emporter la brèche, quelle que fût l'énergie de la défense.

Après avoir écouté avec la déférence qui leur était due les hommes consommés qui m'entouraient, je pris le parti d'employer les deux moyens à la fois : d'ouvrir la tranchée en s'avançant par les procédés ordinaires jusqu'au bord du fossé, mais en même temps de réunir une masse de feux extraordinaire, convaincu que, sous la protection de ces feux, le travail des tranchées serait plus rapide, et que peut-être en rendant le rempart inhabitable pour ses défenseurs, on ferait évacuer les ouvrages. Cet avis fut unanimement adopté et suivi.

On tomba ainsi d'accord qu'on réunirait une masse d'artillerie très-grande, et qu'on s'en servirait au moins pour hâter et rendre moins périlleux le travail des tranchées. On pensa qu'on pourrait ainsi arriver en quinze ou vingt jours à forcer les portes de Paris.

Réunir ces moyens d'action était une affaire d'administration ; je m'en chargeai. Les transports commerciaux sur les chemins de fer furent suspendus, et on amena ici des masses prodigieuses de pièces de canon. L'administration des chemins de fer et la marine nous ont rendu, en cette occasion, des services signalés. Le résultat a été vraiment extraordinaire.

Dans le conseil de défense, lors du premier siége, on trouvait que 250 coups par pièce était un approvisionnement suffisant. 500 coups semblaient une exagération, et 750 une folie. J'en vins à réunir des approvisionnements de 1,000 coups par pièce. On disait : « Les pièces ne résisteront pas. —Nous aurons des approvisionnements de canons, » répondais-je.

Bref, après des efforts prodigieux et des peines infinies, nous fûmes approvisionnés dans les proportions que je viens d'indiquer.

Nous fîmes un essai sur un point. Le fort d'Issy nous incommodait. Le général d'artillerie de Berckheim, homme du plus grand mérite, placé sous les ordres du général de Cissey, dirigea sur le fort d'Issy les feux d'une artillerie considérable. Le fort fut réduit au silence, et rendu presque inhabitable pour ses défenseurs. Cependant, soutenu par le fort de Vanves, et des troupes fraîches y étant entrées, il essaya de recommencer la lutte; mais il fut écrasé par notre artillerie; et un jour, à l'abri de nos feux terribles, les cheminements étant devenus plus faciles, nos travailleurs approchant des fossés s'aperçurent que le fort était évacué. Le fort de Vanves fut conquis de même.

Quand Issy et Vanves eurent été pris de la sorte, les idées se fixèrent. Il devint clair qu'en élevant contre le Point-du-Jour une batterie formidable, on atteindrait les mêmes effets, surtout les feux d'Issy et de Vanves, feux de flanc fort incommodes, étant définitivement éteints.

Je fis élever à Montretout, en huit jours, une batterie comme on en a rarement employé à la guerre. Sous la protection de cette batterie, le général Douai était entré dans le bois de Boulogne; le travail des tranchées était devenu plus facile, on cheminait très rapidement vers Paris; nous étions près de la place. L'artillerie de Montretout avait brisé, pilé le Point-du Jour.

Nous espérions que l'escarpe allait être en assez mauvais état pour nous permettre de donner l'assaut, lorsque, le dimanche 21 mai, le général Douai et quelques soldats de tranchée aperçurent un homme agitant un mouchoir blanc : c'était Ducatel. On ne se doutait pas de l'effet qu'avait produit cette artillerie de Montretout, on ne croyait pas la brèche si praticable. La porte et le pont-levis s'étaient abattus et formaient une espèce de pont naturel. Ducatel, au milieu de graves dangers, était venu en aide à nos troupes en appelant nos soldats, en leur apprenant qu'ils pouvaient entrer.

Le maréchal de Mac-Mahon et moi, nous étions au Mont Valérien, lorsqu'une estafette vint nous apprendre que le général Douai entrait dans Paris. Le général de Cissey, placé sur la rive gauche en avant d'Issy, avait, de son côté, ouvert une brèche qui allait bientôt devenir praticable. Au milieu de notre satisfaction, nous fûmes, au Mont-Valérien, très-agités, parce que nous crûmes voir des troupes sortant de Paris, et nous craignîmes que notre armée n'eût été repoussée au Point-du Jour. Mais le contre amiral Krantz, qui a rendu de grands services, nous dit, après avoir bien examiné à la lunette : « Ce ne sont pas des gens qui fuient ; au contraire, ils sortent bien tranquillement. »

En effet, bientôt après, nous en vîmes d'autres qui rentraient au lieu de sortir. Nous fûmes alors rassurés. C'étaient d'épaisses colonnes, de loin paraissant toutes noires, qui serpentaient dans les plis du terrain et qui se dirigeaient sur l'enceinte pour y pénétrer. Les insurgés ne purent pas résister ; ils se réfugièrent dans les maisons voisines, d'où ils dirigèrent sur nos troupes un feu meurtrier. Mais, dans leur fuite, ils avaient laissé deux bouches à feu ; nos soldats, n'ayant pu faire passer de l'artillerie, songèrent à aller chercher à bras des obus ; ils les transportèrent de la sorte et chargèrent ces deux pièces, qui furent pointées sur les maisons occupées par les insurgés. C'étaient les allées et venues de ces soldats qui nous avaient d'abord inquiétés à notre observatoire du Mont-Valérien.

Le général Douai entra à la tête de ses troupes par une seule porte, celle qui venait de s'ouvrir, vers la gauche. Une autre ne fut ouverte que le lendemain matin. Il fallut dix-sept heures pour faire entrer 130,000 hommes et notre nombreuse artillerie.

On disait que tout Paris était miné. Le général Douai, à la tête de ses colonnes, s'avança intrépidement jusqu'au Trocadéro, au risque de sauter en l'air. Nous étions fort inquiets ; heureusement rien ne sauta. Nous nous rassurâmes ; mais nous nous attendions à avoir des combats terribles, désespérés. Le triomphe de nos troupes fut dû à leur vaillance, à la vigueur de nos généraux, et surtout à la constance, à l'habileté avec laquelle l'illustre maréchal Mac-Mahon dirigea pendant huit jours la conquête de chaque quartier, l'un après l'autre.

Rentré à Versailles, après avoir assisté à l'entrée de nos troupes dans la nuit du dimanche au lundi, je songeai que nous avions accumulé plus de 200 bouches à feu au pont de Neuilly, qui était gardé par une brigade de la division Montaudon. Le général Ladmirault avait fait dire au maréchal Mac-Mahon qu'il avait besoin de cette brigade : elle lui fut envoyée, et il ne restait plus de troupes au pont de Neuilly pour garder l'immense matériel qui s'y trouvait. Je fus inquiet à la pensée que, si les révoltés s'échappaient de Paris, ils pouvaient s'emparer de cette artillerie et se jeter peut-être en désespérés sur Versailles pour y mettre le feu, et à ce moment nous n'avions que des gendarmes, des sergents de ville, c'est-à-dire 2 ou 3,000 hommes tout au plus. Heureusement, il venait de nous arriver 1,500 prisonniers rendus par les Prussiens. On leur donna des fusils et, sous les ordres du général Fournez, ils allèrent garder le pont de Neuilly. Le général Ladmirault put alors se servir de la seconde brigade Montaudon, s'empara des hauteurs de Belleville, et termina ainsi la lutte. Il y eut de grandes douleurs, de grands sacrifices ; le massacre des otages fut un des crimes les plus navrants de ces terribles scènes. On nous avait proposé l'échange de plusieurs des otages contre le conspirateur Blanqui. Nous ne pouvions pas consentir à un tel échange ; ces malheureuses victimes tombèrent sous les coups des assassins. Enfin nous sortîmes de cette horrible situation.

Voilà, messieurs, tout ce que je puis vous dire, — et j'ose affirmer que c'est la vérité même.

CHAPITRE XIII

RÉSUMÉ DES DÉPOSITIONS RECUEILLIES PAR LA COMMISSION

Nous avons fait passer sous les yeux de nos lecteurs les parties les plus intéressantes et les plus instructives des dépositions recueillies par la commission d'enquête ; nous avons tenu à présenter avec une parfaite impartialité les opinions les plus contradictoires, et à donner pour chaque événement les récits des hommes appartenant aux partis les plus opposés ; il nous est arrivé très-rarement de prendre nous-même la parole pour relever quelques erreurs évidentes commises par les témoins que nous citons, et plus rarement encore pour réfuter quelques-unes de leurs assertions. On nous permettra maintenant de résumer rapidement quelques faits qui nous paraissent résulter avec évidence de toutes les affirmations contradictoires et de tous les récits divergents qu'on vient de lire.

Ainsi que nous le disions dans le chapitre II, il devint évident dès l'année 1869, pour tout observateur un peu attentif, qu'une bataille ne tarderait pas à s'engager entre l'armée de l'anarchie et l'armée de l'ordre. On pouvait espérer à cette époque que le gouvernement alors établi serait assez libéral et assez sage pour mettre de son côté dans cette crise toutes les fractions du parti conservateur; dès lors, l'issue de la lutte n'était pas douteuse : on aurait ou une sanglante insurrection, ou une série d'émeutes plus irritantes que dangereuses, et au bout de quelques jours de bataille ou de quelques mois de troubles, l'ordre serait définitivement rétabli et affermi pour une longue période par l'empire réconcilié avec la liberté. Tel était le rêve dont se berçaient quelques bons citoyens, lorsque la folie des conseillers les plus écoutés et des amis les plus intimes de Napoléon III nous jeta dans une guerre fatale.

La première conséquence et la plus inévitable du désastre de Sedan fut la journée du 4 septembre.

Une fois l'empire renversé par un mouvement populaire, il devenait absolument impossible d'éviter l'armement universel de la population parisienne, et surtout de ses éléments les plus mauvais; la conséquence infaillible de cet armement devait être une insurrrection effroyable; il était à craindre qu'elle n'éclatât pendant le siége même : le patriotisme de la majorité de la population nous a épargné cette suprême honte, contrairement aux espérances de M. de Bismark; mais après la capitulation, quand la faim nous eut vaincus, il n'y avait plus d'illusions à se faire, plus d'espoir à conserver; la guerre sociale allait fatalement succéder à la guerre étrangère. Puisque la lutte — une lutte terrible — était désormais inévitable, tous les efforts du gouvernement auraient dû tendre à assurer à l'armée de l'ordre la supériorité du nombre, de la discipline et de l'armement.

Au début du siége, les sentiments les plus nobles, mêlés il est vrai aux plus folles illusions, dominaient dans la ville assiégée, aussi bien dans la population civile que dans la garnison. Le gouvernement ne pouvait pas faire que les événements ne vinssent dissiper une à une les illusions de cette foule qui croyait aux « volontaires de 92, » aux « levées en masse, » aux « sorties en masse, » au génie militaire de M. Gambetta, à la puissance miraculeuse du mot *république*, assez fort pour vaincre à lui seul les armées des « tyrans, » et à cent autres billevesées de la même valeur. Mais le gouvernement pouvait tout au moins ne pas démoraliser l'armée et y tuer la discipline en désarmant les conseils de guerre comme il le fit dès les premiers jours du siége lorsqu'il commua en une peine insignifiante la peine de mort prononcée par un tribunal militaire contre les fuyards de Châtillon. Il pouvait ne pas disloquer la garde mobile en y établissant dès le lendemain du 4 septembre le déplorable et absurde système de l'élection des officiers. Au lieu de laisser la garde nationale se démoraliser dans l'inutile oisiveté du service des remparts, il pouvait dès le 5 septembre organiser les compagnies de marche et en tirer une véritable armée qui, bien exercée et bien commandée, eût permis d'entreprendre les opérations militaires avec quelque espoir de succès avant l'époque où la chute de Metz rendit l'armée allemande à peu près invincible autour de Paris.

Le résultat final aurait probablement été le même, cela est vrai ; mais d'une part, tous ces hommes transformés en de véritables soldats auraient pris, si l'on était parvenu à leur donner de bons chefs, des habitudes infiniment meilleures dans un service actif devant l'ennemi que celles qu'ils ont contractées dans le déplorable service de la garde nationale; en quittant les avancées ou les casernes au lendemain de l'armistice, ils auraient, comme les autres soldats, déposé leurs armes, qu'ils n'auraient ainsi pu en aucun cas tourner contre la société; l'insurrection aurait trouvé et moins de fusils et surtout moins de bras pour les porter.

Enfin le gouvernement, à qui la presque unanimité de la population demandait avant tout, dans les premiers temps, le maintien de l'ordre, a eu le tort immense de ne pas comprendre, au début du mois d'octobre, que les séditieux qui venaient troubler ses délibérations par leurs clameurs formaient dans Paris une minorité presque imperceptible, alors très-mal vue par l'immense masse des Parisiens, qu'il pouvait tout oser contre eux et que la répression énergique des premières tentatives de révolte serait universellement accueillie non seulement avec faveur mais (le mot n'est pas trop fort) avec enthousiasme; la démoralisation de la population fut en grande partie le résultat de la faiblesse dont il fit preuve lorsque les blanquistes vinrent le défier pour la première fois.

Sans doute, alors même que le gouvernement eût fait tout ce que nous regrettons qu'il n'ait pas eu le courage de faire, cela n'aurait pas empêché l'armée de la révolution de lui livrer bataille un jour, soit pendant le siége, soit après la capitulation; mais cette armée aurait alors été livrée à ses propres forces qui n'ont rien de trop redoutable tant qu'une partie plus ou moins considérable de la population habituellement paisible ne vient pas les grossir.

Une fois toutes ces fautes commises, une fois la masse honnête entraînée par les excitations de la démagogie et par ce grand courant de folie qu'avait créé notre réclusion de quatre mois, était-il encore possible d'éviter l'insurrection et son triomphe momentanément complet ? Pour répondre à cette question, il faut en examiner successivement plusieurs autres.

Après le siége, le désarmement de la garde nationale était-il possible? Nous avouons que, pour notre part, nous le croyons pas. Les Prussiens seuls auraient pu l'opérer; mais qui d'entre nous regrette, même aujourd'hui, qu'ils ne nous aient pas imposé cette suprême honte? D'ailleurs, les chefs de l'armée allemande pouvaient-ils désirer sérieusement de se charger d'une opération singulièrement difficile, d'où sortiraient peut-être les complications les plus graves, lorsque cette opération ne devait leur rapporter à eux-mêmes ni profit ni gloire, tandis qu'en s'épargnant cette peine, ils nous laissaient presque assurément en proie à des déchirements qui nous affaibliraient encore? Les Prussiens ne devaient donc pas plus éprouver l'envie de désarmer eux-mêmes la garde nationale, que nous de recevoir d'eux un si humiliant service.

Maintenant faut-il, avec les témoins dont nous citons plus haut l'opinion, admettre que l'on pouvait compter sur la garde mobile ou sur la ligne encore armée pour reprendre les armes de la garde nationale? Cela nous paraît au moins douteux. Quand on se rappelle avec quelle sorte de fureur les gardes nationaux des quartiers acquis à la démagogie faisaient pendant le siége collection de fusils et de cartouches; quand on voit, dans diverses dépositions, comment ils avouaient dès cette époque que c'était pour la guerre civile qu'ils se préparaient, on ne peut supposer qu'ils auraient rendu de bonne grâce ces armes si jalousement mises en réserve pour la grande bataille contre la société. Ordonner le désarmement, c'était ordonner le commencement des hostilités; or, malgré les jalousies de la mobile ou de l'armée contre la garde nationale, ces hommes, écœurés par tant d'insuccès, découragés et las de combats inutiles, auraient certainement été fort peu disposés à se servir une dernière fois contre des Français, quels qu'ils fussent, de ces armes qu'il allait falloir livrer aux Allemands.

Il en est de l'arrestation des chefs comme du désarmement des soldats. Toutes les autorités viennent tour à tour se plaindre à la commission qu'on n'ait pas pu ou pas osé opérer ces arrestations dont chaque pouvoir demandait aux autres de se charger. Eh, mon Dieu! oui, à la rigueur M. Choppin aurait pu réunir une brigade d'agents résolus pour arrêter d'un seul coup de filet le Comité central; à défaut de la police, une compagnie de fantassins bien commandés aurait pu frapper un tel coup. Mais qu'aurait-on gagné à tenir Avoine père et Avoine fils, Chouteau avec Avrial, et Moreau en compagnie de Geresme enfermés à Mazas? Leur arrestation, loin d'empêcher l'insurrection, n'aurait fait qu'en donner le signal; il aurait été presque impossible de trouver des soldats pour la réprimer, tandis que les membres du Comité central menés en prison auraient été bien facilement remplacés par d'autres aussi inconnus et aussi incapables qu'eux.

Par conséquent, une fois les choses arrivées au point où elles en étaient le 27 janvier 1871, il n'est pas juste, selon nous, de reprocher au gouvernement soit de n'avoir pas désarmé la garde nationale, soit de n'avoir pas arrêté les membres du Comité central, parce qu'il ne pouvait faire aucune de ces deux choses sans commencer la lutte et qu'il ne devait l'engager que le jour où il se croirait sûr d'en sortir à son avantage.

La position, déjà très-grave pendant tout le mois de février, devint plus fâcheuse encore par suite de la faute que l'on commit en abandonnant des canons dans quelques-uns des quartiers que l'ennemi devait occuper. En effet, les premiers qui furent pris furent enlevés dans une louable intention, par des gardes nationaux fort amis de l'ordre qui ne voulaient pas les laisser tomber entre les mains de l'ennemi. C'est alors seulement (du moins cela paraît établi) que d'autres eurent l'idée de les imiter dans des intentions moins avouables et de s'emparer même des pièces placées hors des quartiers où l'ennemi devait pénétrer. Grâce à cette fatale négligence, l'insurrection allait posséder enfin l'arme qui avait jusque-là toujours manqué, à Paris, aux faiseurs de barricades : elle devait désormais se regarder comme assurée du succès.

S'imaginer que, dans un tel état des esprits, le parti révolutionnaire, en possession de cet avantage énorme jusque-là toujours rêvé par lui, mais rêvé en vain[1], allait se laisser reprendre débonnairement ces canons dont la

---

[1] On se rappelle qu'il a été parlé à plusieurs reprises, surtout pendant les premières années de l'empire, de tentatives surprises par la police pour faire des canons avec les matériaux les plus étranges, entre autres avec des tuyaux de fonte pour la conduite des eaux ou du gaz, consolidés par des procédés fantastiques.

possession exaltait toutes ses espérances, c'était une étrange illusion. Jamais il n'aurait été possible de se les faire rendre de bonne grâce : on ne pouvait compter pour les reprendre que sur la force ouverte ou sur une surprise. La force ouverte, c'était une bataille dans laquelle la démagogie compterait ses soldats dès la première heure par dizaine de milliers, tandis que la loi n'avait guère à son service que quelques régiments sans cohésion, où les officiers nommés de la veille ne connaissaient pas leurs hommes et où les hommes méprisaient leurs officiers, parce que le prestige de l'épaulette était alors effacé aux yeux des soldats par la honte des défaites et des capitulations. Par une surprise, au contraire, on pouvait, en menant habilement l'affaire, n'avoir à lutter que contre quelques centaines, quelques dizaines d'hommes pris à l'improviste et terrifiés par la soudaineté de l'attaque. On n'avait besoin de troupes ni bien nombreuses ni bien solides pour assurer le succès. L'important était de se décider à l'action, car pendant que le gouvernement hésitait, la démagogie n'hésitait pas ; elle se préparait à prendre sur beaucoup de points à la fois une offensive vigoureuse, si on lui laissait la possibilité de choisir son heure. Loin de reprocher au pouvoir d'avoir agi avec trop de précipitation, nous lui reprocherions plutôt d'avoir trop tardé. D'après le témoignage de M. Choppin, bien placé pour savoir ce qui se passait alors, c'est seulement dans les derniers jours avant le 18 mars que sont arrivées à Paris ces nuées d'aventuriers de toutes les nations échappés des corps francs de l'armée de l'Est. Autant de milliers de bras que l'insurrection aurait eus de moins à son service le premier jour, si on avait attaqué huit ou dix jours plus tôt.

D'autre part, le 20 mars, dans une de ses conférences avec la réunion des maires, Jourde se vantait de tenir « les plis d'une vaste conspiration, » et il ajoutait : « A l'heure où je vous parle, toutes les villes de France ont proclamé la Commune ou vont la proclamer. » Un tel langage tenu à l'heure où la Commune n'avait encore triomphé nulle autre part qu'à Paris, mais à la veille des mouvements de Lyon, de Marseille, de Toulouse, de Narbonne, etc., prouve suffisamment que, depuis long temps déjà, le parti révolutionnaire se préparait, en province aussi bien qu'à Paris, à livrer une grande bataille. C'est à Paris qu'il s'était naturellement occupé de se fortifier tout d'abord ; mais une fois sûr de ses forces dans la capitale, n'aurait-il pas songé, avant d'y engager la lutte, à assurer également sa victoire dans toutes les grandes villes, si on lui en avait laissé le temps? Que serions-nous devenus si, le jour de la crise enfin arrivé, nous avions vu l'insurrection maîtresse non pas seulement de Paris, mais de toutes les villes ouvrières de la France entière et de plusieurs départements du Midi?

Cependant, tout en approuvant le gouvernement de s'être décidé à prendre l'offensive, il nous est impossible de ne pas trouver que l'exécution de son plan a beaucoup laissé à désirer.

D'abord, quand on voit par les récits des témoins les plus compétents dans quel triste état se trouvaient les régiments de l'armée de la Loire récemment arrivés à Paris, sur lesquels on avait compté pour reprendre les canons, on est forcément amené à se demander s'il n'aurait pas été possible de trouver, même au milieu des circonstances déplorables que nous traversions, des troupes un peu mieux tenues et un peu moins démoralisées; il semble en tout cas impossible qu'aucun régiment dans toute la France fût plus effroyablement mauvais que celui qui a fourni les assassins du général Lecomte.

Ensuite, quand on voit comment ces pauvres soldats sans instruction, sans discipline, sans esprit militaire, furent entourés par la population insurgée et noyés dans ses flots profonds, on se demande s'il n'y aurait pas eu moyen de prévenir ce malheur en faisant défendre l'entrée de chacune des rues où l'on massait ces troupes novices par des sergents de ville et des gendarmes, habitués à maintenir la foule et à la tenir en respect. Peut-être aurait-on ainsi, en prévenant le contact des soldats avec la population, pu compter sur leur obéissance au moment décisif.

La grande faute, celle que tous les raisonnements du général Vinoy ne peuvent parvenir à pallier, c'est le retard des attelages. Comme nous venons de l'expliquer et comme tout le monde le comprenait alors, l'opération ne pouvait réussir que par surprise, et en effet elle réussit dans sa première partie, parce que la surprise fut complète. Les deux heures pendant lesquelles il fallut attendre les attelages donnèrent le temps à la foule d'accourir, aux émeutiers de s'armer, aux troupes de se laisser circonvenir. Le général Vinoy, sur qui retombe la responsabilité de ce retard funeste, s'efforce de prouver qu'on aurait échoué même quand il ne se serait pas produit. A l'exception d'un commissaire de police, M. Macé, qui croit qu'en aucun cas on ne pouvait réussir le 18 mars, tous les autres témoins sont convaincus que, si les attelages étaient arrivés à l'heure dite, l'opération se serait achevée heureusement. M. Thiers, malgré les ménagements auxquels l'oblige sa haute position, paraît partager leur avis. Après avoir dit que les hauteurs de Montmartre furent enlevées avec une extrême promptitude, il continue ainsi :

... Malheureusement, il restait une opération très-difficile à exécuter, *et qui ne fut pas aussi bien conduite que la première.*
Un gouvernement qui se respecte doit partager les malheurs communs, et ne s'en prendre à personne, lorsque le succès n'a pas toujours couronné ses efforts. Nous avons été malheureux dans la seconde opération qui consistait à emmener les canons. *Je pourrais accuser celui-ci ou celui-là; je ne le ferai pas,* bien qu'on ait souvent moins d'égards pour moi. Je ne dirai pas à quoi a tenu la faute commise, si toutefois il y a eu faute.
Les positions furent donc occupées ; mais *les mesures prises pour enlever les canons ne réussirent pas si bien que l'attaque.*

Il ajoute, il est vrai, que, « quand bien même on aurait pris les meilleures dispositions pour emmener les canons, traverser Paris avec 250 attelages était une opération des plus difficiles et des plus chanceuses ; » mais s'il ne s'agit que de traverser Paris en allant chercher les canons, cette opération s'est faite sans la moindre difficulté, quoique trop tardivement ; s'il s'agit de revenir avec les canons traînés par ces attelages, plus l'opération se faisait rapidement et de grand matin, plus elle était facile ; d'ailleurs si les attelages étaient arrivés à l'heure, avant que Montmartre, la Chapelle, la Villette et Belleville eussent eu le temps de s'éveiller, de s'armer et d'accourir, une partie plus ou moins considérable des canons aurait été déjà enlevée et même conduite hors de Paris. Les émeutiers seraient arrivés seulement pour assister à la fin de l'opération, et, s'ils avaient voulu s'opposer à ce qu'elle s'achevât comme elle avait commencé, les soldats encouragés par leur succès auraient eu plus de fermeté devant l'émeute moins sûre d'elle-même. La réussite n'était pas absolument certaine, mais elle était probable.

Cependant ne nous exagérons pas la portée de cette opération, même menée à bon terme. L'enlèvement des canons aurait sans doute singulièrement affaibli l'insurrection et rendu le courage à la partie saine de la population ; il n'aurait certainement pas empêché la bataille. Seulement au lieu d'une véritable guerre nécessitant un second siège de Paris et se prolongeant plus de deux mois, nous n'aurions eu qu'une répétition plus ou moins terrible des journées de juin ; si l'armée, encouragée par le succès de la première opération, avait marché résolûment, la lutte circonscrite aux mauvais quartiers de Paris n'aurait pas même duré une semaine. C'était encore bien du sang, bien des larmes, bien des horreurs, mais combien de malheurs et de crimes eussent été évités !

Si, maintenant, d'après la méthode que nous avons suivie jusqu'ici dans cette revue rapide de l'histoire de l'insurrection, nous nous reportons non plus au 17 mars, mais au 18, dans la matinée, après l'échec de Montmartre, pour juger la conduite suivie par le gouvernement, nous ne trouvons dès lors presque plus qu'à louer ou même à admirer.

Nous n'hésitons pas à le déclarer : l'évacuation de Paris, si violemment blâmée pendant les premiers jours par la plupart des Parisiens, même des plus dévoués à la grande cause de l'ordre, et des plus intelligents, a seule sauvé la France d'un désastre sans précédents. C'est M. Thiers qui a eu cette idée, cette conception de génie. Pendant que les hommes placés à la tête de presque tous les services publics croyaient nécessaire, pour leur honneur personnel et pour le salut du pays, de se défendre avec un acharnement stérile dans leurs postes respectifs, où l'émeute serait venue promptement à bout de leur résistance, M. Thiers eut le mérite de concevoir clairement l'idée de rompre avec la vieille routine de nos révolutions, de ne plus s'obstiner à défendre Paris avec des troupes démoralisées, et d'entreprendre ce que n'avaient osé ni Charles X ni Louis-Philippe. Il jugea qu'un gouvernement légalement établi ne devait pas se regarder comme perdu définitivement devant la France entière, parce qu'il était momentanément perdu dans Paris; il comprit que la France, représentée par l'Assemblée issue de ses libres suffrages, avait des droits supérieurs à ceux de sa capitale affolée, et qu'elle saurait les faire respecter, pourvu que le pouvoir créé par elle ne s'abandonnât pas lui-même. Au moment où il apprit le désastre de Montmartre, M. Thiers, au lieu de se laisser abattre et de répandre sur nos malheurs des larmes stériles, vit la possibilité de refaire en quelques jours, avec l'appui des représentants de la nation, une armée assez forte d'abord pour résister à une agression de la révolte, puis pour aller l'attaquer et la terrasser derrière ses remparts; son parti fut pris aussitôt et, chose qu'on ne saurait trop admirer dans ce temps d'idées vagues et de demi-mesures, une fois son parti pris, il sut l'imposer à tous malgré toutes les répugnances et faire exécuter en entier la résolution qu'il venait de prendre.

La seule faute grave qu'on peut lui reprocher dans cette terrible journée tient précisément à ce qu'au lieu de se contenter, comme les deux pouvoirs qui l'avaient précédé, de faire les choses à moitié, il voulut aller jusqu'au bout de son idée.

L'évacuation totale de Paris, — tout le monde doit le reconnaître aujourd'hui, même ceux que cette mesure avait le plus vivement irrités l'an passé, était la seule et unique voie de salut qui nous restât; car des troupes peu solides en contact avec cette population soulevée, et, ce qui était plus grave encore, avec des soldats qui venaient de passer à l'insurrection, ne pouvaient manquer de faire plus ou moins promptement défection à leur tour, et leur exemple suffisait pour entraîner les derniers débris de notre armée dans tout le reste de la France; mais était-il nécessaire d'évacuer aussi les forts dont les défenseurs étaient à l'abri de tout contact avec les masses insurgées et où quelques hommes suffisaient pour arrêter pendant longtemps une armée, même infiniment plus solide que celle du Comité central? Il nous semble que même l'esprit le plus net, le plus ennemi des compromis et des demi mesures devait penser le contraire. Cependant, M. Thiers, poussant jusqu'à sa conséquence la plus extrême le système qu'il venait d'adopter, résolut de faire évacuer immédiatement tous les forts sans en excepter aucun, pas plus ceux qui se trouvaient sur la route de Versailles à Paris et qui, par conséquent, servaient à garantir la sécurité de Versailles, que ceux qui, placés à l'autre extrémité de la ville, ne compenseraient pas par de grands avantages stratégiques les difficultés qu'on aurait pour les ravitailler. Il ordonna d'abandonner Vanves, Issy et le Mont-Valérien, tout aussi bien que Bicêtre et Ivry, et cet ordre fut exécuté. C'était là une faute terrible à laquelle cet homme d'un esprit si net se laissait entraîner en poussant trop loin une idée juste. Grâce à Dieu, cette faute ne produisit pas les conséquences qu'elle pouvait, qu'elle devait entraîner. On a vu dans le journal du Mont-Valérien comment les fédérés laissèrent échapper le moment où la grande forteresse, sans défenseurs, serait tombée entre leurs mains à peu près sans coup férir; on a vu dans la déposition du général Vinoy comment ce général, au milieu de la nuit du 19 au 20 mars, parvint à obtenir de M. Thiers l'ordre déjà vainement sollicité par les députés de faire réoccuper au moins cette position aussi nécessaire pour protéger Versailles que pour reprendre Paris; on a vu enfin dans le journal du fort comment deux bataillons fédérés vinrent pour prendre possession du Mont-Valérien quelques heures après que l'armée de la France l'avait solidement réoccupé. C'est ainsi que, dans cette crise suprême, l'idée de génie qu'eut le chef du pouvoir en faisant évacuer Paris sauva la France, tandis que la faute qu'il commit en poussant trop loin l'application de cette grande idée put être réparée à temps. Il eut donc à la fois l'immense mérite et de faire appliquer malgré toutes les résistances sa grande idée dans ce qu'elle avait de juste, et de consentir à en abandonner l'application là où elle devenait funeste.

Ce n'était pas tout de s'être replié sur Versailles; il s'agissait maintenant d'y refaire une nouvelle armée. La rapidité avec laquelle M. Thiers s'acquitta de cette autre tâche tient du miracle. On voyait arriver, sur les larges avenues de la ville du grand roi, de malheureux régiments débandés et démoralisés, déguenillés et débraillés, plus semblables à des bataillons de fédérés qu'aux restes de ces troupes naguère admirées et respectées de toute l'Europe. Pour un bon Français, c'était le plus lugubre des spectacles, celui qui brisait les cœurs les plus énergiques, qui tirait les larmes des yeux les plus secs, car c'était le spectacle de la France même, non pas seulement vaincue, mais flétrie, humiliée, déshonorée. Eh bien, au bout de quelques jours, ces mêmes régiments, relevés matériellement et moralement par l'infatigable activité, par la prodigieuse énergie du chef de l'État, reprenaient cet air honnête, brave, loyal, que nous étions habitués jadis à voir à nos soldats. La France avait retrouvé ses enfants et pouvait de nouveau compter sur eux. L'espoir rentrait dans nos cœurs ; nous nous disions, en admirant la bonne tenue de ces troupes refaites et relevées en si peu d'instants, que nos désastres touchaient à leur terme, que nous verrions dans quelque temps l'ordre rétabli à Paris, et qu'il ne faudrait peut-être pas beaucoup d'années avec de tels hommes pour rendre à la France sa place en Europe. L'insurrection, en effet, a bientôt été écrasée par ces braves gens, redevenus eux-mêmes. L'avenir nous réserve sans doute d'autres consolations. Quoi qu'il arrive, n'oublions pas que c'est M. Thiers qui a fait luire, après tant de désastres, le premier rayon d'espoir dans nos cœurs, et que c'est lui qui a terrassé l'insurrection la plus terrible dont nos annales fassent mention.

CHAPITRE XIV

CONCLUSION

L'insurrection de 1871 ressemble par certains côtés à toutes celles qui avaient suivi jusqu'ici, comme une conséquence inévitable, chacune de nos révolutions ; elle en diffère très-sensiblement par certains autres côtés. Ce sont surtout ces caractères nouveaux qui méritent de fixer notre attention.

Le plus frappant de tous, c'est sa durée. Jusqu'ici, tous les mouvements révolutionnaires qui avaient éclaté à Paris avaient été définitivement vainqueurs ou décidément vaincus en trois jours au plus. Jamais nous n'avions vu, depuis 1789, la démagogie lutter avec un tel acharnement et prolonger la bataille, lorsqu'au bout de quelques jours la victoire ne s'était pas déclarée en sa faveur ; jamais non plus nous n'avions vu le gouvernement régulier, une fois chassé de Paris, essayer de résister hors de l'enceinte de la ville, et reprendre les murailles qu'il avait été contraint d'abandonner.

C'est que, contrairement à l'opinion de la plupart des témoins, les honnêtes gens s'étaient bien rarement montrés aussi résolus à ne pas s'abandonner eux mêmes. La défaillance de la garde nationale dans la journée du 18 mars fut, il est vrai, déplorable ; mais au bout de deux ou trois jours, quand la question fut nettement posée, quand on vit à quels ennemis on avait à faire, l'énergie se réveilla partout, et la résistance s'organisa avec une vigueur dont on n'avait pas cru les Parisiens capables, en se rappelant avec quelle docilité toutes les révolutions victorieuses avaient été accueillies jusque-là. Le lendemain du 10 août 1792 ou du 29 juillet 1830, quelle résistance les royalistes avaient ils essayé d'opposer à l'insurrection victorieuse? Qui donc avait songé, le lendemain du 24 février 1848, à protester au nom de la loi outrageusement violée par une bande d'aventuriers inconnus? Qui donc avait entrevu la possibilité d'une résistance au coup d'État du 2 décembre, après le massacre du boulevard Montmartre? Quel parti avait donc osé, le lendemain du 18 brumaire, ou même le lendemain du 18 fructidor, se poser en défenseur des lois outragées? En 1871, au contraire, c'est au moment où le triomphe de l'insurrection paraît irrévocable, que des gens de cœur risquent bravement leur vie pour tenir tête aux bandits du Comité central, aux assassins de la place Vendôme. Les gardes nationaux qui, le 22 juin 1848, ont marché, avec la troupe et la garde mobile, à l'assaut des barricades, étaient-ils aussi nombreux que ceux qui, pendant toute une semaine, abandonnés par l'armée et le gouvernement, ont défendu le cœur de Paris contre les fédérés maîtres de l'Hôtel de Ville? Il est au moins permis d'en douter. En même temps, dans les mairies, la majorité des maires et des adjoints luttaient et protestaient contre cette insolente victoire de la force brutale, et, malgré tous les désastres, malgré les arrestations à domicile, malgré le massacre de la rue de la Paix, cette lutte a duré plus de huit jours. Cette prolongation de la résistance est un fait tout nouveau dans nos annales révolutionnaires et dont personne ne nous semble avoir jusqu'ici tenu un compte suffisant.

Qu'a-t-il donc manqué à ces braves gens qui jouaient si vaillamment leurs têtes? D'abord des chefs à la fois énergiques et sensés pour régulariser leurs forces et pour en tirer le meilleur parti possible. Mais surtout ce qui leur a manqué à eux-mêmes, c'était la rectitude du jugement, c'était le sens de la légalité. La plupart, en effet, selon le mot fort juste d'un témoin, se sont dit dans la journée du 18 mars : « Ce n'est qu'une révolution de plus, » et pour la juger, ils ont attendu de voir ce qu'elle produirait. C'est l'assassinat de Lecomte et de Clément Thomas, c'est la publication des noms obscurs des membres du Comité central qui leur ont ouvert les yeux; ils se sont indignés, non parce que le droit était outrageusement insulté par cette révolte contre l'Assemblée issue des libres suffrages du pays, mais parce qu'en comparant les représentants de la loi, pour lesquels ils étaient assez mal disposés, aux représentants de l'insurrection, ils ont jugé ceux-ci encore moins acceptables. Ils ne se sont pas demandé de quel côté était le droit, mais duquel des deux partis leurs sympathies personnelles et individuelles les rapprochaient le plus. Ce n'est donc ni l'énergie ni le courage qui ont fait défaut à la partie honnête de Paris, c'est la vue claire et nette du devoir ; et elle lui a manqué, parce que la longue série de nos révolutions a détruit la notion même du droit, au moins en matière politique, dans presque toutes les intelligences. C'est cette notion que tous les bons citoyens doivent s'efforcer de relever et de restaurer, car il n'y a pas de société possible là où chacun place ses préférences individuelles au-dessus de la volonté de tous, ses caprices au-dessus des lois.

Tacite remarque au premier livre des *Histoires* que le succès de la révolte dont Galba avait donné le signal en Espagne produisit un effet immense dans tout l'empire, parce qu'il avait montré qu'on pouvait se faire nommer empereur ailleurs qu'à Rome : *evulgato imperii arcano, posse principem alibi quam Romæ fieri*. M. Thiers nous a révélé, lui aussi, un secret d'État en nous montrant qu'on pouvait combattre en dehors du mur d'enceinte une révolution accomplie dans la capitale. C'est un secret que la France doit s'estimer heureuse de connaître enfin. Espérons qu'elle ne l'oubliera plus jamais. La chute de la Commune, battue par l'armée du pays bien qu'elle fût depuis deux mois maîtresse de l'Hôtel de Ville et des Tuileries, doit apprendre aux gouvernements de l'avenir que les volontés de 36 millions de Français peuvent et doivent l'emporter sur les caprices trop souvent insensés de la partie la plus turbulente de la population parisienne. Le chef de l'État, roi ou président de république, peu importe le titre, n'a pas le droit d'abandonner la tâche que lui a confiée la France entière, pour l'unique raison que des factieux en plus ou moins grand nombre, profitant de la défaillance de l'autorité et de l'apathie momentanée des gens de bien, se sont emparés de quelques palais et de quelques mairies.

Le peuple, celui qui est souverain et dont la volonté doit faire loi, ce n'est pas une poignée de conspirateurs ou une foule d'insurgés s'en allant attaquer les armes à la main les dépositaires réguliers du pouvoir ; c'est l'ensemble de tous les citoyens, et ce peuple n'a qu'un organe qui puisse manifester d'une façon à la fois légale et évidente ses volontés, c'est l'assemblée de ses représentants librement et régulièrement élus.

Le premier devoir de tout honnête homme est d'obéir à la loi faite par ces représentants légaux du pays, au gouvernement créé ou maintenu par eux ; le plus grand crime qui puisse se commettre est d'attenter par la force à la liberté de leurs délibérations ou de les disperser par la violence. Que ce crime soit commis par des émeutiers s'insurgeant parce que cela leur plaît ou par des soldats contraints d'obéir à leurs chefs insurgés contre les lois ; qu'il s'appelle révolution ou coup d'État, il n'en est pas moins condamnable, pas moins odieux.

La question de la forme du gouvernement, à laquelle la plupart des Français attachent une si grande importance, est au fond assez insignifiante. Une bonne république vaut mieux qu'une mauvaise monarchie, et une bonne monarchie est préférable à une mauvaise république. Ce qui est important, ce n'est pas que le chef de l'État s'appelle roi ou président, qu'il porte un chapeau ou une couronne : c'est que la forme établie, — quelle qu'elle soit, — soit acceptée par la majorité des Français ; c'est que le gouvernement, d'une part, et les partis, de l'autre, respectent la volonté du pays et obéissent à ses représentants légitimes. Ceux des partisans de l'une des monarchies déchues qui songent à la rétablir contre le gré du pays par un coup d'État, et les partisans de la république qui veulent la maintenir par la force des armes alors même que le pays se prononcerait pour un retour à la monarchie, ne diffèrent pas beaucoup des misérables qui ont mis pendant deux mois Paris à feu et à sang pour assurer le règne de leur Commune odieuse à la France.

Quand ces vérités seront comprises et acceptées par tout le monde, la liberté sera définitivement fondée parmi nous; mais les hommes de parti comprendront-ils jamais que le droit des autres est aussi respectable que le leur? Si nous n'osons guère l'espérer, nous souhaitons du moins que les terribles leçons que nous venons de recevoir ne soient pas perdues, et que jamais un gouvernement fondé ou soutenu par la majorité du pays ne se laisse plus renverser, comme nous l'avons vu trop souvent jusqu'ici, par une minorité factieuse.

M. Thiers a montré à ses successeurs que l'écume de Paris peut être balayée, même quand elle est parvenue à s'emparer de la capitale, et que la France a la force de se débarrasser, quand elle le veut bien, des gouvernements qu'une bande d'émeutiers victorieux prétend lui imposer. Si cette leçon est mise à profit, Paris lui même y gagnera autant que le reste de la France.

FIN.

TABLE DES MATIÈRES

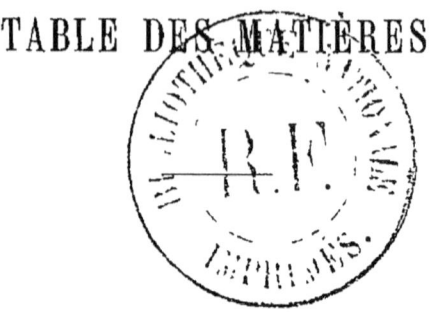

CHAPITRE PREMIER

L'esprit révolutionnaire en France.

L'éducation révolutionnaire. — Tous les partis habitués à ne compter que sur la force. — Loi qui régit nos révolutions.   1

CHAPITRE II

Le parti révolutionnaire sous le second empire.

Les Jacobins et le mysticisme révolutionnaire. — L'Internationale, ses théories, ses congrès, ses procès. — Premières manifestations révolutionnaires. — La souscription Baudin. — Violences des réunions publiques. — Le 26 octobre. — Les funérailles de Victor Noir. — Arrestation de Rochefort; émeutes. — Le plébiscite; le complot des bombes et le procès de Blois; Flourens, Cluseret et Pindy. — La déclaration de guerre rend une révolution inévitable. 21

CHAPITRE III

Le 4 septembre.

Appréciation des dépositions de MM. J. Favre et Trochu. 57
Dépositions de MM. Floquet 63
    —   Mouton 68
           Corbon 72
           Marseille. 73

CHAPITRE IV

La garde nationale pendant le siége.

Dépositions de MM. Montaigu.		75
	Lavigne.	83
	vice amiral. Pothuau.	84
	Dubail.	86
—	Marseille.	87

CHAPITRE V

Le 31 octobre.

Déposition de M. Héligon. — Le parti révolutionnaire pendant le mois de septembre. 89
Déposition de M. Edmond Adam. Les bonapartistes au 31 octobre. Force du parti révolutionnaire 90

La journée du 31 octobre.

Dépositions de MM. Ibos.	92
— Floquet.	107

CHAPITRE VI

Du 31 octobre au 29 janvier.

Déposition de M. Cresson : la préfecture de police après le 31 octobre. — Arrestation des chefs du parti révolutionnaire. — Ranvier, Félix Pyat, Delescluze, etc. 117
    Les bombes Orsini pendant le siége 138
    Mazas forcé dans la nuit du 20 au 21 janvier. 144
    Le 22 janvier 147
Déposition de M. Leblond. — Le parquet après le 31 octobre. . . 148

Les maires de Paris pendant le siége.

Déposition de MM. Degouve-Denuncque.	153
Corbon.	154
Choppin	156
— Dubail.	159

CHAPITRE VII

Paris depuis la capitulation jusqu'au 18 mars.

I

Déposition de M. le général Vinoy. — Les événements depuis le 22 janvier jusqu'au 18 mars. 162

TABLE DES MATIÈRES.

II

Déposition de M. Choppin. — État de Paris après l'armistice.	182
Déposition de M. le général d'Aurelle de Paladines.— Les conseils des ministres avant le 18 mars.	196
Déposition de M. Dubail. — Retour des francs tireurs à Paris après l'armistice.	200
Déposition de M. Corbon. Démoralisation de la garde nationale.	203
Démoralisation de l'armée.	205

III

Question du désarmement de la garde nationale : MM. J. Ferry, Cresson, vice amiral Pothuau... 208

IV

LE COMITÉ CENTRAL. — LES CANONS.

Dépositions de MM. Desmarest	212
— Dubail.	215
Vautrain.	219
Montaigu.	224
Baudouin de Mortemart	225
Héligon.	233

CHAPITRE VIII
La journée du 18 mars.

Dépositions de MM. général Le Flô.	236
général Vinoy.	243
vice amiral Pothuau.	248
colonel Langlois.	254
— Baudouin de Mortemart	266
Colonel Vabre.	271
— Macé.	275
La nuit du 18 mars au ministère des finances.— Récit inédit	276
Le Mont Valérien pendant les journées des 18, 19 et 20 mars. Récit inédit.	278

CHAPITRE IX
Du 18 au 26 mars.

I

LA RÉSISTANCE.

Dépositions des maires et adjoints.

Dépositions de MM. Tirard, maire du IIe.	282
— — Vautrain, maire du IVe	302

TABLE DES MATIÈRES.

Dépositions de MM. Bellaigue, adjoint au VIIe 314
— Denormandie, adjoint au VIIIe 322
— Desmarest, maire du IXe arrondissement. . 327
— Dubail, maire du Xe. 334
— — Degouve-Denuncque, adjoint au Xe. . . . 346
— Héligon, adjoint au XIVe. 355

II
LA GARDE NATIONALE AU GRAND-HÔTEL.

Déposition de M. Schœlcher. — Possibilité de la résistance entre le 18 et le 26 mars 363
État-major de l'amiral Saisset au Grand Hôtel.(Document inédit.). 365

III
FIN DE LA RÉSISTANCE.

M. Lavigne. — L'amiral Saisset. — Lettre de M. Pavillon 366

IV
ARRESTATION DU GÉNÉRAL CHANZY.

Déposition de M. Turquet 375
Déposition du général Cremer. — Mise en liberté du général Chanzy. — Détails sur le personnel et les séances du Comité central. — Les étrangers au service de la Commune. 383

CHAPITRE X
Attitude de la presse sous la Commune.

Déposition de M. Éd. Hervé. 389
Déclaration de la presse sur les élections. — Articles du *Journal des Débats*, du *Journal de Paris*.—Journaux supprimés par la Commune. 390

CHAPITRE XI
La Commune. — Son règne. — Sa défaite.

Déposition de M. de Plœuc. — La Banque de France sous la Commune 397
Déposition du vice amiral Pothuau. — Réorganisation de l'armée. 423
Déposition de M. Gerspach. — Personnel de l'insurrection. — État moral des Parisiens 425

Déposition de M. le comte de Mun. — État moral des insurgés. 431
  Complots contre la Commune. 454
Déposition de M. Corbon. — Les tentatives de conciliation. Congrès de Bordeaux. — Ligue de l'Union républicaine. — Les partis dans la Commune. — Fautes du pouvoir militaire 437
  Les troupes dans Paris 447
Déposition de M. Garcin. — Arrestation et mort de divers chefs de la Commune. 449

CHAPITRE XII

Déposition de M. Thiers 455

CHAPITRE XIII

Résumé des dépositions 472

CHAPITRE XIV

Conclusion 488